μετωνυμίες

XII

Zum Buch: Die moderne politische Philosophie war bis vor wenigen Jahrzehnten primär konservativ, weil die Linke sich mit Sozialphilosophie beschäftigt. Für den Konservativismus haben Staat und Politik einen Primat gegenüber Ökonomie und Gesellschaft. Staatliche Herrschaft legitimiert sich aus dem Menschenbild der jüdisch christlichen Tradition, d.h. als eine elitär aristokratische, die sich heute expertokratisch präsentiert. Dadurch wird demokratische Partizipation der Bevölkerung eingeschränkt, werden die Menschen höchstens als partiell mündig betrachtet. Wo derartige Legitimation als fragwürdig erscheint, beruft sich der politische Konservativismus auf die hoheitliche Gewalt, die dem Staat die Entscheidung über den Ausnahmezustand zuspricht. Freilich erkennen manche einen gewissen Bedarf an Kompromissbereitschaft gegenüber politisch Andersdenkenden. Im 21. Jahrhundert beruft man sich auf patriarchalische Strukturen, wo sich der Konservativismus der Ökologie annähert, wo Liberalisierungstendenzen in der Gesellschaft bekämpft werden oder wo es um die Digitalisierung geht. So verschärft sich die Neigung, die Menschen biopolitisch zu lenken. Wie für linke und rechte Vorstellungen avanciert der Liberalismus zum Hauptfeind.

Hans-Martin Schönherr-Mann ist Prof. für Politische Philosophie an der LMU München, Gastprof.: Uni Innsbruck, Eichstädt, Regensburg, Venedig, Torino, Passau. Bücher: *Max Weber – Denken in einer entzauberten Welt*, Römerweg, Wiesbaden 2024; *Staat u. Kriegsmaschine – Staatsverständnis von Deleuze u. Guattari,* Nomos 2023; *Hannah Arendt – Vom gefährlichen Denken*, Römerweg 2023; *Gesicht und Gerechtigkeit –Lévinas' politische Verantwortungsethik*, Innsbruck Uni Press 2021; *Dekonstruktion als Gerechtigkeit – Derridas Staatsverständnis*, Nomos 2019, *Foucault als politischer Philosoph*, IUP 2018; *Untergangsprophet und Lebenskünstlerin – die Ökologisierung der Welt*, Matthes & Seitz Berlin 2015; *Albert Camus als politischer Philosoph*, IUP 2015; *Was ist politische Philosophie*, Campus 2012; *Die Macht der Verantwortung*, Alber 2010; *Der Übermensch als Lebenskünstlerin – Nietzsche, Foucault und die Ethik*, MSB 2009; *Miteinander leben lernen – Die Philosophie und der Kampf der Kulturen*, Piper 2008; *Simone de Beauvoir und das andere Geschlecht*, dtv 2007; *Hannah Arendt*, C.H. Beck 2006; *Sartre*, C.H. Beck 2005; *Postmoderne Perspektiven des Ethischen*, Wilhelm Fink 1997; *Die Technik und die Schwäche*; Edition Passagen 1989

Hans-Martin Schönherr-Mann

Konservative politische Philosophie

Carl Schmitt, Leo Strauss, Voegelin, Jaspers, Jonas, Manfred Riedel

μετωνυμίες
XII

Bibliografische Information der Deutschen Nationalbibliothek: Die Deutsche Nationalbibliothek verzeichnet diese Publikation in der Deutschen Nationalbibliografie; detaillierte bibliografische Daten sind im Internet über dnb.dnb.de abrufbar.

© 2024 Hans-Martin Schönherr-Mann
Verlag:
BoD · Books on Demand GmbH, In de Tarpen 42, 22848 Norderstedt
Druck:
Libri Plureos GmbH, Friedensallee 273, 22763 Hamburg
ISBN: 978-3-7583-5113-6

Für Irmi

INHALT

VORWORT
WAS IST POLITISCHE PHILOSOPHIE?

„What is Political Philosophy?" fragt 1959 Leo Strauss, der bedeutendste politische Philosoph des Jahrhunderts. Er unterscheidet die klassische Antwort von der modernen. Für Platon und Aristoteles wurde die Polis um des guten Lebens willen gegründet, in dem sich die menschliche Natur entfalten kann, die jedem einzelnen unterschiedlich in die Wiege gelegt ist. Die politische Ordnung soll so gestaltet werden, dass jeder sein Wesen entfalten kann, d.h. Frauen müssen unterwürfig und monogam Kinder kriegen. Die beste politische Ordnung dazu ist die Herrschaft der Weisen, also eine Aristokratie, die bei Aristoteles gewisse demokratische Züge beinhaltet, aber nur einen kleinen Teil der Bevölkerung teilhaben lässt. Die Aristokraten sind ursprünglich die Reichen und damit die Gebildeten.

Die anders gelagerte moderne politische Philosophie der Aufklärung – Thomas Hobbes, John Locke, Jean-Jacques Rousseau – eint dagegen nur die Ablehnung dieses klassischen Naturrechts. Das moderne Naturrecht attestiert den Menschen natürliche und rechtliche Gleichheit sowie die Fähigkeit über ihre wie die Probleme des Staates selber zu urteilen und womöglich zu entscheiden unabhängig von deren individuellen Fähigkeiten. Daraus entwickelt sich der Liberalismus, der politisch spätestens Ende des 19. Jahrhunderts niedergeht, aber weiterhin das ökonomische Denken und seit den 1970er Jahren in Form des Neoliberalismus beherrscht. Mit der Kennedy-Ära realisiert zudem ein sozialer Liberalismus andere als die traditionellen Lebensformen. Als aufgeklärte Haltung unter Intellektuellen ist Liberalismus noch weit verbreitet, so dass sich eine liberale politische Philosophie auch im 20. Jahrhundert fortschreibt, deren Hauptvertreter John Rawls ist.

Davon grenzt sich die konservative Hauptströmung der politischen Philosophie ab, was sie auch mit anderen politischen Lagern teilt: der kommunistischen oder demokratischen Linken, den religiösen und ökologischen Positionen, den nationalistischen und rechtsradikalen Ideologien und mit totalitären Regimen. Insofern könnte man die moderne politische Philosophie wider Strauss' Diktum durch den Konflikt zwischen Liberalismus und den anderen politischen Lagern charakterisieren.

Denn außer einer liberalen politischen Philosophie gibt es seit dem 19. Jahrhundert bis fast ans Ende des 20. keine andere als die konservative politische Philosophie. Radikal rechte und radikal religiöse Ideologien haben dogmatische Politik- und Staatsverständnisse, die philosophische Reflexion minimieren. Ein großer Teil des philosophischen Denkens wird vom Marxismus inspiriert, der den Staat für ein Wirtschaft und Gesellschaft untergeordnetes Überbauphänomen hält, mit dem man sich nicht gesondert beschäftigen muss.

Gegen Ende des 20. Jahrhunderts ändert sich das ansatzweise durch die zunehmende Integration von Linken und Ökologen in den demokratischen Staat, so dass eine sozial inspirierte politische Philosophie entsteht, z.B. Jürgen Habermas. Radikalere Postmarxisten setzen sich ebenfalls seither mit politischen Fragen und jenen des Staates auseinander, wenn sie einsehen müssen, dass viele soziale und ökonomische Probleme immer stärker von staatlicher Seite angegangen werden.

Jenseits davon mit gewissen Überschneidungen hat sich im letzten halben Jahrhundert eine poststrukturalistische politische Philosophie entwickelt, die einen marxianischen Migrationshintergrund, aber tendenziell stärkere Ähnlichkeiten mit dem Liberalismus hat als mit dem Konservativismus, der mit linken, rechten, religiösen und ökologischen Positionen die Gemeinschaftsorientierung und einen autoritären Elitarismus teilt. Poststrukturalismus und Konservativismus verbindet das Interesse an Macht und Gewalt, beurteilen diese aber sehr unterschiedlich und zwar sowohl deskriptiv als auch normativ. Hannah Arendt, neben Strauss und Rawls, die bedeutendste politische Philosophin des Jahrhunderts lässt sich zwischen Konservativismus und Poststrukturalismus einordnen.

Trotzdem bleibt der Konservativismus der Mainstream in der politischen Philosophie, der seine Fühler in alle anderen Richtungen ausstreckt und mit ihnen gewisse Anschauungen teilt. Das zeigt sich beim ersten großen politischen Philosophen des 20. Jahrhunderts Carl Schmitt, der ein katholisch konservatives Verständnis des Staates entwickelt, bevor er zum ‚Kronjuristen der Nazis‘ wird. Natürlich besitzt der Staat für ihn gegenüber der Gesellschaft einen Primat und nicht nur das, sondern hat auch eine nicht hinterfragbare Souveränität, die über dem Recht steht, wiewohl Schmitt den Ausnahmezustand an das Recht rückkoppeln will.

Während sich Schmitt bewusst ist, dass jede Entscheidung auf einem Moment von Willkür beruht, weil es entscheidungstheoretisch keine Regel für den Übergang von der Information zu Entscheidung gibt, rekurriert Leo Strauss platonisch auf das klassische Naturrecht, in dem es ein Verständnis des Guten als Einsicht in das naturgemäße Leben gibt, aus dem heraus und in Verbindung mit der jüdisch-christlichen Tradition sich die richtige Politik begründen lässt. Ähnlich argumentiert auch Eric Voegelin, der sich auf die christliche Tradition beruft und den Liberalismus zum Vorläufer von Faschismus und Kommunismus erklärt, wie er ihn als Niedergang der europäischen Kultur begreift. Gemäßigter, aber gleichfalls aus einem religiösen Horizont, nämlich dem Protestantismus, argumentiert Karl Jaspers, der die Konfrontation zwischen den politischen Lagern hofft, durch Kommunikation, d.h. durch ein gegenseitiges Verständnis mildern zu können, was man bei Schmitt, Strauss und Voegelin nicht einsieht. Sie begreifen Politik als Konfrontation, die auch in Kriege ausarten kann. Dabei geht es vor allem darum, die abendländischen Traditionen zu verteidigen und durchzusetzen.

Gabriel Marcel ist einerseits radikaler als der katholische Schmitt, Strauss und Voegelin, weil er auf eine neue Theokratie hofft: Wenn es keine Letztbegründung mehr gibt, dann bedarf es einer religiösen Fundierung, die Marcel im Katholizismus sieht. Andererseits ist er als Kritiker der modernen Naturwissenschaften ein Wegbereiter einer Kulturkritik, die sich seit den 1970er Jahren als ökologisches Denken entfaltet. Dieses konstituiert Hans Jonas mit seiner Begründung der ökologischen Ethik aus dem apokalyptischen Denken heraus.

Lange hat man die Ökologie eher dem sozialen Denken zugeordnet. Doch heute zeigt sich, dass es sich um ein konservatives Denken handelt, nicht allein weil es die Natur bewahren will, sondern weil es sich auf Expertenwissen beruft, dem die Menschen gehorchen sollen. Jonas hat dazu den Ton angegeben, wenn er den Staatsmann dafür verantwortlich erklärt, dass die Politik den Bestand der Biosphäre zu sichern hat. Er begründet die Verantwortung patriarchalisch als Verantwortung für Kinder, was einem monarchischen Grundzug entspricht, der auch bei Schmitt, Strauss, Voegelin und Marcel Elitenherrschaft oder Expertokratien legitimiert. So argumentieren heute sogar radikale Klimaaktivisten.

Das bestätigt nicht nur das ökologische Denken bei Ibisch, Sommer, sondern auch bei Sloterdijk, in das sich ein medizinisches bei Thielscher einklinkt, der die Frage der Gerechtigkeit endlich im Stil der Medizin, also expertokratisch auf der Grundlage eines sicheren empirischen Wissens lösen will. Ähnliches präsentiert sich auch in konservativen Kehren der Gesellschaftspolitik, wenn Norbert Bolz und Eva Illouz deren Liberalisierung kritisieren und wieder zur traditionellen, letztlich patriarchalischen Gesellschaftsordnung zurückkehren wollen. Wohin der Weg der Digitalisierung führt, darüber sind sich Optimisten und Pessimisten uneins – was nicht verwundert. In dieser Hinsicht möchte ich die Grundlinien der politischen Philosophie des Konservativismus im 20. und im 21. Jahrhundert darstellen.

EINLEITUNG
POLITISCHER KONSERVATIVISMUS IM 19. JAHRHUNDERT

„Im allgemeinen lässt sich sagen, dass alle Menschen für die Monarchie geboren werden", so Joseph de Maistre 1791, also noch bevor sich die Französische Revolution radikalisierte. Und er schreibt genauso überraschend weiter: „Diese Regierungsform ist die älteste und universellste. Vor der Epoche des Theseus war auf der Welt keine Rede von Republiken. Vor allem die Demokratie ist so selten und so vergänglich, dass man sie getrost vernachlässigen darf. Die monarchische Regierungsform ist so natürlich, dass die Menschen sie, ohne sich dessen bewusst zu werden, mit der Souveränität gleichsetzen, sie scheinen stillschweigend überein zu kommen, dass es überall dort, wo es keinen König gibt, auch keinen wirklichen *Herrscher* geben kann."[1] Weil es lange so war und auch an vielen Orten der Welt, muss es trotzdem nicht so bleiben.

1. Vom Monarchismus zum Konservativismus: De Maistre

De Maistre untergräbt als Monarchist den politischen Konservativismus noch in seiner Entstehungsphase und natürlich wider Willen. Wenn man aber die Monarchie als eine Herrschaft betrachtet, die nicht durch die Souveränität des Volkes begründet wird, sondern auf der anthropologischen Grundlage beruht, dass Menschen nicht gleich sind, dass soziale Differenz

---

[1] Joseph de Maistre, Von der Souveränität – Ein Anti-Gesellschaftsvertrag (1791), Berlin 2000, 80

13

gerechtfertigt ist, auch nicht wie bei John Rawls gemildert werden sollte, dann ebnen sich die Unterschiede zwischen dem Monarchisten de Maistre und dem Begründer des Konservativismus im 18. Jahrhundert Edmund Burke doch ein, werden die Ideen des Monarchisten heute eher von Konservativen und von nationalistischen Denkern rezipiert.

Die Ungleichheit wird für de Maistre erst in den Republiken zu einem großen Problem. So „existiert in den Republiken der Standesunterschied der Personen genauso wie in den Monarchien, aber er ist dort viel härter und beleidigender, weil er kein Gesetzeswerk ist, und weil die Volksmeinung ihn als gewöhnliche Auflehnung gegen das von der Verfassung gestattete Prinzip der Gleichheit ansieht."[1] Für Burke sollte die Demokratisierung nur vorsichtig und keinesfalls revolutionär betrieben werden, geht es darum die Gesellschaft aus den Traditionen heraus weiterzuentwickeln.

De Maistre kritisiert natürlich die Aufklärer mit ihren Sozialvertragstheorien. Staaten entstehen nicht durch Vertrag - Nietzsche wird das wiederholen –, sondern durch Unterwerfung und Machtergreifung, in der denn auch die Souveränität gründet. Jede menschliche Gesellschaft bedarf des Herrschers, der die Einheit und den Zusammenhalt herstellt. De Maistre bezweifelt einen vorstaatlichen Naturzustand bzw. dementiert, dass die sogenannten Wilden richtige Menschen sind: den Menschen gibt es nur zusammen mit Staat und Gesellschaft. So antizipiert er Carl Schmitts berühmte Definition: „Souverän ist, wer über den Ausnahmezustand entscheidet."[2]

Freilich bleibt de Maistre realistischer als Schmitt, wenn er schreibt: „Jede Art von Souveränität ist ihrer Natur nach uneingeschränkt; ob man sie auf einen oder mehrere Köpfe verteilt, ob man die Gewalten nach Belieben aufteilt oder organisiert: letzten Endes gibt es immer eine absolute Gewalt, die

---

[1] de Maistre, Von der Souveränität (1791), 86
[2] Carl Schmitt, Politische Theologie - Vier Kapitel zur Lehre von der Souveränität (1922), 8. Aufl. Berlin 2004, 11

14

ungestraft Schaden anrichten kann, die also in dieser Hinsicht im wahrsten Sinne des Wortes *despotisch* werden kann und gegen die es kein anderes Bollwerk geben wird, als das des Aufstands."[1]

Schmitt möchte dem Ausnahmezustand ein rechtliches Mäntelchen umhängen, was indes selbstwidersprüchlich wird, ist das Recht im Ausnahmezustand ja gerade aufgehoben. Dagegen schreibt de Maistre doch Klartext: Souveränität kann despotisch werden: *„Die höchste Autorität kann sich ebenso wenig verändern wie veräußert werden: sie zu begrenzen heißt, sie zu zerstören. Es ist unsinnig und widersprüchlich, dass der Herrscher einen Vorgesetzten anerkennen soll."*[2] Schmitt möchte die Diktatur von dem Ruf reinigen, eine Despotie zu sein.

Wie für Burke gehört für de Maistre zur Herrschaft die Bindung an die Tradition, gerade auch an die religiöse. Denn die Religion verleiht der Herrschaft erst ihre höheren Weihen, die sie unangreifbar macht. De Maistre schreibt: „jede Souveränität stammt von Gott; unter welcher Form sie auch existiert, sie ist keineswegs das Werk des Menschen. Sie ist unteilbar, absolut und von ihrer Natur her unverletzbar."[3] Derart entfaltet die Monarchie einen Zauber, der den Untertan vergessen lässt, dass er sich in einer untertänigen Situation befindet, weil diese für alle anderen genauso gilt und dadurch sogar eine Art von Gleichheit herstellt, die einzig realistische Gleichheit, die jegliche Untertanen schätzen und diese vor allem von allen sozial Abweichenden verlangen: der Hass der Nazis auf Intellektuelle, Künstler und vor allem Bohemiens; heute das Bürgergeld.

Durch die religiöse Untermauerung verbindet alle Untertannen ein gemeinsames Weltverständnis. Damit erkennen alle die herrschende Ordnung als göttlich an. Daran darf weder politisch noch religiös gerüttelt werden. So bemerkt Schmitt über de Maistre: „Infallibilität ist für ihn das Wesen der inappellab-

---

[1] de Maistre, Von der Souveränität (1791), 75
[2] Ebd. 75
[3] Ebd., 80

len Entscheidung und die Unfehlbarkeit der geistlichen Ordnung mit der Souveränität der staatlichen Ordnung wesensgleich; die beiden Worte Unfehlbarkeit und Souveränität sind ‚parfaitement synonymes'. Jede Souveränität handelt als wäre sie unfehlbar, jede Regierung ist absolut. (...) Alle anarchistischen Lehren, (...) drehen sich um das eine Axiom: le peuple est bon et le magistrat corruptible. De Maistre dagegen erklärt gerade umgekehrt die Obrigkeit als solche für gut, wenn sie nur besteht: tout gouvernement est bon lorsqu'il est établi."[1] Freilich kann de Maistre die Lehre von der Unfehlbarkeit päpstlicher Lehren nicht gekannt haben, wird diese erst 1870 vom *Ersten Vatikanischen Konzil* verkündet. Mit dem zuletzt zitierten Satz verteidigt de Maistre die despotische Herrschaft.

Schmitt begeht bei seiner de Maistre-Interpretation einen zweiten Fehler, wenn er weiterschreibt: „Der Grund liegt darin, dass in der bloßen Existenz einer obrigkeitlichen Autorität eine Entscheidung liegt und die Entscheidung wiederum als solche wertvoll ist, weil es gerade in den wichtigsten Dingen wichtiger ist, dass entschieden werde, als wie entschieden wird."[2] De Maistre braucht die Entscheidung indes nicht, weil sich der Monarch bei seinen Entscheidungen auf die Tradition berufen kann, die den Entscheidungen ihren willkürlichen Charakter nehmen: „Aber der Schöpfer der Natur hat dem Machtmissbrauch Grenzen gesetzt. Er hat gewollt, dass er sich selbst zerstört, sobald er seine natürlichen Grenzen überschreitet."[3]

Schmitt braucht dagegen diese Willkürlichkeit der Entscheidung, weil er sich bewusst ist, dass es keine hinlänglichen Begründungen jenseits der Metaphysik gibt. Auch noch als Katholik ist ihm klar, dass man sich politisch nicht auf religiöse Argumente mehr verlassen kann.

Für Leo Strauss verharrt Schmitt damit im Horizont des liberalen Relativismus. Strauss schreibt über Schmitt: „seine Kritik

---

[1] Schmitt, Politische Theologie (1922), 60
[2] Ebd., 60
[3] de Maistre, Von der Souveränität (1791), 97

des Liberalismus vollziehe sich im Horizont des Liberalismus; seine illiberale Tendenz werde aufgehalten durch die bisher noch nicht überwundene 'Systematik liberalen Denkens'."[1] Schmitt hat Platons Vorstellung eines natürlichen Guten aufgegeben, weil er erkennt, dass diese heute umstritten ist. De Maistre mit seiner religiösen Fundamentierung und Strauss mit seinem platonischen Ansatz kennen noch richtige Begründungen des Guten, die nicht relativiert werden. Daraus lassen sich wie bei Burke ein Staatsverständnis und eine Gesellschaftsvorstellung ableiten, die dem liberalen Fortschrittsverständnis und seinem egalitären Menschenbild widerstreiten, aus denen sich keine allgemein gültigen Werte ableiten lassen.

Auch wenn de Maistre die Gefahr sieht, dass die Souveränität in die Despotie abgleitet, so ist für ihn die Monarchie davor durch diverse Strukturen geschützt: „Religion, Gesetze, Gebräuche und die öffentliche Meinung, Privilegien der Orden und der Körperschaften halten den Herrscher in Schranken und hindern ihn daran, seine Macht zu missbrauchen. Es ist sogar recht bemerkenswert, dass die Könige viel öfter angeklagt werden, nicht genügend Willenskraft zu haben, als sie zu missbrauchen."[2] Derart möchte de Maistre den Monarchen vor der üblen Nachrede schützen, herrschte schließlich zu seiner Zeit immer noch die weit verbreitete, aber falsche Vorstellung, dass die Macht des Monarchen absolut ist, dass es allein vom Fürsten abhängt, was im absolutistischen Staat geschieht. So legt denn Friedrich Schiller kurz vor der Französischen Revolution seinem Helden Marquis Posa die an Philipp II. von Spanen gerichteten berühmten Sätze in den Mund: „Gehen Sie Europens Königen voran./ Ein Federzug von dieser Hand, und neu/ Erschaffen wird die Erde. Geben Sie/ Gedankenfreiheit!"[3]

---

[1] Leo Strauss, Anmerkungen zu Carl Schmitt, Der Begriff des Politischen (1932), Gesammelte Schriften Bd. 3, Stuttgart, Weimar 2001, 238
[2] de Maistre, Von der Souveränität (1791), 85
[3] Friedrich Schiller, Don Carlos (1787/88), Werke Bd. 1, München 1976, 445

Diese hat den ‚Federzug' in den Schatten gestellt, glauben bis heute Monarchisten wie Freunde der Diktatur, dass solche Herrscher umsetzen können, was diese durchsetzen wollen.

Doch ca. ein Jahrhundert vor Schiller musste bereits Leibniz erleben, dass dem nicht so ist. Er hatte 1700 eine Audienz beim Kurfürsten von Bandenburg Friedrich III., der sich 1701 zum preußischen König Friedrich I. krönte. Über diese Begegnung schreibt der Eike Christian Hirsch: „Überglücklich ging Leibniz hinaus, gewiss auch voller Hoffnungen, weil ihm das gegebene Wort eines Herrschers immer auch das letzte Wort zu sein schien. Ein Befehl, ein Federstrich würde genügen . . . ! So pflegte er zu sagen, es war eine feste Vorstellung bei ihm. Dass es meinst ganz anders kam, konnte der Gelehrte nie begreifen. Zwar wurde kein Wort des Kurfürsten und künftigen Königs zurückgenommen, ja es wurden sogar Diplome und weitere Zusagen gewährt. Aber erreicht war damit nichts, denn es gab keine Verwaltung, die geholfen hätte, die Einrichtungen zu gründen und die Geldquellen sprudeln zu lassen."[1] Ähnliches erlebte Leibniz beim Kaiser in Wien wie beim Zaren: die Verwaltungen setzten die Zusagen einfach nicht um.

De Maistre schildert denn auch die Monarchie als eine ausdifferenzierte Elitenherrschaft der Reichen und Gebildeten, also primär des Adels und eines Bürgertums, das dem über die Jahrhunderte hin nacheiferte und mit ihm seit der Aufklärung zu konkurrieren beginnt. De Maistre schreibt: „Die Monarchie ist eine *zentralisierte* Aristokratie. Zu allen Zeiten und an allen Orten gibt die Aristokratie den Ton an. Welche Form auch immer man den Regierungen gibt, Geburt und Reichtum stehen an erster Stelle, und nirgendwo regieren sie härter als dort, wo ihr Reich nicht auf Gesetze gegründet ist. Aber in der Monarchie ist der König das Zentrum dieser Aristokratie. Sie ist es, die wie überall befiehlt; aber sie befiehlt im Namen des Königs oder, anders ausgedrückt, des vom Wissen der Aristokratie

---

[1] Eike Christian Hirsch, Der berühmte Herr Leibniz – Eine Biographie, München 2016, 411

erleuchteten Königs."[1] Bildung verdankt sich dem Reichtum – ein Prinzip, das seit der Antike bis heute Gesellschaft und Politik prägt, auch in den westlichen Demokratien.

Teure Privatschulen und teure Universitäten können sich nur die Reichen leisten und bleiben auf diese Weise global unter sich. Daran ändern auch die diversen Bildungsprogramme für die Bevölkerung nichts, die praktisch immer zum sogenannten Fahrstuhleffekt führen, dass dadurch die Konkurrenz um gute Positionen größer wird. Außerdem handelt es sich seit der Umwandlung der Universitäten in Ausbildungsstätten und in der BRD durch die Gründung von Fachhochschulen doch nicht um eine gehobene Bildung, sondern eben um Qualifikation für entsprechende technische Berufe, die zwar ökonomisch einträglich sind, aber mit den wirklich Reichen nicht konkurrieren vermögen. So gilt der Satz de Maistres bis heute: „In allen Ländern und in allen möglichen Regierungen werden (bis auf Ausnahmen) die großen Ämter immer der Aristokratie gehören, d.h. dem am häufigsten vereinten Adel und Reichtum."[2] Heute spielt der Adel dabei eine weniger bedeutendere Rolle als das reiche Bürgertum. Verschwunden ist er freilich nicht.

De Maistre verteidigt diese Sachlage wie der politische Konservativismus als natürlich gegeben – man denke einerseits an Burke und andererseits an Leo Strauss. Das zu verändern erscheint allen dreien als gefährlich, vor allem als unmöglich, bemerkt doch de Maistre: „Im allgemeinen kann man sagen, dass alle nicht-monarchischen Regierungen aristokratisch sind, denn die Demokratie ist nur eine gewählte Aristokratie."[3] Ironischerweise behält de Maistre damit bis heute recht.

Dass das aber das Hauptproblem der Politik ist, das möchten konservative Denker lieber verdrängen. Darauf hat Jacques Rancière 1995 hinsichtlich er antiken Denker hingewiesen: „Es sind die Alten, weit mehr als die Modernen, die als Prinzip der

---

[1] de Maistre, Von der Souveränität (1791), 84
[2] Ebd., 85
[3] Ebd., 99

19

Politik den Kampf zwischen Armen und Reichen anerkannt haben. Aber genau genommen haben sie in ihm die eigentlich politische Wirklichkeit erkannt – selbst wenn sie ihn auslöschen wollten. Der Kampf zwischen Reichen und Armen ist nicht die gesellschaftliche Wirklichkeit, mit der die Politik rechnen müsste. Er ist identisch mit ihrer Einrichtung. Es gibt Politik, wenn es einen Anteil der Anteillosen, einen Teil oder eine Partei der Armen gibt. Es gibt nicht einfach deshalb Politik, weil die Armen den Reichen gegenübertreten und sich ihnen widersetzen."[1] Hungeraufstände hat es immer gegeben. Aber erst wenn die Armen Anteil an der Regierung einklagen, entsteht für Rancière die Politik, die just seit dem 18. Jahrhundert von konservativen Denkern um so heftiger dementiert wird, weil diese eine natürliche oder göttliche Ordnung propagieren, in der es keinen Raum für die Partei der Armen gibt.

Für Rancière ist das freilich keine politische, sondern nur eine polizeiliche Ordnung. So schreibt er weiter: „Man muss eher sagen, dass es die Politik ist – das heißt die Unterbrechung der einfachen Wirkungen der Herrschaft der Reichen –, die die Armen als Entität zum Dasein bringt. Die übermäßige Anmaßung des Demos, das Ganze der Gemeinschaft zu sein, verwirklicht nur auf ihre Art – der einer *Partei* – die Bedingungen der Politik. Die Politik existiert, wenn die natürliche Ordnung der Herrschaft unterbrochen ist durch die Einrichtung eines Anteils der Anteillosen." Just diese Sachlage versucht der politische Konservativismus zu verdrängen. Reichtum und ungleiche Güterverteilung, vor allem die Herrschaft der Eliten gilt den Konservativen nicht nur als alternativlos, sondern als richtig, somit gar als gerecht.

Ja, nicht nur das. Für de Maistre ist eine aristokratische Herrschaft sogar für das Volk attraktiver. Sie eröffnet allen, gleichgültig aus welcher Schicht, die besten Möglichkeiten: „Da die Ämter in der Monarchie ein helleres Licht auf das Volk aus-

[1] Jacques Rancière, Das Unvernehmen – Politik und Philosophie (1995), Frankfurt/M. 2002, 24

strahlen, beeindrucken sie es mehr. Sie bieten allen Arten von Talenten eine großartige Karriere und füllen die Lücke, die sich ohne sie im allgemeinen zwischen dem Adel und dem Volk befindet."[1] Ähnlich wird sich Nietzsche 1872 in seinen Basler Bildungsvorträgen die echte Bildung vorstellen und die Volksbildung ablehnen. Er schreibt: „Wozu diese auf die Breite gegründete Volksbildung und Volksaufklärung? Weil der echte deutsche Geist gehasst wird, weil man die aristokratische Natur der wahren Bildung fürchtet, weil man die großen Einzelnen dadurch zur Selbstverbannung treiben will, dass man bei den Vielen die Bildungsprätension pflanzt und nährt, (. . .)!"[2] Universitäten sollten das Genie fördern und nicht viele durchschnittlich begabte Gelehrte. Die Eliteuniversitäten setzen heute Nietzsches Programm hintergründig um.

Albert Camus bringt das Grundprinzip des politischen Konservativismus auf den Begriff: „Wenn Maistre den starken Gedanken Bossuets wiederaufnimmt: ‚Ketzer ist der, der eigene Gedanken hat', d.h. Ideen, die sich auf keine soziale und religiöse Tradition stützen, so spricht er damit die zugleich älteste und jüngste Formel des Konformismus aus."[3] Bossuet verteidigte im 17. Jahrhundert den Absolutismus und die katholische Kirche gegen den Protestantismus, aber auch gegen Kritiker aus den eigenen Reihen. Wenn sich de Maistre mit diesem Prinzip auf Bossuet beruft, legitimiert er die Bevormundung aller Untertanen, damit den Elitarismus. Nachdem sich in den letzten Jahrzehnten in den an sich konservativen christdemokratischen Parteien Pragmatiker, und liberale Vertreter eine Sozialstaates breit gemacht haben, tauchen immer wieder Initiativen auf, die sich auf die traditionellen konservativen Werte berufen.

---

[1] de Maistre, Von der Souveränität (1791), 88
[2] Friedrich Nietzsche, Über die Zukunft unserer Bildungsanstalten. Vortrag III (1872), Kritische Studienausgabe (KSA) Bd. 1, München, Berlin, New York 1999, 710
[3] Albert Camus, L'Homme révolté (1951); dt. Der Mensch in der Revolte, Reinbek 1969,156

2. Tocquevilles Kritik am *Ancien Régime* und Individualismus

Während de Maistre den Absolutismus und die Monarchie angesichts der Französischen Revolution verteidigt, wird ein gutes halbes Jahrhundert und einige Revolutionen später Alexis de Tocquevilles in seiner Schrift *L'Ancien Régime et la Révolution*, die 1856 erscheint, den Absolutismus gerade als zu schwach und gar als Wegbereitung der Revolution kritisieren. „Das Ancien Régime ist eine Revolution vor der Revolution,"[1] schreibt Karlfriedrich Herb in seiner Analyse von Tocquevilles Buch. Denn das *Ancien Régime* ebnet nach Tocqueville den Weg der Revolution durch eine egalitäre Tendenz. Tocqueville schreibt: „In Frankreich zeigten sich die Könige als die geschäftigsten und beharrlichsten Gleichmacher. Waren sie voller Ehrgeiz und mächtig, so versuchten sie das Volk auf das Niveau der Adligen zu erheben; waren sie maßvoll und schwach, so ließen sie zu, dass das Volk sich über sie selbst stellte. Die einen haben die Demokratie durch ihre Fähigkeiten gefördert, die anderen durch ihre Fehler."[2]

Die Zentralisierung Frankreichs führt seit dem Mittelalter zu einer sich steigernden Macht der Monarchie. Die sich intensivierende Regierungskompetenz verdankt sich der Verbindung zwischen dem Absolutismus und der Revolution. Dabei werden alle gleichermaßen unterworfen und haben keinen Anteil an der politischen Macht. Daraus ergibt sich eine Art kollektiver Individualismus. Die soziale Solidarität wird geschwächt und die Individuen konstituieren ihre Interessen in Abgrenzung gegeneinander. Die Revolution ist dann das Ergebnis, dieses Auseinanderdriftens von politischer und sozialer Ordnung zu been-

---

[1] Karlfriedrich Herb, Alexis de Tocqueville, Der alte Staat und die Revolution (1856); in: Manfred Brocker (Hrsg.), Geschichte des politischen Denkens: Das 19. Jahrhundert, Berlin 2021, 450
[2] Alexis de Tocqueville, Über die Demokratie in Amerika (1835/40), Stuttgart 2021, 20

den. „Die Vaterschaft der Monarchie bei der Geburt des demokratischen Zeitalters ist nicht zu leugnen"[1], so Herb.

Denn Tocqueville bemerkt schon im absolutistischen Frankreich demokratische Tendenzen. Nicht nur die Aufklärung hatte zersetzende Wirkungen. Schließlich löst sich in der Revolution die Gesellschaft auf. Radikalismus und politische Unterwürfigkeit spielen zusammen. Entscheidend für die politischen Veränderungen ist aber nicht der Klassenkampf, sondern die ausufernde Macht der staatlichen Verwaltung, die sich bis heute immer weiter steigert. „Das Fest beginnt vor dem Fest"[2], so Herb.

Trotzdem verdanken sich die Schrecken der Revolution nicht dem Ancien Régime, sondern den revolutionären Intellektuellen: „Das Umschwenken der Revolution in Terror, der Verrat der politischen Prinzipien von 1789 durch die Jakobinerherrschaft 1793 – sie sind im denkerischen Habitus der *hommes de lettre* angelegt"[3], so Herb. und zitiert Tocqueville: „Gleicher Geschmack an allgemeinen Theorien, vollständigen Systemen der Gesetzgebung und genauer Symmetrie in den Gesetzen; gleiche Verachtung des tatsächlich Bestehenden; gleiches Vertrauen auf die Theorie; gleich Vorliebe für das Originelle, Sinnreiche und Neue in den Institutionen.'" Tocqueville stellt fest, dass sich die allgemeine Lage im Ancien Régime ständig verbesserte. Aber um so mehr wuchs die Unzufriedenheit. „Reform frustriert und macht rebellisch"[4], so Herb und fügt hinzu, dass Tocqueville bemerkt, „wie der Abbau gesellschaftlicher Ungleichheit das Unbehagen gegenüber der verbleibenden Ungleichheit steigert."

So ist der politische Konservativismus des 20. Jahrhunderts ein Kind der Entwicklungen des 19. Jahrhunderts Gegen Kommunismus und Faschismus hat sich die westliche Demo-

---

[1] Herb, Alexis de Tocqueville, 447
[2] Ebd., 449
[3] Ebd., 453
[4] Ebd., 455

kratie erfolgreich gewehrt. Nachhaltiger als diese Totalitarismen gefährdet dagegen der liberale Individualismus heute wie gestern die Demokratie. Denn dadurch zerreißen die Bindungen zwischen den Individuen genauso wie zwischen den Generationen. Sozial und emotional isolieren sich die Menschen voneinander. Misstrauen breitet sich aus, wenn jeder letztlich nur seinem eigenen Verstand vertraut und sich nicht mehr auf ein gemeinsames Weltverständnis berufen kann, das beispielsweise Jürgen Habermas für nötig hält. Er schreibt: „Die Unterstellung einer objektiven, von unseren Beschreibungen unabhängigen Welt erfüllt ein Funktionserfordernis unserer Kooperations- und Verständigungsprozesse. Ohne diese Unterstellung geriete eine Praxis aus den Fugen, die auf der in (in gewisser Weise) platonischen Unterscheidung von Meinen und vorbehaltlosem Wissen beruht."[1]

Wenn man das nicht einsieht, folgt daraus eine Selbstüberschätzung, da die Individuen sogar jenen misstrauen, die es besser als sie wissen. In diesem Sinne konstatiert Sarah Strömel: „Dieses profunde Misstrauen in die Erkenntnisse anderer, seien sie noch so etablierte oder ausgewiesene Experten und auch der generelle Vertrauensmangel gegenüber anderen, gefährden den Zusammenhalt in der Demokratie. Die maßlose Selbstüberschätzung, die damit einhergeht, macht die Individuen zusätzlich blind für die eigene Ignoranz."[2]

Mit ihrer Konzentration auf Tocquevilles modern anmutende Individualismus-Kritik verleiht Strömel Tocquevilles Denken eine aktuelle Perspektive, ist denn die Kritik am Individualismus auch heute weit verbreitet, natürlich besonders in allen kommunitarisch orientierten Philosophien, seien diese religiöser, konservativer, sozialstaatlicher oder ökologischer Proveni-

---

[1] Jürgen Habermas, Wahrheit und Rechtfertigung – Zu Richard Rortys pragmatischer Wende; in: ders., Wahrheit und Rechtfertigung – Philosophische Aufsätze (1996-98), Frankfurt/M. 1999, 249
[2] Sarah Rebecca Strömel, Tocqueville und der Individualismus in der Demokratie, Wiesbaden 2023, 97

enz. Dagegen gehen zwar nicht alle, aber viele liberale Theorien von einem Primat des Individuums gegenüber Staat und Gesellschaft aus – man denke an John Dewey oder an John Rawls –, so dass man diesen einen gewissen Individualismus attestieren kann. Der Individualismus spiegelt sich denn auch heute in der Menschenrechtsdebatte. Politisch findet sich Individualismus ansonsten noch in anarchistischen Kreisen.

Anders präsentiert sich der asketische Protestantismus, der in den USA im konservativen Lager fest verankert ist, ebenfalls als ein Individualismus, sogar ein ziemlich radikaler, auf dem auch der Neoliberalismus aufruht. Aber zugleich ist er extrem elitär – der asketische Protestant ist nach Max Weber ein religiöser Virtuose. Solche Virtuosität ist der breiten Masse verbaut. Diese Trennung zwischen Gebildeten und Ungebildeten entspricht dem politischen Konservativismus.

Dagegen gibt es unter der politikphilosophischen Strömung des Kommunitarismus – anfänglich eine Antwort auf John Rawls' *A Theory of Justice* aus dem Jahr 1971 – auch liberale Vertreter wie Charles Taylor, Benjamin Barber oder Michael Walzer, die den Individualismus ähnlich wie Tocqueville kritisieren und das Individuum der Gemeinschaft unterordnen. Dass gemeinschaftsorientierte Philosophien konservativer, religiöser oder sozialphilosophischer Provenienz den Individualismus kritisieren, versteht sich von selbst. Wenn Strömel Tocqueville als einen ‚Liberalen der neuen Art' sieht, dann entspricht das etwa diesem liberalen Kommunitarismus, der seinerseits damit zum Liberalismus des 19. Jahrhunderts zurückkehrt, der elitär und nationalistisch orientiert war, die heutige Situation antizipierend, eben kommunitarischer Art. Dieser Liberalismus wirkt heute doch eher konservativ, hat er wenig mit dem sozialen Liberalismus des Freiburger Programms der FDP aus dem Jahr aus dem Jahr 1971 zu tun.

Dann kann Strömel Tocqueville denn auch weniger als konservativen Monarchisten, sondern als ‚Demokraten wider Willen' sehen, der auf die Schwächen der Demokratie hinweist, auch gegenüber dem Ancien Régime. Doch er erkennt auch, dass die Demokratie Chancen bietet, wiewohl sie viele Gefahren birgt, die sich dem Individualismus verdanken.

Für Tocqueville stellt der Individualismus nicht nur eine Gefahr für die Demokratie dar, sondern für die Menschen selbst. Mit diesem Argument versucht der Kommunitarismus ähnlich wie Rousseau Individualinteressen und Allgemeininteressen in Übereinstimmung zu bringen, was nicht ganz ohne totalitäre Gefahren verbleibt. Trotzdem erscheint es heute öffentliche Meinung zu sein, den Menschen zu unterstellen, dass ihre Interessen in der Demokratie aufgehoben seien und die Experten darum besser Bescheid wissen als die Menschen selbst.

Tocqueville führt den Individualismus in seinen Amerika-Studien vor und vergleicht ihn mit der Lage in Frankreich. Für ihn ist der Individualismus aber kein reiner Egoismus, den er für ein älteres Phänomen hält. Der Individualismus verdankt sich vielmehr originär der Demokratie, bedroht sie sich damit quasi selbst. Schließlich lenkt der Individualismus die Menschen von der Demokratie ab, folgen sie nur noch privaten Interessen. Tocqueville schreibt: „Es scheint, als habe man heute das natürliche Band zerrissen, das die Meinungen mit den Neigungen, das Tun mit dem Denken verbindet; der Einklang, der sich zu allen Zeiten zwischen den Gefühlen und den Vorstellungen des Menschen wahrnehmen ließ, scheint zerstört zu sein, und man ist fast geneigt zu sagen, dass alle Gesetze moralischer Verantwortlichkeit aufgehoben sind."[1]

Dabei entspringt die große Gefahr, die vom Individualismus ausgeht, in erster Linie der demokratischen Gleichheit, die dem Individuum einen großen Spielraum und eine Wichtigkeit einräumt, so dass die politische Freiheit in den Hintergrund tritt. Denn mit dem Individualismus droht eine Tyrannei der Mehrheit, die sich nicht um das politische Gemeinwesen schert, der es vielmehr allein um individuellen Wohlstand geht. Die Menschen bemühen sich nur noch darum, die beste ökonomische Position zu erreichen, was Tocqueville auch als Stellenjägerei

---

[1] Tocqueville, Über die Demokratie in Amerika (1835/40), 31

bezeichnet – heute würde man von Karrierismus sprechen. Dadurch geht die politische Freiheit als Teilhabe an der Politik verloren, werden die Menschen entmündigt, was Tocqueville als Entfremdungsprozess der Bürger von sich selbst versteht – ähnlich wie Rousseau.

Mit dem Individualismus geht der soziale Zusammenhalt verloren, zerstört er Nächstenliebe und Solidarität zwischen den Menschen. Aus dem politisch anderen Lager heraus bestätigt das Didier Eribon für die Arbeiterklasse: „Auf jeden Fall trug das Streben nach ‚Individualismus' (in Form des Eigenheims) und nach dem privaten Glück, das man damit verband, zur Schwächung der Idee eines ‚Kollektivs' bei und zur Schwächung der Zugehörigkeit zu diesem ‚Kollektiv', das man damals als ‚soziale Klasse' beschreiben konnte und heute noch beschreiben kann, als ‚Arbeiterklasse'."[1]

An die Arbeiterklasse denkt Tocqueville freilich nicht. Wenn für ihn die Demokratie auf einer Zivilgesellschaft beruht, in der sich der „homme démocratique" politisch engagiert, so handelt es sich freilich nicht um jene sozialen emanzipatorischen Bewegungen, die seit den fünfziger Jahren in der westlichen Welt auftauchen. Tocquevilles Zivilgesellschaft wird durch den Individualismus beeinträchtigt, wenn dem Bürger – die Bürgerin spielt im 19. Jahrhundert politisch keine Rolle – die Privatheit wichtiger ist als die Öffentlichkeit, wenn sich das Bürgertum nicht genug in die Politik einbringt, was 1866 Hermann Baumgarten kritisiert, eine Kritik, der sich Max Weber anschließt. Beiden geht es dabei um den deutschen Liberalismus, der sich vom Konservativismus indes kaum unterscheidet.

Das individualisierte Private löst für Tocqueville soziale Bindungen auf, unterwandert die Demokratie und reduziert dadurch die Politik auf materielle Interessenvertretung. Daraus entspringt eine sanfte Despotie, die im Dienst einer materialistisch gesonnenen Mehrheit verharrt. Derart entsteht ein „kol-

---

[1] Didier Eribon, Eine Arbeiterin – Leben, Alter und Sterben (2023), Berlin 2024, 207

lektiver Individualismus" bzw. ein „individualistischer Kollektivismus". Tocqueville antizipiert Nietzsche, der die demokratische Massengesellschaft ähnlich kritisieren wird, dass sie sich egalisierend auswirkt und damit das Besondere, das Herausragende, das Einzigartige, den Genius liquidiert. Indirekt schließt daran Max Weber mit seiner Verantwortungsethik an, die nur für führende Politiker und Manager gilt. Der Untertan trägt keine Verantwortung.

Für Tocqueville werden die Menschen im Zeichen der Individualisierung blind und taub, so dass sich der gesellschaftliche Zusammenhalt auflöst. Die Menschen individualisieren sich gegenüber der Gesellschaft, lösen diese in eine amorphe Masse auf, die sich politisch lenken lässt, anstatt dass die Menschen gemeinsam im Sinne einer Zivilgesellschaft die Demokratie tragen. Heute hoffen viele auf einen neuen Führer, der ihre Interessen endlich durchsetzen soll – eine ähnliche Haltung wie vor 100 Jahren.

Diese Entwicklung macht auch vor der Familie nicht Halt. Die Autorität des Patriarchen schwindet, die Söhne gehorchen nicht mehr so leicht. Die Menschen verstehen sich dann nicht mehr in einer Generationenfolge aufgehoben, die auch für Burke wichtig ist. In der Familie breiten sich ökonomische Verhältnisse aus, die dazu führen, dass sich die Familie gegenüber der Gesellschaft absondert, nämlich nur noch ihren ökonomischen Interessen folgt. Andererseits zerstört das aber die emotionalen Beziehungen innerhalb der Familie. Derart verliert der Mensch die Einsicht in den Zusammenhang zwischen Familie, Gesellschaft und Staat und engagiert sich nicht mehr politisch, sondern lässt sich lenken: die sanfte Despotie.

Das entfesselt Leidenschaften und zerstört die wahren Gefühle. Denn erstere kennzeichnen Kontrollverlust und Triebhaftigkeit. Just diese Leidenschaften werden in der Demokratie vom Individualismus befeuert, während dieser die Gefühle wie Empathie, Mitgefühl, Bescheidenheit oder die Reinheit des Herzens schwächt. Gefühle hält Tocqueville nicht für individuelle Angelegenheiten, sondern gemeinschaftliche, die mit der individuellen Willens- und Handlungsfreiheit die politische Freiheit stärken, die wiederum vom Individualismus unterwandert werden. So trennt Tocqueville normativ zwischen richtigen und falschen Gefühlen. Letztere werden von den Leidenschaften befeuert, die die Emotionen manipulieren. Die Demokratien machen die Menschen zu Kindern, was freilich auch die erklärte patriarchalische Ideologie der Monarchie ist, was in die elitäre Haltung des Konservativismus führt und was heute bei Identitären und totalitären Führern widerhallt.

Im *Ancien Régime* waren die Menschen zwar nicht gleich, aber in gesellschaftliche Gruppen eingebunden und insofern auf ihre Mitmenschen bezogen. Tocqueville schreibt: „In einer Aristokratie ist man immer sicher, dass eine gewisse Ordnung in der Freiheit gewahrt wird."[1] Verglichen mit de Maistre lässt sich diese Haltung als eine frühliberale bezeichnen, wobei es natürlich nicht um die Freiheit der Armen, sondern nur um die Freiheit der Reichen und der Gebildeten geht.

Tocqueville macht eine interessante Beobachtung, die ihn andererseits als einen Konservativen ausweist, der sich auf die religiöse Tradition beruft, was man im Liberalismus eher selten findet, am ehesten noch bei Nationalliberalen: „Der Despotismus kann aus sich allein nichts Dauerhaftes schaffen. Man erkennt bei genauem Zusehen, dass es die Religion und nicht die Furcht ist, der die absoluten Regierungen ihre lange Blüte verdanken."[2] Machiavelli rät dem Fürsten sich nicht auf die Liebe des Volks zu verlassen, es stattdessen in Furcht zu versetzen und es damit zu lenken. Religionen operieren freilich zumeist auch mit der Furcht. Aber wenn Fürst bzw. Staat die Furcht nicht direkt anwenden, sondern durch die Religion anwenden lassen, erzeugt das eine größere Bereitschaft zur Untertänigkeit. Das stellt auch Leo Strauss fest.

Für Tocqueville glaubt man nur noch an die Masse, an eine Öffentlichkeit bzw. an eine öffentliche Meinung, die ihrerseits

---

[1] Tocqueville, Über die Demokratie in Amerika (1835/40), 90
[2] Ebd., 87

einen enormen Anpassungsdruck erzeugt, was etwa zeitgleich auch Sören Kierkegaard kritisiert. Für Tocqueville hat man in Aristokratien einen festen Ort. Die Menschen gelten in jeder Hinsicht als verschieden. In Demokratien gelten sie dagegen als gleich, betrachtet man das, was sie tun, als dasselbe und das auch noch auf der Grundlage ihrer Unbildung, schreibt Tocqueville: „Der Arme hat die meisten Vorurteile seiner Vorfahren beibehalten, aber ohne ihren Glauben, ihre Unwissenheit, ohne ihre Tugend; er hat die Lehre vom Privatinteresse zur Richtlinie seines Handelns gemacht, ohne ihre wissenschaftliche Grundlage zu kennen, und sein Egoismus ist ebenso bar aller Bildung, wie es einst seine Ergebenheit war."[1] Damit bestätigt er indirekt Rancière, der den Konflikt zwischen Arm und Reich als einen Bildungskonflikt beschreibt.

Eigentlich müssten Demokratien dem Individualismus widerstreiten. Es handelt sich um ein systemisches Phänomen. Dazu zeigt Tocqueville denn auch Elemente auf, mit denen man in der Demokratie den Individualismus bekämpfen kann: Es handelt sich um die Pressefreiheit, bei der er schon die Gefahr von Fehlinformationen erkennt. Dazu bemerkt Strömel: „Mit Blick auf die heutige Gesellschaft ist freilich anzumerken, dass die Pressefreiheit nicht nur über die Kapazitäten der Zeitungen, also der Printmedien verfügt, sondern dass sich durch soziale Netzwerke und Medien ein ganz neues Spektrum für die Zusammenarbeit von Pressefreiheit und Vereinen oder Bewegungen ergibt."[2] Denn das Vereinswesen soll für Tocqueville den Menschen Kommunikation und Teilhabe ermöglichen, um das Zusammengehörigkeitsgefühl zu stärken.

Außerdem verlangt Tocqueville eine unabhängige Justiz und die Dezentralisierung im Sinne lokaler Selbstverwaltung, die das Gemeinschaftsgefühl stärken soll – kritisiert Tocqueville damit den französischen Zentralismus. Er schreibt: „Man möge

---

[1] Tocqueville, Über die Demokratie in Amerika (1835/40), 30
[2] Strömel, Tocqueville und der Individualismus in der Demokratie, 2023, 219

sich eine Zentralgewalt noch so erfahren vorstellen, niemals ist sie fähig, alle Einzelheiten im Leben eines großen Volkes zu erfassen. Sie kann es nicht, weil eine solche Arbeit über die menschlichen Kräfte geht."[1] Dazu propagiert er auch eine vom Individualismus merkwürdig gereinigte Form des richtigen Eigennutzes, bei der Tocqueville Wohlstandsliebe von der Wohlstandssucht unterscheidet, was an Rousseaus Unterscheidung von *amour de soi* und *amour propre* erinnert.

In erster Linie aber bekämpft die Religion den Individualismus, die für Tocqueville damit auch die Freiheit sichert, weil sie dem Materialismus widerstreitet. Dass Tocqueville seinen eigenen Glaubensmangel bedauert, könnte man auch als eine trickreiche Geste verstehen. Ergo verwundert es nicht, wenn Tocqueville sich nicht scheut, der Individualisierung mit Gegenmanipulationen zu begegnen, was für ihn die Demokratie in Amerika denn richtigerweise betreibt – eben mit der Religion. Wenn sich denn die Bürger in dieser Weise gegenmanipulieren lassen, ist Tocqueville gegenüber der Demokratie doch nicht ganz hoffnungslos. Strömel schreibt: „Es ist diese tiefe Ambivalenz der Demokratie mit ihrer *Gleichheit der Bedingungen* auf der einen und ihrem Individualismus auf der anderen Seite, die Tocqueville fasziniert und die hoffen lässt."[2] So hat sein Demokratieverständnis für Strömel und wider andere Tocqueville-Interpretationen nicht nur kommunitarisch gemeinschaftsorientierte, sondern vor allem republikanische Ansprüche. Denn daraus ergibt sich das folgende Szenario: Zur Folge hat das nämlich eine massive Stärkung des Staates, wie Tocqueville bemerkt: „Kein Monarch ist so unumschränkt, dass er alle Kräfte der Gesellschaft in seiner Hand vereinigen und allen Widerstand so überwinden könnte, wie es eine Mehrheit mit dem Recht der Gesetzgebung und Gesetzesvollziehung kann."[3]

---

[1] Ebd., 81
[2] Strömel, Tocqueville und der Individualismus in der Demokratie, 2023, 168
[3] Tocqueville, Über die Demokratie in Amerika (1835/40), 180

Ähnlich formuliert das auch de Maistre, wenn er schreibt: Der Jurist William „Blackstone hat zu Recht gesagt, dass der König und das englische Parlament vereint *alles vermögen.*"[1] Dagegen war selbst der Absolutismus wenig machtvoll, was ja de Maistre und Tocqueville auch monieren.

3. Donoso Cortés: Von der Monarchie zur Diktatur

Das Ende der Monarchie und des Absolutismus konstatiert dann Juan Donoso Cortés, über den Carl Schmitt schreibt: „Es ist daher ein Vorgang von unermesslicher Bedeutung, dass einer der größten Repräsentanten dezisionistischen Denkens und ein katholischer Staatsphilosoph, der sich mit großartigem Radikalismus des metaphysischen Kernes aller Politik bewusst war, Donoso Cortés, im Anblick der Revolution von 1848 zu der Erkenntnis kam, dass die Epoche des Royalismus zu Ende ist. Es gibt keinen Royalismus mehr, weil es keine Könige mehr gibt. Es gibt daher auch keine Legitimität im überlieferten Sinne. Demnach bleibt für ihn nur ein Resultat: die Diktatur. Es ist das Resultat, zu dem auch Hobbes gekommen ist, aus derselben, wenn auch mit einem mathematischen Relativismus vermischten Konsequenz dezisionistischen Denkens. Autoritas, non veritas facit legem."[2] Damit, dass es keine metaphysische Legitimität der Politik mehr gibt, bleibt für Donoso Cortés nur illegitime Herrschaft, nämlich Diktatur, gleichgültig ob in Form der Monarchie oder der Demokratie.

Auf Hobbes kann sich Schmitt indes nicht so einfach berufen. Hobbes kennt nämlich auch eine Grenze der Autorität, nämlich das Individuum, das nicht nur selber entscheidet, ob der Fürst seine Sicherheit gewährleistet, und das im stillen Kämmerlein frei ist, zu glauben, was es will. Leo Strauss nennt das politischen Hedonismus. Mit Tocqueville und Strömel

---

[1] de Maistre, Von der Souveränität (1791), 75
[2] Schmitt, Politische Theologie (1922), 55

müsste man das eher Individualismus nennen. Aber Schmitt erkennt eine solche Grenze natürlich nicht an.

Zwar begründet Jean Bodin im 16. Jahrhundert die Lehre von der Souveränität, wenn er schreibt, „dass derjenige absolut souverän ist, der nächst Gott von niemandem abhängig ist, außer von seinem Schwert. Wer von einem andern abhängig ist, ist nicht mehr souverän."[1] Doch ob Bodin, ob Donoso Cortés oder Schmitt, de Maistre, der Freund der Monarchie oder Tocqueville, der Demokrat wider Willen, ebenfalls im 16. Jahrhundert stellt ein gutes halbes Jahrhundert vor Hobbes Montaigne die metaphysische Legitimität und damit auch die Gottes in Frage: „Die Macht der Gesetze bleibt ja nicht deswegen unangetastet, weil sie gerecht, sondern weil sie Gesetze sind. Dies ist das mythische Fundament ihrer fortdauernden Geltung, ein andres haben sie nicht (. . . .) Wer ihnen gehorcht, weil er sie für gerecht hält, gehorcht ihnen nicht aus dem rechten Grund."[2] Die Monarchie untergräbt ihre eigene Legitimität immer schon, die göttliche Ordnung in der Welt zu gewährleisten, wenn sie sich dabei doch nur auf das Schwert stützen kann – gleichgültig ob der Heilige Geist mit unsichtbarer Hand hintergründig mithilft oder nicht.

Das hat der Katholik Schmitt 1922 erkannt und zieht daraus die Konsequenz, dass das Bürgertum nicht entschlossen genug auf diese Orientierungslosigkeit antwortet, nämlich mit harter Hand. Stattdessen übt es sich im Dialog, der ob der fehlenden gemeinsamen obersten Werte, wenn nach Nietzsche Gott tot ist, in keine stabile Ordnung führen kann. Schmitt konstatiert „die blutige Entscheidungsschlacht, die heute zwischen dem Katholizismus und dem atheistischen Sozialismus entbrannt ist. Es liegt nach Donoso, im Wesen des bürgerlichen Liberalismus sich in diesem Kampf nicht zu entscheiden, sondern zu versu-

---

[1] Jean Bodin, Sechs Bücher über den Staat (1576), Buch I-III, München 1981, 240
[2] Michel de Montaigne, Über die Erfahrung, Essais, Drittes Buch (1572-1592), Frankfurt/M. 1998, 451

chen, statt dessen eine Diskussion anzuknüpfen. Die Bourgeoisie definiert er geradezu als eine ‚diskutierende Klasse‘, (. . .). Damit ist sie gerichtet, denn darin liegt, dass sie der Entscheidung ausweichen will. Eine Klasse, die alle politische Aktivität ins Reden verlegt, in Presse und Parlament, ist einer Zeit sozialer Kämpfe nicht gewachsen."[1] Das darf man natürlich bezweifeln.

Schmitt ist der typische Vertreter der Kriegergesellschaft, deren Leittypen, so Richard Rorty, der Krieger und der Priester sind, aber nicht der Parlamentarier und auch nicht der Unternehmer. Ähnlich wie für Max Weber erscheint Schmitt die Demokratie den sozialen Herausforderungen nach dem ersten Weltkrieg nicht gewachsen. Da war die Enzyklika *Rerum novarum* aus dem Jahr 1891 von Papst Leo XIII. schon ein Stück weiter. Dabei handelt es sich um die erste offizielle Stellungnahme des Vatikans zur sozialen Frage handelt. Überraschenderweise beruft diese sich auf John Locke, nicht auf Thomas von Aquin, obwohl Leo XIII. 1879 die thomistische Theologie zur offiziellen Grundlage der katholischen Weltauffassung erhoben hatte. Das hat aber seinen guten Grund, denn Locke begründet das Eigentum durch die Arbeit, der es entspringt, so dass man es nicht einfach enteignen darf, was damals die Sozialisten gerade forderten. Leo XIII. will dagegen das Eigentum verteidigen, was ihm mit Thomas schwerer gefallen wäre. Denn der Dominikanermönch erklärte die Güter der Erde als allen Menschen gehörend und rechtfertigte das Privateigentum nur mit Effizienzgründen. Letzteres lässt sich natürlich leichter hinterfragen. Hier spielen ökonomischer Liberalismus, den man nicht mit dem sozialen individualistischen bzw. hedonistischen Liberalismus gleichsetzen sollte, und katholischer Konservativismus zusammen.

Damit präsentiert sich Leo XIII. allemal als liberaler als Schmitt, dessen Hauptfeind ja der Liberalismus ist. Gerade wenn Leo Strauss mit seiner Kritik an Schmitt recht behält, er

---

[1] Schmitt, Politische Theologie (1922), 63

habe mit seinem Dezisionismus den Boden des liberalen Relativismus nicht verlassen, könnte das freilich daran liegen, dass alle Bemühungen um finale Begründungen obsolet sind und zwar aus zwei Gründen: Jede kausale Begründung lässt sich unendlich fortschreiben. Zweitens, jede Berufung auf Tradition und Religion sieht sich mit Alternativen konfrontiert, was schlimmstenfalls in den Religionskrieg führt.

Der Zerfall klarer ethischer Orientierungen und sozialer Institutionen, führt nicht in einen Wertewandel – was es für Strauss gar nicht geben kann – sondern in einen Wertezerfall, den für Schmitt Donoso Cortés feststellt: „die Auflösung der auf väterlicher Gewalt beruhenden Familie hat Donoso immer im Auge, weil er sieht, dass mit dem Theologischen das Moralische, mit dem Moralischen die politische Idee verschwindet und jede moralische und politische Entscheidung paralysiert wird, in einem paradiesischen Diesseits unmittelbaren, natürlichen Lebens und problemloser ‚Leib'haftigkeit.'[1] Wahrscheinlich hat Schmitt hier Otto Groß im Auge, der auf dem Monte Verità in Ascona eine Kolonie für Außenseiter betreibt, die eine freie Sexualität leben wollen.

Benedikt XVI. wird 2006 in seiner berühmten Regensburger Rede diese Klage von Donoso wiederholen, aber zeitgemäß auf die Postmoderne-Debatte bezogen, wiewohl er dabei die Rückkehr der ethischen Debatte in den wissenschaftlichen Diskurs entweder übersehen hat oder nicht ernst nimmt. So sagte er: „Das Subjekt entscheidet mit seinen Erfahrungen, was ihm religiös tragbar erscheint, und das subjektive ‚Gewissen' wird zur letztlich einzigen ethischen Instanz. So aber verlieren Ethos und Religion ihre gemeinschaftsbildende Kraft und verfallen der Beliebigkeit. Dieser Zustand ist für die Menschheit gefährlich: Wir sehen es an den uns bedrohenden Pathologien der Religion und der Vernunft, die notwendig ausbrechen müssen,

---

[1] Ebd., 68

wo die Vernunft so verengt wird, dass ihr die Fragen der Religion und des Ethos nicht mehr zugehören."[1]

2009 wird Habermas Benedikt XVI. entgegenkommen, wenn er schreibt: „Die polemische Stellung der Aufklärung zur weltlichen Macht der Religion täuscht darüber hinweg, dass sich das nachmetaphysische Denken Gehalte aus der jüdisch-christlichen Überlieferung kritisch anverwandelt hat, die nicht weniger wichtig sind als das Erbe der Metaphysik. (. . .) In unserem Zusammenhang ist der (. . .) Umstand relevant, dass die praktische Philosophie auf der Grundlage eines methodischen Atheismus aus erlösungsreligiösen Offenbarungswahrheiten kognitive Gehalte geborgen und in eigene Argumentationen einbezogen hat. (. . .) In diesem Diskurs zählen nur ‚öffentliche' Gründe, also solche, die grundsätzlich auch jenseits einer partikularen Glaubensgemeinschaft überzeugen können."[2] Habermas attestiert auch Demokratie und Aufklärung, dass sie auf Grundlagen beruhen, die sie selbst nicht absichern können, da sie sich aus der religiösen Tradition speisen. Was sagen de Maistre, Tocqueville oder Donoso Cortés anderes. Der Konservativismus hat sich damit sehr breit aufgestellt und sogar verfeindete Positionen aufgenommen. In Anlehnung an Leo Strauss, der die moderne politische Philosophie nur durch eine Ablehnung der antiken politischen Philosophie kennzeichnet, könnte man umgekehrt bemerken, dass die Ablehnung von Liberalismus, Individualismus und Hedonismus den politischen Konservativismus sogar mit der linken Sozialphilosophie verbindet, von rechten bis hin zu totalitären Positionen ganz zu schweigen.

---

[1] Benedikt XVI., Glaube, Vernunft und Universität. Erinnerungen und Reflexionen, Universität Regensburg 12.9.2006, 81 (Internet)
[2] Habermas, Die Revitalisierung der Weltreligionen – Herausforderung für ein säkulares Selbstverständnis der Moderne? In: Philosophische Texte. Bd. 5: Kritik der Vernunft, Frankfurt/M 2009, 405

I. KAPITEL

SCHELERS NEUBEGRÜNDUNG DES KON-
SERVATISMUS

So rücksichtslos wie die Menschen mit der Natur umgehen, so wenig beachten sie sittliche Traditionen, so sehr kümmern sie sich nur noch um ihre eigenen Interessen! Eine solche traditionelle bzw. konservative Kritik am egoistischen Individualismus ertönt vielerorts nicht erst in den letzten Jahrzehnten. Bereits in den dreißiger Jahren des 20. Jahrhunderts diagnostiziert der französische Lebensphilosoph Henri Bergson einen aufgeblähten technischen Körper, dessen verkümmerte Seele diesen Körper nicht mehr zu beleben vermag – der Grund für die ungeheuren sozialen und politischen Krisen am Anfang des 20. Jahrhunderts.[1]

Doch schon vor dem ersten Weltkrieg entwickelt der 1874 in München geborene Max Scheler, der vielleicht bedeutendste deutsche Ethiker des letzten Jahrhunderts, eine ähnliche Einschätzung: „Die Landwirtschaft ist eine an sich wertvollere Betätigung als die Industrie und der Handel, und verdient schon aus dem Grunde Erhaltung und Förderung, da sie eine gesündere und alle Kräfte gleichmäßig beschäftigende Lebensweise mit sich führt; und da sie die nationalen Einheiten unabhängig vom Auslande macht, verdient sie auch dann Erhaltung und Pflege, wenn sich der Fortschritt in der Industriali-

---

[1] Vgl. Henri Bergson, Die beiden Quellen der Moral und der Religion (1932); in: ders., Materie und Gedächtnis und andere Schriften, Frankfurt/M. 1964, 482

sierung – rein ökonomisch gesehen – tatsächlich besser *verlohnte*. Dasselbe gilt für die Erhaltung der Tierarten und Pflanzenarten, der Wälder, des Landschaftsbildes gegen die verwüstenden Tendenzen des Industrialismus."[1]

1. Schelers Rückgriff auf Nietzsches *Genealogie der Moral*

Gleichfalls stellt Scheler einen engen Zusammenhang zwischen der technisch industriellen Entwicklung und dem Niedergang ethisch moralischer Orientierungen fest. Viele Menschen fühlen sich längst nicht mehr heimisch in ihrer Welt, sehen sich nicht mehr eingebunden in sittliche Wertordnungen. Stattdessen kämpfen die Menschen verbittert um ihre ökonomischen Vorteile und um politische Macht. Höhere Werte als die banalen materiellen interessieren sie dabei nicht. So dominiert der Trend, dass nicht mehr die geistvollen, gebildeten und ehrenwerten Menschen gesellschaftlich den Ton angeben, sondern jene, die die geistigen Güter der Kultur weitgehend missachten: „Es gibt vielleicht keinen Punkt, über den die Einsichtigen und Gutgesinnten unserer Zeit einiger sind als darin. Dass in der Entfaltung der modernen Zivilisation die *Dinge* - des *Menschen, die Maschine* – des *Lebens*, die *Natur*, die der Mensch beherrschen wollte und sie darum auf Mechanik zurückzuführen versuchte, – *des Menschen Herr und Meister* geworden sind; dass die ‚Dinge' immer klüger und kraftvoller, immer schöner und größer – der Mensch, der sie schuf, aber immer mehr Rad in seiner eigenen Maschine geworden ist. Aber viel zu wenig macht man sich klar, dass diese allseits anerkannte Tatsache eine Folge eines grundlegenden *Umsturzes der Wertschätzung* ist, der seine Wurzel im Sieg der Werturteile der vital Tiefstehendsten hat, der Niedrigsten, der Parias des menschlichen Geschlechts, und das *Ressentiment seine Wurzel*

---

[1] Max Scheler, Das Ressentiment im Aufbau der Moralen (1912); in: Vom Umsturz der Werte – Abhandlungen und Aufsätze (1915/1919), Gesammelte Werke Bd. 3, 4. Aufl., Bern, 1955, 146

ist! Die gesamte mechanistische Weltanschauung (soweit sie sich metaphysische Wahrheitsbedeutung beilegt) ist nur das ungeheure intellektuelle *Symbol* des Sklavenaufstandes in der Moral."[1]

Scheler greift auf Nietzsches These von der Umwertung aller Werte zurück. Anders als für Nietzsche zeichnet nach Scheler nicht das Christentum dafür verantwortlich, sondern die moderne bürgerlich kapitalistische Industriegesellschaft. Das Christentum verkörpert nicht wie für Nietzsche die Werte der Sklaven, der Schwachen, die die Starken und Lebendigen hassen.[2] Vielmehr entfaltet es aus Demut und Ehrfurcht die geistigen Werte eines selbstbewussten Lebens. Erst die moderne Welt lehnt sich gegen diese geistigen und religiösen Werte auf – und zwar auf breiter Front. Scheler schreibt: „Es ist recht eigentlich der *Sklavenaufstand in der Welt des Intellektuellen*, den wir hier vor uns haben und der mit dem gleichen Aufstand des Niederen gegen das Höhere im Ethos (Erhebung des singularistischen Individualismus gegen das Solidaritätsprinzip, der Nützlichkeitswerte über die Lebenswerte und Geisteswerte, dieser letzteren Werte aber gegen die Heilswerte), in den Institutionen (Erhebung zuerst des Staates gegen die Kirche, der Nation gegen den Staat, der ökonomischen Institute gegen Nation *und* Staat), in den Ständen (Klasse gegen Stand), in der Geschichtsauffassung (Technizismus und ökonomische Geschichtslehre), in der Kunst (Bewegung des Zweckgedankens gegen den Formgedanken, des Kunstgewerbes gegen die hohe Kunst, des Regisseurtheaters gegen das Dichtertheater) usw. eine eng zusammengehörige *Symptomatik* eben jenes Gesamtumsturzes der Werte bildet."[3]

---

[1] Ebd., 145
[2] Vgl. Nietzsche, Zur Genealogie der Moral (1887), KSA Bd. 5, 268
[3] Scheler, Vom Wesen der Philosophie; in: Vom Ewigen im Menschen (Probleme der Religion – Zur religiösen Erneuerung, 1921), GW Bd. 5, 4. Aufl., Bern 1954, 74

So übertrumpft nach Scheler das Gemeine das Edle, die Banalität die Würde, das Profane das Heilige. Eine Entwertung der hohen christlich abendländischen Werte gebärt neue, jedoch niedrige Werte, in denen sich primär egoistische Interessen spiegeln. Utilitaristische Werte, die nach der Nützlichkeit fragen und dazu die Welt in ihren letzten Verästelungen zu berechnen versuchen, infiltrieren die Gesellschaft wie alle Bereiche des Lebens. Die Umwertung der Werte lässt sich dabei durchaus konkretisieren. Schelers Aufzählung birgt manche Überraschung: „Klugheit, rasche Anpassungsfähigkeit, kalkulierender Verstand, Sinn für ‚Sicherheit' des Lebens und allseitigen ungehemmten Verkehr, resp. Eigenschaften, die diese Bedingungen herzustellen imstande sind, Sinn für ‚Berechenbarkeit' aller Verhältnisse, für Stetigkeit in der Arbeit und Fleiß, Sparsamkeit und Genauigkeit in der Einhaltung und Schließung der Verträge: das werden jetzt die Kardinaltugenden, denen Mut, Tapferkeit, Opferfähigkeit, Freude am Wagnis, Edelsinn, Lebenskraft, Eroberungssinn, gleichgültige Behandlung der wirtschaftlichen Güter, Heimatliebe und Familien-, Stammes-, Fürstentreue, Kraft zu herrschen und zu regieren, Demut usw. untergeordnet werden."[1]

Wie aber könnte man diesen Niedergang ethischer Werte aufhalten? Was bindet die Menschen in die Gemeinschaft ein? Das sind die zentralen Fragen, denen Scheler vor allem in seinen Werken im zweiten Jahrzehnt des 20. Jahrhunderts nachgeht, der fruchtbarsten Periode seines Schaffens. Wenn sich in der Moderne individualistische Orientierungen ausbreiten, die den egoistischen Nutzen prämieren, worauf können sich dagegen ethische Werte stützen, die die Menschen in Gemeinschaft und Umwelt rückbinden? Bleiben indes solche Orientierungen letztlich bloß zwischenmenschlich und subjektiv oder können sie sich in den Strukturen der Außenwelt spiegeln? Gibt es natürlich vorgegebene ethische Werte, die in christlich abendländischer Tradition in der Liebe gipfeln?

---

[1] Scheler, Das Ressentiment im Aufbau der Moralen (1912), 132

Allerdings räumt Scheler in seiner Aufsatzsammlung *Vom Umsturz der Werte* aus den Jahren vor dem ersten Weltkrieg dazu selber skeptisch ein: „So sinkt Schritt für Schritt auch in der Theorie die Liebe herab von der Höhe, Symbol und Zeichen einer übernatürlichen Ordnung, ja der dem Gottesreiche inwendige *Kraftstrom* zu sein, zu einer feineren und vermöge der intellektuellen Entwicklung immer verwickelteren Ausbildung eines tierischen Triebimpulses, der, von der sexuellen Sphäre seinen Ursprung nehmend, sich immer reicher gegenständlich spezialisiert und immer größere und größere Kreise durch die steigende Ausbildung des Verstandeslebens und der sozialen Entwicklung zu umfassen tendiert."[1]

Moderne Ethiken, besonders jene von Immanuel Kant, stützen die Moral denn auch allein auf Vernunft oder Verstand. Jegliches Gefühl erscheint ihnen zu wankelmütig. Selbst die flammendste Liebe erlischt irgendwann. Mal fühlt man sich seinen Mitmenschen sehr verbunden und würde ihnen keinesfalls schaden. Ein anderes Mal treibt wilder Zorn oder große Eile den Menschen an und er verliert alle Geduld mit seinen Nächsten. Was zu moralischem Handeln führen soll, darauf muss man sich - so jedoch Kant - absolut verlassen können. Und nur die Vernunft selbst bietet immer und unter allen psychischen Umständen ein sicheres Motiv für moralisches Handeln.[2] Dem hält Scheler entgegen: „Der moderne Mensch meint, es gebe da überhaupt nichts Festes, Bestimmtes, Bindendes, wo er sich nur die Mühe und den Ernst nicht nimmt, ein solches zu suchen. Das Mittelalter kannte noch eine *Kultur des Herzens* als eine selbständige und von Verstandeskultur ganz unabhängige Angelegenheit. In der neueren Zeit fehlen hierzu auch schon die primitivsten Voraussetzungen."[3]

---

[1] Ebd., 99
[2] Vgl. Immanuel Kant, Kritik der praktischen Vernunft (1788), Akademie Textausgabe (AA) Bd. V, Berlin 1968, 27
[3] Scheler, Ordo amoris (ca. 1916); in: Schriften aus dem Nachlass Bd. I, Zur Ethik und Erkenntnislehre, GW Bd. 10, 2. Aufl., Bern 1957, 364

Die moderne Ethik entwirft den Menschen als Individuum, das sich dadurch verwirklicht, dass es seine Interessen ohne Rücksicht auf die Gemeinschaft verfolgen darf. Damit aber zerfallen die sozialen Bindungen: Die Freiheit, die das Individuum erobert, bezahlt es mit Einsamkeit. In dieser Entwicklung präsentiert sich für Scheler der Niedergang ethischer Werte.

Einer solchen egozentrischen Perspektive hält er denn auch entgegen, dass der Mensch seinem Wesen nach nicht für sich allein lebt. Wenn er sich auf seine Umwelt ausrichtet, so leitet ihn nicht nur – wie es das moderne Denken unterstellt – die Vernunft oder gar die Suche nach Vorteilen, die er sich von der Gemeinschaft verspricht. Was aber bindet den Menschen dann sozial ein?

Moderne psychologische Vorstellungen sehen den einzelnen in eine gleichsam private Gefühlswelt eingeschlossen, die sich in ihm unabhängig von anderen Menschen bzw. sozialen Einflüssen entwickelt. Die individuellen Gefühlswelten schotten sich gegeneinander ab, so dass die Gefühle der anderen Menschen unzugänglich bleiben. Nur seiner eigenen Gefühle kann man sich versichern: Was sie wirklich fühlt, wenn sie sagt, ‚ich liebe dich‘, ob sie dabei dasselbe wie ihr Geliebter spürt, das muss diesem verschlossen bleiben. Der andere bleibt gefühlsmäßig ein Fremder.

Dass also der Mensch – so der moderne Individualismus – zunächst eine eigene Gefühlswelt entfalte und dann erst dem anderen Menschen begegne, das hält Scheler schlicht für einen Irrtum. Stattdessen nimmt ein äußerer Strom von Erlebnissen und Gefühlen das kleine Kind in sich auf und umschlingt es familiär und sozial. Kein eigenständiges Ich erzeugt zunächst individuelle Gefühle, sondern Gefühle werden im Kind von seiner Umwelt durch Gesten und Zeichen geweckt: Es freut sich gemeinsam, man lacht zusammen, es weint und wird getröstet. Das Kind lebt stärker in der Mitwelt als in einer eigenen Welt. „Schon die einfachsten Tatsachen der Lebenserfahrung zeigen, dass der ‚Egoismus‘ keine ursprüngliche Lebenstendenz ist, aus der erst durch die *Vermittlung* der Idee und des

Gefühls der steigenden Interessensolidarität die Sympathiegefühle sich zu entwickeln hätten, so dass diese zu einem ursprünglichen Egoismus erst genetisch hinzuträten; sie zeigen vielmehr, dass umgekehrt der Egoismus auf einem Ausfall, auf einer *Wegnahme* der allem Leben *ursprünglich* eigenen natürlichen *Sympathiegefühle* beruht."[1]

Reflektiert dieses Verständnis eher Schelers familiäre Wünsche, denn seine reale Kindheitserfahrung? Er wurde von seiner strengen Mutter in deren jüdisch orthodoxem Glauben erzogen, während sein Vater evangelisch war. Offenbar herrschte vor allem in der alt eingesessenen Münchner Familie, der seine Mutter entstammte, eine bedrückende Gefühlskälte verbunden mit engen Regeln, die nicht zu befolgen harte Bestrafung nach sich zog. Ein anderes Mitglied dieser Familie, Schelers Verwandte Claire Goll schilderte in zwei autobiographischen Romanen unter den bezeichnenden Titeln *Der gestohlene Himmel* und *Ich verzeihe keinem* ein unerträgliches Familienklima. Scheler selbst litt weniger unter dieser Strenge als seine von ihm sehr geliebte Schwester, die sich im Alter von 16 Jahren zusammen mit ihrem Verlobten das Leben nahm. Früh wandte sich Scheler vom Glauben seiner Mutter ab und neigte zum Katholizismus, der ihn in seiner Münchner lebensfrohen, auch etwas barocken Variante beeindruckte. 1899 ließ er sich katholisch taufen.

Nach dem Abitur lernte er seine spätere Frau Amélie von Dewitz-Krebs kennen, die sieben Jahre älter als er war. Nach ersten Semestern in München folgte er ihr nach Berlin, wo er primär Philosophie beim Vordenker der Geisteswissenschaften Wilhelm Dilthey und beim Kulturphilosophen Georg Simmel studierte, der in der Ethik intensiv nach Wegen über Kant hinaus suchte. 1896 ging Scheler nach Jena, wo er ein Jahr später promovierte. In der dann bereits 1900 erschienen Habilitationsschrift finden sich gegen Ende die so programmatischen wie

---

[1] Scheler, Der Formalismus in der Ethik und die materiale Wertethik (1913f), GW Bd. 2, 6. Aufl., Bern, München 1980, 283

polemischen Worte, mit denen er sich früh von Kants Philosophie distanziert: „So wenig wir (. . .) das Sittengesetz aus allen jeweils zutage getretenen Sitten der Völker induktiv herausbuchstabieren können, so wenig dürfen wir es in dem Übel eines leeren und weltfernen Sollens suchen, das (. . .) über dem Leben und seinen realen Kräften schwebt."[1]

In den nächsten Jahren geriet seine Ehe in ernste Schwierigkeiten, neigte seine Frau zu einer bis zur Hysterie gesteigerten Eifersucht und provozierte gesellschaftliche Skandale. Als sie sich 1905 in psychiatrische Behandlung begeben musste, unterbrach er seine Lehrtätigkeit in Jena. Es gelang ihm seine Lehrbefugnis nach München zu transferieren. Doch in der Trennungs- und Scheidungsphase entfachte seine Frau eine Pressekampagne, in der ihm unterstellt wurde, als seine Ehefrau eine andere Frau ausgegeben und sich von einem Studenten Geld geliehen zu haben, was mit der Würde eines Professors nicht vereinbar wäre. Um den Ruf der Universität nicht zu schädigen, ließ er sein Amt ruhen, bis ein Prozess seine Unschuld beweisen würde.

Zwischenzeitlich indes lernte er Märit Furtwängler kennen. Da deren ebenfalls alteingesessene Münchner Familie diese Verbindung ablehnte, verzichtete Scheler auf einen Aufsehen erregenden Prozess, so dass er auch seine Lehrbefugnis nicht zurückerhielt. Mit der hohen Mitgift von Märit Furtwängler erkaufte das Paar Amélies Einwilligung in die Scheidung, so dass 1912 einer Heirat nichts mehr im Wege stand. Allerdings war Scheler nun definitiv mittel- und einkommenslos. Seine akademischen Vorträge durften nicht in der Universität gehalten werden. Wenn sie in Cafés stattfanden, konnte man sie nicht öffentlich ankündigen. Es begann ein Jahrzehnt intensiver publizistischer Tätigkeit, in der seine wichtigsten Werke entstehen. Während des ersten Weltkrieges – angesteckt durch die nationale Begeisterung, aber natürlich auch als Broterwerb –

---

[1] Scheler, Die transzendentale und die psychologische Methode (1900); in: Frühe Schriften, GW Bd. 1, Bern 1971, 332

schrieb er zahlreiche Aufsätze und hielt viele Vorträge im Dienst des Auswärtigen Amtes, um der deutschen Sache zu dienen. Bekannt wurde er 1915 weiten Kreisen mit der Schrift *Der Genius des Krieges und der Deutsche Krieg*. Darin stellt er fest: „Gibt es (. . .) im Laufe der Geschichte eine wahrhaft dauernde Erhöhung des moralischen Status und eine Steigerung der Innigkeit und Tiefe in der Einigung der Menschheit, so sind nicht der Weltfriede, sondern der Krieg und die kumulierten, aus seinen Traditionen und tiefen Erinnerungen fließenden moralischen Dauereffekte in der menschlichen Seele die konstruktive Auslösekraft für diese Erhöhung und Einigung."[1]

Außerdem verstärkte sich in diesen Jahren auch sein religiöses Interesse. Er bemühte sich darum, den katholischen Glauben durch moderne Gehalte den Zeitgenossen näher zu bringen – ein Unterfangen, das nicht auf ungeteilte Zustimmung in katholischen Kreisen stieß. Doch 1919 erhielt er auf Veranlassung von Konrad Adenauer einen Ruf an ein neu gegründetes sozialwissenschaftliches Forschungsinstitut in Köln. Anstatt nun einer ruhigen philosophischen Tätigkeit nachzugehen, verliebte er sich in Maria Scheu, eine damals 27jährige Studentin. Bis zur Scheidung von Märit 1923 folgten wieder lange Jahre der familiären Auseinandersetzungen, aber auch der öffentlichen Kritik, in denen er einen ersten Herzinfarkt erlitt. Mit seiner dritten Ehe wurde er als öffentlich wirksamer Vertreter des Katholizismus untragbar. Er distanzierte sich auch seinerseits von einer solchen Rolle. Seine Bemühungen, von Köln mit seinen Affären wegzukommen, krönte schließlich 1928 ein Ruf nach Frankfurt als Professor für Philosophie und Soziologie. Doch noch vor Beginn seiner Lehrtätigkeit erlitt er wieder einen Herzanfall. Er starb am 19. Mai 1928 im Alter von 54 Jahren.

---

[1] Scheler, Der Genius des Krieges und der Deutsche Krieg (1915); in: Politisch-pädagogische Schriften, GW Bd. 4, Bern, München 1982, 77

Gefühle produzieren sich für Scheler ursprünglich überindividuell, aus der Gemeinschaft heraus, in deren Kommunikationsstrukturen und Lebensformen. Diese umschreibt Scheler in seinem Buch *Wesen und Formen der Sympathie* folgendermaßen: „das stets mehr oder weniger allgemeine soziale ‚Ich‘ des Menschen, die allgemeine Gebundenheit an gleichartige Triebe, Lebensbedürfnisse, Leidenschaften; die Idole der Sprache, die uns die individuellen Nuancen der Erlebnisse verbergen, in dem sie dieselben Worte und Zeichen für sie anwenden lassen.“[1]

Das Kind lernt sich selbst wahrzunehmen vermittels der Umwelt, die ihm diverse Hilfen bietet. Wird ein Gefühl von der Umwelt beachtet, so fällt es dem Individuum leicht, eine solche Emotion zu bestimmen und zu verstehen. Ein Gefühl, das beispielsweise formuliert werden kann, lässt sich ebenfalls eher bemerken als ein Gefühl, für das Sprachformen fehlen. Insofern vergemeinschaftet die Sprache die individuelle Gefühlswelt und liefert Muster, mit denen der Einzelne seine Emotionen deuten kann, die ihm helfen, mit ihnen umzugehen. Schließlich entfalten sich Gefühle gerade aus einer gemeinsamen Kommunikation heraus. Sie verankern den Menschen somit in der Gemeinschaft.

Der Mensch lebt also nicht in einem inneren Gefängnis, das die anderen Menschen aussperrt. Umgekehrt verschließt sich auch das fremde Ich nicht hinter einer undurchdringlichen Wand. Das Fremde, der andere Mensch lässt sich durchaus miterleben. Man kann sich in den anderen Menschen hineinversetzen. Man kann mitleiden, Trauer nachempfinden. „So sehe ich z.B. nicht nur die ‚Augen‘ eines andern, sondern auch, ‚dass er mich ansieht‘, ja selbst, ‚dass er mich so ansieht, als wolle er vermeiden, dass ich sehe, dass er mich ansieht‘! So

---

[1] Scheler, Wesen und Formen der Sympathie (1913/1923), GW Bd. 7, Bern, München 1973, 129

nehme ich noch wahr, dass er zu fühlen nur ‚vorgibt' was er gar nicht fühlt, (. . .)"[1]

Wenn man mit dem anderen mitfühlt, wenn man mit ihm miterlebt, dann nimmt man ihn – so Scheler – grundsätzlich in seiner Ganzheit, als Person wahr. Man erfasst die andere Person niemals in Einzelheiten zerlegt, obgleich man natürlich einzelne Aspekte isolieren kann. Beispielsweise begegnet man dem anderen nie als bloßem Körper, höchstens beim Arzt unter der abstrakten naturwissenschaftlichen Sichtweise. Umgekehrt aber können kleine Veränderungen des Verhaltens – ein kurzer böser Blick – den Gesamteindruck, den mir jemand vermittelt, nachhaltig stören. Die Ausdrucksformen des Menschen, Sprache, Gesten, Verhaltensweisen besitzen nach Scheler einen universellen Charakter, der ein richtiges gegenseitiges Verstehen ermöglicht.

Damit entwickelt der Mensch einen primär emotionalen Zugang zur Wirklichkeit, der jeder vernünftigen Erfassung der Welt vorhergeht: Zuerst erlebt das Kind die Welt emotional mit seiner Umwelt. Erst später bestimmt der Mensch die Welt nach vernünftigen Vorstellungen, auch was sein ethisches Handeln betrifft: „Der Mensch muss zuerst auf mehr oder weniger blinde Weise objektiv richtig und gut wollen und handeln lernen, bevor er das Gute als auch gut *einzusehen* vermag und *einsichtig* das Gute zu wollen und zu verwirklichen imstande ist."[2] Das kleine Kind differenziert noch nicht zwischen sich und den anderen, zwischen Ich und Du. Bevor der Mensch also seine Individualität ausprägt, übernimmt er Gefühle von seiner Mitwelt. Das eigene Ich bildet sich erst langsam, indem das Ich das Fremde als etwas Anderes erkennt und vom Eigenen abtrennt. Sukzessive lernt das Kind, sich von der Mitwelt zu unterscheiden. Das aber unterstellt, dass eine soziale Gefühlswelt den Menschen zunächst verankert hat.

---

[1] Ebd., 254
[2] Scheler, Vom Wesen der Philosophie (1921), 79

Häufig halten Menschen die eigene Gefühlswelt indes für die einzig richtige. Man überträgt den eigenen Horizont, die eigene Welt auf den anderen und setzt diese dadurch absolut. Solange jedoch hat man die Existenz des anderen noch nicht richtig verstanden. Erst durch Mitgefühl – eine emotionale ethische Kompetenz wie die Fähigkeit, die Lage eines anderen nachzu-empfinden – begreift man den anderen als eigenständig. Dadurch überwindet man die eigenen Illusionen und den eige-nen Egoismus. „Was hier ohne Vorstellung und Begriff unmit-telbar erfasst wird, ist der ‚Sinn' der Wahrheit, die in Urteils-form übertragen etwa so lauten würde: Der andere ist dir als Mensch, als Lebewesen gleichwertig, der andere existiert so wahr und echt wie du; Fremdwert ist gleich Eigenwert."[1]

2. Die objektiv vorliegende Werthaftigkeit der Welt

Der Mensch mag nun nicht zur Isolation neigen, seine Gefühle gehen sogar aus einer gemeinsamen Gefühlswelt hervor und verbinden ihn durchaus mit anderen Menschen. Trotzdem könnte das Individuum eher egoistische Interessen verfolgen und die gemeinsame Basis der Gefühle auflassen. Damit stellen sich folgende Fragen: Bleiben solche gemeinsamen Gefühls-welten doch bloß subjektiv innerhalb der zwischenmenschli-chen Beziehungen, denen sich der Mensch auch zu entziehen vermag? Oder könnten diese gemeinschaftlichen Gefühle den Menschen mit seiner Umwelt, gar mit Natur und Kosmos rück-koppeln? Gibt es dann natürlich vorgegebene ethische Werte, die sich dadurch gegen den Werteverfall sperren und gegen-über dem grassierenden Individualismus die Gemeinschaftsori-entierung stärken?

Scheler intellektuelle Entwicklung prägt Anfang des 20. Jahrhunderts die auch persönliche Begegnung mit Edmund Husserl, dem Begründer der Phänomenologie. Bedingt nach Kants Philosophie des Subjektivismus der Erkennende alle

---

[1] Scheler, Wesen und Formen der Sympathie (1913/1923), 71

Erkenntnis, so erfasst für den Materialismus der Erkennende die äußere Welt automatisch gemäß ihrer eigenen Strukturen. Zwischen diesen gegensätzlichen Voraussetzungen der Erkenntnis – entweder ein Primat des Subjekts oder ein Primat der Außenwelt – möchte die Phänomenologie vermitteln. Einerseits fasziniert die Außenwelt von sich aus den Erkennenden. Andererseits richtet dieser seinen Blick auf die Wesensmerkmale der äußeren Gegenstände und konzentriert darauf seine Intentionen. Die Intentionalität – das sich Ausrichten auf das Wesentliche eines Gegenstands – stellt einen der zentralen Begriffe der Phänomenologie dar, den Scheler von Husserl übernimmt. Doch die Phänomene, die der Mensch intentional erfasst, werden nicht von ihm selbst geprägt, sondern entspringen der äußeren Welt: „Wie die Wesenheiten, so sind auch die Zusammenhänge zwischen ihnen ‚*gegeben*‘, und nicht durch den ‚Verstand‘ hervorgebracht oder ‚erzeugt‘. Sie werden *erschaut*, und nicht ‚gemacht‘. Sie sind ursprüngliche *Sach*zusammenhänge(. . .).“[1]

Sowenig wie der Mensch sich immer schon als Individuum fühlt, ihn vielmehr eine gemeinsame Gefühlswelt aufhebt, sowenig begegnet er zunächst in der Welt neutralen Gegenständen, abstrakten Objekten, die er erst sachlich prüft, bevor er daran ein Interesse entwickelt. Nein, ähnlich wie mit seinen Mitmenschen fühlt sich der Mensch mit der Welt verbunden, weil sie ihm nämlich reale Werte anbietet. Das Spielzeug fasziniert das Kind. Das frische Wasser und die Früchte der Natur ernähren den Menschen. Diese Zuneigung der Umwelt zu ihm spürt er, und er sieht sich animiert, sich auf die Umwelt intentional auszurichten. Die Welt um den Menschen herum lässt ihn ihren Wert fühlen, den sie für ihn bzw. seine Interessen, Neigungen und Bedürfnisse hat. Der Mensch sieht sich eingebettet in eine ihm freundlich gesonnene Welt, nicht von einer feindlichen bedroht. Folglich lebt er umrungen von einem

---

[1] Scheler, Der Formalismus in der Ethik und die materiale Wertethik (1913f), 86

Gesamtzusammenhang von Wertvollem, aber natürlich auch Schlechtem. Das spürt er unmittelbar, noch bevor er sich mit seiner Umwelt überhaupt auf rationale Weise beschäftigt. „Es gibt ein *Horchen* auf das, was uns ein Fühlen der Schönheit einer Landschaft, eines Kunstwerkes sagt, oder ein Fühlen der Eigenschaften der uns gegenüberstehenden Person; ich meine ein horchendes Entlanggehen diesem Fühlen und ein ruhiges Aufnehmen dessen, wo es gleichsam endet – eine Feinohrigkeit für das, was dann vor uns steht, und eine scharfe Prüfung, ob klar, eindeutig, bestimmt ist, was wir so erfahren (. . .).“[1]

Einerseits treffen diese Werte der Umwelt auf die Bereitschaft wie die Bedürftigkeit des Menschen. Der Mensch besitzt die intentionale Fähigkeit, die Werte seiner Umwelt zu spüren, auf sie zu hören, sie zu erfassen. Schließlich treiben ihn ja seine Bedürfnisse an, dringend etwas zu deren Befriedigung zu unternehmen – sonst würde er verdursten und verhungern. Daher unterscheidet der Mensch in seiner Umwelt einen praktisch relevanten und wertvollen Teil von einem unwichtigen, eher wertlosen oder gar schädlichen.

Andererseits prägt diese Einteilung aber die Umwelt von sich aus vor, erfindet der Mensch diese Werte nicht selbst. Nicht erst der Mensch bewertet die Umwelt, wie man es sich von einer individualistischen Position aus vorstellt. Jeder Gegenstand der Umwelt entwickelt aus sich heraus seine eigene Werthaftigkeit: klares Wasser und die Früchte der Natur dienen ja auch nicht nur dem Menschen: Ein Anthropologismus „ist schon darum ganz unsinnig, da Werte überhaupt zweifellos auch die Tiere fühlen (sicher z.B. die Werte des Unangenehmen und des Angenehmen, des Nützlichen und Schädlichen usw.). Abgesehen vom Auffassen der Werte – *bestehen* die Werte auch an der gesamten Natur.“[2]

Scheler sucht im Anschluss an die Phänomenologie Husserls für die Ethik eine Vermittlung von subjektiver Perspektive des

---

[1] Scheler, Ordo amoris (ca. 1916), 364
[2] Ebd., 271

Menschen mit dem Standpunkt einer Eigenständigkeit der Außenwelt gegenüber dem Menschen. Allein die gefühlsmäßige Verbindung mit anderen Menschen könnte man leichter individualistisch auflassen, wenn die Umwelt den Menschen nicht strukturell einbindet. Doch die Umwelt schiebt und zieht den Menschen – sie lockt mit allerlei Früchten der Natur wie der Kultur. Sie animiert den Menschen genau in der Weise, wie der Mensch sich seinerseits dafür auch öffnet und bereithält – gemäß seiner Interessen, seiner Vor- und Ablieben. Sowohl in der Umwelt wie im Menschen lagern die zu einander passenden Wertstrukturen, die sich gegenseitig auch bestärken. Der Mensch gehört als ein Lebewesen zu dieser Welt, wie sich umgekehrt diese Welt ihm positiv zuneigt.

Ohne eine solche Einbindung könnte das Individuum egoistisch handeln und muss mit negativen Rückwirkungen nicht rechnen. Die ungeheuren sozialen und politischen Katastrophen der Zeit aber bekräftigen, dass der Mensch nicht ungestraft aus seiner sozialen Einbindung heraustreten darf: „Stürzt der Mensch in seinem faktischen Lieben oder in der Aufbauordnung seiner Liebesakte, in Vorziehen und Nachsetzen, diese an sich bestehend Ordnung um, so stürzt er – was an ihm ist – gleichzeitig die göttliche Weltordnung der Intention nach selbst um. Und wo immer er sie also umstürzt, da stürzt auch seine Welt als möglicher Erkenntnisgegenstand und seine Welt als Willens-, Handlungs- und Wirkfeld notwendig nach."[1]

Den Menschen binden folglich die gegebenen Werte seiner Umwelt ethisch ein und nicht allein seine eigene Vernunft, wie es sich Kant vorstellt. Nach Kant jedoch erleben und erfahren die Menschen solche Werte unterschiedlich. Daher lassen sich aus zwangsläufig verschiedenen Bewertungen keine allgemeingültigen ethischen Prinzipien ableiten. Solche Werte besitzen eben keinen formalen, sondern einen materialen Charakter; denn sie werden aus individuell unterschiedlichen Erfahrungen gewonnen. Nur formale Prinzipien können aber Allge-

---

[1] Ebd., 357

meingültigkeit beanspruchen, die für ethische Grundsätze notwendig ist. Denn sie müssen bedingungslos, eben kategorisch gelten. Du sollst nicht töten! Dieses Gebot herrscht immer und unter allen Umständen, unabhängig von der persönlichen Erfahrung. Bloß weil man häufiger netten Menschen begegnete oder weil man Mitleid mit dem Opfer bekommt, deshalb nicht zu morden, ist für Kant überhaupt nicht moralisch. Nein, man mordet nicht, weil es sich schlicht nicht gehört. Ob jemand moralisch eingestellt ist, das entspringt der Moralität seiner Gesinnung, nicht der Handlung selbst: in allen drei Fällen wird faktisch nicht gemordet.

Dass es in solch formaler Ethik dann nicht auf die Handlung ankommt, das kritisiert Scheler: „Die Gesinnungsethik in der von uns bekämpften Form sagt z.B.: Fällt jemand ins Wasser, und schaut ein Gelähmter diesem Vorgange zu, so ist, sofern er nur den *Willen* hat, den Ertrinkenden zu retten, der hierin gegebene sittliche Tatbestand *genau derselbe* wie im Falle, dass ein Nichtgelähmter dasselbe will und ihn wirklich herauszieht."[1]

Nicht dass Scheler Kant widerlegen möchte! Doch er will ihn erweitern. Deswegen lautet der Titel seines Hauptwerkes *Der Formalismus in der Ethik und die materiale Wertethik*. Werte sollen nach Scheler nicht den kategorischen Imperativ Kants ersetzen etwa dadurch, dass man von Werten allgemeingültige Normen ableiten könnte – beispielsweise in dem Sinn, dass man die Liebe zum ethischen Wert erhebt und daraus den Imperativ folgert: Du sollst die Menschen lieben! „Die Wertaussage ist also durchaus keine versteckte Aufforderung oder ein Befehl, in einer bestimmten Weise zu wollen oder zu handeln. Vielmehr ist jede Wertaussage auf einen Gehalt gerichtet, der adäquater anschaulicher Erkenntnis fähig und bedürftig ist. Es sind Sätze, die ein *Gegenständliches meinen* und bedeuten, die

---

[1] Scheler, Der Formalismus in der Ethik und die materiale Wertethik (1913f), 134

in Aussagen wie: ‚dieser Mensch ist gut' vorliegen – nicht Ausdruck oder Kundgabe von Wünschen und Strebungen."[1]

Scheler gehört nicht zu der im 19. Jahrhundert entstandenen Wertphilosophie Rudolph Hermann Lotzes, die den in der Ökonomie populär gewordenen Wertbegriff auf die Ethik überträgt. Kants Formalismus, dass man moralische Prinzipien unabhängig von den konkreten Lebensumständen befolgen muss, trennt Ethik und Erfahrung: Moralische Prinzipien gelten unabhängig davon, was man über die Welt weiß. Damit aber entfremden sich Ethik und Erfahrungswelt voneinander, verliert diese ihren ethischen Sinn wie umgekehrt die Ethik nicht mehr in die Erfahrungswelt eingebunden erscheint.

Darauf antwortet Lotzes Wertphilosophie, indem sie die Gültigkeit von Werten ähnlich wie die Existenz von Gegenständen versteht: Werte gelten genauso, wie die Gegenstände in der Welt existieren. Werte gehören somit zur Welt und vermitteln zwischen Ethik und Erfahrungswelt. Scheler lehnt eine solche Lückenbüßerfunktion des Wertbegriffs ab. Stattdessen gründet er seine Wertlehre auf seine Gefühlslehre, die die Werte aus der Welt hervorgehen lässt. Werte *gelten* nicht nur auf einer geistigen Ebene, vielmehr entspringen sie der materiellen Welt selbst.

Andererseits – und hier zieht Scheler im Anschluss an Husserl dezidiert Parallelen zur Ethik Kants – besitzen sie formale Strukturen. Den Werten eignet eine interne Logik vergleichbar mit der formalen Logik. Man kann nicht gleichzeitig lieben und hassen! „Ein Wertaussagen muss genau wie jedes Urteil logisch ‚richtig' sein, d.h. den formalen Regeln der Urteilsbildung entsprechen, und außerdem – um wahr zu sein – mit irgendwelchen ‚Tatsachen' Übereinstimmung zeigen."[2]

Werte besitzen darüber hinaus noch weitere wichtige formale Strukturen, die man verallgemeinern kann. Man erlebt die Gegenstände der Welt nicht alle als gleichwertig. Vielmehr

---

[1] Ebd., 184
[2] Ebd., 197

fühlt man sie in verschiedener Intensität und bewertet sie dementsprechend unterschiedlich. So ordnet der fühlende Mensch die Werte, auf die er stößt, nach bestimmten Präferenzen. Das bloße Fühlen reagiert eher passiv auf eine Wirkung. Das Bewerten stellt dagegen ein aktives geistiges Geschehen dar. Als Vorziehen oder Ablehnen ordnet es die Werte in Rangordnungen an. Daher spricht Scheler kaum von Bewerten, sondern eher von Höher- oder Niedrigersein: „Dass aber ein Wert ‚höher' ist als ein anderer Wert, das wird in einem besonderen Akte der Werterkenntnis erfasst, der ‚*Vorziehen*' heißt."[1]

Das Wertgefühl erstreckt sich auf verschiedene Sphären, wie das Angenehme, das Vitale, das Geistige *und* das Heilige, die es zueinander in eine bestimmte Rangordnung bringt. Was man jeweils als angenehm oder als unangenehm empfindet, was einem heilig ist, und was nicht, das bleibt subjektiv bzw. individuell unterschiedlich. Doch die Rangordnung der Bereiche besitzt einen allgemeinen Charakter. Über alle Epochen und Grenzen hinweg nimmt das Geistige einen höheren Rang ein als das Angenehme. Diese Wertestruktur unterscheidet sich nicht von Mensch zu Mensch. Sie ist nicht relativ, sondern absolut. Sie entspricht dem absoluten wie einheitlichen Charakter der Welt selbst. Dazu aber muss sich der Blick weiten bzw. erhöhen, nämlich den höchsten Punkt der Rangordnung der Werte ersteigen: „Die Welt ist Welt (und nicht Chaos) und die Welt ist *eine* Welt nur, wenn und *weil* sie Gottes Welt ist – wenn und weil derselbe unendliche Geist und Wille in allem Seienden tätig und kräftig ist."[2]

Damit möchte Scheler dem Vorwurf des Werterelativismus entgehen, der nahe liegt, wenn die Werte der Erfahrungswelt entspringen. Deswegen insistiert ja Kant darauf, dass ethische Normen kategorisch, also bedingungslos gelten. Dass die ho-

---

[1] Scheler, Der Formalismus in der Ethik und die materiale Wertethik (1913f), 105
[2] Scheler, Probleme der Religion – Zur religiösen Erneuerung; in: Vom Ewigen im Menschen (1921), 107

hen geistigen Werte der Welt über die Zeiten hinweg, also wirklich absolut, eine Ordnungsstruktur konstituieren und nicht nur relativ in einer gewissen Zeit gelten, dazu muss aber Scheler die Erfahrungswelt letztlich mit dem Heiligen verknüpfen, das in allen Epochen den höchsten Rang unter den Wertebereichen einnimmt. Will man die Wertordnung der Welt erfahren, bedarf es einer Haltung, die sich auf eine alte religiöse Tugend besinnt: „Die Welt wird sofort ein flaches Rechenexempel, wenn wir das geistige Organ der Ehrfurcht ausschalten. Sie allein gibt uns das Bewusstsein der *Tiefe und Fülle* der Welt und unseres Ich und bringt uns zur Klarheit, dass die Welt und unser Wesen einen nie austrinkbaren Wertreichtum in sich tragen; dass jeder Schritt uns ewig Neues und Jugendliches, Unerhörtes und Ungesehenes zur Erscheinung bringen kann."[1]

3. Die umgreifende Ordnung der Liebe

Seine Gefühle verbinden den Menschen mit seiner Umwelt, die sich ihm in vorgegebenen Wertordnungen präsentiert. Trotzdem muss der Mensch nicht unbedingt in die Welt wie in die soziale Gemeinschaft einkehren. Offenbar kann er sich egoistisch auf sich selbst besinnen und die Welt nur aus dem Blickwinkel des Werterelativismus betrachten.

Was aber könnte das verhindern und ihn zur Einkehr in die soziale wie natürliche Ordnung veranlassen? Wie kann man den Niedergang ethischer Werte bremsen? Eine materiale Wertordnung alleine gewährleistet noch nicht, dass der Mensch moralisch handelt, wenn er egoistischen Zwecken oder den Stimmungen seiner Umwelt folgt. Dagegen behauptet Scheler in *Vom Ewigen im Menschen*, einer der religiösen Erneuerung gewidmeten Schrift: „Die *Liebe* zum absoluten Wert und Sein bricht die im Menschen befindliche Quelle der *Seinsrelativität* alles Umwelt-seins."[2]

---

[1] Scheler, Die Ehrfurcht; in: Vom Umsturz der Werte (1915/1919), 27
[2] Scheler, Vom Wesen der Philosophie (1921), 90

Scheler unglaublich umfängliches Werk muss in drei Phasen unterteilt werden, die sich jeweils etwa den drei ersten Jahrzehnten des 20. Jahrhunderts zuordnen. In seiner Frühphase setzt er sich intensiv mit der Phänomenologie Husserls, mit der Logik, aber auch schon mit Ethik und Psychologie auseinander. Im zweiten Jahrzehnt entwickelt er seine Wertethik und er bemüht sich stärker um religiöse Themen. Es entstehen seine Hauptwerke: in den Jahren von 1913 bis 1916 *Der Formalismus in der Ethik und die materiale Wertethik* und 1921 *Vom Ewigen im Menschen*. In den letzten Lebensjahren legt er die Grundlagen der Wissenssoziologie und der philosophischen Anthropologie im 20. Jahrhundert. Er fragt nach dem Verhältnis von Wissen und Ethik einerseits und andererseits von Geist und Leben. Daran werden vor allem Helmuth Plessner und Arnold Gehlen anthropologisch anschließen. So erscheinen 1923 die *Schriften zur Soziologie und Weltanschauungslehre* und 1928 *Die Stellung des Menschen im Kosmos*. Scheler skizziert den Horizont der philosophischen Anthropologie folgendermaßen: „Dass der Mensch sich zu allen Zeiten seine tiefste Existenz in einer absolut übermächtig, absolut heilig angeschauten, unsichtbaren absoluten Wirklichkeit verankerte, das ist eine Tatsache, die wie Sprache, Kunst, geformtes Werkzeug, irgendwelche Arten des Zusammenlebens usw. zum Wesen des Menschen gehört."[1]

Seine religiöse Orientierung zieht sich durch seine Schriften und gipfelt in einem Aufsatzfragment mit dem Titel *Ordo amoris*, das wahrscheinlich aus dem Jahr 1916 stammt, das er 1923 in größerem Umfang plante, um schließlich im ersten Band des Nachlasses zu erscheinen. Scheler richtet seine Argumentation durchgängig an der ethischen wie religiösen Kraft der Liebe aus und in *Ordo amoris* konzentriert er sie ganz auf diese hin. Denn was könnte den Menschen stärker als die Liebe motivieren, seinen Gefühlen und Wertempfindungen wirklich zu fol-

---

[1] Scheler, Philosophische Anthropologie, Schriften aus dem Nachlass Bd. III, GW Bd. 12, Bonn 1987, 207

gen, die ihn schließlich in eine umfassende soziale wie kosmo-
logische Ordnung einfügen? Was könnte dem Niedergang der
Werte kraftvoller widerstreiten als die Liebe? „Die Liebe des
Menschen ist nur eine besondere Abart, ja eine Teilfunktion
dieser universalen, in allem und an allem wirksamen Kraft.
Immer war uns dabei die Liebe dynamisch ein Werden, Wachsen, Aufquellen der Dinge in die Richtung des Urbildes, das in
Gott von ihnen gesetzt ist. Also ist jede Phase dieses inneren
Wertwachstums der Dinge, welche die Liebe schafft, immer
auch eine Station – eine wenn auch noch so entfernte, vermit-
telte Station auf dem Wege der Welt zu Gott.‟[1]

Was aber bewirkt die Liebe? Verstrickt sie den Menschen
nicht in seine ‚tierischen Triebimpulse‘? Doch man liebt nicht
das Bild seiner Frau, das man sich von ihr macht. Wenn man
wirklich liebt, liebt man seine Frau, wie sie ist. Liebend begegnet man daher der Welt und den Menschen in ihrem jeweiligen
Eigenwert und gewinnt erst dadurch einen unbefangenen Blick.
Ein egoistisches Interesse am Wert der Welt transformiert sich
in einen ethischen Blickwinkel, der erlaubt, der Welt wirklich
so zu begegnen, wie sie sich selbst offenbart.

Scheler scheut sich nicht, dazu einen Begriff zu bemühen,
den die moderne Wissenschaft in geradezu gefühl-*loser*, wert-
neutraler Perspektive zum Grundprinzip erhebt, nämlich die
Sachlichkeit. Für Scheler beruht die Sachlichkeit auf der Liebe,
will man sich von *der Sache selbst* berühren lassen. Dabei steht
er der Wissenschaftslehre seines Zeitgenossen Max Weber gar
nicht so fern. „Wissenschaft ist wertfrei, nicht weil es (wie
Max Weber meint) keine objektiven Werte oder keine strengen, einsichtigen Ranganordnungen unter ihnen gäbe, sondern
weil sie *willkürlich* von allen Werten und erst recht von allen
besonderen Willenszielen von Gott und Menschen, Gruppen,
Parteien *absehen* muss, um ihren Gegenstand zu erhalten.‟[2]

---

[1] Scheler, Ordo amoris (ca. 1916), 355
[2] Scheler, Moralia (1922); in: Schriften zur Soziologie und Weltanschauungslehre, GW Bd. 6, 2. Aufl., Bern, München 1963, 18

Ähnlich wie das Mitleid Verständnis für den anderen Menschen erzeugt, öffnet die Liebe den Menschen für die Welt, lässt die Welt so spüren, wie sich die Welt dem Menschen zuneigt. Das gewinnt grundlegende Bedeutung für jegliche Wahrheitserkenntnis. Wahrheit unterliegt nicht generell subjektiven Bedingungen, um derart letztlich relativ zu verblassen.

Was aber erkennt der Mensch, wenn er in liebender Haltung die Welt anblickt? Er sieht die Wertordnung der Welt, die in einer Ordnung der Liebe gipfelt, die jedem Gegenstand eigen ist: „Ob ich ein Individuum, ein historisches Zeitalter, eine Familie, ein Volk, eine Nation oder andere beliebige soziogeschichtliche Einheiten auf ihr innerstes Wesen hin untersuche: Ich werde es dann am tiefsten erkennen und verstehen, wenn ich das stets irgendwie gegliederte System seiner faktischen Wertschätzungen und seines Wertvorziehens erkannt habe. Dieses System nenne ich das *Ethos* dieses Subjekts. Der fundamentalste Kern aber dieses Ethos ist die *Ordnung der Liebe und des Hasses*, (. . .)."[1]

Liebendes Fühlen erschließt damit nicht nur die Welt auf ethische Weise, indem man sich den Gegenständen oder anderen Menschen zuwendet und von sich selbst absieht. Just durch diese ethische Haltung gewinnt es auch eine objektive Perspektive, die sich als Ordnung der Liebe entpuppt. Liebe gewährt Einblick in die Wesenheiten der Welt, in die ethischen Strukturen aller Wesen, die selbst Ordnungen der Liebe bergen – in den anderen Menschen. Folglich macht Liebe gerade nicht blind, sondern schließt den Menschen in die Ordnungen der Welt ein. Derart widerstrebt Liebe dem egoistischen Individualismus der Moderne und dem damit verbundenen Wertezerfall. *„Wer den ordo amoris eines Menschen hat, hat den Menschen. Er hat für ihn als moralisches Subjekt das, was die Kristallformel für den Kristall ist. Er durch-schaut den Menschen so weit, wie man einen Menschen durchschauen kann."*[2]

---

[1] Scheler, Ordo amoris (ca. 1916), 347
[2] Ebd., 348

Aktiv erschließen die Liebe wie das Wertempfinden die Welt über das reine Fühlen hinaus, das seinerseits nur rezeptiv die Qualitäten der Gegenstände aufnimmt. Die Liebe aber taucht die Welt zudem in ein neues Licht, indem sie die Poren des Wertempfindens reinigt und dieses erweitert. Denn sie erschließt neue Perspektiven der Bewertung. Erst die Liebe verhilft dazu, viele Werte zu erkennen, die häufig zunächst als völlig wertindifferent erscheinen: „Für die Person, je wertvoller sie in sich selbst ist und sich verhält, *öffnet* sich zusehends in jedem Schritte die Welt der Werte. Des Frommen Seele dankt immer leise für Raum, Licht, Luft, für die Gunst der Existenz seiner Arme, Glieder, seines Atems, und alles bevölkert sich mit Werten und Unwerten, was dem anderen ‚wertindifferent‘ ist."[1]

Im liebenden Blick avanciert die Welt zur Schöpfung. Umso liebender der Blick, umso höher reicht die Einsicht in die Rangordnung der Werte. Natürlich kann man Schelers Theorie vom *Ordo amoris* auch rein säkular bzw. rein diesseitig lesen. Primär in religiöser Perspektive – aber auch ohne Rücksicht auf diese in weltlicher Absicht wächst sie zu einer umfassenden Ordnungsstruktur der Werte an – verbindet sie Mensch und Natur vermittels der Werthaftigkeit jedes einzelnen Gegenstandes. Schelers Wertlehre säkular interpretiert reduziert natürlich die Ansprüche eines umfassenden Blicks auf die Welt als Ganze.

So lehrt die Liebe die Achtung vor dem Gegenstand oder dem anderen Menschen in seinem Eigenwert, in seiner eigenen Ordnung und schließt damit an Kants Gedanken des Menschen als ethischen Zweck an sich selbst an. Die Liebe gibt der Welt ein Gesicht, ein Antlitz und befreit sie davon, bloß technisch verwertbarer Gegenstand zu sein – womit Scheler Hans Jonas' Prinzip der Verantwortung für die Erde antizipiert. Der liebende Mensch unterscheidet sich fundamental vom Menschen, der

---

[1] Scheler, Der Formalismus in der Ethik und die materiale Wertethik (1913f), 275

nur ein technisches Verhältnis zur Welt einnimmt: „Zwischen dem ‚Kind Gottes' und dem Verfertiger von Werkzeugen und Maschinen (‚Homo faber') besteht ein unüberbrückbarer Wesensunterschied; zwischen Tier und homo faber hingegen besteht ein Gradunterschied. ‚Kinder der Welt', klügere und weniger kluge, solche, die gut genug organisiert sind, um Klugheit und Werkzeuge nicht nötig zu haben, und solche, die nicht genug organisiert sind und sie darum nötig haben – sind die Tiere und sind die ‚Menschen', die nicht Kinder Gottes sind; die nicht sind ‚Kinder des Lichts'."[1]

Die Liebe stellt kein einfaches Begehren dar, dem es etwa um Befriedigung geht. Liebe lässt sich nicht befriedigen. Zunächst öffnet die Liebe die Augen für die Welt und ihre Wertordnungen. Indem der Mensch sich in diese integriert erkennt, gewährleistet der *Ordo amoris* aber auch den Einblick in die eigenen Wertstrukturen. Der von der Liebe beseelte Mensch begreift die Welt wie sich selbst und zwar aus der sich gegenseitig verdichtenden Beziehung heraus – ein Aspekt, an den Jean-Paul Sartre mit seiner Konstitution des Selbst im Blick des anderen und darüber hinaus mit der Idee umfassender Verantwortung explizit anschließt.

Einerseits ist der Wesenskern des Menschen zeitlos bzw. überzeitlich. Andererseits entfaltet der Mensch aber seinen Wesenskern im Werden, im sich Transzendieren, im liebenden Hinausgehen in die Welt wie in der Rückkehr zum eigenen *Ordo amoris*. Wenn sich der Mensch verwirklichen will, dann muss er die in ihm angelegte Struktur umsetzen und zwar nach Maßgabe des Satzes: ‚Werde, der du bist.' Jegliche Hybris, wenn es ihm denn gelungen sein sollte, sich entsprechend zu entfalten, untersagt ihm aber die Demut: „‚Wir wollen, mein lieber Lucilius, dem Glücke selbst die Würdigkeit vorziehen, es zu besitzen', lässt Addison seinen 'Stoiker' sagen. Auch einen Grundgedanken der Ethik Kants gibt dieser Satz wieder. Eben

---

[1] Scheler, Zur Idee des Menschen; in: Vom Umsturz der Werte (1915/1919), 190

dieser Satz ist nach christlichem Gefühl nicht halb-richtig, nicht falsch – er ist teuflisch. Jedes Glück, das niedrigste noch, die kleinste Lust, die deine Nerven berührt, wie die tiefste Seligkeit, die sich in dir ausbreitend dich und alle Dinge in das Licht Gottes führt, nimm *dankbar* an und bilde dir nie ein, auch nur den kleinsten Teil zu ‚verdienen‘, lautet das Gebot der Demut."[1]

Der Mensch strebt immer über sich hinaus, zu etwas anderem hin. In solcher Fähigkeit zur individuellen Transzendenz, entfaltet sich die Liebe, die aber über die eigene Existenz hinausweist: zum anderen Menschen, zur Gemeinschaft, zur umgebenden Natur, zum Heiligen. Für Scheler gibt die Liebe dem Menschen zu verstehen, dass er sich in einer kosmischen Ordnung befindet: „Nicht die Idee Gottes im Sinne einer existierenden positiv bestimmten Realität freilich ist es, die mithin vorausgesetzt ist, wenn wir das Wesen des Menschen erschauen wollen, es ist vielmehr nur die *Qualität* des Göttlichen oder die *Qualität* des Heiligen, in einer unendlichen Seinsfülle gegeben."[2]

Der *Ordo amoris* ermöglicht zunächst eine bestimmte liebende Einstellung gegenüber der Welt, um im zweiten Schritt deren eigene Ordnung der Liebe zu erkennen. Schließlich entfalten sich alle Dinge in der Welt nicht allein als neutrale Gegenstände, denen erst der Mensch einen wertvollen Charakter zusprechen müsste. Vielmehr besitzen sie selbst eine eigene Wertestruktur, die der Mensch fühlt und die sich in liebender Perspektive immer weiter aufschließt. Diese integrierende Perspektive nach draußen lenkt den Blick zurück zum eigenen Selbst, zur eigenen Selbsterkenntnis, die jedoch gerade keine isolierenden Auswirkungen nach sich zieht. Derart erkennt sich der Mensch gerade nicht als egoistisches Wesen, sondern als verantwortlich für seine Umwelt. Je weiter und tiefer dieser

---

[1] Scheler, Die Demut; in: Vom Umsturz der Werte (1915/1919), 18
[2] Scheler, Der Formalismus in der Ethik und die materiale Wertethik (1913f), 296

61

Blick reicht, je geistiger und religiöser er sich transzendiert, umso stärker sieht sich der Mensch in eine kosmologische Ordnung gebettet, die ihn aufhebt, also bewahrt und schützt: „Wir sehen uns ‚wie' durch Gottes Auge selbst – und das heißt erstens: ganz gegenständlich, zweitens: ganz als Glied des ganzen Universums."[1]

Durch den liebenden Einblick in die Welt, der sich auch in der wissenschaftlichen Sachlichkeit realisiert, erkennt der Mensch für Scheler die Ordnungsstrukturen, und zwar im Detail, im einzelnen Gegenstand, wie in umgreifender Perspektive. Der *Ordo amoris* verknüpft also nicht nur oberflächlich im Sinne von materiellen Ursache-Wirkungszusammenhängen, sondern kosmologisch als umfassende geistig religiöse Einheit den Menschen mit der Welt. Wenn der Mensch folglich begreift, dass er kein isoliertes Individuum ist, wenn er das fühlt, wenn das seine Liebe inspiriert, dann wird er sich vom Egoismus und Individualismus in der Ethik abkehren. Dann – so hofft Scheler – könnte der Niedergang der Werte gebremst werden: „Dieses Eine ist als das Alliebende, darum auch allerkennende und -wollende, *Gott* – das Personenzentrum der Welt als eines Kosmos und Ganzen. Die Ziele und Wesensideen aller Dinge sind ewig in ihm vorgeliebt, vorgedacht. Also ist der *ordo amoris* der Kern der Weltordnung als einer Gottesordnung. In dieser Weltordnung steht auch der Mensch."[2]

---

[1] Scheler, Ordo amoris (ca. 1916), 353
[2] Ebd., 356

II. KAPITEL

DEZISIONISMUS UND KONSERVATIVISMUS CARL SCHMITT UND LEO STRAUSS

Gemeinhin gilt Thomas Hobbes als der Vordenker des Absolutismus und zugleich als Wegbereiter des modernen Staates. Denn er konzipiert einen autoritären Verwaltungsstaat, dem die klassischen liberalen Elemente wie Gewaltenteilung und demokratische Partizipation abgehen. Avanciert Hobbes damit zum affirmativen Orientierungspunkt des politikphilosophisch fundierten Konservativismus, wie ihn Leo Strauss und Eric Voegelin vertreten? Oder besitzt er als Theoretiker der Moderne auch gewisse Affinitäten zum Liberalismus?

In der Tat finden sich im Werk von Leo Strauss als einem der einflussreichsten Vertreter des politischen Konservativismus im 20. Jahrhundert zahlreiche positive Bezüge zu Hobbes. Andererseits besitzt der Konservativismus häufig ältere Wurzeln, die erheblich weiter herkommen. Ob Max Scheler, Carl Schmitt, Gabriel Marcel, Eric Voegelin oder Alasdair MacIntyre, sie alle denken aus einem religiösen Hintergrund heraus. Das gilt auch für Leo Strauss, der sich indes ähnlich wie Voegelin vor allem auf die klassische antike Philosophie von Platon und Aristoteles beruft. Dahingehend bemerkt Strauss denn auch in seiner programmatischen Schrift *What is political philosophy?* über die antike Klassik: „Das Ziel des politischen Lebens ist die Tugend, und die dazu dienlichste Ordnung ist die aristokratische Republik, oder anders formuliert das gemischte Regime."[1]

Just davon aber distanzieren sich nach Strauss praktisch alle modernen politischen Philosophen: Gemischte Verfassungen mögen sie noch positiv konnotieren. Doch an die Stelle von Aristokratien treten Eliten, die sich ständiger Kritik ausgesetzt sehen und die die an sie gestellten Anforderungen gemeinhin nicht zu erfüllen vermögen. In der klassischen Moderne, die ich zwischen 1815 und 1975 situiere, mag man sich zudem auch nicht auf die Tugend der Bürger verlassen. Das erscheint unrealistisch, reduziert sich beinahe programmatisch in Hegels *Rechtsphilosophie* von 1820 die noch von Kant herausgehobene Moral zu einem schmalen Übergangskapitel zwischen dem Teil über das abstrakte Recht und Hegels zentralem Anliegen, der Sittlichkeit, die sich um die äußeren Verhältnisse zwischen den Menschen und nicht um deren innerliche Motivation kümmert.

Das hat mit der Einsicht zu tun, die nach Leo Strauss Machiavelli als erster formulierte, dass nämlich alle menschlichen Angelegenheiten zu vielschichtig erscheinen, als dass man sie noch religiös festgefügten Prinzipien der Gerechtigkeit unterwerfen könnte, so dass sich auch das Handeln der Menschen sinnvoller Weise eher an seinen Wirkungen als an sittlichen Prinzipien orientiert. Machiavelli, so Strauss 1953 in seinem zentralen Werk *Naturrecht und Geschichte*, „verwarf die klassische politische Philosophie und damit die ganze Tradition der politischen Philosophie im vollen Sinne des Wortes als nutzlos: die klassische politische Philosophie orientierte sich daran, wie der Mensch leben sollte."[2]

An die Stelle des göttlichen Gesetzes der Tradition tritt dann die staatliche Gesetzgebung, der aber der göttliche Segen abhandenkommt. Und an die Stelle von Tugenden und Pflichten

---

[1] Leo Strauss, What is Political Philosophy? and other studies, New York, London 1959, 40

[2] Strauss, Naturrecht und Geschichte (1953), Frankfurt/M. 1977, 184

der Bürger, auf die man sich nicht verlassen kann und die daher einen utopischen Charakter erhalten, treten gesetzlich gesicherte Rechte, die genau dem entsprechen, was sich die Menschen ohnehin wünschen. Die Aufklärung leitete diese Rechte aus dem Naturrecht ab: Die Menschen haben von Natur aus Rechte auf das, was sie sich wünschen, anstatt dass sie von Natur aus eine Verpflichtung gegenüber Gott und der Gemeinschaft hätten, die sie sich natürlich nicht wünschen. Das hat, so Strauss, somit nachhaltigere Wirkungen als die antike Tugend: „Was erforderlich ist, um modernes Naturrecht wirksam zu machen, das ist eher Aufklärung oder Werbung als Berufung auf die Sittlichkeit. Von hier aus können wir die häufig beobachtete Tatsache verstehen, dass das Naturgesetz während der Neuzeit eine viel revolutionärere Kraft wurde, als es in der Vergangenheit gewesen war."[1]

1. Der bellizistische *status naturalis*

Das klassische Naturrecht geht davon aus, dass die Natur des Menschen die Grundlage seiner Kultur bildet, eine Natur, die nach Aristoteles einen sozialen Charakter besitzt. Das natürliche Zusammenleben führt zur Kultur, d.h. diese beruht auf dem *status naturalis*. Das wandelt sich im modernen Naturrecht, speziell bei Hobbes. Die Natur führt nicht mehr in die Kultur, sondern letztere schiebt sich aus ihr dadurch heraus, dass sie sie überwindet, nicht die soziale Natur entfaltet, sondern die wölfische unterwirft und kontrolliert. Ohne soziale Natur eignen dem Menschen auch keine sozialen Tugenden wie die der Gerechtigkeit von Natur aus. „Eine weitere Folge dieses Krieges eines jeden gegen jeden ist," schreibt Hobbes im *Leviathan*, „dass nichts ungerecht sein kann. (. . .) Gerechtigkeit und Ungerechtigkeit gehören weder zu den körperlichen noch zu

---

[1] Ebd., 190

den geistigen Tugenden."[1] Ohne positiv geltendes Recht gibt es für Hobbes nun mal auch keine Ungerechtigkeit.

Just daran knüpft nicht nur Leo Strauss an, sondern vor allem auch Carl Schmitt, der den *status naturalis* grundsätzlich anders als die klassische Tradition, aber ähnlich wie Hobbes als Kriegszustand versteht, der für Schmitt daher die Grundlage des Politischen schlechthin darstellt: „Bei Hobbes – weitaus der größte und vielleicht der einzige wahrhaft systematische politische Denker –", schreibt Schmitt, „ist daher das ,*Bellum*' Aller gegen Alle nicht als Ausgeburt einer furchtsamen und verstörten Phantasie, aber auch nicht als ,Konkurrenz' (. . .), sondern als die elementare Voraussetzung seines spezifisch politischen Gedankensystems zu verstehen."[2]

Während Schmitt im Grunde den zwischenstaatlichen Zustand als zumindest latenten Kriegszustand versteht und ihn auf den Naturzustand überträgt, um derart die Motivation des Politischen im Ernst einer solchen Lage zu diagnostizieren, geht Leo Strauss einen Schritt weiter und fragt im Anschluss an Hobbes nach dem Grund für diesen Kriegszustand. Das ist der unsoziale Charakter des Menschen, so dass Strauss konstatiert: „Das Naturgesetz muss von der mächtigsten aller Leidenschaften abgeleitet werden."[3] Darin sieht Strauss einen Realismus im Denken von Hobbes, der angesichts der religiös motivierten Bürgerkriege die Augen vor den aggressiven menschlichen Leidenschaften gerade nicht verschließt, vielmehr das Politische auf deren Zügelung ausrichtet, eben auf die Disziplinierung der wölfischen Leidenschaften, durch die schließlich ständig der Frieden in einen Kriegszustand abzugleiten droht. Ist Hobbes mit seinem *status naturalis* als Kriegszustand in der

---

[1] Thomas Hobbes, Leviathan (1651), Frankfurt/M. 1984, 98
[2] Carl Schmitt, Der Begriff des Politischen (1927); in: Frieden oder Pazifismus? Arbeiten zum Völkerrecht und zur internationalen Politik 1924-1978, Berlin 2005, 212
[3] Strauss, Naturrecht und Geschichte (1953), 187

Tat der zentrale Vordenker moderner konservativer politischer Theorien?

Carl Schmitt zieht aus dem Kriegszustand eine andere Konklusion als Hobbes und Strauss: Das Individuum unterwirft sich dem *Leviathan* nicht, um die eigene Existenz zu sichern. Einerseits erscheint das für Schmitt keine ausreichende Motivation zu sein, um das soziale Band festzuzurren. In der Tat kennt man genügend Fälle, wo Menschen ihren Reichtum dazu benutzen, um Bürgerkriege voranzutreiben oder, wie Marx es formulierte, dass die Lösung der Magenfrage der Revolution vorausgeht. Andererseits bedarf für Schmitt das soziale Band besonderer Festigkeit, weil der Staatszweck offensichtlich nicht im Schutz des Individuums liegt, sondern darin zwischenstaatliche Konfrontationen vor allem militärisch zu bestehen.

Aus solch einem bellizistischen Naturzustand folgert Schmitt denn auch seine legendäre Unterscheidung von Freund und Feind, die weder einen moralischen noch einen ökonomischen, sondern einen existentiellen Sinn hat. Durch diesen entfalten sich die höchsten sozialen Bindekräfte. Der Fremde, so Schmitt, „ist eben der andere, der Fremde, und es genügt zu seinem Wesen, dass er in einem besonders intensiven Sinne existenziell etwas anderes und Fremdes ist, so dass im extremen Fall Konflikte mit ihm möglich sind, die weder durch eine im voraus getroffene generelle Normierung, noch durch den Spruch eines ‚unbeteiligten‘ und daher ‚unparteiischen‘ Dritten entschieden werden können."[1] Weder die Ethik noch die Ökonomie können den Konflikt zwischen Freund und Feind lösen, den bellizistischen Naturzustand zwischen den Staaten überwinden, worauf ja der Völkerbund abzielte oder auch heute immer noch die UN. Es gibt überhaupt keine Metaebene weder der Vernunft noch durch solche internationalen Institutionen, von der herab die existentiellen Auseinandersetzungen befrie-

---

[1] Schmitt, Der Begriff des Politischen (1927), 197

det werden könnten, auch und gerade nicht durch eine prinzipielle bzw. moralische Verurteilung des Krieges.

Vor allem aber – das unterscheidet Schmitt von Hobbes – führt die Freund-Feind-Unterscheidung dazu, dass die Individuen auf eigene Interessen und Meinungen verzichten müssen, festigt somit das soziale Band und stärkt die Macht des Souveräns. „Erklärt ein Teil des Volkes," so Schmitt, „keinen Feind mehr zu kennen, so stellt er sich nach Lage der Sache auf die Seite der Feinde und hilft ihnen, aber die Unterscheidung von Freund und Feind ist damit nicht beseitigt."[1] Die primäre Aufgabe des Staates stellt dabei weder die Beendigung des Kriegszustandes dar, noch kann das Individuum einen prinzipiellen Schutz seines Lebens gegenüber einem möglichen Souverän geltend machen, dem es sich nach Hobbes um eines solchen Schutzes willen unterwirft. Weder ist wie bei Hobbes sein Leben primär zu erhalten, noch darf es darüber selber urteilen oder im stillen Kämmerlein einem abweichenden Kult frönen, wenn dieser die staatlich verordnete Feindschaft in Frage stellt. Das Individuum dient nach Schmitt dem Staat, der diesen Dienst braucht um den bellizistischen Naturzustand zwischen den Staaten zu bestehen und der in diesem Dienst dem Individuum einen Lebenssinn gewährt. Dagegen soll ja nach Hobbes der Staat den Naturzustand überwinden, d.h. die Menschen vor dem Kriegszustand schützen.

Während also bei Hobbes der *Leviathan* den Kriegszustand beendet, so dass dieser gerade nicht mehr Orientierungspunkt des individuellen Handelns ist – höchstens unterschwellig als Erinnerung an die Motive für die Achtung vor der souveränen Gewalt –, bleibt bei Schmitt der Kriegszustand eigenartig präsent. Zwar verlängert sich in ihm die Politik nicht automatisch, wie das berühmte Verdikt von Clausewitz immer wieder mal zitiert wird. Nein, so Schmitt: „Der Krieg ist durchaus nicht Ziel und Zweck oder gar Inhalt der Politik, wohl aber ist er die als reale Möglichkeit immer vorhandene Voraussetzung, die

---

[1] Schmitt, Der Begriff des Politischen (1927), 207

das menschliche Handeln und Denken in eigenartiger Weise bestimmt und dadurch ein spezifisch politisches Verhalten bewirkt."[1] Der Ernstfall soll das Denken und Handeln des Individuums wie des Souveräns allzeit begleiten, an ihm sollen sich alle ständig orientieren. Dabei müssen sie sich an den Regeln des Krieges so ausrichten, dass sich das Politische womöglich darauf reduziert, die Freund-Feind-Unterscheidung zu treffen: Die politische Autorität legt das höchste Ziel fest, die Militärs führen diese aus.

Damit versucht Schmitt wieder die Achtung des Staates bei seinen Untertanen herzustellen, die im 18. und 19. Jahrhundert ins Wanken geriet, von Alexis de Tocqueville, einem Vordenker des Konservativismus 1835 noch beschworen wurde: „der Staat scheint wie eine einzige Person zu handeln; er bewegt nach seinem Willen gewaltige Massen, er vereinigt alle Macht auf sich, er richtet ihre ganze Wucht wohin er will. England, das seit fünfzig Jahren so große Dinge vollbrachte, kennt keine Zentralisierung der Verwaltung. Ich vermag mir für meinen Teil nicht vorzustellen, dass eine Nation ohne starke Regierungszentralisierung leben oder gedeihen kann. Aber ich glaube, dass eine zentralisierte Verwaltung zu nichts anderem taugt, als die ihr unterworfenen Völker zu schwächen, denn sie vermindert in ihnen ohne Unterlass den Bürgergeist."[2] Für Schmitt muss der Bürgergeist geschwächt werden und der Untertanengeist gefördert.

So gewinnt denn der Kriegszustand bei Schmitt eine andere Perspektive als bei Hobbes, bei dem es sich um einen Kriegszustand zwischen Individuen handelt. Das erscheint interessanter Weise nicht das Problem für Schmitt zu sein, wiewohl man ihm doch unterstellen darf, dass der äußere Konflikt auch dazu dient, den inneren zu befrieden. Doch primär zielt die Stabilität des sozialen Bandes darauf, eine nach außen möglichst starke Gemeinschaft zu konstituieren. So schreibt Schmitt „Krieg ist

---

[1] Ebd., 200
[2] Tocqueville, Über die Demokratie in Amerika (1835/40), 76

bewaffneter Kampf zwischen organisierten politischen Einheiten, Bürgerkrieg bewaffneter Kampf innerhalb einer (dadurch aber problematisch werdenden) organisierten Einheit."[1] Der Kriegszustand zwischen den Individuen interessiert Schmitt nur soweit, wie dieser das soziale Band bedroht und damit die Verteidigungsfähigkeit des Staates beeinträchtigt.

Dazu bemerkt Leo Strauss vielleicht doch etwas überraschend: „Hobbes hatte den Naturstand als in sich selbst unmöglich dargestellt: der Naturstand ist der Stand des Krieges eines jeden gegen jeden; im Naturstand ist jeder jedes anderen Feind. Nach Schmitt sind die Subjekte des Naturstandes nicht Individuen, sondern Gesamtheiten; und ferner ist nicht jede Gesamtheit jeder anderen Feind, sondern es gibt außer der Möglichkeit der Feindschaft auch die des Bündnisses und der Neutralität (. . .). Der so verstandene Naturzustand ist in sich selbst *möglich*. Dass er aber *wirklich* ist, beweist die gesamte Geschichte der Menschheit bis auf den heutigen Tag."[2] Allerdings – das darf man Strauss hier entgegenhalten – könnte sich dieser mangelnde Realismus daraus erklären, dass der Naturzustand ja nur als Hypothese im Dienst von Hobbes' Argumentation steht, Menschen dazu zu bewegen, die staatliche Macht anzuerkennen. Er ist nicht real oder historisch. Schmitt seinerseits reicht ein solches Argument offenbar nicht aus, Strauss ebenfalls nicht.

Zwar erscheint Hobbes mit seinem Naturzustand als Dreh- und Angelpunkt eines konservativen politischen Denkens. Allerdings übernehmen Schmitt und Strauss davon höchstens dessen kriegerische Seite, die Schmitt dann noch dazu primär auf das Verhältnis zwischen den Staaten bezieht. Allemal ziehen sie andere Konsequenzen aus diesem kriegerischen Naturzustand, so dass sich Hobbes in dieser Hinsicht nicht gerade zum Paten des politischen Konservativismus mausert.

---

[1] Schmitt, Der Begriff des Politischen (1927), 199
[2] Strauss, Anmerkungen zu Carl Schmitt, Der Begriff des Politischen (1932), Gesammelte Schriften Bd. 3, Stuttgart, Weimar 2001, 226

Nun muss das nicht allzu sehr verwundern, dass die beiden Vertreter des Konservativismus sich zunächst offenbar nicht unmittelbar auf die Naturzustandskonzeption bei Hobbes stützen, da derartige aufklärerische Ideen dem Liberalismus den Weg bereiten. Doch Carl Schmitt und Leo Strauss folgen Hobbes in anderer Hinsicht, die mit dem Naturzustand zu tun hat. Der Mensch wird bei Hobbes nämlich unentwegt von seinen Leidenschaften getrieben. „So halte ich", schreibt Hobbes, „an erster Stelle ein fortwährendes und rastloses Verlangen nach immer neuer Macht für einen allgemeinen Trieb der gesamten Menschheit, der nur mit dem Tode endet. Und der Grund hierfür liegt nicht immer darin, dass sich ein Mensch einen größeren Genuss erhofft als den bereits erlangten, oder dass er mit einer bescheidenen Macht nicht zufrieden sein kann, sondern darin, dass er die gegenwärtige Macht und die Mittel zu einem angenehmen Leben ohne den Erwerb von zusätzlicher Macht nicht sicherstellen kann."[1] Bereits Hobbes unterscheidet das menschliche vom tierischen Begehren nicht allein durch die Vernunft, die dem Menschen zur Verfügung steht. Das Tier reagiert auf immer beschränkte äußere Eindrücke, während die Fantasie den Menschen darüber hinaus weist. Dazu veranlasst diesen indes nicht die Vielzahl äußerer Eindrücke. Das Begehren übersteigt andauernd sich selbst und treibt den Menschen ständig zu neuen Ufern. Es lässt sich nicht befriedigen, sowenig wie es sich still stellen lässt. Strauss formuliert die von Hobbes so gesehene Tatsache derart, dass „der Mensch von sich aus unendlich begehrt"[2] – ein Gedanke, der am Rande der postmodernen Philosophie bei Jacques Lacan als menschlicher Grundtrieb wiederkehren wird und in den von Sigmund Freud ursprünglich angedachten Todestrieb ausläuft.

Daraus zieht Hobbes allerdings weder die Konsequenz, die Schmitt noch die Strauss daraus ziehen werden. Man kann

---

[1] Hobbes, Leviathan (1651), 75
[2] Strauss, Hobbes' politische Wissenschaft in ihrer Genesis (1935, 1965), Gesammelte Schriften Bd. 3, Stuttgart, Weimar 2001, 22

solches Begehren nicht strukturell disziplinieren. Es wird sich solcher schlichten Unterdrückung immer wieder entziehen, wird auch jeglicher Disziplinierung immer wieder widerstreiten. Hobbes wählt daher eine andere Antwort, nämlich die von Zuckerbrot und Peitsche, die Todesdrohung und die Verlockungen, die der Frieden verheißt. „Die Leidenschaften," schreibt Hobbes, „die den Menschen friedfertig machen, sind Todesfurcht, das Verlangen nach Dingen, die zu einem angenehmen Leben notwendig sind und die Hoffnung, sie durch Fleiß erlangen zu können. Und die Vernunft legt die geeigneten Grundsätze des Friedens nahe, auf Grund derer die Menschen zur Übereinstimmung gebracht werden können. Diese Gebote sind das, was sonst auch Gesetze der Natur genannt wird."[1] Der Todesdrohung soll der Mensch gerade nicht wie der tapfere Soldat mit Verachtung entgegen treten, sondern sich von ihr so beeindrucken lassen, dass er sein Begehren mäßigt, genauer es ablenkt, es verschiebt, es also durch die Verheißungen eines angenehmen Lebens sublimiert, was psychoanalytisch betrachtet natürlich ins Verdrängte, also ins Unbewusste ausläuft, das bekannter Weise als Störung des Bewusstseins wiederkehrt. Das stellt somit auch keine schlichte Unterwerfung dar, sondern ein Tauschgeschäft, was weder Schmitt noch Strauss goutieren.

Die Prinzipien der Vernunft, dort wo die Natur sich in Worte fasst, entspringen nicht einem heroischen Zeitalter, das noch Rousseau als römische Tugenden anmahnt. Vielmehr formulieren sie die Regeln eines bürgerlichen Friedens, wenn die Individuen ihren privaten Interessen nachgehen. So bemerkt Strauss die sicher auch für Schmitt unerfreuliche Angelegenheit: „Hobbes schreckt nicht vor der Konsequenz zurück, den Tugendcharakter der Tapferkeit ausdrücklich zu leugnen. (Dehomine XIII 9)."[2] Damit geraten die eingangs erwähnten klassischen Tugenden ins Abseits, auf die sich nach Strauss die

---

[1] Hobbes, Leviathan (1651), 98
[2] Strauss, Anmerkungen zu Carl Schmitt (1932), 224

Polis gründet. Menschlichkeit konstituiert sich nicht über generell unterdrückende Disziplinierung oder Selbstzucht, sondern über die Sublimierung des Begehrens, eine Kritik, die Schmitt teilt, deren Relevanz für Hobbes er aber unterschätzt, nicht aber gegenüber dem Liberalismus insgesamt.

Für Strauss avanciert Hobbes just dadurch zum Wegbereiter des Liberalismus, weil er die klassischen Tugenden verabschiedet, denen man ohne Tauschhandel, ohne Zuckerbrot bzw. Angenehmes folgt. „Wenn die Tugend mit Friedfertigkeit gleichgesetzt wird," schreibt Strauss, „dann wird das Laster mit jener Gewohnheit oder Leidenschaft identisch werden, die per se mit dem Frieden unvereinbar ist, weil sie ihrem Wesen nach und mit Bedacht darauf ausgeht, andere zu verletzen. Das Laster wird, praktisch genommen, eher mit Stolz, Eitelkeit oder *amour propre* identisch als mit Unentschlossenheit oder Seelenschwäche. Das heißt mit anderen Worten, dass ‚die strengen Tugenden' der Selbstzucht ihren Rang verlieren, wenn die Tugend zur sozialen Tugend, zum Wohlwollen, zur Güte oder zu ‚den freien Tugenden' reduziert wird. (. . .) Dieses Ersatzmittel ist Kern dessen, was wir mit ‚politischem Hedonismus' bezeichnet haben."[1]

Tapferkeit und Seelenstärke, Härte gegen sich selbst und Entschlossenheit neigen zum Kriegszustand, bereiten sich zumindest darauf vor. Hobbes erkennt, dass die kriegerischen Tugenden in Zeiten des Friedens zum Laster werden – man denke an die Freikorps nach dem ersten Weltkrieg und natürlich an jenen langjährigen Nazi-Kanzler, der mit sich offenbar auch nichts Besseres anzufangen wusste. Das sieht auch Strauss, doch er zieht daraus eine andere Konklusion: So wie Hobbes den Frieden gewährleisten möchte, führt das für Strauss zu einem *Verlust der Tugend*, wie es MacIntyre beschreibt, wenn er von einer moralischen Katastrophe im Zeitalter der Aufklärung spricht. So unterstellt MacIntyre dass durch die rationale Begründung „der Grundgehalt der Moral in erheb-

---

[1] Strauss, Naturrecht und Geschichte (1953), 195

lichem Umfang aufgebrochen und teilweise zerstört worden ist."[1]

Doch diese Tugenden der Stärke disqualifiziert Hobbes in der Tat als für den Frieden unbrauchbar, und zwar als Leidenschaften, die den Naturzustand zu bestehen befähigen, also den Kriegszustand verlängern, anstatt diesen zu beenden: „Und wegen dieses gegenseitigen Misstrauens gibt es für niemand einen anderen Weg, sich selbst zu sichern, der so vernünftig wäre wie Vorbeugung, das heißt, mit Gewalt oder List nach Kräften jedermann zu unterwerfen, und zwar so lange, bis er keine andere Macht mehr sieht, die groß genug wäre, ihn zu gefährden. Und dies ist nicht mehr, als seine Selbsterhaltung erfordert und ist allgemein erlaubt. Auch weil es einige gibt, denen es Vergnügen bereitet, sich an ihrer Macht zu weiden, indem sie auf Eroberungen ausgehen, die sie über das zu ihrer Sicherheit erforderliche Maß hinaustreiben, könnten andere, die an sich gerne innerhalb bescheidener Grenzen ein behagliches Leben führen würden, sich durch bloße Verteidigung unmöglich lange halten, wenn sie nicht durch Angriff ihre Macht vermehrten. Und da folglich eine solche Vermehrung der Herrschaft über Menschen zur Selbsterhaltung eines Menschen notwendig ist, muss sie ihm erlaubt werden."[2]

Just daran knüpft Schmitt an, der in Hobbes ja den Denker des Kriegszustandes sieht. Aber Schmitt überträgt diesen Kriegszustand primär auf die zwischenstaatliche Ebene. Doch dagegen wendet Strauss ein: „Während bei Hobbes die natürliche und darum unschuldige ,Bosheit' zuletzt darum hervorgehoben wird, damit sie bekämpft werden kann, spricht Schmitt von der nicht moralisch zu verstehenden ,Bosheit' mit einer unverkennbaren *Sympathie*. Diese Sympathie ist aber gar nichts anderes als die *Bewunderung* der animalischen Kraft."[3] In der

---

[1] Alasdair MacIntyre, Verlust der Tugend – Zur moralischen Krise der Gegenwart (After Virtue 1981), Frankfurt/M. 1995, 18

[2] Hobbes, Leviathan (1651), 95

[3] Strauss Anmerkungen zu Carl Schmitt (1932), 232

Tat, wenn es keinen höheren Maßstab im Naturzustand gibt, dann lässt sich auch keine moralische Bosheit diagnostizieren, klingt dergleichen nach Nietzsches Ressentiment geladener Bewunderung antiker aristokratischer Stärke.

2. Herrschaftsbedürftigkeit zwischen Autorität und Anarchie

Für Leo Strauss erweist sich die Bewunderung solcher Bosheit oder auch Stärke indes als unmöglich. Was bei Hobbes in den unbedingt zu vermeidenden Bürgerkrieg führt, das muss Schmitt gehörig verdrehen, um es bewundern zu können. Die „Unangemessenheit", solcher Bewunderung, so Strauss, „zeigt sich überdies unmittelbar darin, dass das, *was* bewundert wird, keineswegs als ein Vorzug, sondern als ein Mangel, eine Bedürftigkeit (nämlich als Herrschaftsbedürftigkeit) entdeckt wird. Die als Herrschaftsbedürftigkeit entdeckte Gefährlichkeit des Menschen kann angemessen nur als moralische Schlechtigkeit verstanden werden. Als solche muss sie zwar anerkannt, kann sie aber nicht bejaht werden."[1] Weil der Mensch böse ist, muss er beherrscht werden. Man kann nicht diese Bosheit ausnutzen, um sie beispielsweise militärisch gegen einen politischen Feind richten. Strauss wehrt sich vehement gegen die Verdrehung der moralischen Kategorien bzw. gegen deren Relativierung, die er dem Liberalismus vorwirft. Eine solche Verdrehung diagnostiziert er just hier auch bei Schmitt.

Dieser wird zwar der Herrschaftsbedürftigkeit nicht widersprechen. Freilich bedient er sich beim Kampf um das Dasein zwischen den Völkern dieser Bosheit, also der Unmoralität, während Strauss dazu auf die antiken kriegerischen Tugenden zurückgreift, um nicht wie Schmitt auf die moralisch schiefe Bahn zu geraten. „Eine wohlgesittete Gemeinschaft", so Strauss über das klassische Naturrecht, insbesondere Aristoteles, „wird nicht in den Krieg ziehen, es sei denn, es handele sich um eine gerechte Sache. Was sie aber während eines Krie-

---

[1] Ebd., 232

ges tun wird, das hängt bis zu einem gewissen Grad von dem ab, was ihr der Feind – möglicherweise ein absolut gewissenloser und barbarischer Feind – zu tun aufzwingt. Es gibt keine im voraus definierbaren Beschränkungen, es gibt keine bestimmbaren Grenzen für das, was zur gerechten Repressalie werden kann."[1] Wahrscheinlich würde Hobbes dem nicht unbedingt widersprechen. Allerdings schließen hier im Verhältnis von Leidenschaften und Moral weder Schmitt noch Strauss sehr präzise an Hobbes an, so dass auf ein weiteres Mal in Frage steht, ob Hobbes als Bezugspunkt konservativer politischer Philosophien zu dienen vermag.

Aber treffen sich Hobbes, Schmitt und Strauss nicht zumindest bei dem Problem der Herrschaftsbedürftigkeit des Menschen, unabhängig davon wie die diese evozierenden Leidenschaften jeweils interpretiert werden? Und stellt das nicht einen zentralen Gedanken konservativer Theorien dar?

Der Mensch ist ein gefährliches Wesen, was ihm indes wenig hilft, ihn gar nicht stärkt, was ihn vielmehr zugleich zu einem gefährdeten, zu einem schwachen Wesen macht. Im Naturzustand kann sich nach Hobbes niemand sicher sein, nicht das Opfer von anderen, auch Schwächeren zu werden. So bemerkt Hobbes: „Denn was die Körperstärke betrifft, so ist der Schwächste stark genug, den Stärksten zu töten – entweder durch Hinterlist oder durch ein Bündnis mit anderen, die sich in derselben Gefahr wie er selbst befinden."[2] Die Natur hat die Menschen zu ähnlich werden lassen. Ihnen eignet daher eine – modern gesprochen – evolutionäre Gleichheit, die den Hintergrund der menschlichen Gefährlichkeit wie Gefährdetheit ausfüllt.

Das Problem transformiert sich für Strauss in ein anderes: „Die Frage: Gefährlichkeit oder Ungefährlichkeit des Menschen? taucht also auf angesichts der Frage: ob die Regierung von Menschen über Menschen notwendig oder überflüssig ist,

---

[1] Strauss, Naturrecht und Geschichte (1953), 165
[2] Hobbes, Leviathan (1651), 94

bzw. sein wird. Demnach bedeutet Gefährlichkeit: *Herrschaftsbedürftigkeit.*[1] Die Leidenschaften, vor allem das Begehren machen den Menschen gefährlich, was ihn indirekt zugleich gefährdet. Die Gefahr liegt also in doppelter Hinsicht in ihm selbst. Will er diese Gefährdung vermeiden, bleibt ihm gar nichts anderes, als sich unter eine Herrschaft zu begeben, eben auf seine Gefährlichkeit zu verzichten – womit heute selbst unter zivilisierten Umständen immer noch viele protzen. Der Mensch braucht die Herrschaft, so dass dabei die Politik ein Fundament in der Moralität erhält: „Die Bejahung der Gefährlichkeit als solcher hat also keinen politischen, sondern nur einen ‚normativen‘, *moralischen* Sinn; auf ihren angemessenen Ausdruck gebracht, ist sie die Bejahung der Kraft als staatenbildende Kraft.“[2] Die Leidenschaft oder das Begehren transformieren sich in eine Kraft zum Guten. Für Hobbes ist der Mensch so herrschaftsbedürftig, so dass daraus im Naturzustand die Gründung des Staates erfolgt, die für Leo Strauss kein Zufallsprodukt war, sondern sich eben dieser Natur des Menschen verdankt, die darin ihre Anlage zum Guten aufscheinen lässt.

Wenn Hobbes dagegen den Menschen zum Wolf erklärt, fragt sich am Ende trotzdem, wie denn daraus ein funktionierender Staat entsteht. Wie sollte ein solcher Charakter im Staat wirklich überwunden bzw. still gestellt werden? Historisch hat sich schließlich auch häufig bestätigt, dass der Souverän seinen Aufgaben wenig gewachsen erscheint, der den Bürgerkrieg häufig verlängert, den er beenden soll, eine Erfahrung die Rousseau bestätigen wird. „Hobbes ist im höchsten Maße inkonsequent,“ stellt denn auch Strauss fest, „weil er einerseits verneint, dass der Mensch von Natur aus gesellig sei, und andererseits versucht, den Charakter des natürlichen Menschen durch Hinweis auf seine Erfahrung mit Menschen zu bestim-

---

[1] Strauss, Anmerkungen zu Carl Schmitt (1932), 230
[2] Ebd., 229

men, welche die Erfahrung eines Menschen in der Gesellschaft ist."[1]

Rousseau lässt seinen Urmenschen einsam durch die Wildnis streifen, wo er kaum jemandem begegnet, eine wohl naturalistischere Überlegung als diejenige von Hobbes, der dagegen die Gesellschaft, wie sie heute ist, in den Naturzustand versetzt, wo sich die Menschen dann ständig gegenseitig auf die Füße treten – so auch eine berühmte Kritik von Rousseau an Hobbes, „weil er unzweckmäßigerweise zu der Sorge um die Erhaltung des Wilden das Bedürfnis nach Befriedigung einer Menge von Leidenschaften hinzugenommen hat, die das Werk der Gesellschaft sind und erst Gesetze zu ihrer Bekämpfung nötig machten."[2]

Mit dieser, andererseits realistischen Ambivalenz eröffnet Hobbes am Ende die liberale politische Perspektive, deren Dilemma es bis heute bleibt, dass es häufig effizienter und moralischer erscheint, die Menschen sich selbst zu überlassen, dergleichen jedoch ebenfalls umgekehrt kontraproduktiv und unsittlich wirkt und daher auf Unvermögen und Unverständnis stößt. Wenn man in der Tat an John Locke oder Adam Smith denkt, dann übersieht der Liberalismus vorschnell seine Gegenfinalitäten. Darauf insistiert Strauss, wobei er Hobbes vom folgenden Vorwurf ausdrücklich ausnimmt: „Der Liberalismus geborgen und befangen in einer Welt der Kultur, vergisst das Fundament der Kultur, den Naturstand, d.h. die menschliche Natur in ihrer Gefährlichkeit und Gefährdetheit."[3]

Anders formuliert, der Liberalismus beachtet die Herrschaftsbedürftigkeit des Menschen nicht hinlänglich. Ja, er möchte den Menschen sich selbst überlassen, von politischer Lenkung befreien. Das kann im Grunde nur funktionieren,

---

[1] Strauss, Naturrecht und Geschichte (1953), 279
[2] Jean-Jacques Rousseau, Über den Ursprung der Ungleichheit unter den Menschen (Zweiter Discours, 1755); in: Schriften zur Kulturkritik, Hamburg 1971, 167
[3] Strauss, Anmerkungen zu Carl Schmitt (1932), 225

wenn der Mensch vorher entweder entsprechend erzogen wird: man denke hier an die Erziehungsprogramme bis hin zu Rousseaus *Emile* im 18. Jahrhundert. Doch auch das setzt voraus, dass sich dieses Wesen überhaupt entsprechend erziehen lässt – eine Angelegenheit, an der Strauss und Schmitt zweifeln.

Dabei können sie sich auf Joseph de Maistre berufen, bekennender Monarchist auch mitten in der Französischen Revolution und als solcher ebnet er dem Konservativismus bereits im 18. Jahrhundert den Weg. Er schreibt 1791: „Der Mann des Volkes, der sich zu klein findet, wenn er sich mit einem großen Herrn vergleicht, vergleicht sich selbst mit dem Herrscher, und dieser Titel *Untertan*, der den einen ebenso wie den anderen derselben Macht und derselben Justiz unterwirft, schafft eine Art Gleichheit, die die unvermeidlichen Leiden des Ehrgefühls einschläfert."[1] Als Monarchist will de Maistre die Widerständigkeit der Menschen gegen die Herrschaft moderieren, schwächen, letztlich lahmlegen. Aber Schmitt dürfte das zu freundlich gegenüber den Untertanen sein, schreibt er ohne eigene Distanzierung über den reaktionären Monarchisten Juan Donoso Cortés: „Seine Verachtung der Menschen kennt keine Grenzen mehr; ihr blinder Verstand, ihr schwächlicher Wille, der lächerliche Elan ihrer fleischlichen Begierden scheinen ihm so erbärmlich, dass alle Worte aller menschlichen Sprachen nicht ausreichen, um die ganze Niedrigkeit dieser Kreatur auszudrücken. (. . .) Die Stupidität der Massen ist ihm ebenso erstaunlich wie die dumme Eitelkeit ihrer Führer."[2] Völlig fern steht Strauss dieser abschätzigen Haltung gegenüber der Bevölkerung auch nicht, eine Haltung, die im politischen Konservativismus durchaus verbreitet ist und nicht unbedingt durch karitative Einstellungen gemildert wird.

Carl Schmitt verdächtigt den Liberalismus denn auch, mit der Ausblendung dieser gefährlichen Seiten des Menschenwe-

---

[1] Joseph de Maistre, Von der Souveränität (1791), 87
[2] Schmitt, Politische Theologie (1922), 3. Aufl. Berlin 1979, 63

sens – schließlich gehört dazu auch diese von Donoso verachtete Schwäche – andere Zwecke zu verfolgen: „Für die Liberalen dagegen bedeutet die Güte des Menschen weiter nichts als ein Argument, mit dessen Hilfe der Staat in den Dienst der ‚Gesellschaft' gestellt wird, besagt also nur, dass die ‚Gesellschaft' gut und der Staat ihr misstrauisch kontrollierter Untergebener ist."[1] Wenn der Mensch entsprechend gut ist, braucht es keinen Staat, der ihn bevormundet, kann umgekehrt das Individuum den Staat im liberalen Sinn seinen Interessen unterwerfen.

Andererseits darf man dem entgegnen: woher sollten die Liberalen denn das Vertrauen in den Staat des 18. Jahrhunderts nehmen – und man darf gleich weiterfragen, woher sollte man es im 21. Jahrhundert nehmen? Und Gewaltenteilung und Demokratie als den Staat schwächende Strukturen bestätigen dergleichen Vorbehalte. Wohin man im 18. oder im 21. Jahrhundert schaut, überall – zuletzt unter dem Deckmantel des Kriegs gegen den Terror (der klassische Topos des Ausnahmezustands mit allerdings etwas eingeschränkter Reichweite) – verweigert oder beschneidet der Staat die Rechte des Individuums, wogegen sich das Individuum unter anderem mit der Berufung auf die Menschenrechte wehrt. Man muss sich also nicht wundern, wenn Leo Strauss bemerkt: „Die vormodernen Naturgesetzdoktrinen lehrten die Pflichten des Menschen. Wenn sie seinen Rechten überhaupt irgendwelche Beachtung schenkten, dann fassten sie sie als wesentlich von seinen Pflichten abgeleitet auf. Wie oft bemerkt worden ist, wurden im Verlaufe des 17. und 18. Jahrhunderts die Rechte viel mehr betont, als es jemals zuvor getan worden war."[2]

Wenn aber der Mensch so gefährlich ist, wie es Hobbes und Strauss gemeinsam betonen, dann mögen die Erfahrungen der Individuen mit den staatlichen Mächten ob im 18. oder im 21. Jahrhundert unerfreulich sein, doch dann lassen sie sich auch

---

[1] Schmitt, Der Begriff des Politischen (1927), 211
[2] Strauss, Naturrecht und Geschichte (1953), 188

nicht vermeiden. Dann werden sich die Konflikte zwischen Pflichten und Rechten unabsehbar wiederholen. Dann bleibt Hobbes zwar das Scharnier zwischen Konservativismus und Liberalismus, das einerseits Naturzustand und Leidenschaften miteinander vermittelt und doch mit der Herrschaftsbedürftigkeit auch voneinander trennt, genau in dem Sinn, in dem Strauss sich auf Hobbes bezieht.

Den epochalen Gegensatz, der sich dadurch abzeichnet, skizziert Strauss 1932 recht überraschend, wiewohl er damit recht behalten wird, wie die Kommunitarismus-Debatte bestätigt, in der es ja vor allem darum geht, ob der Staat oder das Individuum den Primat besitzen. „Und der letzte Streit", konstatiert Strauss, „findet nicht zwischen Bellizismus und Pazifismus (bzw. Nationalismus und Internationalismus), sondern zwischen den 'autoritären und anarchistischen Theorien' statt."[1] Auf der einen Seite steht ein Liberalismus, für den der Staat dem Individuum zu dienen hat, der anarchistisch in dem Sinne ist, wie er Herrschaft abbauen möchte, wie es der Begründer des Anarchismus Pierre-Joseph Proudhon fordert, und der ähnlich wie Rousseau für die Herrschaftsbedürftigkeit des Menschen die schlechten Herrscher verantwortlich macht.

Auf der anderen Seite steht ein autoritäres Denken, das vom Sozialismus, über den Marxismus, einen liberalen Nationalismus, den Konservatismus besonders auch mit religiösem Hintergrund, bis hin zu den diversen Faschismen, Nationalismen und religiösen Fundamentalismen reicht. Allemal treffen sich in der Frage der Herrschaftsbedürftigkeit Hobbes, Schmitt und Strauss auf der Seite der autoritären Theorien, die aber nicht unbedingt demselben politischen Lager zugerechnet werden dürfen. Charles Taylor, liberaler Kommunitarist und trotzdem eher auf der Seite des Konservativismus bringt das Problem im Stil von Rousseau auf den Punkt, wenn er schreibt: „das Subjekt selbst kann in der Frage, ob es selbst frei ist, nicht die letzte Autorität sein, denn es kann nicht die oberste Autorität

---

[1] Strauss, Anmerkungen zu Carl Schmitt (1932), 230

sein in der Frage, ob seine Bedürfnisse authentisch sind oder nicht, ob sie seine Zwecke zunichte machen oder nicht."[1] Das nach Rousseau wohlerzogene Individuum wird genau das einsehen.

Aber ebnet Hobbes dem autoritären modernen Staatsrechtsdenken wirklich nachhaltig den Weg? Wie müssen wir die folgenden Worte aus dem *Leviathan* verstehen? „Die Verpflichtung des Untertanen gegen den Souverän dauert nur so lange, wie er sie auf Grund seiner Macht schützen kann, und nicht länger. Denn das natürliche Recht der Menschen, sich selbst zu schützen, wenn niemand anderes dazu in der Lage ist, kann durch keinen Vertrag aufgegeben werden. Die Souveränität ist die Seele des Staates, von der die Glieder keinen Bewegungsantrieb empfangen können, wenn sie einmal den Körper verlassen hat. Der Zweck des Gehorsams ist Schutz. Findet ihn ein Mensch in seinem eigenen Schwert oder in dem eines anderen, so ist er von Natur aus diesem Schutz gehorsam und bemüht sich, ihn zu erhalten. Denn obwohl die Souveränität nach der Absicht ihrer Schöpfer unsterblich sein soll, so ist sie doch ihrer eigenen Natur nach nicht nur einem gewaltsamen Tod durch einen auswärtigen Krieg ausgesetzt, sondern trägt auch wegen der Unwissenheit und der Leidenschaften der Menschen von ihrer Errichtung an viele Keime einer natürlichen Sterblichkeit in sich, und zwar durch innere Zwietracht."[2]

Wiewohl Hobbes von einem einseitigen Unterwerfungsvertrag der Bürger unter den Souverän ausgeht und obgleich der Souverän lauter Rechte und keine Pflichten gegenüber seinen Untertanen zu haben scheint, seine Souveränität beruht darauf, Frieden und Sicherheit zu gewährleisten. Wenn ihm das misslingt, müssen die Menschen dergleichen in die eigenen Hände nehmen. Es gibt zwar keinen offiziellen Vertrag zwischen Herrscher und Beherrschten, aber einen impliziten: Der Bürger

---

[1] Charles Taylor, Negative Freiheit – Zur Kritik des neuzeitlichen Individualismus (1985), Frankfurt/M. 1988, 125
[2] Hobbes, Leviathan (1651), 171

leistet den Gehorsam nur so lange, wie er beschützt wird. Das ist Leo Strauss natürlich nicht entgangen: „Das Recht auf Sicherung des nackten Lebens, in dem das Naturrecht des Hobbes beschlossen ist, hat vollständig den Charakter eines unveräußerlichen Menschenrechts, d.h. eines dem Staat vorangehenden, seinen Zweck und seine Grenzen bestimmenden *Anspruchs* des einzelnen."[1] So gibt es bei Hobbes im Unterschied zu Locke auch kein Widerstandsrecht. Aber faktisch hört die Souveränität auf, wenn sie den Frieden nicht mehr gewährleistet, muss sich das Individuum dann selbst bewaffnen.

Die Autorität des Staates gegenüber dem Untertan mag noch so groß sein, das Individuum besitzt einen Primat gegenüber Staat. Seine Sicherheit zu gewährleisten, stellt nämlich den Staatszweck dar, bzw. ein unveräußerliches Grundrecht des Menschen, eben auf Leben und Unversehrtheit, das Hobbes auch soweit garantiert, dass der Mensch nicht zur militärischen Gefolgschaft verpflichtet werden kann. Mehr noch, wenn der Staat diese Sicherheit nicht garantiert, kündigt der Untertan seinerseits den Unterwerfungsvertrag: so einseitig wie er geschlossen wurde, wird er faktisch auch einseitig aufgelöst. Daher ordnet Strauss Hobbes folgendermaßen zu: „Wenn wir die politische Doktrin, die die Rechte des Menschen im Unterschied zu seinen Pflichten als politische Grundtatsache betrachtet und die Funktion des Staates im Schutz oder in der Sicherung dieser Rechte sieht, Liberalismus nennen dürfen, dann müssen wir sagen, dass der Gründer des Liberalismus Hobbes war."[2]

Ordnet Strauss damit Hobbes vielleicht wider Willen den Anarchisten zu? Das Recht auf Lebenssicherung hat in der Tat den Charakter eines Menschenrechts, das nicht nur unveräußerlich ist, nicht nur dem Staat als Naturrecht vorangeht. Man könnte trotzdem noch die Autorität des Staates gegenüber dem Individuum aufrechterhalten, wenn der Mensch nicht Herr über

---

[1] Strauss, Anmerkungen zu Carl Schmitt (1932), 224
[2] Strauss, Naturrecht und Geschichte (1953), 188

den Kündigungsgrund wäre, wenn der Staat dem Bürger nicht nur die offizielle Religion vorschreiben darf, sondern wenn er auch die Interpretationsmacht darüber hätte, was der Bürger unter Sicherung des Lebens zu verstehen hat. Doch das ist ja gerade nicht der Fall, wiewohl genau das heutige Expertokratien immer wieder probieren. So kann Leo Strauss ein Verdikt über Hobbes fällen, mit dem er natürlich den Liberalismus trifft: „Wenn aber jeder noch so törichte Mensch von Natur aus darüber richten kann, was für seine Selbsterhaltung notwendig ist, dann kann mit Recht alles als für die Selbsterhaltung unerlässlich angesehen werden: alles ist dann von Natur aus gerecht. Wir können dann von einem Naturrecht der Torheit sprechen. Wenn darüber hinaus jeder der Richter über das für seine Selbsterhaltung Förderliche ist, dann gewinnt die Zustimmung Vorrang vor der Weisheit.“[1] Das erscheint als Grundprinzip des politischen Konservativismus.

Nicht nur entscheidet jeder darüber, wann seine Sicherheit gewährleistet ist – demonstriert er gegen ihn bedrohende Kernenergie oder kauft nach Gutdünken biologisch kontrolliert angebaute Lebensmittel –, er darf nach Hobbes auch im stillen Kämmerlein jedem noch so absurden Glauben anhängen – heute darf er das sogar öffentlich. Kein weiser Souverän – und wird er auch nur von den Weisen beraten, wobei Strauss das Spannungsverhältnis zwischen Politik und Philosophie keineswegs übersieht – darf dem offenbar tumben Untertanen vorschreiben, unter welchen Voraussetzungen dieser überhaupt in der Lage ist, Urteile über die eigene Sicherheit zu treffen: Manche Menschen sind sorglos und erkennen Gefahren gar nicht. Andere fürchten sich über die Maßen und können gar nicht genug Sicherheitsmaßnahmen ergattern – gleichgültig ob man dabei an gesunde Lebensmittel oder an Sicherheit vor Terror denkt.

Indirekt bestätigt das John Rawls in seiner *Geschichte der politischen Philosophie*: „Ein legitimes Regierungssystem ist

---

[1] Strauss, Naturrecht und Geschichte (1953), 192

so beschaffen, dass sich seine politischen und sozialen Institutionen gegenüber allen Bürgern – gegenüber jedem einzelnen – rechtfertigen lassen, indem man die theoretische und die praktische Vernunft der Bürger anspricht."[1] Für Liberale ist der Bürger mündig, darf man ihm auch keine göttlichen Werte oktroyieren oder ihm autoritäre Anweisungen erteilen. Vielmehr muss man versuchen, ihn vernünftig zu überzeugen. Das kann auch gelingen, da nach Rawls der Mensch mit einem Sinn für Gerechtigkeit und Vernunft ausgestattet ist und insofern den Vorteil sozialer Kooperation erkennt. Rawls gehört somit genau zu jenen Liberalen, die die Gefährlichkeit wie die Herrschaftsbedürftigkeit des Menschen nicht in dem Maße wie Hobbes oder Strauss anerkennen. So formuliert Strauss seine wichtige Pointe: „Hobbes unterscheidet sich vom ausgebildeten Liberalismus nur dadurch und allerdings dadurch, dass er weiß und sieht, wogegen das liberale, zivilisatorische Ideal durchzukämpfen ist: nicht bloß gegen verderbte Einrichtungen, gegen den bösen Willen einer herrschenden Schicht, sondern gegen die natürliche Bosheit des Menschen."[2]

Just deshalb vermag Strauss Hobbes ein Stück weit zu folgen, wiewohl oder besser weil er dem klassischen Denken an zentraler Stelle widerspricht, wo offenbar auch Strauss gewisse Probleme sieht. Für Hobbes besitzt der Mensch nun mal kein soziales Wesen. Damit aber schließt Hobbes an die epikureische Tradition an. Er teilt mit dieser nicht nur die Einschätzung des Menschen als unpolitischem bzw. asozialem Wesen, sondern auch die Gleichsetzung des Guten mit dem Angenehmen. Indem er das Angenehme zum Guten erklärt, verleiht er dem unpolitischen Wesen des Menschen einen politischen Sinn. Hobbes „versucht," so Strauss, „der hedonistischen Tradition den Geist des politischen Idealismus einzuflößen. Auf diese Weise wurde er der Schöpfer des politischen Hedonismus, (. .

---

[1] John Rawls, Geschichte der politischen Philosophie (2007), Frankfurt/M. 2008, 41
[2] Strauss, Anmerkungen zu Carl Schmitt (1932), 225

.)."[1] Aristippos von Kyrene, ein Zeitgenosse des Sokrates, Begründer des Hedonismus schreibt: „Herr der Lust ist nicht, wer sich ihrer enthält, sondern wer sich ihrer zu bedienen weiß, ohne sich von ihr fortreißen zu lassen, (. . .)."[2] Aristipp will die Lust steigern. Epikur passt besser zum Liberalismus, weil es bei diesem eher um Unlustvermeidung geht; denn darauf zielt auch Hobbes ab. Aber Hedonismus ist zum Mode- und Schimpfwort avanciert.

In der klassischen Tradition stellt das Gute den obersten politischen Orientierungspunkt dar, so die Sonne des Guten bei Platon. Das Gute wird in der jüdisch-christlichen Tradition in Gott aufgehoben, der dem Menschen seine Rollen im Leben anweist, die er nicht zu verändern, sondern die er nur auszufüllen hat. Doch die Moderne hat wie der Liberalismus seine religiösen Wurzeln längst vergessen. „Modernes Denken erreicht seinen Höhepunkt," schreibt Strauss, „sein höchstes Selbstbewusstsein, in seinem radikalsten Historizismus, z.B., indem es den Begriff der Ewigkeit zur Vergessenheit verdammt. Denn Ewigkeitsvergessenheit, oder in anderen Worten, Entfremdung von den tiefsten menschlichen Wünschen und damit verbunden von seinen primären Fragen ist der Preis, den der moderne Mensch von Anfang an für den Versuch zu zahlen hat, absolut souverän zu sein, Herr und Eigentümer der Natur zu werden, das Schicksal zu erobern."[3]

Nun avanciert das Leben überhaupt, bzw. das, was die Leute darunter verstehen, das angenehme Leben zum höchsten politischen Prinzip. Dieser Hedonismus wird für Strauss zum Kennzeichen des gesamten Liberalismus. Bei John Locke gerät der Besitz zum entsprechenden eher epikureischen Orientierungspunkt. Das richtige Leben stellt für diesen das vernünftige dar, dessen Schmerz vom Schmerz befreien soll, wie bei Hobbes,

---

[1] Strauss, Naturrecht und Geschichte (1953), 174
[2] Aristippos von Kyrene; in: Wilhelm Nestle (Hrsg.), Die Sokratiker, Aalen 1968 (1922), Nr. 9, 165
[3] Strauss, What is Political Philosophy? (1959), 55

wo die Angst von der Angst befreien soll. Auch bei Hegel gelangt man durch Arbeit zu einem angenehmen Leben, das sich derart negativ gegenüber der Natur verhält. „Der Weg zum Glück ist eine Wegbewegung vom Naturzustand, eine Bewegung weg von der Natur: die Verneinung der Natur ist der Weg zum Glück. (. . .) Die schmerzvolle Befreiung vom Schmerz gipfelt nicht so sehr in den höchsten Lustgefühlen als ‚im Besitz der Dinge, welche die größte Lust erzeugen'. Das Leben ist das freudlose Suchen nach Freude."[1] Das ist weniger hedonistisch als epikureisch.

Wenn sich das Individuum nicht mehr als untergeordneten Teil einer höheren Gemeinschaft versteht, der Gott den Weg zum Guten vorschreibt, woher soll das Individuum eine Vorstellung vom Guten entwickeln? Nur durch sich selbst, durch das eigene Überleben und durch das, was ihm angenehm ist, durch seine Lust, mehr noch durch die Vermeidung von Leiden, Angst und Schmerz, selbst wenn dazu Schmerz und Ängste nötig erscheinen. Der individualistisch orientierte Liberalismus stützt sich derart auf einen Epikureismus, den er ins politische wendet. Hobbes als Begründer des politischen ‚Hedonismus' – Strauss zieht offenbar das Modewort vor – entzieht sich in dieser Perspektive den gängigen autoritären konservativen Theorien, was Strauss einsieht, Schmitt weniger. So interpretiert denn auch Rawls den Leviathan nicht als autoritäre Anweisung, sondern als Versuch, nachdenkliche Bürger zu überzeugen: „Ich glaube, <Hobbes> wollte ein überzeugendes philosophisches Argument vorbringen, aus dem sich ergibt, dass ein starker und durchsetzungsfähiger Souverän mit allen Machtbefugnissen, die einem Souverän nach Hobbes zustehen, das einzige Gegenmittel gegen das große Übel des Bürgerkriegs ist, das alle Personen verhüten wollen müssen, da es ihren Grundinteressen zuwiderläuft. Hobbes möchte uns davon überzeugen, dass die Existenz eines solchen Souveräns die

---

[1] Strauss, Naturrecht und Geschichte (1953), 262

einzige Möglichkeit darstellt, zu bürgerlichem Frieden zu gelangen."[1]

3. Schmitts Dezisionismus und Strauss' Platonismus

Entzieht sich Hobbes in liberaler Perspektive den konservativen Avancen? Ist Hobbes höchstens derjenige der liberalen Denker den Vertreter des politischen Konservativismus noch am ehesten goutieren? Schließlich greift Leo Strauss primär auf die klassische antike Philosophie, besonders von Platon, aber auch von Aristoteles zurück, die nicht nur die Frage nach dem Guten, sondern auch nach dem richtigen Leben stellt. Aber führen die liberalen Denker nicht vor, dass sich diese Fragen nur vor dem Hintergrund eines Weltbildes beantworten lassen, dass das Gute wie das Richtige nur relative Begriffe sind! Doch dem hält Strauss entgegen: „Alles politische Handeln zielt entweder auf Erhalt oder auf Änderung. Wenn wir den Erhalt wünschen, möchten wir eine Veränderung zum Schlechteren verhindern; wenn wir den Wechsel wünschen, möchten wir etwas Besseres hervorbringen. Jedes politische Handeln wird von derartigen Gedanken des Besser und des Schlechter geleitet. Aber Denken von Besser und Schlechter setzt Denken des Guten voraus. (. . .) Alles politische Handeln richtet sich daher auf ein Wissen vom Guten aus: vom guten Leben oder von der guten Gesellschaft. Denn die gute Gesellschaft ist das vollständige politische Gute."[2] Das Politische kann also auf die Frage nach dem Guten nicht verzichten. Im anderen Fall verliert sich das Politische selbst, geht es nur noch um das Private oder das Ökonomische, löst sich aber dann auch das soziale Band auf, eine Gefahr, die Hannah Arendt im Liberalismus ebenfalls sieht.
Aber gelangt man denn in der politischen Auseinandersetzung wirklich zu Gemeinsamkeiten? Setzt sich in der Demo-

---

[1] Rawls, Geschichte der politischen Philosophie (2007), 70
[2] Strauss, What is Political Philosophy? (1959), 10

kratie nicht bloß eine zufällige Mehrheit durch, was ihr schon Rousseau mit seinem Begriff des Willens aller vorwarf, wenn zwischen unterschiedlichen Interessen gerade mal eine gemeinsame Schnittmenge gesucht wird, anstatt sich wirklich um das Richtige zu bemühen? Hat Nietzsche mit seiner Diagnose, dass Gott tot ist, dass es also keine gemeinsamen obersten Werte mehr gibt, nicht Recht!

Gerade dem hält Leo Strauss entgegen: „Man kann sagen (. . .) dass die Bibel und griechische Philosophie übereinstimmen hinsichtlich dessen was wir Moral nennen dürfen und was wir in der Tat so nennen. Sie stimmen überein (. . .) hinsichtlich der Bedeutung der Moral, ihrer Inhalte und ihres letztlichen Mangels. (. . .) Es ist für Aristoteles wie für Moses offensichtlich, dass Mord, Diebstahl, Ehebruch etc. unbedingt schlecht sind."[1] Es gibt also durchaus eine ethische Gemeinsamkeit zwischen dem Judentum, dem Katholizismus und der klassischen griechischen Philosophie, deren Wirkungen bis zu Machiavelli reichen. Es bestehen in der antiken und jüdisch-christlichen Tradition, der Strauss auch den Islam zurechnet, gemeinsame oberste ethische Werte, kann man von dieser Position aus Nietzsches These vom Tode Gottes durchaus widersprechen.

Wenn Leo Strauss auf diese Traditionslinie seinen Konservativismus gründet, stellt sich natürlich die Frage, ob auch Carl Schmitt aus einem ähnlichen Horizont denkt. Das liegt nahe, wenn er schreibt: „Zum Politischen gehört die Idee, weil es keine Politik gibt ohne Autorität und keine Autorität ohne ein Ethos der Überzeugung."[2] Auch Leo Strauss attestiert Carl Schmitt, dass die Frage nach dem Richtigen eine zentrale Rolle in dessen Begriff des Politischen spielt: „Verzichtet der Mensch auf" die Frage nach dem Richtigen, so Strauss, „so

---

[1] Strauss, Progress or Return? (1952); in: ders., Jewish Philosophy and the Crisis of Modernity – Essays and Lectures in Modern Jewish Thought, Albany 1997, 105

[2] Schmitt, Römischer Katholizismus und politische Form (1923), Stuttgart 1984, 28

verzichtet er darauf, ein Mensch zu sein. Stellt er aber die Frage nach dem Richtigen im Ernst, so entbrennt angesichts ,der unentwirrbaren Problematik' dieser Frage der Streit, der Streit auf Leben und Tod: im Ernst der Frage nach dem Richtigen hat das Politische – die Freund-Feind-Gruppierung der Menschheit – seinen Rechtsgrund."[1]

Auch für Strauss führt die Frage nach dem Richtigen in eine klare Trennung zwischen Freunden und Feinden, wie sie gerade von den neokonservativen Republikanern in den USA auch lebhaft vorgeführt wird, die die Auseinandersetzung mit den Demokraten und Liberalen mit äußerster ideologischer Schärfe und politischer Härte führen. Begegnen sich also die beiden Positionen von Strauss und Schmitt just dort, wo die Frage nach dem Richtigen die Freunde von den Feinden scheidet?

Das bestätigt Schmitt indirekt, wenn er ähnlich wie Leo Strauss nicht nur Max Webers Wissenschaftsverständnis mit seiner Orientierung an deskriptiven Urteilen, sondern dessen Forderung kritisiert, dass auch in der Politik die Sachlichkeit eine handlungsleitende Rolle spielen soll. Denn „Max Weber", so Schmitt, „hat in seiner Schrift ,Parlament und Regierung im neugeordneten Deutschland' (1918) ausgeführt, dass der Staat soziologisch nur noch ein großer Betrieb ist und heute ein wirtschaftlicher Verwaltungsapparat, eine Fabrik und der Staat nicht mehr wesensverschieden sind. Hieraus zog Kelsen in einer Abhandlung über ,Wesen und Wert der Demokratie' (1921) voreilig den Schluss: ,Darum ist ja auch das Organisationsproblem in beiden Fällen grundsätzlich das gleiche und Demokratie nicht nur eine Frage des Staates, sondern auch der wirtschaftlichen Betriebe.' Eine politische Organisationsform hört aber auf politisch zu sein, wenn sie, wie die moderne Wirtschaft, auf privatrechtlicher Basis aufgebaut wird."[2]

---

[1] Strauss, Anmerkungen zu Carl Schmitt (1932), 235
[2] Schmitt, Die geistesgeschichtliche Lage des heutigen Parlamentarismus (1923), 7. Aufl. Berlin 1991, 33

Die Webersche Trennung von deskriptiven und normativen Urteilen ist auch Leo Strauss ein Dorn im Auge. Er trifft sich dabei indes nicht nur mit Eric Voegelin, sondern natürlich auch mit vielen Neomarxisten, die wie Strauss eine Tyrannis als solche auch bewerten möchten. „Es ist kein Zufall," beklagt sich Strauss, „dass die heutige politische Wissenschaft nicht begriffen hat, was Tyrannis eigentlich ist. Unsere politische Wissenschaft ist von dem Gedanken geradezu besessen, dass Wissenschaftlichkeit Werturteile ausschließt. Ein Regime jedoch als tyrannisch zu charakterisieren, bedeutet: ein Werturteil fällen. Der politische Wissenschaftler, der sich der Wertfreiheit verschrieben hat, wird von Massenstaat, Diktatur, Totalitarismus, autoritärem Staat und so weiter sprechen. Als Staatsbürger mag er sogar ein tyrannisches Regime von ganzem Herzen ablehnen. Als politischer Wissenschaftler jedoch muss er den Begriff der Tyrannis als ‚Mythos' abtun."[1]

Der Liberalismus treibt das Politische, den Ernst, die erbitterte Auseinandersetzung aus dem sozialen Leben aus – so Schmitt. Für Strauss stellt er nicht mehr die Frage nach dem richtigen und guten Leben. Der einzige aus dem Lager der Modernen oder Liberalen, den beide schätzen, ist trotzdem Hobbes. Indes beginnt sich hier die Differenz zwischen Strauss und Schmitt abzuzeichnen. Nach Strauss stellt auch Hobbes nicht nur die Frage nach dem richtigen Leben. Er gab darauf auch eine für Strauss jedenfalls teilweise akzeptable Antwort, wenn er von der Gefährlichkeit des Menschen auf dessen Herrschaftsbedürftigkeit schloss. „Hobbes aber philosophierte in dem fruchtbaren Augenblick," erläutert Strauss, „da die aus der Antike stammende Tradition (. . .) ins Wanken geraten war und sich noch nicht eine Tradition der modernen Naturwissenschaft gebildet und verfestigt hatte. In diesem Augenblick hat er, und nur er, die fundamentale Frage nach dem richtigen Leben des Menschen und nach der richtigen Ordnung des menschlichen

---

[1] Strauss, Über Tyrannis - Eine Interpretation von Xenophons ‚Hieron' (1948), Neuwied, Berlin 1963, 34

Zusammenlebens gestellt. Dieser Augenblick ist für die ganze folgende Zeit entscheidend geworden: in ihm ist das Fundament gelegt worden, auf dem die neue Entwicklung der politischen Wissenschaft ganz und gar beruht, und von dem aus das moderne Denken allein radikal verstanden werden kann."[1] Aus der Herrschaftsbedürftigkeit folgen nicht die Freiheiten, auch nicht die Relativierung der ethischen Normen, sondern gerade deren Aufrechterhaltung, somit die Pflichten des Menschen, die sich aus der Tradition ergeben. In dieser Hinsicht stellt der hobbesische Souverän nach Strauss durchaus die Frage nach dem richtigen Leben und muss sie ja auch mit seinen Bürgern nicht diskutieren.

Würde dem Carl Schmitt nicht zustimmen? Doch so einfach stellt sich für ihn die Sachlage nicht dar. Während Strauss Herrschaftsbedürftigkeit und Lebensschutz durchaus in einen Zusammenhang bringt, wiewohl nicht in einen, den der einzelne Bürger definieren dürfe, so geht es Schmitt in seiner Hobbes-Rezeption nicht um den Lebensschutz, sondern um die Stabilität der richtigen Ordnung. „Klarer als alle Andern hat Hobbes (. . .) betont," so Schmitt, „dass die Souveränität des Rechts nur die Souveränität der Menschen bedeutet, die das Recht setzen und anwenden, dass die Herrschaft einer ‚höheren Ordnung' eine leere Phrase ist, wenn sie nicht den politischen Sinn hat, dass bestimmte Menschen auf Grund dieser höheren Ordnung über Menschen einer ‚niederen Ordnung' herrschen wollen."[2] Schmitt geht es also nicht darum, dass Herrschaft im Dienst der Beherrschten eine Legitimation erfährt, sondern dass Menschen aufgrund einer vorgegebenen Ordnung über andere Menschen herrschen, die ihrerseits nur Beherrschte und in keiner Weise Beteiligte an dieser Herrschaft sind.

[1] Strauss, Hobbes' politische Wissenschaft in ihrer Genesis (1935, 1965), 17
[2] Schmitt, Der Begriff des Politischen (1927), 213

Daraus folgert Schmitt denn auch seine berühmte Definition: „Souverän ist, wer über den Ausnahmezustand entscheidet."[1] Ihn scheut dabei auch nicht der damit implizit verbundene Zirkel, dass wer nun mal die Macht hat, die Macht hat, dass die Macht allemal keinen Zweck wie bei Hobbes im Lebensschutz der Beherrschten findet. Nicht ein solcher Zweck legitimiert das Gesetz, sondern allein der Machthaber, der über andere Menschen herrscht. Er sucht somit auch nicht nach dem Guten oder dem richtigen Leben, über das sich die Herrscher wie noch in der klassischen Philosophie nach Strauss primär Gedanken machen. Schmitt beruft sich auf Hobbes mit dem berühmten Satz: „Auctoritas, non veritas facit legem."[2] Doch für Hobbes bedeutet das nur, dass das Gesetz vom Souverän garantiert wird, um das Leben der Bürger zu schützen und dass es dort auch seine Grenze findet, nicht in der Autorität als solcher.

Damit stellt sich die Frage, ob Strauss hier näher bei Schmitt oder bei Hobbes anzusiedeln ist. Auch für Strauss kennzeichnet die gute Polis, dass die Politik über die Bürger herrscht, allerdings kann auch sie ähnlich wie Hobbes dafür einen Zweck angeben. Dieser lautet zwar nicht schlichte Lebenssicherung, aber die Bemühung um gutes und richtiges Leben, die sich philosophisch säkular ausrichtet, aber dabei die religiöse Tradition nicht verwirft.

Lassen sich auch bei Schmitt vergleichbare Orientierungen der Macht finden? Schmitt antwortet darauf mit einem ebenfalls berühmten, doch sehr sybillinischen Satz: „Alle prägnanten Begriffe der modernen Staatslehre sind säkularisierte theologische Begriffe."[3] Besitzt also auch für Schmitt die Herrschaft eine traditionelle ethische Herkunft? Oder hat sie diese gerade dadurch eingebüßt, dass sich ihre Begriffe säkularisierten? Oder behalten Schmitts politische Begriffe durch diese theologische Herkunft eine deutliche Bestimmung, die letztlich

---

[1] Schmitt, Politische Theologie (1922), 11
[2] Ebd., 54
[3] Ebd., 49

doch in die Frage nach dem Guten führt, also in die klassische Tradition einkehrt? Dann müssten die Begriffe einerseits reflektiert sein, andererseits just dadurch aber zu ethischen wie epistemologischen Bestimmungen gelangen. Wo steht Schmitt für Strauss? In der klassischen Tradition oder in der modernen, die sich spätestens im 17. Jahrhundert konsolidiert? „Zu jener Zeit wich die vernünftige Elastizität der klassischen politischen Philosophie der fanatischen Starrheit. Der politische Philosoph konnte vom Parteigänger immer weniger unterschieden werden."[1] Besitzt Schmitt diese vernünftige Elastizität oder stellt er einen Parteigänger dar?

Um das zu beurteilen, stützt sich Strauss auf eine Feststellung Schmitts, „dass ‚alle Begriffe der geistigen Sphäre (. . .) nur aus der konkreten politischen Existenz heraus zu verstehen sind‘, und dass ‚alle politischen Begriffe, Vorstellungen und Worte einen *polemischen* Sinn‘ haben."[2] Wenn der letzte Grund der Gesetze die Autorität und nicht die Wahrheit ist, dann haben die Gesetze nun mal keinen Halt in der Wahrheit, schon gar nicht im Guten. Vielmehr haben sie dann einen metaphorischen oder eben einen polemischen Charakter, aber keinen begründeten, eignet ihnen ein Moment der Willkürlichkeit, eben des Dezisionismus. Der Herrscher entscheidet über die Gesetze, doch dabei kann er sich letztlich auf nichts anderes als auf seinen eigenen Willen berufen, nicht auf die Tradition und nicht auf die Wahrheit, wie der Gott im Dunkel verschwimmt und nicht im hellen Licht von Wahrheit und Gutem erstrahlt. Schmitt vertritt eine Art kierkegaardianischen Katholizismus, der sich nicht auf die Tradition, sondern auf die Absurdität beruft, in den man sich nicht mehr gemäß aristotelischer Tugendlehre einübt, sondern für den man sich just ob seiner Absurdität entscheidet.

Doch auch Strauss bemerkt, dass Schmitt sich damit nicht zufrieden geben will, wenn „er die Ordnung der menschlichen

---

[1] Strauss, Naturrecht und Geschichte (1953), 199
[2] Strauss, Anmerkungen zu Carl Schmitt (1932), 238

Dinge von einem ,*integren* Wissen' erwartet. Denn ein integres Wissen ist niemals, es sei denn zufälligerweise, polemisch; und ein integres Wissen ist nicht ,aus der konkreten politischen Existenz heraus', aus der Situation des Zeitalters, sondern nur vermittelst des Rückgangs auf den Ursprung, auf die ,unversehrte, nicht korrupte Natur' zu gewinnen."[1] Just an dieser Stelle geraten Strauss und Schmitt in einen Gegensatz. Für Strauss bestimmt sich die Frage nach dem guten und richtigen Leben durch vernünftige Reflexion und im Rückgang auf die abendländisch klassische und jüdisch-christliche Tradition, die auf diese Frage einerseits mit konkreten Normen antwortet und andererseits deren Umsetzung in die Realität diskutiert. Für Schmitt ergibt sich das integre Wissen aus der historischen Situation, aus der realen Existenz. Er will sich zwar mit dem liberalen Relativismus nicht zufrieden geben, ahnt aber davon, dass sich politische Entscheidungen nicht letztlich begründen lassen, sondern eben entschieden werden müssen.

So diagnostiziert Strauss, dass es Schmitt just mit seinem Rückgang auf Hobbes misslingt, sich der liberalen Voraussetzungen zu entschlagen. Denn seine Rede vom integren Wissen geht von der liberalen Voraussetzung aus, dass es letztlich das wirklich wahre und gute Wissen nicht gibt, bzw. dieses sich höchstens aus der existentiellen Situation ableiten lässt, somit historisch relativ und kulturvariant wird. Zwar hält Strauss Schmitts Interpretation des Naturzustandes für realitätsnäher als denjenigen von Hobbes, doch gerade damit verfehlt Schmitt auch den Sinn des hobbesischen Naturzustandes: „Diesem Prinzip," dass geistige Begriffe nur einen historisch existentiellen Sinn haben, so Strauss, „das selbst ganz und gar an liberale Voraussetzungen gebunden ist, handelt Schmitt in concreto zuwider, indem er Hobbes' polemischen Begriff des Naturzustandes seinen unpolemischen Begriff des Naturzustandes entgegensetzt."[2] Hobbes Naturzustand ist hypothetisch und

---

[1] Ebd., 238
[2] Ebd., 238

nicht realistisch gemeint und just ob dieses hypothetischen Charakters kann Hobbes damit die Frage nach dem richtigen Leben stellen, wiewohl er diese letztlich hedonistisch beantwortet. Schmitt schafft indes einen Ernst, der dem Ernst der realen Lage gar nicht gerecht wird, vielmehr den liberalen Voraussetzungen nicht zu entgehen vermag.

So fällt Strauss ein Verdikt über Schmitt, dass diesen genau dorthin bringt, wohin er nicht geraten möchte: „Damit soll nicht bestritten werden, dass die Polemik gegen den Liberalismus oft genug das letzte Wort Schmitts zu sein scheint, dass er sich oft genug in die Polemik gegen den Liberalismus verstrickt und er so von seiner eigentlichen Absicht abgedrängt, auf der vom Liberalismus abgesteckten Ebene festgehalten wird."[1] In der Tat verknüpft Strauss damit zwei politische Strömungen miteinander, nämlich den autoritären, oft korporativistisch orientierten Konservativismus, der sich eigentlich auf einen Nationalismus reduziert und dem auch gewisse Ähnlichkeiten mit dem Totalitarismus nachgesagt werden können, mit dem Liberalismus, stehen diese beiden Richtungen sich ansonsten besonders feindlich gegenüber, wenn man mal vom national gesinnten Liberalismus des 19. Jahrhunderts absieht, den man heute als konservativ einschätzen würde.

Damit entwickelt Strauss eine ähnliche Argumentationsfigur wie Eric Voegelin, der den Liberalismus als spätes Produkt einer weltablehnenden gnostischen Neigung der Kulturentwicklung versteht, die sich über den Liberalismus hinaus im Faschismus und im Kommunismus nur weiter verschärft. Bei Voegelin verschiebt sich indes 1951 der Liberalismusvorwurf in einen Faschismusvorwurf, wobei man freilich daran erinnern darf, dass im 20. Jahrhundert der Faschismusvorwurf von so ziemlich allen politischen Strömungen gegenüber ihren jeweiligen Feinden erhoben wurde.

Umgekehrt gilt das auch noch für den Liberalismusvorwurf, besonders 1932, als der Faschismusvorwurf noch längst nicht

---

[1] Strauss, Anmerkungen zu Carl Schmitt (1932), 237

mit dem Gewicht des Holocaust belastet war. Und Strauss geht es in seinen *Anmerkungen zu Carl Schmitt, Der Begriff des Politischen* just nicht darum, den Liberalismus in die Nähe des Faschismus zu rücken. Strauss rückt einen Vordenker der konservativen Revolution umgekehrt in die Nähe des Liberalismus. „Wer das Politische als solches bejaht," so Strauss über Schmitt, „der respektiert alle, die kämpfen wollen; er ist genau so *tolerant* wie die Liberalen – nur in entgegengesetzter Absicht: während der Liberale alle ,*ehrlichen'* Überzeugungen respektiert und toleriert, sofern sie nur die gesetzliche Ordnung, den *Frieden* als sakrosankt anerkennen, respektiert und toleriert, wer das Politische als solches bejaht, alle ,*ernsten'* Überzeugungen, d.h. alle auf die reale Möglichkeit des *Krieges* ausgerichteten Entscheidungen. So erweist sich die Bejahung des Politischen als solchen als ein Liberalismus mit umgekehrtem Vorzeichen."[1]

Schmitt entscheidet sich nur für andere Werte als der Liberalismus, die er genauso wenig wie dieser zu begründen versucht. Entschlossen hält er am Ernst der Politik und an der Integrität des Wissens fest, ohne aber die Frage nach dem wahren, guten und richtigen Leben noch ernsthaft zu diskutieren. Was er über den Liberalismus äußert, das fällt nach Strauss auf ihn selbst zurück. So schreibt Schmitt: „Es ist notwendig, den Liberalismus als konsequentes, umfassendes, metaphysisches System zu sehen. Gewöhnlich erörtert man nur die ökonomische Schlussfolgerung, dass aus der freien wirtschaftlichen Konkurrenz privater Individuen, aus Vertragsfreiheit, Handelsfreiheit, Gewerbefreiheit die soziale Harmonie der Interessen und der größtmögliche Reichtum sich von selbst ergeben. Alles dieses ist aber nur ein Anwendungsfall des allgemeinen liberalen Prinzips. Es ist durchaus dasselbe, dass aus dem freien Kampf der Meinungen die Wahrheit entsteht als die aus dem Wettbewerb von selbst sich ergebende Harmonie. Hier liegt auch der geistige Kern dieses Denkens überhaupt, sein spezifisches

---

[1] Ebd., 236

Verhältnis zur Wahrheit, die zu einer bloßen Funktion eines ewigen Wettbewerbs der Meinungen wird. Der Wahrheit gegenüber bedeutet es den Verzicht auf ein definitives Resultat."[1]

Mit seiner Kritik will Strauss Schmitt allerdings weniger in die Nähe von Hobbes rücken, als Ähnlichkeiten zwischen Schmitt und dem späteren Liberalismus aufzeigen. In der Tat fragt sich, ob der Liberalismus damit zu einem reinen Dezisionismus verfällt, kann er schließlich oberste ethische Werte und Normen nicht absolut begründen, bleiben diese doch in einem gewissen Maße relativ. Dem würde Rawls entgegnen: „Bei <Physikern> gibt es keine institutionelle Körperschaft mit der Autorität zu verkünden, dass etwa die allgemeine Relativitätstheorie richtig oder unrichtig sei. Was die politische Gerechtigkeit in einer Demokratie betrifft, besteht in dieser Hinsicht eine Ähnlichkeit zwischen der Gesamtheit der Bürger und der Gesamtheit der Physiker. Dieses Faktum ist ein charakteristisches Merkmal der modernen demokratischen Welt und wurzelt in ihren Vorstellungen von politischer Freiheit und Gleichheit."[2] Insofern treten Liberalismus und Dezisionismus zumindest relativ auseinander. Sie kommen beide nicht zu letzten Gründen, der Liberalismus akzeptiert das, der Dezisionismus überlässt die letzte Entscheidung einer Autorität.

Aber gelangt dagegen Leo Strauss wirklich zu absolut begründeten Werten und Normen? Er ist sich nämlich durchaus bewusst, dass es keine einfache Rückkehr zur klassischen antiken Philosophie mehr gibt. Man kann zwar das richtige Leben ernsthaft diskutieren, darf die Frage auf jeden Fall nicht aufgeben. Trotzdem kann man sich mit den Antworten der klassischen Philosophie so wenig wie mit denen der Theologie zufrieden geben. Was muss man indes berücksichtigen, wenn man grundsätzlich die klassischen Fragestellungen immer noch für sinnvoll und die liberalen für verfehlt hält? Strauss gibt eine

---

[1] Schmitt, Die geistesgeschichtliche Lage des heutigen Parlamentarismus (1923), 45
[2] Rawls, Geschichte der politischen Philosophie (2007), 27

überraschende Antwort: „Wir sagten (. . .), Schmitt unternehme in einer liberalen Welt die Kritik des Liberalismus; (. . .). Die von Schmitt eingeleitete Kritik am Liberalismus kann daher nur dann zur Vollendung kommen, wenn es gelingt, einen Horizont jenseits des Liberalismus zu gewinnen. In einem solchen Horizont hat Hobbes die Grundlegung des Liberalismus vollzogen. Eine radikale Kritik am Liberalismus ist also nur möglich auf Grund eines angemessenen Hobbes-Verständnisses."[1]

Strauss möchte also durchaus die Liberalismus-Kritik von Schmitt fortsetzen, ja in gewisser Hinsicht vollenden, indem er zum Ursprung des Liberalismus zurückkehrt, als Hobbes ihn aus einem Fundament jenseits des Liberalismus ableitete, nämlich aus der boshaften und herrschaftsbedürftigen Natur des Menschen, eben just aus dem was der Liberalismus später dementieren wird, wenn Locke die Macht des Staates begrenzen möchte und Rousseau den Naturmensch nicht als bösartig betrachtet. So sieht Strauss bei Hobbes folgenden Anknüpfungspunkt für eine vollendete Liberalismus-Kritik: „Erstmals in Hobbes' politischer Doktrin wird die Macht *eo nomine* zu einem Zentralthema. In Anbetracht der Tatsache, dass nach Hobbes die Wissenschaft um der Macht willen existiert, kann man Hobbes' gesamte Philosophie als die erste Machtphilosophie bezeichnen."[2] Hobbes trägt damit einen Gedanken zur politischen Philosophie bei, den das klassische Denken noch nicht hinlänglich beachtet, weil es den Menschen gemeinhin als soziales Wesen definiert. Doch wenn das vor dem Hintergrund der historischen Erfahrung nicht mehr möglich ist, dann stellt sich die Frage der Macht, d.h. wozu Macht dient, wohin sie führt, wie sie entsteht und vergeht.

Dabei unterscheidet Strauss zwei Aspekte: „'Macht' ist ein zweideutiger Ausdruck. Er bedeutet *potentia* auf der einen und *potestas* (oder *jus*, *dominium*) auf der anderen Seite. Er bedeu-

---

[1] Strauss, Anmerkungen zu Carl Schmitt (1932), 238
[2] Strauss, Naturrecht und Geschichte (1953), 202

tet sowohl ‚physische' Macht als auch ‚rechtliche' Macht. Die Doppeldeutigkeit ist wesentlich: nur wenn *potentia* und *potestas* wesentlich zusammengehören, kann es eine Garantie für die Verwirklichung der rechten Gesellschaftsordnung geben."[1] Mit Hobbes hält Strauss damit an der Fragestellung der klassischen politischen Philosophie fest, die der Liberalismus wie Carl Schmitt letztlich beide auflassen. Allerdings wandelt sich die Fragestellung bei Strauss durch die hobbesische Konstruktion hindurch, so dass nun die Frage der Macht in den Vordergrund tritt, womit sich die Konzeption des modernen Konservativismus abzeichnet.

Damit bleibt zwar die Parallele zu Schmitt erhalten, dass Macht zur Durchsetzung des Rechts vonnöten ist, doch stellt sich für Strauss die Frage der Legitimität, also ob die Macht das Recht nicht nur setzt, sondern selber rechtlichen Charakter besitzt. „Der Staat ist als solcher", schreibt Strauss weiter, „sowohl die größte menschliche Macht als auch die höchste menschliche Autorität. Gesetzliche Macht ist unwiderstehliche Gewalt. Die notwendige Koinzidenz der größten menschlichen Gewalt mit der höchsten menschlichen Autorität entspricht genau der notwendigen Koinzidenz der mächtigsten Leidenschaft (Furcht vor dem gewaltsamen Tod) mit dem geheiligtsten Recht (Recht auf Selbsterhaltung)."[2]

Die Konsequenzen, die Strauss daraus zieht, sind indes andere als jene, die von Hobbes in den Liberalismus führen. Das hängt damit zusammen, dass er die Hoffnungen, die Hobbes in den *Leviathan* setzt, nicht zu teilen vermag. Die Realität ob im 17. oder im 20. Jahrhundert führt solchen Optimismus doch ad absurdum. Was Hobbes „von der politischen Philosophie erwartet, ist unvergleichlich mehr, als was die klassischen Denker erwarteten. Kein scipionischer, durch eine wahre Vision vom Ganzen erleuchteter Traum erinnert seine Leser an die letztliche Vergeblichkeit alles dessen, was der Mensch tun

---

[1] Strauss, Naturrecht und Geschichte (1953), 202
[2] Ebd., 202

kann. Von einer so verstandenen politischen Philosophie kann man in der Tat sagen, dass Hobbes ihr Begründer ist."[1]

Dabei insistiert Strauss darauf, dass Hobbes allen Anschein zum Trotz die politische Wissenschaft nicht als Naturwissenschaft begründete, dass sich beide sowohl methodisch als auch sachlich voneinander unterscheiden. Ja, die politische Wissenschaft sieht Hobbes von der Naturwissenschaft als wesentlich unabhängig und nicht nur das. Der vermutlich reflektierteste politische Philosoph des 20. Jahrhunderts, der daher auch dessen bedeutendster genannt werden darf, sieht nicht nur die politische Philosophie in der antik klassischen Periode gegenüber der Philosophie als vorhergehend an. Letztlich gründet für Strauss im Anschluss an Hobbes der gesamte Bereich der Geistes- und Sozialwissenschaften in der politischen Wissenschaft. Denn „die politische Wissenschaft", so Strauss, „ist nun aber nach Hobbes' Behauptung nicht nur unabhängig von der Naturwissenschaft, sondern sie ist der eine Hauptteil des Ganzen des menschlichen Wissens, dessen anderer Hauptteil die Naturwissenschaft ist: das Ganze des Wissens gliedert sich in die Naturwissenschaft einerseits, die politische Wissenschaft andererseits."[2]

Im Anschluss an Marx und Max Weber wandeln sich politische Philosophie und Wissenschaft in Technologien der gesellschaftlichen und politischen Organisation. Man muss sich nicht wundern, wenn sie sich dabei immer stärker an den Naturwissenschaften orientieren. Just darüber gelangt auch Carl Schmitt mit seinem Dezisionismus nicht hinaus, sondern reduziert dieser sich auf eine Technik der Herrschaft.

Mag heute einerseits der Pragmatismus vorherrschen und die Fragen nach dem richtigen Leben verdrängen. Andererseits hat sich in den letzten Jahrzehnten eine lebhafte ethische Debatte entwickelt, die keineswegs nur in eine jüdisch-christliche Prä-

---

[1] Ebd., 184
[2] Strauss, Hobbes' politische Wissenschaft in ihrer Genesis (1935, 1965), 20

moderne zurückkehren möchte. Wiewohl diese Leo Strauss wohl am nächsten stünde, so lässt sich doch fragen, ob sich die ethischen Werte einer multikulturellen Gesellschaft eher mit einer naturwissenschaftlich orientierten Technologie des Politischen und Sozialen als mit dem verbinden lassen, was Leo Strauss programmatisch formuliert: „Wird diese Ausrichtung explizit, erheben die Menschen es zu ihrem expliziten Ziel, Wissen um das gute Leben und die gute Gesellschaft zu erwerben, entsteht die politische Philosophie. (. . .) Das Thema der politischen Philosophie sind die großen Ziele der Menschheit, Freiheit und Regierung oder Herrschaft, Themen die fähig sind, alle Menschen aus ihrem ärmlichen Selbst zu erheben. Politische Philosophie ist der Zweig der Philosophie, der dem politischen Leben, dem nicht-philosophischen Leben, dem menschlichen Leben am nächsten steht."[1]

---

[1] Strauss, What is Political Philosophy? (1959), 10

III. KAPITEL

RECHT UND AUSNAHMEZUSTAND
WALTER BENJAMIN UND CARL SCHMITT

„Dieser Krieg ist bei aller Scheußlichkeit doch groß und wunderbar, es lohnt sich ihn zu erleben", schreibt Max Weber in einem Brief vom 15. Oktober 1914, „– noch mehr würde es sich lohnen, dabei zu sein, aber leider kann man mich im Feld nicht brauchen, wie es gewesen wäre, wenn er rechtzeitig – vor 25 Jahren – geführt worden wäre."[1] Dass Max Weber mit seiner Kriegsbegeisterung nicht alleine stand, ist weidlich bekannt.

Doch von ungefähr kam die Neigung zur massiven physischen Gewalt nicht, gleichgültig ob man sie anwandte, damit drohte oder nur davon träumte und darüber dichtete. Bereits die Romantiker feiern den Krieg als Mittel zu guten Zwecken. Ob Sozialisten, Moralapostel, Staatsanbeter oder Imperialisten, alle wollen dem Fortschritt mit Gewalt auf die Sprünge helfen.

Erster und zweiter Weltkrieg erschütterten jedoch die Hoffnungen auf den Einsatz gewaltsamer Mittel, versucht man seither Kriegen durch internationale Institutionen und Abkommen zu begegnen. Viele haben auch begriffen, dass der Einsatz von Gewalt weniger Probleme löst als vermehrt.

Wie entfaltet sich Gewalt? Wo stößt sie an Grenzen? Kurz nach dem ersten Weltkrieg setzt sich Walter Benjamin mit solchen Fragen in seinem Text *Zur Kritik der Gewalt* ausei-

---

[1] Max Weber; zit. in: Dirk Kaesler, Max Weber – Preuße, Denker, Muttersohn. Eine Biographie, München 2014, 739

103

nander, den er 1921 im *Archiv für Sozialwissenschaft und Sozialpolitik* publiziert, zu dessen Herausgebern zuvor auch Max Weber gehörte. Kritik heißt im Sinne Kants, Grenzen zu ziehen, um Reichweiten und Relevanz auszuloten. So will Benjamin grundsätzlich nur von Gewalt sprechen, wenn sie innerhalb von Staat und Gesellschaft, also im Bereich der Sittlichkeit passiert, nicht im Verhältnis zur Natur.

Doch für Benjamin erscheint der rechtlich geregelte, innerstaatliche Friedenszustand keineswegs gewaltfrei. Banal wäre, auf das staatliche Gewaltmonopol zu verweisen. Benjamin verknüpft auch die an manchen Orten aufbrausende Begeisterung, als 1914 der Krieg erklärt wurde, nicht damit, dass Militarisierung und Industrialisierung der europäischen Gesellschaften im 19. Jahrhundert Menschen auf allen Ebenen so brutal verrohten, dass sich die deutschen Spitzenmilitärs von den ungeheuer hohen Opferzahlen überhaupt nicht beeindrucken ließen. Oder wie sich der Soldat bereitwillig der Gewalt hingab, was man in Ernst Jüngers *In Stahlgewittern* nachempfinden darf: „Sie hatten den mehr oder weniger bürgerlichen Alltag verlassen und waren in den kurzen Ausbildungswochen zu einem großen, begeisterten Körper zusammengeschmolzen. Aufgewachsen in einem Zeitalter der Sicherheit, fühlten wir alle die Sehnsucht nach dem Ungewöhnlichen, nach der großen Gefahr. (. . .) Der Krieg musste es uns ja bringen, das Große, Starke, Feierliche. Er schien uns männliche Tat, ein fröhliches Schützengefecht auf blumigen, blutbetauten Wiesen."[1]

Benjamin schließt sich angesichts des gerade beendeten ersten Weltkriegs auch nicht der damals verbreiteten Kritik an der Gewalt des Krieges an. Denn für Benjamin wird das pazifistische und teilweise auch anarchistische Postulat der Gewaltfreiheit der Realität von Krieg und Gewalt nicht gerecht. Er denkt hierbei marxistisch, wäre es in diesem Sinn doch schlicht historisch naiv, Gewalt abzulehnen. Denn noch die Naturgesetzfor-

---

[1] Ernst Jünger, In Stahlgewittern (1920), Werke Bd. 1, Stuttgart 1961, 11

mel von Kants kategorischem Imperativ „Handle so, als ob die Maxime deiner Handlung durch deinen Willen zum allgemeinen Naturgesetze werden sollte"[1] bedarf zu ihrer Verwirklichung eines positiven geltenden Rechts, das sich auf Gewalt stützen muss, um Anerkennung zu finden und sich durchzusetzen. Menschenrechte weltweit zu verteidigen oder durchzusetzen, benötigt gelegentlich den Einsatz von militärischer Gewalt – man denke an den Völkermord in Ruanda, bei dem niemand eingriff. So pflichtet Jacques Derrida Benjamin bei: „Die Militärgewalt ist gesetzmäßig und erhält das Recht, es ist also weitaus schwieriger, sie zu kritisieren, als die Pazifisten und die Aktivisten mit ihren Deklamationen glauben."[2]

1. Legitime und illegitime Gewalt

Wie entfaltet sich Gewalt? Benjamin kritisiert denn auch nicht nur militärische oder physische Gewalt. Er konzentriert sich auf eine Dimension der Gewalt, die sowohl von Pazifisten als auch Vertretern humanitärer Interventionen regelmäßig gar nicht als Gewalt wahrgenommen wird, die vielmehr als legitim und notwendig betrachtet wird. Für Benjamin herrscht die Gewalt nämlich im Alltag rechtlich geregelter Verhältnisse. Denn geltende Gesetze funktionieren nach Benjamin mittels der Straf- und Gewaltandrohung. Nur dadurch gewinnen Verträge des bürgerlichen Rechts ihre bindende Kraft.

Für Derrida wird diese Gewalt, auf die sich das Recht immer schon stützt, in Rechtsverträgen verdrängt – ein Vergessen, auf das Derrida mit seinem Begriff der *Différance* aufmerksam macht – entwirft Derrida in seiner *Gesetzeskraft* die politische und ethische Dimension seiner Philosophie der Dekonstruktion nicht von ungefähr im Rückgriff auf Benjamin. Die *Différance*

---

[1] Immanuel Kant, Grundlegung zur Metaphysik der Sitten, (1785), AA Bd. 6, Berlin 1968, 421
[2] Jacques Derrida, Gesetzeskraft – Der ‚mystische Grund der Autorität' (1989), Frankfurt/M. 1991, 86

markiert nämlich nicht nur die *Différence*, den schlichten Unterschied, sondern verschiebt diesen Unterschied, wenn man Gesetz und Vertrag jenseits aller Gewalt situiert. Wenn für Benjamin selbst der Kompromiss einen Zwangscharakter entwickelt, dann verschleiert das für Derrida die ursprüngliche Gewalt auf eine ähnliche Weise.

Dass der Kompromiss eine verborgene Gewalt beherbergt, dass bestätigt indes John Rawls indirekt, wenn sein übergreifender Konsens, auf den sich die Grundprinzipien einer gerechten Gesellschaft stützen sollen, kein Kompromiss sein darf. Diesen würden die Beteiligten kündigen, wenn sich die Machtverhältnisse zu ihren Gunsten verschieben – und beispielsweise die Religionsfreiheit wieder abschaffen, zu der sie der Kompromiss zwingt. Vernünftige umfassende Lehren werden dagegen den umgreifenden Konsens als richtige Form der sittlichen Grundstruktur in einer pluralistischen Gesellschaft anerkennen. Rawls schreibt: „Aus diesem Grund sucht der politische Liberalismus nach einer Konzeption politischer Gerechtigkeit, von der wir hoffen, dass sie in einer durch sie geordneten Gesellschaft die Unterstützung eines übergreifenden Konsenses vernünftiger religiöser, philosophischer und moralischer Lehren finden kann.“[1] Diese werden sich einer durch rechtliche Gewalt sanktionierten Abmachung fügen und die Gewalt vergessen, auf die sich auch der umgreifende Konsens stützt. Anstatt einen Kompromiss zwischen Vertragspartnern bei Gelegenheit aufzukündigen, d.h. Gewalt anzuwenden, werden sie sich der Illusion hingeben, der übergreifende Konsens sei gewaltfrei, weil er sich auf den öffentlichen Gebrauch der Vernunft stützt.

Nun könnte man sowohl Benjamin als auch Derrida entgegenhalten, dass die dem Recht inhärente Gewalt nicht nur banal, sondern sogar sinnvoll ist. Sie soll den Frieden und die Sicherheit gewährleisten und wird daher zumeist nicht als Gewalt charakterisiert. Die monopolisierte Rechtsgewalt greift ja

---

[1] John Rawls, Politischer Liberalismus (1993), Frankfurt/M. 1998, 275

unter demokratischen Umständen zu physischer Kraft idealerweise nur, wenn sie auf einen physischen Widerstand stößt.

Recht braucht nicht nur die Gewalt und stützt sich auf sie. Recht kann sich nur durchsetzen und Rechte der Bürger gewährleisten, wenn die Gewalt des Rechts die einzig legitime ist. Derrida gibt zu, dass Gerechtigkeit ohne Recht hilflos ist, also Gewalt braucht, weil Gerechtigkeit den Anspruch erhebt, realisiert zu werden. Derart lässt sich zwischen legitimer und illegitimer Gewalt unterscheiden, jener Gewalt außerhalb des Rechts als illegitimer und jener rechtlichen als legitimer.

Doch was legitime Gewalt ist, das versteht sich nicht von selbst. Wie bei Verträgen bekämpft das Recht nach Benjamin individuelle, vom Recht unabhängige Zwecke und erklärt deren Verfolgung durch gewalttätige Mittel als illegitim. Individuelle Gewalt wird verhindert, so dass das Recht Gewalt zu monopolisieren vermag. Die Unterscheidung zwischen legitimer und illegitimer Gewalt beschränkt sich keineswegs auf die Differenzierung zwischen Gewalt durch das Recht und Gewalt außerhalb desselben. Vielmehr stellt Benjamin innerhalb des Rechts die Frage nach der Legitimität der Gewalt. Dabei erscheint Gewalt nicht als Zweck, sondern als Mittel, um das Recht durchzusetzen. Durch die Zwecke lässt sich die Anwendung von Gewalt nicht so leicht legitimieren. Naturrechtliche Konzeptionen versuchen eine solche Erklärung. Für Robespierre legitimiert die Tugend den Terror. Im positiven Recht dreht sich das Verhältnis von Mitteln und Zwecken um. Primär – darauf weist auch Derrida hin –beurteilt das positive Recht die Mittel und legitimiert darüber die Zwecke.

Aus dem Verhältnis von Mittel und Zweck entsteht bezüglich der Legitimität der Gewalt für Benjamin ein anderes Problem. Er diagnostiziert nämlich, dass das Recht auch manche Formen der individuellen bzw. außerrechtlichen Gewalt toleriert. So stellt für ihn das Streikrecht ein nicht rechtlich geregeltes, quasi individuelles Recht auf Gewalt dar, dem der Staat in gewisser Weise indifferent gegenübersteht, indem er die mit dem Streikrecht verbundene Gewalt gewähren lässt.

Dabei birgt das Streikrecht sogar eine Gewalt, die das Recht nicht nur brechen kann, die womöglich sogar das Recht verändert, also neues Recht von außerhalb des Rechts setzt, Gewalt sich ins Recht hinein entfaltet. So verhinderten die deutschen Gewerkschaften mit massiven Streikdrohungen, dass der Bundestag 1952 die von den alliierten Kontrollbehörden eingeführte Mitbestimmung in der Metallindustrie wieder abschafft. Die Gewerkschaften verteidigten die Mitbestimmung mit Gewalt und zwar gegen eine Mehrheit im Parlament.

Darin liegt denn auch Benjamins Grundunterscheidung in *Zur Kritik der Gewalt*: „Alle Gewalt ist als Mittel entweder rechtsetzend oder rechtserhaltend."[1] Zwar spielen beide häufig zusammen. Längst nicht immer wie im Fall des Streikrechts versucht die rechtserhaltende die rechtsetzende zu verdrängen. Die rechtsetzende Gewalt beherbergt und gründet eine rechtserhaltende, indem sie beispielsweise auf die Wiederholung ihrer eigenen Anwendung zielt. Sie stiftet, was dann erhalten werden soll, der Streik eine neue Wirtschaftsordnung.

Benjamin zielt mit dieser Unterscheidung indes nicht auf einen ahistorischen Ursprung des Rechts, wenn beispielsweise in der Vertragstheorie von Thomas Hobbes die Menschen im Naturzustand miteinander verabreden, ihr natürliches Recht auf Gewalt einem *Leviathan* zu übertragen, dem von da an alle rechtliche Gewaltanwendung zusteht.

Die rechtserhaltende Gewalt stützt sich auf die Strafandrohung und winkt im äußersten Fall mit der Todesstrafe, in der sich ihre Herrschaft über das Leben ausdrückt. Dabei geht es nicht allein darum, den Rechtsbruch zu sühnen, sondern darum, mit der Macht über Leben und Tod die Macht des Rechts zu demonstrieren, der der einzelne völlig ausgeliefert erscheinen soll. Noch Kant und Hegel insistieren aus solchen Gründen auf der Todesstrafe, bezeugt sich darin nach Derrida wiederum die verschiebende Gewalt der *Differance*, die den künstlichen

---

[1] Walter Benjamin: Zur Kritik der Gewalt (1921) und andere Aufsätze, Frankfurt/M. 1965, 45

Charakter der rechtlichen Gewalt verbirgt, die stattdessen als natürlich oder göttlich gegeben erscheinen soll.

Könnte man mit Rawls oder Habermas vielleicht aus pragmatischen Gründen darauf verzichten, die rechtserhaltende Gewalt als solche zu kritisieren, so gibt es jedoch eine rechtsetzende Perspektive des Rechts, deren problematischer Charakter mit Pragmatismus nicht so leicht zu begegnen ist. Die rechtsetzende Gewalt entfaltet sich zunächst im Krieg, wo sie augenscheinlich wird – eben man denke an die alliierten Kontrollbehörden. So schreibt Benjamin: „Es wohnt also, wenn nach der kriegerischen Gewalt als einer ursprünglichen und urbildlichen für jede Gewalt zu Naturzwecken geschlossen werden darf, aller derartigen Gewalt ein rechtsetzender Charakter bei. (. . .) Der Staat aber fürchtet diese Gewalt schlechterdings als rechtsetzend, wie er sie als rechtsetzend anerkennen muss, wo auswärtige Mächte ihn dazu zwingen, das Recht zur Kriegführung, Klassen, das Recht zum Streik ihnen zuzugestehen."[1] Rechtsetzend sind nicht nur Interventionen, wenn Russland die Krim annektiert, sondern auch wenn demonstrierende Bürger protestieren. So sanktioniert der Friedensschluss das neue Recht, das sich der Macht der Sieger verdankt.

Der 1921 allgegenwärtige Krieg selbst stellt daher für Benjamin überhaupt den zentralen Ort für die rechtsetzende Gewalt dar. Damit zeigt er nach Derrida zugleich die Grenzen des Völkerrechts auf, das auf den Prinzipien der Souveränität und der Nichteinmischung beruht: die Gewalt des Krieges entfaltet sich in das bestehende Recht hinein. Derrida bemerkt: „Dem Anschein nach erklären Rechtssubjekte den Krieg, um Gewalten zu sanktionieren, deren Zwecke natürlich anmuten (der andere möchte sich der Gebiete, der Güter, der Frauen bemächtigen; er will meinen Tod, ich töte ihn). Doch diese kriegerische Gewalt, die einer ,raubenden Gewalt' ähnelt, entfaltet sich immer im Inneren der Rechtssphäre. Sie ist eine Anomalie im Innern der Rechtsverhältnisse, mit denen sie zu brechen

---

[1] Ebd., 39

scheint."[1] Also auch die illegitime äußere Gewalt realisiert sich innerhalb des Rechts und findet dort keine Grenze.

Dass sich eine rechtsetzende Gewalt dem Krieg verdankt, liegt nahe und man könnte auch hier mit einem pragmatischen Achselzucken Einsicht in historische Zwangslagen bekunden. Doch viel erstaunlicher klingt, wo Benjamin ansonsten eine rechtsetzende Gewalt diagnostiziert, beispielsweise und dem Krieg noch nahe im Militarismus mit der allgemeinen Wehrpflicht, die Benjamin als Anwendung von Gewalt zu Rechtszwecken bezeichnet: „Militarismus ist der Zwang zur allgemeinen Anwendung von Gewalt als Mittel zu Zwecken des Staates."[2]

Noch mehr erstaunt, dass für Benjamin gerade die Polizei nicht nur eine rechtserhaltende Gewalt anwendet, sondern vor allem auch eine rechtsetzende. Benjamin beruft sich dabei auf das Verordnungsrecht. Es geht ihm weniger um polizeiliche Übergriffe. Doch die polizeilich rechtsetzende Gewalt realisiert sich gerade auf der Ebene von Sicherheitsmaßnahmen wie der Überwachung überall dort, wo den Staat die Gesetze nicht hinlänglich schützen, wo die Polizei agiert, weil es rechtlich nicht geregelte Sachlagen sind. Man muss auch nur an die enthüllten Aktivitäten des US-Geheimdienstes NSA denken, um diese rechtsetzende Gewalt in ihrem vollen Ausmaß als heute genauso präsent zu begreifen.

Umso prophetischer Benjamins Worte über die Polizei: Ihre „Gewalt ist gestaltlos", und es handelt sich um eine „nirgends fassbare, allverbreitete gespenstische Erscheinung im Leben der zivilisierten Staaten." Dann erfolgt die Unterscheidung: „Und mag Polizei auch im einzelnen sich überall gleichsehen, so ist zuletzt doch nicht zu verkennen, dass ihr Geist weniger verheerend ist, wo sie in der absoluten Monarchie die Gewalt des Herrschers, in welcher sich legislative und exekutive Machtvollkommenheit vereinigt, repräsentiert, als in Demokra-

---

[1] Derrida, Gesetzeskraft (1989), 84
[2] Benjamin, Zur Kritik der Gewalt (1921), 40

tien, wo ihr Bestehen, durch keine derartige Beziehung geho-
ben, die denkbar größte Entartung der Gewalt bezeugt."[1]

Während die Polizei unter monarchischen Umständen nichts
anderes als die Gewalt des Regimes spiegelt, verhindert sie in
der Demokratie zu Zeiten Benjamins, dass sich die repressiven
Verhältnisse ändern. Das entspricht den Erfahrungen der Weimarer Republik mit der Polizei, die vom kaiserlichen Deutschland übernommen wurde und die auf dem rechten Auge blind
war. Daraus zieht Derrida die Schlussfolgerung: „die Polizei-
gewalt der Demokratien hingegen verneint ihr eigenes Prinzip,
indem sie auf erschlichene Weise und im verborgenen Gesetze
macht. Doppelte Schlussfolgerung oder doppelte (inbegriffene)
Verwicklung: 1. Die Demokratie ist eine Entartung des Rechts
und der Rechtsgewalt. 2. Es gibt noch keine Demokratie, die
ihres Namens würdig ist. Die Demokratie bleibt im Kommen".[2]

2. Ausnahmezustand als rechtssetzende Gewalt

Derrida zählt Benjamin daher zur marxistischen Demokratie-
Kritik, die allerdings auch zahlreiche Parallelen zur rechten
Parlamentarismus-Kritik aufweist, spiegelt diese also die Krise
der Demokratie und verschärft sie gleichzeitig. Es darf dann
auch nicht verwundern, dass Carl Schmitt Benjamins Text
nicht nur gelesen hat, vielmehr schrieb er ihm einen zustim-
menden Brief.

Giorgio Agamben beschäftigt sich in seinem Buch *Ausnahmezustand* aus dem Jahr 2003 mit den Anschlüssen von Schmitts entsprechendem Begriff an Benjamin und betrachtet diese
auch unter Berücksichtigung von Derridas Rezeption. Dabei
zeigt sich, dass die Politik in den westlichen Demokratien nicht
erst bei der Bewältigung der Finanzkrise 2008 oder der Eurokrise immer häufiger mit Mechanismen arbeitet, die der Benjaminschen rechtsetzenden Gewalt nahekommen, dass also

---

[1] Ebd., 45
[2] Derrida, Gesetzeskraft (1989), 96

eine rechtsetzende Gewalt zumindest auf anderer Ebene im zeitgenössischen demokratischen Staat fortlebt. Bereits kurz nach dem ersten Weltkrieg und bis heute operiert die Exekutive im wirtschaftlichen Bereich mit einer rechtssetzenden Gewalt, die dem Schmittschen Ausnahmezustand nahe kommt: „Wie vorauszusehen war," so Agamben, „setzte sich die Ausweitung der Exekutivgewalt auf den Bereich der Legislative nach Ende der Feindseligkeiten fort, und es ist bezeichnend, dass an die Stelle des militärischen Ausnahmefalls der ökonomische Ausnahmefall trat, wobei Krieg und Ökonomie stillschweigend gleichgesetzt wurden."[1]

Es ließe sich einwenden, dass es sich fast immer um die Übertragung bereits entwickelter Rechtsmodelle in eine andere Situation handelt, so dass die rechtsetzende Dimension nur rechtserhaltende Strukturen übersetzt und fortschreibt. Also könnte man sich hier wieder pragmatisch beruhigen, Einsicht in die Dramatik der Situation zeigen und die rechtsetzende Gewalt der rechterhaltenden zuordnen, also der legitimen, so dass sie dabei auf Grenzen stößt. Trotzdem wurde in der Finanz- und Eurokrise von Seiten der Politik mit Notlagen argumentiert, um mit rechtsetzenden Maßnahmen zu intervenieren.

In einem juristischen und weniger pragmatischen Sinn – so Agamben – greift Carl Schmitt 1922 in seiner Schrift *Politische Theologie* die Unterscheidung von rechtsetzender und rechterhaltender Gewalt Benjamins auf. Denn eine Gewalt außerhalb des Rechts erscheint dem Juristen Schmitt unmöglich. So transformiert Schmitt die Begriffe Notstand und Belagerungszustand in den des Ausnahmezustandes, der die Macht des Souveräns kennzeichnet. Im Ausnahmezustand treten Norm und Anwendung so weit auseinander, dass das Recht die Gewalt nicht mehr begrenzt. Doch Schmitt geht es darum, die Rechtlichkeit des Ausnahmezustands auszuweisen, also die Legitimität einer rechtsetzenden Gewalt. Denn erstens wäre für

---

[1] Giorgio Agamben, Ausnahmezustand – Homo sacer II.1 (2003), Frankfurt/M. 2004, 20

Schmitt ein permanenter Ausnahmezustand ein Widerspruch in sich. Zweitens legitimiert sich der Ausnahmezustand dadurch, dass dieser den Rechtzustand nur so lange aufhebt, wie letzterer gefährdet scheint, was zugleich eine Entfaltung und Begrenzung von Gewalt bedeuten soll.

Demgegenüber bleibt Agamben indes skeptisch: „Das spezifische Verdienst der Schmittschen Theorie liegt genau darin, dass sie eine solche Verbindung zwischen Ausnahmezustand und Rechtsordnung möglich macht. Diese Verbindung ist insofern paradox, als das, was ins Innere des Rechts hereingenommen werden soll, sich dem Recht als wesensmäßig äußerlich erweist, dass es sich dabei um nichts Geringeres als die Suspendierung der Rechtsordnung selbst handelt (. . .)."[1] Im Ausnahmezustand wird gerade keine Norm angewendet, die die Gewalt begrenzt. Vielmehr wird die Norm suspendiert, der Rechtszustand aufgehoben. Es wird also schon etwas schwieriger sich mit dieser Entfaltung rechtsetzender Gewalt anzufreunden, noch dazu, wenn es nicht um die Weimarer Republik, sondern um die EU heute geht.

An die Stelle der Norm tritt bei Schmitt die Entscheidung, die eine spezifisch juristische Eigenart hat: Jedes gerichtliche Urteil stellt am Ende eine Entscheidung dar, die sich nicht vollständig aus den vorhergehenden Informationen ableiten lässt. Sonst wäre es keine Entscheidung. Daher erlässt der Souverän nicht den Ausnahmezustand und die Polizei führt dergleichen aus. Vielmehr entscheidet er darüber, wie er über Freund und Feind entscheidet und das Volk ihm ohne zu murren folgen muss.

Die Entscheidung soll ein Minimum des Rechtsbezugs absichern und damit den Ausnahmezustand in letzter Konsequenz doch als Rechtszustand ausweisen. Nach Agamben kann das jedoch nicht gelingen, wird im Ausnahmezustand die Norm gerade nicht angewendet, sondern nun mal aufgehoben, die Gewalt entgrenzt und nicht begrenzt. „Aber fehl gehen auch

---

[1] Ebd., 43

jene Lehren, die wie die Schmittsche den Ausnahmezustand mittelbar in einen Rechtskontext zu stellen versuchen und ihn zu diesem Zweck in der Unterscheidung zwischen Rechtsnorm und Rechtsverwirklichungsnorm, zwischen konstituierender und konstituierter Gewalt, zwischen Norm und Dezision gründen lassen. Der Notstand ist kein ‚Rechtszustand‘, sondern ein Raum ohne Recht (. . .)."[1]

Im Recht droht ob der rechtsetzenden Gewalt – sei es bei der Polizei, der Verwaltung oder der Regierungstätigkeit und auf Grund von Notstandsrechten – immer die Gesetzlosigkeit, die Anomie. Und nicht allein deshalb, weil alles Recht auf einer dieses stiftenden ursprünglichen Gewalt beruht, die dem Recht vorangeht. Ein rechtloser Zustand herrscht also nicht nur zwischen den Völkern – trotz allen Völkerrechts oder internationalen Institutionen. Er herrscht auch – wie die Sicherheits- oder die Finanzpolitik heute zeigt – im Innern der Staaten. Diese Entfaltung von Gewalt ist schwieriger einzugrenzen, höchstens wenn man sie auf eine physische Seite beschränken könnte.

Doch Derrida entgrenzt die Gewalt in seiner Analyse von Benjamins *Zur Kritik der Gewalt*. Die Gewalt gründet als neu unterscheidende, also als *Differance*, ein neues Recht, das sie durch ständige Verschiebung in Wiederholungen übergehen lässt. Insofern verdankt sich das Recht nicht nur einer differentiellen Gewalt, sondern auch einer dekonstruktiven Bewegung, jedenfalls soweit, wie hinter einer solchen Begründung wie bei Rawls die Bemühung um Gerechtigkeit steht und doch nicht nur um Utilitarismus; denn, so Derrida, „die Dekonstruktion ist die Gerechtigkeit."[2] Und – man darf hinzufügen – die Gerechtigkeit ist Dekonstruktion und Fairness ist Gerechtigkeit nur soweit, wie erstere durch eine dekonstruktive Bewegung das durch sie Verschobene als solches offenbart.

Daher darf man die nationalsozialistischen Rechtsvorstellungen davon ausnehmen, um die sich noch Carl Schmitt bemüht.

---

[1] Agamben, Ausnahmezustand (2003), 62
[2] Derrida, Gesetzeskraft (1989), 30

Aber es geht diesem schließlich auch nicht um die Gerechtigkeit, sondern um die Macht. Selbst dabei kann sich eine dekonstruktive Verschiebung ergeben, beispielsweise bei einer entsprechenden Lektüre Schmitts, wie sie Agamben vorführt. Ungerechtes Recht dekonstruiert sich selbst, indem es nicht hält, was es verspricht.

Die Dekonstruktion verschiebt damit die rechtsetzende Gewalt jedoch von der Ebene einer physischen militärisch polizeilichen Gewalt auf die Ebene der Sprache, genauer der Schrift, wo es selbstredend immer schon eine polizeiliche Macht gab, nicht allein die Zensur. Recht und Gesetz werden nicht nur schriftlich festgehalten, sie entfalten sich vielmehr aus der Schrift heraus und somit in der Sprache, in der sie sich repräsentieren und mit der sie sich durchsetzen.

Dem würde Karl-Otto Apel entgegenhalten, dass die Sprache aus kommunikativen Strukturen besteht, die nicht erst konstruiert oder entwickelt, sondern nur entdeckt werden müssen, die sich im Gespräch selbst enthüllen. Man „hat als Argumentierender die Voraussetzung der unbegrenzten kritischen Kommunikationsgemeinschaft immer schon implizit anerkannt."[1] Denn man kann für Apel diese kommunikativen Strukturen gar nicht dementieren, ohne sich selbst zu widersprechen. Wenn man spricht, dann zum Zweck der Kommunikation, die aus Rede besteht und nicht aus der Anwendung von Gewalt. Wenn man mit jemandem diskutiert, so Apel, hofft man allein auf die zwanglose Kraft des überzeugenden Arguments.

Begrenzt die Sprache somit die Gewalt? Für Apel benötigt eine Entscheidung zum moralischen Diskurs zwar einen Akt des Willens, aber rationaler Weise ist keine andere Entscheidung möglich, wenn der Mensch über sich selbst und seine Situation richtig nachdenkt, sich eben dem besseren Argument fügt und nicht auf Gewalt setzt. Eine solche Argumentation liegt auch dem demokratischen Staat zugrunde: „Die in moder-

---

[1] Karl-Otto Apel, Transformation der Philosophie, Bd. 2, Frankfurt/Main 1973, 222

nen Rechtssystemen und in den Spielregeln der demokratischen Regierungsform implizierten Moralprinzipien – wie etwa die Voraussetzung eines *Grundkonsenses* und eines approximativ immer wieder zu erneuernden *Konsenses der Betroffenen* als Legitimationsbasis für die Gesetzgebung – diese Institutionsprinzipien repräsentieren sogar durchweg ein höheres, postkonventionelles Niveau des moralischen Bewusstseins als das von der Mehrzahl der Bürger erreichte."[1] Für Apel gründet das Recht in demokratischen Staaten somit auf einen impliziten Konsens der Bürger, den diese explizit gar nicht zu erreichen brauchen.

Stützen sich Recht und Moral auf Gewaltlosigkeit, weil Sprache im Sinn von Apel die physische Gewalt begrenzt und nicht entfaltet? Doch Sprache – das ist die Einsicht Wittgensteins – prägt die Welt, schafft die Welt, was keineswegs ein gewaltfreier Akt ist. Man muss gar nicht die überzeugende Kraft des besseren Arguments in Zweifel ziehen – wenn es nicht angenommen wird, hat es zumeist andere Gründe. Aber Sprache funktioniert nicht bloß beschreibend oder referierend, sondern interpretierend. Derart malt sich Sprache die Welt, die sie auf diese Weise konstruiert überhaupt erst so, dass daraus ein Argument wird, das einen überzeugenden Zwang auszuüben in der Lage ist, wenn, ja wenn man der vorausgehenden Interpretation folgt. Daher gilt Apels Argument, dass Sprache einen kommunikativen Charakter besitzt, nur für eine bestimmte sprachliche Situation, die eher selten eintritt.

Der Schrift – noch nachhaltiger als dem gesprochenen Wort – eignet auch ein performativer Charakter, der konstitutiv prägend für die Dinge in der Welt und damit für die Welt als solche ist. Schrift und Sprache bestimmen und schaffen dadurch die Wirklichkeit. Die Gewalt des Rechts entfaltet sich bereits sprachlich, nämlich durch die sprachliche Performanz, dadurch dass die Sprache selbst etwas tut und nicht nur Äußeres reflek-

---

[1] Apel, Diskurs und Verantwortung – Das Problem des Übergangs zur postkonventionellen Moral, Frankfurt/M. 1988, 364

tiert. Damit kann sich die Gewalt, von der Benjamin und Schmitt sprechen, nicht auf physische Gewalt beschränken, sondern bedient sich der Sprache, um eine bestimmte Situation zu schaffen. Denn sprachliche Akte üben eminenten Druck und Zwänge auf diejenigen aus, die sich damit konfrontiert sehen.

„Eine ‚gelungene' Revolution," so Derrida, „eine ‚gelungene' Staatsgründung (in dem Sinne etwa, in dem man von einem ‚felicitous performativ speech act' redet) wird im nachhinein hervorbringen, was hervorzubringen sie im vorhinein bestimmt war: Interpretationsmodelle, die sich zu einer rückwirkenden Lektüre eignen, die geeignet sind, der Gewalt, die unter anderem das fragliche Interpretationsmodell selbst (das heißt den Diskurs ihrer eigenen Rechtfertigung) hervorgebracht hat, Sinn zu verleihen – die geeignet sind, die Notwendigkeit und besonders die Legitimität dieser Gewalt hervorzuheben."[1] Ob ein Glas halbvoll oder halbleer ist, kann die Welt in sehr unterschiedliche Perspektiven tauchen. Weil die Sprache einen die Welt stiftenden Charakter besitzt, funktioniert Sprache nicht gewaltlos, eignet ihr vielmehr eine ordnende bzw. prägende, interpretierende Kraft, die als gestaltende Gewalt erscheint, weil sie dadurch aus dem Naturzusammenhang heraustritt.

Das Wort Gewalt geht der Gewalt in der Natur voraus, hebt einen Vorgang aus der Natur heraus und erklärt ihn zur Gewalt. Das Gesetz ist eine Schrift, die die Gewalt legitimiert, um dem Gesetz Geltung zu verschaffen: keine legitime Gewalt ohne Schrift, weder eine rechtserhaltende noch eine rechtsetzende. Alle rechtlich legitime wie illegitime Gewalt entfaltet sich durch sprachliche Performanz. Ohne diese bliebe aber die Gewalt reine Natur und wäre insofern keine Gewalt. Wenn Odysseus die Ordnung auf Ithaka wieder herstellt, so müssen seine Gewalttaten einen entsprechenden Sinn haben. Andernfalls blieben sie nicht mal Totschlag. Die Gewalt verschiebt sich in den Sinn, der der Gewalt den rechtsgründenden Effekt verleiht. Die einzelne Tat erhebt einen allgemeingültigen Anspruch, der

---

[1] Derrida, Gesetzeskraft (1989), 79

sich nur sprachlich repräsentieren kann. Die Sprache begrenzt die Gewalt nicht, sie entfaltet sie. Genau darin liegt die Genealogie von Gewalt und Recht.

Die Revolution, der Generalstreik, der Krieg verschieben das bestehende Recht, indem sie ein neues setzen, das sich seinerseits darum bemüht, Bestandskraft zu entwickeln, die sich in der fortlaufenden Anwendung äußert, also in Iteration und Wiederholung – schlicht wenn es sich durchgesetzt hat. Die Gestalt eines metonymisch begründenden neuen Rechts – so Derrida – „verwischt oder trübt den reinen und einfachen Unterschied zwischen (Be)gründung und Erhalten. (. . .) ich würde dies als Dekonstruktion, die am Werk ist, bezeichnen – als Dekonstruktion, die mitten in der Verhandlung steht: in den ‚Sachen' selbst und in Benjamins Text."[1] Dekonstruktionen gibt es somit sowohl realhistorisch – und sicher nicht nur bei Revolutionen, sondern auch wenn Geheimdienste das geltende Recht hintergehen und neue rechtliche Fakten schaffen, also rechtsetzend wirken.

Benjamin dekonstruiert das Verhältnis von Recht und Rechtsetzung. Schmitt wird sich daran abarbeiten, dieses Verhältnis als Ausnahmezustand zu rekonstruieren. Nicht nur erweist sich beim Zusammenbruch der Weimarer Republik der Gedanke Carl Schmitts als Illusion, dass sich eine Demokratie durch ihre Aufhebung schützen lässt, wenn Schmitt selbst das je intendierte. Die Verfassungsdiktatur, so Agamben, führt in ein totalitäres Regime. Er bezieht sich dabei auch auf Ernst Fraenkels Buch *Der Doppelstaat*, das einen Normen- und einen Maßnahmenstaat unterscheidet. Das Bürgerliche Gesetzbuch gilt teilweise weiterhin und verkörpert den Normenstaat. Anderes gilt für Fraenkel hinsichtlich politischer Rechte: „In diesem politischen Sektor fehlen die Normen und herrschen die Maßnahmen. Daher der Ausdruck ‚Maßnahmenstaat'."[2] Dementsprechend trennt Derridas *Gesetzeskraft* zwischen Norm und

---

[1] Derrida, Gesetzeskraft (1989), 87
[2] Ernst Fraenkel, Der Doppelstaat (1938, 1941), Frankfurt/M. 1974, 55

Anwendung. Reine Anwendungen rekurrieren nicht auf Normen, sondern setzen den Fraenkelschen Maßnahmenstaat durch schlichte Verordnungen um und verleihen diesen damit die Kraft von Gesetzen, obwohl sie keine sind, sie vielmehr anomisch bleiben.

Schmitt wollte den fortdauernden Ausnahmezustand in eine nationalsozialistische Verfassung überführen und damit aufheben. Ihm war klar, dass ein permanenter Ausnahmezustand im doppelten Sinn keiner mehr ist. Denn nicht nur überwindet er die *Differance* zwischen Recht und Gewalt nicht, weil sich die Gewalt dem Recht entzieht und insofern einen dekonstruierenden Charakter enthält. Ein permanenter Ausnahmezustand verliert als Dauerzustand den Bezug zum Rechtszustand immer stärker: Das Ende des Rechtszustands, den man sich leider vorstellen kann.

Im permanenten Ausnahmezustand kehrt zwar ständig die rechtsetzende performative Gewalt wieder, ohne dass sie sich jedoch selbst in eine Wiederholung transformieren würde, also in eine rechtserhaltende Gewalt und im Grunde damit gar kein Recht setzt, sondern die schlichte Gewalt immer erneut wieder anwendet. Aber der langjährige Nazi-Kanzler wollte sich durch keine nationalsozialistische Verfassung einbinden lassen. „Der Ausnahmezustand", schreibt Agamben, „ist der anomische Raum, in dem eine Gesetzeskraft ohne Gesetz (die man jedoch ~~Gesetzes~~kraft schreiben müsste) zum Einsatz kommt. Solche ‚~~Gesetzes~~kraft', in der Macht und Handlung radikal getrennt sind, ist sicherlich eine Art mystisches Element, oder eher: eine fictio, durch die das Recht versucht, die Anomie für sich zu vereinnahmen."[1] Der Ausnahmezustand soll als Kraft oder Gewalt vom Gesetz noch etwas festhalten, die Gewalt begrenzen. Doch die Durchstreichung dekonstruiert diese Bemühung. Nach Agamben findet im Ausnahmezustand eine Anwendung ohne Norm statt: Also wird auch keine Norm angewendet. Aber was wird dann angewendet? So treten Praxis und Sinn im

---

[1] Agamben, Ausnahmezustand (2003), 49

Ausnahmezustand nach Agamben auseinander, entfaltet sich die gesetzlose Kraft im Recht.

Schmitt geht damit von einer primären staatlichen Gewalt aus, die sich im Staat auch ohne Recht konstituiert und damit den Staat über jedes Recht stellt, das von staatlichen Gewalten ja auch erst installiert werden müsste. Nur dass Schmitt als Jurist versteht, dass man im Zeichen eines differenzierten Rechts diese an sich unabhängige Gewalt an das Recht rückkoppeln sollte.

Freilich folgt in gegenläufiger Perspektive aus der Norm genauso wenig ihre Anwendung. Denn Wittgenstein weist als erster daraufhin, dass es, um eine Regel anzuwenden, wiederum einer Regel bedarf, so dass man in einen unendlichen Regelregress gerät. Wittgenstein schreibt: „Glaub nicht immer, dass du deine Worte von Tatsachen abliest; diese nach Regeln in Worte abbildest! Denn die Anwendung der Regel im besonderen Fall müsstest du ja doch ohne Führung machen"[1] Robert B. Brandon hat diese Problematik in die politische Philosophie übertragen. Man kann zwar die richtig angewandte Regel in einer vollzogenen Handlung feststellen: das macht den Menschen zu einem ethischen Wesen. Aber eine Regel in einer Handlung anzuwenden, dabei geriete man in besagten Regelregress, kann man ethische Normen nicht einfach befolgen, auch keine Rechtsnormen. „Vielleicht sind Regeln nur als Beschreibungen von Regelmäßigkeiten von Bedeutung und nicht als etwas, dem gefolgt wird, um Regelmäßigkeiten herzustellen."[2] Wenn man Regeln nicht befolgen kann, bleibt jede Form der Normanwendung präskriptiv dunkel, die daher immer auch Gewalt entfaltet, der man auch im Recht nicht entgeht.

Das erkennt auch Benjamin und spricht von schicksalhafter Gewalt. Diesen Begriff des Schicksals hält Derrida für den

---

[1] Ludwig Wittgenstein, Philosophische Untersuchungen (1953), Werkausgabe Bd. 1, Frankfurt/M. 1984, Nr. 292, 373
[2] Robert B. Brandom, Expressive Vernunft (1994), Frankfurt/M. 2000, 66

dunklen Schlüsselbegriff des Benjaminschen Textes. Das Recht trifft immer auf eine bestimmte einzigartige Situation, die die Ordnung bedroht, wenn sich die Ordnung in der Situation nicht entfalten kann. Schicksalhafte Gewalt und Recht geraten dadurch miteinander in Konflikt. Ist damit die Hoffnung, die Gewalt sprachlich wie rechtlich aufzuheben, endgültig gescheitert? Apel und Jürgen Habermas würden das sicherlich verneinen, Benjamin allerdings auch, mag das an dieser Stelle auch überraschen.

Stößt folglich Gewalt an keine Grenzen? Gewalt taucht nach Benjamin manchmal als Selbstzweck auf, beispielsweise im Zorn oder im Mythos. Benjamin nennt das Manifestation. Derart ereignet sich Gewalt auch als rechtsetzende, wenn sie Macht konstituiert, dabei aber notwendigerweise erhalten bleibt: „Rechtsetzung ist Machtsetzung und insofern ein Akt von unmittelbarer Manifestation von Gewalt."[1] Benjamin unterscheidet in diesem Kontext eine mythische und eine göttliche Gewalt. Erstere setzt das Recht, letztere zerstört es. Nach Derrida bezieht sich die mythische Gewalt auf die antike griechische Welt, die göttliche auf die jüdische. Im Alten Testament interveniert der jüdische Gott immer wieder, hebt den gerade bestehenden Rechtszustand auf, um eine erzieherische Wirkung zu erzielen. Für Benjamin handelt es sich in beiden Fällen um Manifestationen reiner Gewalt, die entweder unmittelbar Recht setzen oder es aufheben.

In solcher Manifestation von Gewalt deutet sich eine Verbindung zwischen Judentum und Marxismus an. Denn die revolutionäre Gewalt hat sowohl einen göttlichen wie einen mythischen Grundzug: Die göttliche zerstört die rechtserhaltende Gewalt, die mythische stiftet ein neues Recht. So bemerkt Benjamin: „Ist aber der Gewalt auch jenseits des Rechtes ihr Bestand als reine unmittelbare gesichert, so ist damit erwiesen, dass und wie auch die revolutionäre Gewalt möglich ist, mit

---

[1] Benjamin, Zur Kritik der Gewalt (1921), 57

welchem Namen die höchste Manifestation reiner Gewalt durch den Menschen zu belegen ist."[1]

Somit treten Recht und Gewalt im revolutionären Prozess auseinander. Denn die revolutionäre Gewalt will weniger Recht setzen, als vielmehr wie die göttliche Gewalt das bestehende Recht aufheben, es nach Agamben ,ent-setzen', um dadurch eine andere Epoche der Geschichte einzuleiten. Die revolutionäre Gewalt will ja der herrschenden rechtlichen Gewalt ein Ende machen. Sie erscheint dann nicht bloß als ~~Gesetzes~~kraft, sondern als reine Gewalt, in der Tat als gesetzlose Gewalt. Nicht nur wird durch die proletarische Revolution eine neue Geschichtsepoche eröffnet. Vielmehr endet mit ihr im Sinn von Marx die auf Gewalt beruhende Vorgeschichte der Menschen und ihre wirkliche Geschichte beginnt erst.

Diese reine Gewalt will Carl Schmitt im Ausnahmezustand aus dem wilden Außen der Geschichte in eine etatistische Politik integrieren und sie dadurch ihrer anomischen Gefährlichkeit berauben. Der Souverän als Vertreter Gottes entscheidet nun mal über den Ausnahmezustand, nicht die so anarchische wie chaotische Bevölkerung, so dass eine reine Gewalt nicht anomisch bleibt. Doch es gibt kein höheres Gesetz, auf dass sich selbst die Nazis noch gerne beriefen, sei es die Vorsehung oder die arische Rasse, göttliches oder mythisches Gesetz, auf das sich die reine Gewalt berufen dürfte. Der Ausnahmezustand bleibt außerhalb des Rechts, kann diese reine Gewalt dem Recht auch nicht indirekt dienen.

Auf Schmitts Thesen zum Ausnahmezustand antwortet Benjamin 1928 im *Ursprung des deutschen Trauerspiels* damit, dass sich der König als Souverän dadurch auszeichnet, dass er den Ausnahmezustand vermeidet, also durch dessen Ausschluss und gerade nicht dadurch, dass er den Ausnahmezustand ausruft. Daher präsentiert sich das Markenzeichen des Souveräns wider Schmitts Diktum gerade nicht als die Macht über den Ausnahmezustand: Wenn er diesen ausruft, ist er kein

---

[1] Benjamin, Zur Kritik der Gewalt (1921), 64

Souverän mehr. Das kommentiert Agamben: „Der Versuch der Staatsmacht, sich die Anomie durch den Ausnahmezustand einzuverleiben, wird von Benjamin bloßgestellt als das, was er ist: eine *fictio iuris* par excellence, die vorgibt, das Recht genau dort, wo es suspendiert ist, als ~~Gesetzes~~kraft aufrechtzuerhalten. An seine Stelle treten jetzt Bürgerkrieg und revolutionäre Gewalt, also menschliches Handeln, das jede Beziehung zum Recht abgelegt hat."[1]

3. Die Ambivalenz der Gewalt

Ist also die reine Gewalt – gleichgültig ob physisch oder sprachlich performativ – allemal unbegrenzt? Doch damit will sich Benjamin nicht zufrieden geben, findet sich in *Zur Kritik der Gewalt* dazu noch eine andere Stelle, die die reine Gewalt in Gewaltlosigkeit zu transformieren und somit zu begrenzen scheint. „Während die erste Form der Arbeitseinstellung <der politische Generalstreik> Gewalt ist, da sie nur eine äußerliche Modifikation der Arbeitsbedingungen veranlasst, so ist die zweite <der proletarische Generalstreik> als ein reines Mittel gewaltlos"[2], schreibt Walter Benjamin unter Bezugnahme auf Georges Sorel, der „die durch die Idee des Generalstreiks erleuchtete Gewalt"[3] feiert.

Wie kann der proletarische Generalstreik gewaltlos sein? Hierfür gibt Benjamin selbst den folgenden Grund an: Erstens stellt jeder Streik, der ein bloß ökonomisches oder politisch institutionelles Ziel hat, einen Akt der Gewalt dar, der aus der Verweigerung der Arbeit und dem damit verbundenen Druck besteht. Vor allem aber verändert zweitens ein politischer Generalstreik daher gewaltsam nur die Machtstruktur unter den Privilegierten, also den Vertretern des Kapitals und den Vertre-

---

[1] Agamben, Ausnahmezustand (2003), 71
[2] Benjamin, Zur Kritik der Gewalt (1921), 51
[3] Georges Sorel, Über die Gewalt (Réflexion sur la violence, 1908), Innsbruck 1928, 310

tern der Arbeit, wobei es sich auch um deren politische Vertreter handeln darf. In der Regel führt dergleichen zu einer Veränderung der Sozial- und Wirtschaftspolitik. Der Staat als solcher, der sich auf Gewalt stützt, bleibt indes erhalten, selbst wenn sich Sozialisten darum bemühen, diesen Staat zu reformieren.

Warum sollte aber dergleichen beim proletarischen Generalstreik anders sein? Warum sollte dieser gar „gewaltlos" sein? Nun, der proletarische Generalstreik zielt auf die Revolution. Wieso sollte just diese gewaltlos sein? Doch entgegen des Erstaunens gibt es dazu sogar zwei Argumentationslinien.

Marx erwartet einen Zusammenbruch des Kapitalismus auf Grund von dessen eigenen Strukturen. Der bereits weitgehend proletarisierten Bevölkerung bleibt letztlich gar nichts anderes übrig, als die Produktion selbst in die Hand zu nehmen. Die Widerstände dagegen werden nicht allzu stark sein und der sich auf Gewalt stützende Staat stirbt langsam ab – so die hoffnungsfrohe Vision von Marx: Die Revolution ist gewaltlos, weil sie die herrschende Gewalt abbaut. Noch der späte Friedrich Engels wird als Revolution einen beinahe unmerklichen Übergang vom Kapitalismus zum Sozialismus erwarten.

Auch eine realhistorische Argumentationslinie lässt sich skizzieren. Im März 1920 war der sogenannte Kapp-Putsch im Berlin der Weimarer Republik nicht zuletzt an einem umfassenden Generalstreik der deutschen Gewerkschaften gescheitert, ohne dass es zu einem größeren Blutvergießen gekommen wäre. Der Generalstreik, bei dem auch revolutionäre Intentionen eine Rolle spielten, hatte also Gewalt verhindert und gemindert.

Man könnte Benjamins These von der Gewaltlosigkeit des revolutionären Streiks auch noch durch ein Argument unterstützen, das sich auf einen späteren Fall bezieht: Als die Nazis Ende Januar 1933 an die Regierung kamen, überlegte die Gewerkschaftsführung, ob sie zu einem Generalstreik aufrufen sollte. Es lässt sich etwas wüst spekulieren, dass ein solcher Streik wohl einige tausend Tote mit sich gebracht hätte, womöglich aber die 50 Millionen Tote des zweiten Weltkriegs verhindert. Mal abgesehen davon, dass solche Spekulationen schwerlich als Argumente betrachtet werden können – man hätte ja nie erfahren, dass 50 Millionen Tote verhindert wurden, umgekehrt braucht man 50 Millionen Tote, um aus dieser Spekulation ein (ziemlich gewalttätiges) Argument zu machen –, wirklich gewaltlos wäre ein solcher Generalstreik schwerlich verlaufen, trotzdem natürlich berechtigt.

Just vor dieser reinen Gewalt, die das Recht aufhebt und womöglich ein neues installiert, fürchtet sich nicht nur der demokratische Staat, sondern auch der totalitäre. So schreibt Derrida: Benjamin „kann den Generalstreik als widerrechtlich verurteilen; wenn dieser jedoch weiterhin anhält, stehen wir vor einer revolutionären Situation. Eine solche Situation ist die einzige, die es uns erlaubt, die Gleichartigkeit von Recht und Gewalt zu denken: die Gleichartigkeit der Gewalt als Aus-übung des Rechts und des Rechts als Gewaltausübung. Die Gewalt ist der Rechtsordnung nicht äußerlich. Sie bedroht das Recht in dessen Innern."[1]

Die Revolution tritt als reine Gewalt in die politische Land-schaft und widersetzt sich dem geltenden Recht. Im Angesichts der Revolution – und längst nicht nur dieser – erlaubt sich der Staat, das Recht zu übertreten und sich reiner Gewalt zu bedie-nen, die er nicht mehr rechtlich bemänteln kann. Während der Staat mit dem Griff zum Ausnahmezustand die Gewalt unend-lich verlängert, soll die revolutionäre Gewalt ähnlich wie die göttliche diese staatliche Gewalt beenden: Daher die Hoffnung auf die Gewaltlosigkeit der revolutionären reinen Gewalt: Der gewaltbasierte Fortschrittstraum des 19. Jahrhunderts geläutert durch die Erfahrungen des Krieges und des unmittelbaren Nachkriegs: die Revolution als Begrenzung und Aufhebung der Gewalt! So stellte es sich denn auch Sorel vor: „Die proletari-sche Gewalt erscheint derart, sofern sie als reine und einfache Äußerung der Klassenkampfgesinnung geübt wird, als etwas

---

[1] Derrida, Gesetzeskraft (1989), 75

sehr Schönes und sehr Heldenhaftes; sie steht im Dienste der zutiefst begründenden Interessen der Zivilisation; sie ist vielleicht nicht die geeignetste Methode, um unmittelbare materielle Vorteile zu erlangen, aber sie vermag die Welt vor der Barbarei zu erretten."[1] Freilich klingt das religiös, nach der reinen göttlichen Gewalt des Alten Testamentes.

Agamben liest diese Perspektive jedoch in anderer Manier und mit einem anderen Bezug zu Derrida: „Umso wichtiger ist es, die Bedeutung des Ausdrucks *reine Gewalt* als den wesentlichen Terminus technicus des Benjaminschen Essays genau zu verstehen. (. . .) Im Januar 1919 (. . .) <schreibt Benjamin> in einem Brief (. . .): ,(. . .) die Reinheit jedes (endlichen) Wesens ist nicht von ihm selbst abhängig (. . .). Für die Natur ist die außerhalb ihrer selbst liegende Bedingung ihrer Reinheit die menschliche Sprache.'"[2] Dann liegt die Reinheit der Gewalt auch in der Sprache mit ihrer performativen Kraft: Auch physische Gewalt muss als solche interpretiert werden und sie interpretiert ihrerseits ihre Umwelt, indem sie diese verändert. Andererseits interpretiert die Sprache die Gewalt so, als würde sie die Gewalt abbauen.

Das sollte in eine andere Welt führen. Bei der reinen Gewalt geht es für Agamben nicht um berechtigte oder unberechtigte Zwecke und Mittel, sondern um eine andere Art der Politik und der Geschichte. Dementsprechend entwickelt er die folgende Vision: „Eines Tages wird die Menschheit mit dem Recht spielen wie Kinder mit ausgedienten Gegenständen, nicht um sie wieder ihrem angestammten Gebrauch zuzuführen, sondern um sie endgültig von ihm zu befreien. Was sich hinter dem Recht befindet, ist nicht ein in höherem Maße eigentlicher oder ursprünglicher Gebrauchswert, der dem Recht vorausgeht, sondern ein neuer Gebrauch, der erst nach ihm erwächst."[3] Man könnte diesen neuen Gebrauch wohl als die realisierte Gerech-

---

[1] Sorel, Über die Gewalt (1908), 103
[2] Agamben, Ausnahmezustand (2003), 73
[3] Ebd.,77

tigkeit bezeichnen, die, auf utopische Dauer geschaltet, Recht wie Juristen und somit die Gewalt überflüssig machen würde – ein Traum, der etwas von jener göttlichen Gewalt anklingen lässt bzw. vom finalen Gericht, das sich selbst und somit die göttliche Gewalt abschafft.

Derrida wundert sich über Benjamins These des gewaltlosen revolutionären Generalstreiks, klingt sie so naiv wie euphemistisch. Vermag die angebliche Gewaltlosigkeit der Revolution die Gewalt wirklich zu begrenzen? Schwerlich!

Aber vielleicht hilft ein Blick auf das weiter, was Benjamin im Detail unter Gewaltlosigkeit versteht. Stößt die Gewalt hier auf ihre Grenze? Er erkennt beispielsweise die Diplomatie oder Schiedsgerichte als gewaltlose Vermittlung von Streitigkeiten an. Er liefert zudem mehrere Beispiele dafür, dass es diverse Formen gewaltloser Einstellungen gibt: Friedensliebe, Vertrauen, Neigung sowie Herzenshöflichkeit. Das erscheint alles ebenfalls ein wenig naiv oder von einer christlichen Hoffnung beseelt, die sich bestimmt nicht nur bei Blaise Pascal, sondern vor allem bei Franz von Assisi finden lässt.

Benjamin kennt indes noch andere gewaltlose Handlungen, nämlich Unterredung, Übereinkunft oder Einigung. Damit entwickelt er 1921 eine Perspektive, die sich bei Jürgen Habermas und Karl-Otto Apel wiederfinden lässt. Habermas widerspricht der Diagnose Max Webers, dass in der Moderne verschiedene Weltanschauungen miteinander ringen, ohne dass sie sich auf einer universellen Ebene zusammenfinden könnten. Vielmehr besitzt das Prinzip der Universalität sein Fundament in der kommunikativen Struktur der Vernunft, in einem verständigungsorientierten Handeln. Denn „auf der formalen Ebene der argumentativen Einlösung von Geltungsansprüchen ist die *Einheit* der Rationalität in der Mannigfaltigkeit der eigensinnig rationalisierten Wertsphären gesichert. (. . .) Argumente oder Gründe haben mindestens dies gemeinsam, dass sie, und nur sie, unter den kommunikativen Voraussetzungen einer kooperativen Prüfung hypothetischer Geltungsansprüche die Kraft rationaler Motivation entfalten können."[1]

Nach Habermas braucht daher die Demokratie rationale bzw. philosophische Grundlagen, die das demokratische Zusammenleben kommunikativ absichern sollen. So stellt Habermas fest: „Philosophie und Demokratie verdanken sich nicht nur historisch demselben Entstehungszusammenhang, auch strukturell sind sie aufeinander angewiesen. Die öffentliche Wirkung philosophischen Denkens bedarf in besonderem Maße des institutionellen Schutzes der Gedanken und Kommunikationsfreiheit, während umgekehrt ein stets gefährdeter demokratischer Diskurs auch von der Wachsamkeit und Intervention dieses öffentlichen Hüters der Rationalität abhängt."[2] Die Philosophie hilft der Demokratie, aus dem Schatten des Ausnahmezustands und der Gewalt herauszutreten. Umgekehrt schafft die Demokratie die politischen Bedingungen für den rationalen, herrschaftsfreien Diskurs. An die Stelle der Revolution tritt die rationale Kommunikation, die den Abbau von Gewalt- oder Herrschaftsverhältnissen befördert.

Das alleine wäre wahrscheinlich gar kein Problem. Aber der Staat gerät häufig in Konflikte mit seinen Bürgern, die sich als kaum lösbar erweisen. Ob es letztlich gefährlich ist, zu Formen physischer oder psychischer Gewalt zu greifen, gar legitim, das kann dabei gar nicht die Frage sein. Das Faktum zieht sich durch weite Teile der Geschichte, dass sich Menschen wehren können und wehren werden, gegebenenfalls auch in Verbindung mit physischer oder sprachlich performativer Gewalt. Man könnte an dieser Stelle auch an die häufig durchaus nicht gewaltfreien Proteste gegen die Atomenergie in Deutschland

---

[1] Jürgen Habermas, Theorie des kommunikativen Handelns Bd. 1 Handlungsrationalität und gesellschaftliche Rationalisierung, Frankfurt/M. 1981, 339

[2] Habermas, Zum Verhältnis von Theorie und Praxis; in: Wahrheit und Rechtfertigung – Philosophische Aufsätze, Frankfurt/M. 1999, 331

oder rings um den arabischen Frühling denken oder an Blogger in China.

Zum 70. Jahrestag des Attentats auf den Völkermörder und Kriegsverbrecher durch Claus Schenk Graf von Stauffenberg schreibt Heribert Prantl in der *Süddeutschen Zeitung*, dass der kleine Widerstand, der in demokratischen Verhältnissen nicht den Kopf kostet, den großen hoch gefährlichen überflüssig machen kann. Sitzblockaden vor Depots von Atomwaffen während der Friedensbewegung in den achtziger Jahren wurden von der deutschen Justiz verfolgt und teilweise mit Gefängnisstrafen geahndet, bis das Bundesverfassungsgericht 1995 urteilte, dass solche Widerstandsaktionen nicht automatisch als Nötigung eingestuft werden dürften. Prantl schreibt: „Der Staat hatte geirrt, als er verurteilte. Die Demonstranten hatten den Irrtum ertragen, erduldet und im Gefängnis abgesessen. In diesem Erdulden lag die Kraft zur Veränderung."[1] Widerstand von protestierenden Bürgern bricht nicht nur die rechtserhaltende Gewalt, sie stellt manchmal auch eine rechtsetzende Gewalt dar, eine ~~Gesetzes~~kraft, die die staatliche Gewalt verändert. Staatliche Institutionen und Politiker erkennen zunehmend, dass sie auf die Interessen von Bürgern Rücksicht nehmen müssen, wollen sie nicht in jahrelange Auseinandersetzungen geraten – man denke an die Debatten 2014 um die Nord-Süd-Stromtrassen im Zuge der deutschen Energiewende.

So erlebt man Sprache kaum in einem Raum, in dem Gewalt keine Rolle spielt, kann sich sprachlich gerade eine psychologische Gewalt realisieren – allemal auf der wissenschaftlichen, journalistischen oder politischen Ebene. Habermas verdrängt ähnlich wie Apel diesen Hintergrund auch demokratischer Rechtsverhältnisse, die nur durch Gewaltandrohung den philosophischen Diskurs absichern können, wie umgekehrt der philosophische Diskurs diesen Zustand legitimiert und sich dabei

---

[1] Heribert Prantl, Vom Widerstand in der Demokratie; in: *Süddeutsche Zeitung* Nr. 164, 19./20. Juli 2014, 13

im Spiel von rechtsetzender und rechtserhaltender Gewalt verheddert.

Kann man also Gewalt doch nicht völlig vermeiden? Benjamin ist gegen Ende seines Lebens skeptisch: In seinem letzten Text, den *Geschichtsphilosophischen Thesen* aus dem Jahr 1940 deutet Benjamin die Realität der Revolution und den Ausnahmezustand in anderer Weise. Die Revolution schreibt als siegreiche in der Sowjetunion jetzt die Geschichte auf ihre Weise. Aus der göttlichen Intervention wurde längst eine rechtserhaltende Gewalt. Der Ausnahmezustand ist dagegen die Realität des Krieges, der Verfolgung und Entrechtung, der zwar immer noch nach einer rettenden, gewaltlosen Gewalt in Form einer anderen Revolution ruft. Doch Benjamin schreibt in der achten These: „Die Tradition der Unterdrückten belehrt uns darüber, dass der ‚Ausnahmezustand‘, in dem wir leben, die Regel ist. Wir müssen zu einem Begriff der Geschichte kommen, der dem entspricht. Dann wird uns als unsere Aufgabe die Herbeiführung des wirklichen Ausnahmezustands vor Augen stehen; und dadurch wird unsere Position im Kampf gegen den Faschismus sich verbessern."[1]

1940 ist jede gewaltlose Form der Revolution genauso Augenwischerei wie die Hoffnung auf Herzensgüte oder kommunikativen Konsens. Wenn man stattdessen begreift, dass man im Zeitalter des Faschismus im andauernden Ausnahmezustand lebt, dann neigt man nicht mehr zu beschwichtigenden Gedanken von reiner Gewalt, der Herzensgüte oder der Unterredung, gar der herrschaftsfreien. So bemerkte Arendt, dass gegen Nazi-Deutschland keine pazifistischen Thesen helfen, sondern nur alliierte Panzer.

Heute ist die Epoche des Totalitarismus auch keineswegs vorüber, sondern in vielen Ländern Realität, allen voran in China und in Russland. So bleibt die Gewalt – und gerade nicht nur die physische – überall präsent. Benjamins *Zur Kritik der Ge-*

---

[1] Benjamin, Geschichtsphilosophische Thesen (1940); in: Zur Kritik der Gewalt und andere Aufsätze, Frankfurt/M. 1965, 84

walt gibt in diesem Sinne zu bedenken, dass auch im Rechtstaat hintergründig mit der Gewalt gespielt wird und zwar vornehmlich auf sprachlicher Ebene. Sprache übersetzt physische Gewalt in psychische und übt sie performativ aus. Dass ein rationaler Dialog davon frei sein könnte, würde hoffnungsfroh stimmen. Sicher ist das nicht. Man wird sich also mit dieser Gewalt arrangieren müssen und zwar dekonstruktiv, d.h. ohne sie zu verdrängen.

Vor diesem Hintergrund erscheint Arendts Einschätzung der Kommunikation treffender als jene von Apel und Habermas, wenn sie die Macht auf eine freiwillige Zustimmung der Zeitgenossen gründet, die sie allerdings streng von der physischen Gewalt trennt. So schreibt Arendt 1970: „Macht entspricht der menschlichen Fähigkeit, nicht nur zu handeln oder etwas zu tun, sondern sich mit anderen zusammenzuschließen und im Einvernehmen mit ihnen zu handeln. Über Macht verfügt niemals ein Einzelner; sie ist im Besitz einer Gruppe und bleibt nur solange existent, als die Gruppe zusammenhält."[1]

Dass Politik Macht braucht, das ist ein weit verbreiteter Gemeinplatz. Dass diese sich aber gerade nicht dem Ausnahmezustand verdankt, sondern der Kommunikation, das ist die partizipatorisch demokratische Perspektive Arendts, die trotzdem nicht von Gewaltausübung frei wäre. Denn soweit Macht keine physische Gewalt anwendet, wird sie sich auf eine psychische Gewalt stützen, auf einen Dialog, der aber niemals mit allen anderen in deren jeweiligen Sprachen geführt werden kann. Freiwilligkeit und Dialogbereitschaft sichern keinesfalls ab, dass dabei jede Form der Gewalt gemieden werden kann. Ob als Beitrag zur rechtserhaltenden oder zur rechtsetzenden Gewalt, man muss sich wohl mit der Existenz der Macht arrangieren, da man sie auch unter kommunikativ demokratischen Bedingungen braucht.

---

[1] Hannah Arendt, Macht und Gewalt (1970), 15. Aufl. München, Zürich 2003, 44

Mehr noch als Arendt hat sich Foucault mit dem Thema Macht beschäftigt und kommt dabei zur Einsicht, dass nicht bloß das Politische und das Soziale keinesfalls frei von Machtbeziehungen sind, sondern genauso wenig Philosophie und Wissenschaften: „Man muss wohl auch einer Denktradition entsagen, die von der Vorstellung geleitet ist, dass es Wissen nur dort geben kann, wo die Machtverhältnisse suspendiert sind, dass das Wissen sich nur außerhalb der Befehle, Anforderungen, Interessen der Macht entfalten kann. Vielleicht muss man dem Glauben entsagen, dass die Macht wahnsinnig macht und dass man nur unter Verzicht auf die Macht ein Wissender werden kann. Eher ist wohl anzunehmen, dass die Macht Wissen hervorbringt (und nicht bloß fördert, anwendet, ausnutzt); dass Macht und Wissen einander unmittelbar einschließen; dass es keine Machtbeziehung gibt, ohne dass sich ein entsprechendes Wissensfeld konstituiert, und kein Wissen, das nicht gleichzeitig Machtbeziehungen voraussetzt und konstituiert."[1]

Was Foucault hier genalogisch über Macht und Wissen sagt, lässt sich analog auf Gewalt und Recht übertragen. Sie spielt überall mit. Allerdings kann man sie so wenig domestizieren wie präzise anwenden, was gerade für die performative Gewalt der Sprache gilt, die den Sprechenden keinesfalls zu beliebiger Verfügung steht, in die sich die Beteiligten eher verwickeln, eben wie in das Gespräch. Daher ist Gewalt kein neutrales Mittel zu beliebigen Zwecken. Vielmehr entwickelt sie eine Eigendynamik, die sie besonders gefährlich macht – und zwar in allen Dimensionen: eine bestimmte natürliche oder historische Entwicklung fördert sie indes nicht, so dass man sich darein auch nicht einklinken kann, wie es das Denken im 19. Jahrhundert probierte und wie es auch Schmitt, Strauss und Voegelin als Hauptvertreter der konservativen politischen Philosophie vertreten.

---

[1] Michel Foucault, Überwachen und Strafen – Die Geburt des Gefängnisses (1975), Frankfurt/M. 1977, 39

IV. KAPITEL

LEO STRAUSS' BEGRÜNDUNG DER RICHTI-
GEN POLITIK

Trotz zunehmender Popularität seit dem Zeitalter von Johannes Paul II. scheint der religiöse Glaube in der öffentlichen Diskussion um ethische und politische Fragen auch weiterhin an argumentativem Gewicht zu verlieren. Nehmen die US-Bürger den folgenden Satz ihrer Unabhängigkeitserklärung von 1776 heute wirklich noch ernst? „Wir halten diese Wahrheiten für von selbst einleuchtend: dass alle Menschen gleich geschaffen, von ihrem Schöpfer mit gewissen unveräußerlichen Rechten begabt sind, dass darunter sind Leben, Freiheit und das Streben nach Glückseligkeit."

Leo Strauss, der von 1938 bis zu seinem Tod 1973 in den USA lebte, zitiert diese Sätze am Anfang seines Buches *Naturrecht und Geschichte* aus dem Jahr 1953. Daran anschließend stellt er folgende Fragen: „Huldigt diese Nation in ihrer Reife noch dem Glauben, in dem sie entstanden und groß geworden ist? Hält sie diese ‚Wahrheiten' immer noch für ‚von selbst einleuchtend'? Ein amerikanischer Diplomat konnte noch vor ungefähr einer Generation sagen, dass ‚die göttlich-natürliche Begründung der Menschenrechte für den Amerikaner selbstverständlich' ist."[1]

Trotzdem kann man seit langem die Wiederkehr eines religiösen Selbstbewusstseins nicht nur in der republikanischen Partei, besonders aber in den Administrationen republikani-

---

[1] Leo Strauss, Naturrecht und Geschichte (1953), Frankfurt/M. 1977,1

scher Präsidenten feststellen. Mit moralischem wie religiösem Pathos unterstellt man hier, dass die weltweite Durchsetzung US-amerikanischer Interessen auch anderen Völkern automatisch Freiheit, Demokratie und Menschenrechte bringt – man denke an die nachträgliche Rechtfertigung des Irakkrieges 2003. Gerade Leo Strauss gilt dabei als der Lehrer mancher extrem Konservativen in der damaligen Bush-Administration.

Um Strauss ranken sich sogar Verschwörungstheorien: Er habe nur mündlich seine wirkliche Lehre weitergegeben, die seine Schriften kaum spiegeln sollen.[1] Eine Art Geheimlehre von Strauss sei seinen Schülern vorbehalten, die sich heute in der politischen Elite wiederfinden.

Solchen Mutmaßungen, die sich naturgemäß nicht belegen lassen, möchte ich hier nicht nachgehen. Eher lohnt es sich zu fragen, warum Leo Strauss das Verblassen religiösen Bewusstseins gerade in der Politik moniert. In den USA sollte die Trennung von Religion und Staat religiöse Konflikte verhindern, welche Europa noch ein gutes Jahrhundert vor der Gründung der USA verheert hatten. Andererseits kritisiert er offenbar die säkulare Kultur, wenn er 1952 in seinem programmatischen Essay *Progress or Return?* die aktuelle Lage der Kulturentwicklung beschreibt: „Die Ausbreitung der Barbarei, deren Zeugen wir waren und weiterhin sind, ist nicht bloß zufälliger Natur. Die Intention der modernen Entwicklung war natürlich, eine höhere Zivilisation hervorzubringen, eine Zivilisation, die alle frühere Zivilisationen überholen würde. Doch die Wirkung der modernen Entwicklung war anders."[2]

---

[1] Vgl. Shadia B.Drury, The Political Ideas of Leo Strauss, New York 1988; dies., Leo Strauss and the American Right, Basingtoke 1997

[2] Strauss, Progress or Return? (1952); in: ders., Jewish Philosophy and the Crisis of Modernity – Essays and Lectures in Modern Jewish Thought, Albany 1997, 100

1. Rückkehr zur Ethik

Welche Hintergründe zeichnen für diesen kulturellen Niedergang verantwortlich? Die Verfassung der USA stützte sich im
18. Jahrhundert explizit auf das Naturrecht, das im 19. ver-
blasste, so dass im 20. kaum noch jemand von ihm spricht. Das
klassische Naturrecht in der Antike unterstellt ein Recht, das
nicht erst Staaten schaffen, das vielmehr allen Staaten als von
Natur oder Gott gegebenes Gesetz vorhergeht. Das Naturrecht
entwickelt dadurch den Maßstab, mit dem man geltendes, vom
Staat gesetztes Recht beurteilen und kritisieren kann. Leo
Strauss stellt fest: „Die Mehrheit der Gebildeten, die noch an
den Prinzipien der Unabhängigkeitserklärung festhalten, interpretiert diese Prinzipien nicht als Ausdrucksformen des Naturrechts, sondern als ein Ideal, wenn nicht sogar als eine Ideologie oder einen Mythos. Soweit die heutige amerikanische Sozialwissenschaft nicht römisch-katholische Sozialwissenschaft
ist, geht sie von der Überzeugung aus, dass alle Menschen
durch den Evolutionsprozess oder durch ein mysteriöses
Schicksal mit verschiedenartigen Impulsen und Wünschen,
aber bestimmt nicht mit natürlichen Rechten ausgestattet
sind."[1]

Wenn man aber das Naturrecht auflässt, entscheiden die jeweiligen Gesetzgeber und Gerichte, was Recht und somit was
gerecht ist. Man verliert einen höheren Maßstab für das Unrecht staatlicher Gesetzgebung. Dass in vielen Ländern indes
nicht Recht sondern Unrecht gesprochen wird, lässt sich nicht
übersehen. Daher besteht für Strauss heute wie vor Jahrtausen-
den eine klare Notwendigkeit des Naturrechts. Es aufzugeben,
zeugt von einem historisch weit zurückreichenden Zerfall ethischer und politischer Werte. Freilich orientiert sich Strauss
primär am antiken Naturrecht, das noch keine Menschenrechte
kennt, sondern eher Tugenden einfordert und damit Pflichten.

---

[1] Strauss, Naturrecht und Geschichte (1953), 2

Das Naturrecht erlebte seine große Stunde einer Wiederge-
burt im Zeitalter der Aufklärung. Den Weg dieses nun modernen Naturrechts bereitete Thomas Hobbes bereits im 17. Jahrhundert. Angesichts der schrecklichen Religionskriege seiner
Zeit hofft Hobbes auf ein starkes Königtum, das den inneren
Frieden herstellt und sichert. Doch anders als im klassischen
Naturrecht bildet der Staat keinen Selbstzweck, der die Unterordnung des Einzelnen nach sich zieht. Das Königtum soll
nach Hobbes vielmehr Leben und Eigentum seiner Untertanen
schützen. Sicherheit zu gewährleisten avanciert nun zum
Staatszweck. Daraus ergibt sich für Strauss, dass das Individuum primär Rechte hat und keine Pflichten, während der Staat
diese Rechte sichern soll. Damit wird Hobbes für Strauss nicht
nur zum Begründer des Liberalismus. Für Strauss folgt Hobbes
damit „der epikureischen Tradition und übernimmt deren Anschauung, wonach der Mensch von Natur aus oder ursprünglich ein unpolitisches und sogar ein asoziales Wesen sei, und
ebenso ihre Voraussetzung, dass das Gute grundsätzlich mit
dem Angenehmen identisch sei. Aber er benutzt diese apoliti-
sche Ansicht für einen politischen Zweck. Er gibt jener apoliti-
schen Ansicht eine politische Bedeutung. Er versucht, der hedonistischen Tradition den Geist des politischen Idealismus
einzuflößen. Auf diese Weise wurde er der Schöpfer des politischen Hedonismus, einer Lehre, die das menschliche Leben
überall in einem von keiner anderen Lehre auch nur annähernd
erreichten Ausmaß revolutionierte."[1] Hedonismus ist für
Strauss ein Pejorativ, wie es heute gemeinhin benutzt wird,
damit freilich der Antike gerade nicht gerecht wird.

Das moderne Naturrecht führt zur Entstehung der Menschenrechte und sichert sie durch verschiedene Institutionen ab wie
die Gewaltenteilung und den Rechtsstaat. Dagegen kritisiert
Leo Strauss einen bis heute andauernden Niedergang der Ethik,
wenn der Liberalismus im modernen Naturrecht anfängt, das
Individuum und nicht mehr die Gemeinschaft als Zweck an

---

[1] Strauss, Naturrecht und Geschichte (1953), 174

sich selbst zu betrachten. Erhebt Thomas Hobbes die Sicherheit und damit den Schutz des Lebens des Einzelnen zum Staatszweck, so gewinnt das Individuum nicht nur einen Vorrang gegenüber dem Staat, sondern eignet sich auch die Kompetenz an zu beurteilen, wann dieser Vorrang erfüllt wird. Denn Hobbes ist sich bewusst, dass das Gefühl der Sicherheit vom Staat nicht einfach im Individuum erzeugt werden kann. Letztlich entscheidet das Individuum selbst, ob es sich sicher fühlt. Das hält Strauss freilich für absurd, da die Menschen ob ihrer häufig geringen Intelligenz darüber gar nicht zu entscheiden in der Lage sind, bzw. wenn sie das trotzdem tun, daraus ein Naturrecht entspringt, das individuelle Torheit legitimiert.

Zudem verleiht das moderne Naturrecht auch dem törichten Bürger die Mündigkeit, die freie Meinung, erlaubt ihm die selbstbestimmte Suche nach Glück. Weder das Naturrecht noch der Staat schreiben ihm Pflichten vor, wie er zu leben hat. Stattdessen muss der Staat die dem Bürger von Natur aus gegebenen Rechte schützen. In diesem Sinne trennt Rawls in seiner Konzeption des Politischen Liberalismus umfassende Vorstellungen vom guten Leben von seiner Konzeption der Gerechtigkeit. Rawls schreibt: „Der Begriff der Gerechtigkeit ist unabhängig von dem des Guten und ihm gegenüber vorrangig in dem Sinne, dass seine Grundsätze die zulässigen Konzeptionen des Guten begrenzen."[1]

Dagegen wendet Leo Strauss ein, dass dann gemeinsame bzw. allgemein gültige ethische Normen verloren gehen. Sie verfallen der Relativität. Ihre Reichweite beschränkt sich auf den jeweiligen Horizont der Individuen und darüber hinaus auf eine bestimmte Gesellschaft in ihrer historischen Situation, in der für eine bestimmte Zeit ethische Werte gelten. Absolute Werte, die in allen Zeiten unbedingte Anerkennung finden, sucht man vergebens – das ist Nihilismus. „Der liberale Relati-

---

[1] John Rawls, Gerechtigkeit als Fairness: politisch und nicht metaphysisch (1985); in: Die Idee des politischen Liberalismus, Frankfurt/M. 1994, 290

vismus wurzelt (. . .) in der Vorstellung, dass jedermann ein natürliches Recht darauf hat, dem nachzustreben, was er unter Glück versteht. (. . .) Sobald wir uns bewusst werden, dass die Prinzipien unseres Handelns nur auf unserer blinden Bevorzugung beruhen, glauben wir in Wahrheit nicht mehr an sie. Wir können uns nicht mehr mit gutem Gewissen nach ihnen richten und können nicht mehr verantwortungsbewusst leben. (. . .) Je mehr wir den Verstand kultivieren, umso mehr züchten wir den Nihilismus: d.h. umso weniger sind wir imstande, loyale Glieder der Gesellschaft zu sein."[1] Daraus ergibt sich ein Naturrecht der Torheit.

Im Laufe des 17. und 18. Jahrhunderts betont man immer stärker die Rechte des Menschen, während die Pflichten in den Hintergrund treten. Die Ethik verliert ihre in der Antike und im Mittelalter durch Staat und Religion bindende Kraft. Sie kann nur noch an das Individuum appellieren, ihm nicht mehr befehlen. Damit verfällt sie zu einer Angelegenheit der Freiwilligkeit. Nach Immanuel Kant lässt sich nicht überprüfen, ob der einzelne aus moralischen Motiven agiert. Es darf nicht verwundern, wenn an die Stelle einer schwachen Ethik, die bestenfalls noch zu überreden vermag, andere Institutionen treten. „Was im modernen Zeitalter stattfand, war eine fortschreitende Zersetzung und Zerstörung des Erbes der westlichen Zivilisation. Die Seele der modernen Entwicklung ist, könnte man sagen, ein eigentümlicher ‚Realismus', die Vorstellung, dass moralische Prinzipien und die Beschwörung moralischer Prinzipien – in Belehrung und Predigt – wirkungslos sind, und dass man daher nach einem Ersatz für moralische Prinzipien zu suchen hat, nach etwas, das wirkungsvoller ist als die wirkungslose Belehrung. Solchen Ersatz fand man beispielsweise in Institutionen oder in der Ökonomie."[2]

Der Sozialstaat nimmt den Menschen die Pflicht zur Sorge für den Nächsten wie die Armen ab. Ökonomische Effizienz

---

[1] Strauss, Naturrecht und Geschichte (1953), 6
[2] Strauss, Progress or Return? (1952), 100

ersetzt moralisches Handeln: Beinahe der oberste soziale Wert, dem sich alle Politik unterordnet, lautet Wachstum, genauer Wirtschaftswachstum, letztlich Reichtum.

Spätestens seit der Aufklärung verliert die Moral ihre göttlichen Gewissheiten, verdunkeln sich Gottes Wege, und damit auch das göttliche Naturgesetz. Das Gebot, nur das Gute und nicht das Böse zu tun, büßt seine Unbedingtheit ein. Heute heiligt der gute Zweck häufig auch böse Mittel, wie es Machiavelli öffentlich und ohne Scham dem Fürsten ins Stammbuch schrieb. „Nur Machiavelli hat es gewagt, die böse Lehre in einem Buch und in seinem eigenen Namen auszusprechen"[1] – für Strauss eine absolut verwerfliche Empfehlung. Damit verkehren sich die ethischen Werte. Wenn das Individuum den Mittelpunkt des politischen Geschehens erobert, wenn sich der Staat an ihm orientieren muss, verschiebt sich die Frage der Moral, die ursprünglich Zucht und Unterordnung vom Einzelnen unter den Staat verlangte, zur Frage nach dem für das Individuum in der Politik Vorteilhaften und Angenehmen. Der Staat dient dem Individuum, das Individuum nicht mehr dem Staat. Das ist für Strauss politischer Hedonismus. Der Mensch befreit sich dadurch von der Orientierung am ethisch Guten bzw. am Moralischen. Er konzentriert sich nicht mehr auf die Politik als Mittelpunkt des Lebens, sondern auf Ökonomie, Technik und Wissenschaften. Nicht mehr auf die Gemeinschaft hört der Einzelne, sondern auf den verführerischen Lockruf der angenehmen Seiten des Lebens. Dann ergibt sich, so Leo Strauss, folgende Sachlage: „Unsere letzten Prinzipien beruhen lediglich auf unseren willkürlichen und daher blinden Bevorzugungen. Somit sind wir also in der Lage von Wesen, die in trivialen Angelegenheiten vernünftig und nüchtern handeln, aber wie Wahnsinnige um das Glück würfeln, wenn sie sich ernsten Problemen gegenübersehen – Vernunft im kleinen und Wahnwitz im großen. (. . .) Die gegenwärtige Ablehnung des

---

[1] Strauss, Thoughts on Machiavelli (1958), Chicago, London 1984, 11

Naturrechts führt nicht nur zum Nihilismus, nein, sie ist identisch mit Nihilismus."[1]

Diese Entwicklung, die die Ethik in Politik und Alltagswelt verdrängt, erfasst auch die Wissenschaften und die Technik. Sie beherrschen zwar in bisher unbekanntem Ausmaß die Natur, aber eben nicht nur diese, sondern auch die Natur des Menschen, anstatt dass der Mensch sie ethisch lenken würde. Tiefe Differenzen, aber auch gewisse Parallelen zeichnen sich hier vor allem zwischen dem antiken und dem modernen Denken ab. Strauss schreibt: Die klassischen politischen Philosophen „wären ob all ihrer praktischen Absichten das, was man jetzt konservativ nennen würde. Im Unterschied zu vielen heutigen Konservativen jedoch wussten sie, dass man der politischen oder sozialen Veränderung nicht misstrauen kann, ohne dem technologischen Wandel zu misstrauen. Deshalb versuchten sie nicht, Erfindungen zu ermutigen, (. . .). Sie forderten die strikte moralisch-politische Überwachung von Erfindungen; (. . .). Allerdings waren sie zu einer entscheidenden Ausnahme gezwungen. Sie mussten die Notwendigkeit akzeptieren, Erfindungen zu fördern, die die Kriegskunst betrafen. (. . .) Das bedeutet jedoch, dass sie zulassen mussten, dass die moralisch-politische Überwachung von Erfindungen durch die gute und weise Polis notwendigerweise durch das Erfordernis begrenzt wird, sich der Praxis moralisch niedrigerer Staaten anzupassen, (. . .). Sie mussten (. . .) zulassen, dass in einer entscheidenden Hinsicht die gute Polis ihr Verhalten an der Praxis schlechter Staaten orientiert (. . .)."[2] Man denke hier an den Einsatz der ersten Atombomben.

Setzt indes der Wertezerfall nicht bereits in der Antike ein, wenn sich die Kriegstechnik schon damals der ethischen Kontrolle entzieht? Doch in der Kriegstechnik eröffnet sich für Strauss die existentielle Dimension des Überlebens der Polis bzw. des Staates.

---

[1] Strauss, Naturrecht und Geschichte (1953), 4
[2] Strauss, Thoughts on Machiavelli (1958), 298

Muss man daher eine Perspektive des Friedens, des Ausgleichs, der Verständigung zwischen Staaten, Völkern und einzelnen Menschen entwickeln? Deshalb mildert die liberale Position den harten ethischen Konflikt zwischen Gut und Böse ab. Sie will dem anderen nicht die moralische Qualität absprechen, indem man ihm unterstellt, aus dem Reich des Bösen zu kommen. Im Grunde verbannt der Liberalismus die Frage nach dem ethisch Guten aus der Politik, indem er nicht angibt, wozu das Individuum seine Freiheit nützen soll, sondern nur deren negative Grenzen bestimmt – so auch die Kritik am Liberalismus von Charles Taylor.

Für Strauss dagegen reduziert sich Ethik zu keiner liberalen Privatsache. In dieser modernen Perspektive entbirgt sich der Wertezerfall. Stattdessen verpflichtet die Ethik den Einzelnen zur Gemeinschaft und richtet ihn damit auf die Politik aus. Denn die Frage nach dem Guten entwickelt gleichzeitig das Wesen des Menschen wie das der Politik. Ethik und Politik gehören zusammen. Wer die Frage nach dem Guten und Richtigen aus der Politik ausklammert, entmenschlicht den Menschen und entpolitisiert die Politik. Strauss konstatiert 1932: „Verzichtet der Mensch auf <die Frage nach dem Richtigen>, so verzichtet er darauf, ein Mensch zu sein. Stellt er aber die Frage nach dem Richtigen im Ernst, so entbrennt angesichts ‚der unentwirrbaren Problematik‘ (. . .) dieser Frage der Streit, der Streit auf Leben und Tod.“[1]

Die Kehre zur Ethik gründet daher für Leo Strauss in der Natur des Menschen, den die großen Fragen nach dem Guten, dem Richtigen und dem Wahren antreiben und der dafür auch einen Krieg riskiert bzw. sich aufopfert. Derart verknüpfen diese Fragen unabänderlich Ethik und Politik: Denn der Niedergang ethischer Werte stellt primär den Verfall politischer Ethik dar, wenn das Individuum in den Mittelpunkt und die

---

[1] Strauss, Anmerkungen zu Carl Schmitt, Der Begriff des Politischen (1932), Gesammelte Schriften Bd. 3 – Hobbes' politische Wissenschaft und zugehörige Schriften – Briefe, Stuttgart, Weimar 2001, 235

Gemeinschaft in der Hintergrund des öffentlichen Interesses tritt. Dagegen stützt sich die Politik immer auf die Frage nach dem Guten, an dem sich politisches Handeln orientiert. Dann entwickelt sich die Gesellschaft auf der Grundlage des Guten, wird zu einer guten Gesellschaft, die von der entsprechenden, damit richtigen Politik gelenkt wird.

Die Frage nach dem Guten, die Politik und Ethik von Natur aus prägt und erst in der Moderne aufgelassen wurde, rekurriert auf das Grundproblem, wie der Mensch leben soll, welche Lebensform die Beste ist. Aber kann man diese Frage denn überhaupt allgemein verbindlich beantworten? Zeigt nicht die Geschichte wie die Gegenwart, dass es sehr unterschiedliche Lebensformen gibt? Lassen sich Lebensformen verbindlich vorschreiben?

Diesem Einwand hält Leo Strauss in *Naturrecht und Geschichte* das entgegen, was die klassischen Denker, primär Platon und Aristoteles, unter dem guten Leben verstehen: „Das gute Leben ist ganz einfach dasjenige in welchem die Forderungen der natürlichen Neigungen des Menschen im höchstmöglichen Grade in angemessener Reihenfolge erfüllt werden. Es ist das Leben eines im höchstmöglichen Grade wachen Menschen, eines Menschen, in dessen Seele nichts brach liegt. Das gute Leben ist die Vollendung der Natur des Menschen. Es ist das naturgemäße Leben. Man darf daher die den allgemeinen Charakter des guten Lebens umschreibenden Regeln als ‚Naturgesetz‘ bezeichnen. Das naturgemäße Leben ist das Leben menschlicher Vortrefflichkeit oder Tugend, (. . .).“[1] Das gute Leben entfaltet die Natur des jeweiligen Menschen, so wie es sich Platon vorstellt, für den jedem dieses Seinige, seine Natur zusteht, der sich damit in die Gesellschaft eingliedern muss. Der von Natur aus gute Handwerker wird Handwerker und nichts anderes, vor allem nicht Philosoph oder Herrscher.

Unter der Voraussetzung, dass sich die Natur nicht ändert, bleibt ein naturgemäßes Leben als ethisch gutes Leben immer

---

[1] Strauss, Naturrecht und Geschichte (1953), 131

gleich, stellt also einen absoluten Wert dar, der von allen historischen und individuellen Umständen absieht. Ein absoluter Wert gilt daher für alle Menschen in allen Zeiten. Strauss denkt hier dezidiert antihistorisch, will er keine Geschichtsphilosophie schreiben, wie der ihm in seiner politisch philosophischen Ausrichtung nahestehende Eric Voegelin, der aber genauso auf der unveränderlichen Natur des Menschen insistiert – ein Grundzug konservativer politischer Philosophie, der die gesellschaftliche und politische Hierarchie legitimiert.

Dann weiß man heute darüber auch nicht besser Bescheid als früher. Im Gegenteil, die Weisheit der Alten fällt womöglich größer aus als die der Jungen, vor allem wenn man sich heute kaum noch um diese Weisheit kümmert, eben gar keine Frage mehr nach dem guten Leben stellt. Dann hat diese Frage ihren orientierenden Sinn verloren, wäre aber just die Antwort auf die beklagte Orientierungslosigkeit.

Folglich muss man der Frage nach dem Guten dort nachforschen, wo sie am klarsten entwickelt wurde, nämlich in der klassischen griechischen Philosophie, vornehmlich bei Platon und Aristoteles. Besonderes Augenmerk wirft Strauss jedoch auf Platons Lehre vom Reich der Ideen. Auf dieser geistigen Ebene besitzen alle vergänglichen Dinge auf der Welt ihr ewiges und unveränderliches Urbild, ihre Idee. Daher denkt Platon stärker als Aristoteles in absoluten Begriffen. Strauss schreibt: „Wenn wir die politische Philosophie von Platon und Aristoteles als klassische politische Philosophie beschreiben, nehmen wir an, dass das die klassische Form der politischen Philosophie ist. Die Klassik wurde einst durch edle Einfalt und stille Größe charakterisiert. (. . .) Es handelt sich um den Versuch, das zu artikulieren, was man früher auch den ‚natürlichen‘ Charakter des klassischen Denkens nannte. (. . .) Daraus folgt, dass die klassischen Philosophen die politischen Angelegenhei-

ten mit einer Frische und Direktheit betrachten, die ohne gleichen blieb."[1]

Die politische Ethik und die Frage nach dem guten Leben
verkörpert letztlich den Bezug des Menschen zur Natur. Die
antike klassische Philosophie entdeckt die Natur als Urgrund
des Menschen, somit auch der Polis, so dass diese politische
Ethik gleichzeitig einen natürlichen Charakter besitzt, der für
alle Menschen zu allen Zeiten gleichermaßen gilt. Freilich geht
es dabei weniger um die äußere Natur als um die Natur des
Menschen, also sein Wesen, das Strauss und Voegelin als unveränderlich verstehen. Der Mensch ist damals wie heute ein
Wesen, das in Staaten und Gemeinschaften lebt und nicht alleine in der Wildnis. Die klassische Philosophie war daher der
Natur noch näher als die moderne Philosophie. Somit lässt sich
dort auch die absolute Ethik, das absolut Gute am besten stu-
dieren. Ihre Einsichten über Absolutes gelten natürlich noch
heute, formulieren sich aber klarer als moderne Theorien, weil
sie noch natürliche Frische und Leichtigkeit atmen. So verknüpft die antike Philosophie Ethik und Politik derart, dass es
im politischen Leben um die Tugend geht – allerdings aktive
Tugenden, nicht christlich passive der Unterordnung – und
zumindest für Aristoteles ist die Republik, nicht die Monarchie
die beste Ordnung, freilich eine die von einer Aristokratie gelenkt wird. Für de Maistre ist jede Demokratie eine Aristokratie. An der Politik haben die Armen, die Frauen gar die Sklaven natürlich keinen Anteil.

Gibt es einen Ausweg aus dem kulturellen Niedergang? Die
Antwort von Strauss lautet: Dem Wertezerfall wie dem Nihilismus widerstreitet man ethisch, wenn man vor allem politisch
auf der Frage nach dem Guten insistiert, nach dem guten Leben, aber letztlich damit nach dem guten Staat. Er folgt hier im
Grunde Max Schelers materialer Wertethik, die davon ausgeht,
dass die Werte den Dingen selbst anhaften, somit von Natur

---

[1] Strauss, What is Political Philosophy? and other studies, New York,
London 1959, 27

aus gegeben sind: Das Gute, die Ethik entspringt nicht einer subjektiven, gar individuellen Perspektive des Menschen, sondern auch ähnlich wie bei Eric Voegelin seiner kosmischen Einbindung.

2. Die Notwendigkeit der Religion

Strauss bleibt zeitlebens ein Kritiker einer Kultur, in der absolute ethische Ansprüche und Werte niedergehen. Im Rückgriff auf die antike griechische Philosophie stellt er diesem Wertezerfall die Frage nach dem Guten als überzeitliche, absolute ethische Orientierung entgehen. Allein eine Kehre zur Ethik könnte dazu nicht ausreichen, nicht zuletzt weil die Ethik für sich genommen nur zu überreden vermag: „Die Krise der Moderne, auf die wir uns beziehen, führt zum Vorschlag einer Rückkehr. Aber wohin zurückkehren? Offensichtlich zur westlichen Zivilisation in ihrer prämodernen Integrität, zu den Prinzipien der westlichen Zivilisation. Doch hier besteht eine Schwierigkeit, da sich die westliche Zivilisation aus zwei Elementen zusammensetzt, zwei Wurzeln hat, die in radikaler Weise nicht miteinander übereinstimmen. Wir können diese beiden Elemente, (. . .), Jerusalem und Athen nennen, oder – um in einer nichtmetaphorischen Sprache zu sprechen – die Bibel und die griechische Philosophie."[1] Damit stellt sich die Frage: Braucht die Politik die Hilfe der Religion, wenn sie dem Wertezerfall wirksam widerstreiten will?

Aber bestehen nicht bereits in der klassischen Philosophie zwischen politischer Ethik und Religion tiefe Gegensätze? Die Philosophie beschäftigt sich mit dem autonomen Verstand, während die Bibel die ‚gehorchende Liebe' ausdrückt. Doch in einer Hinsicht stimmen die klassische Philosophie und die Bibel überein, wenn beide die eminente Bedeutung von Ethik und Moral betonen, gerade weil daran auf Erden ein fataler Mangel herrscht. Aber sowohl die Bibel wie die klassische

---

[1] Strauss, Progress or Return? (1952), 104

Philosophie verurteilen Ehebruch, Raub und Mord – Monogamie freilich verlangen die Griechen nur von Frauen. Aber Leo Strauss schreibt: „Griechische Philosophie und die Bibel stimmen insoweit überein, dass der richtige Rahmen der Moral die patriarchalische Familie ist, die monogam ist oder dazu tendiert und die die Zelle der Gesellschaft formt, in der die freien erwachsenen Männer, und besonders die alten, vorherrschen. Was immer die Bibel und die Philosophie uns über die Vornehmheit gewisser Frauen erzählen mag, im Prinzip beruht beides auf der Dominanz des männlichen Geschlechts."[1] Damit bringt Strauss das politische Selbstverständnis auf den Begriff, das sich freilich in den 1960er Jahren zu verändern begann. Die zweite Frauenbewegung startet in den Siebzigern. Trumpianer wollen daher vor die Kennedy-Ära zurück.

Angesichts des Mangels an Moral und Sittlichkeit auf der Welt zielen Bibel und griechische Philosophie gemeinsam darauf ab, die Menschen zu verpflichten, den Gesetzen zu gehorchen. Daher ordnen sie nicht etwa Tapferkeit und Besonnenheit den höchsten Rang unter den Tugenden zu, sondern der Gerechtigkeit. Gemeinsam verstehen sie diese primär als Gehorsam gegenüber dem Gesetz, aber nicht nur gegenüber staatlichen Gesetzen, entstammen diese dem Zivil-, Straf- oder öffentliche Recht, sondern vor allem gegenüber dem moralischen und religiösen Gesetz. Diese Übereinstimmung stößt allerdings an eine Grenze: „Der gemeinsame Grund zwischen der Bibel und der griechischen Philosophie ist das Problem des göttlichen Gesetzes. <Aber> sie lösen dieses Problem in diametral gegensätzlicher Weise."[2]

Denn in der griechischen Philosophie ist die Kraft der moralischen Forderung erheblich schwächer als in der Bibel. Das moralische Gesetz gilt zwar Platon durchaus als natürlich und göttlich gegeben. Doch ihm fehlt die göttliche Verheißung, die die biblischen Offenbarungsreligionen verkünden. Nach Platon

---

[1] Strauss, Progress or Return? (1952), 105
[2] Ebd., 107

wird das Böse aus der Welt der Menschen niemals vollständig zu bannen sein. Die Bibel eröffnet jedoch für das Ende aller Tage eine vollständige Erlösung vom Bösen und von allem Übel.

Just weil die Ethik den Menschen nur überredet, ohne ihm dafür allzu viel versprechen zu können, muss die Religion der Politik beistehen. Aber wird die der Vernunft verpflichtete politische Ethik diese Hilfe nicht ablehnen? In seinen frühen Studien über den jüdischen Philosophen Maimonides, der im 12. Jahrhundert das Judentum mit Philosophie und Wissenschaft versöhnen möchte, schreibt Leo Strauss 1935 unter dem Titel *Philosophie und Gesetz*: „Wäre die Offenbarung *bloß* die wunderbare Tat Gottes, so wäre sie allem menschlichen Begreifen schlechthin entzogen. Die Offenbarung ist nur insoweit verständlich, als sich die Offenbarungstat Gottes durch Mittelursachen vollzieht, in der Schöpfung, in der geschaffenen *Natur* angelegt ist. Soll sie *ganz* verständlich sein, so muss sie schlechthin eine *natürliche* Tatsache sein. Das Mittel, durch das Gott die Offenbarungstat vollzieht, ist der Prophet, d.h. ein ungewöhnlicher, vor allen hervorragender Mensch, aber jedenfalls ein *Mensch*. Philosophisches Verständnis der Offenbarung, philosophische Begründung des Gesetzes besagt, also: Erklärung der Prophetie aus der *Natur des Menschen*."[1]

Auch der Philosoph, gerade wenn er sich denn ernsthaft um die Fragen nach dem guten Leben und damit nach der Natur des Menschen bemüht, muss die Überlegenheit des Propheten anerkennen, der hier Antworten weiß, nach denen die Vernunft erst noch mühsam suchen muss – eine Diskursstruktur, wie sie Hans Jonas 1978 in seinem Buch *Das Prinzip Verantwortung* wieder aufgreifen wird, wenn er schreibt: „Es wurde schon zu verstehen gegeben, dass religiöser Glaube hier schon Antworten hat, die die Philosophie erst suchen muss, und zwar mit

[1] Strauss, Philosophie und Gesetz (1935) – Frühe Schriften, Gesammelte Schriften Bd. 2, Stuttgart, Weimar 1997, 90

unsicherer Aussicht auf Erfolg."[1] Freilich argumentiert er bei seiner Begründung der ökologischen Ethik sehr ähnlich wie Strauss aber letztlich doch rational philosophisch und nicht theologisch. Jedenfalls verkörpert für Strauss der Prophet Eigenschaften der menschlichen Natur, obgleich diese nicht jedem Menschen eignen, so dass sich hier wiederum die aristokratische bzw. elitäre Perspektive anzeigt, die die meisten Religionen vertreten.

Vernünftige Einsicht in die Natur, gerade in diese besondere, auch prophetische Natur des Menschen eröffnet ein philosophisches Verständnis für die Offenbarung und die göttliche Schöpfung. Hier kehrt sich die Vernunft dem religiösen Glauben zu. Leo Strauss bemerkt 1930 in einer frühen Schrift über *Die Religionskritik Spinozas*: „Die Wunder-Behauptung wird dadurch nicht widerlegt, dass das Interesse am Wunder abstirbt. Zur Widerlegung der Wunder-Behauptung bedarf es der Widerlegung der Schöpfungs-Behauptung."[2] Sowenig wie man das Wunder kausal erklären kann, sowenig kann man es kausal widerlegen. Das gilt freilich für die Schöpfung nur dann, wenn man sie zum Wunder erklärt

Die politische Ethik muss also die Hilfe der Religion keineswegs ablehnen, obgleich auch Leo Strauss einsieht, dass hier ein immer wieder aufflackernder Konflikt schwelt. Umso notwendiger präsentiert sich diese Hilfe, als die Interessen der Menschen eben nicht nur den moralischen, sondern auch den staatlichen Gesetzen gerne widersprechen. Gerade damit sich die ethischen Forderungen ob ihrer Schwäche auch realisieren lassen, damit sie ins Politische hinein wirken, braucht es die Verheißung der Offenbarung. Strauss schreibt 1948 in seinem Text *Über Tyrannis*: „Die Art und Weise, wie man von Menschen geschaffene Gesetze versteht und bewertet, hängt davon

---

[1] Hans Jonas, Das Prinzip Verantwortung (1979), Frankfurt/M 1984, 94
[2] Strauss, Die Religionskritik Spinozas (1930), Gesammelte Schriften Bd. 1, Stuttgart, Weimar 1996, 246

ab, wie man die Ordnung, die nicht von Menschen geschaffen ist und die durch das Gesetz nur bekräftigt wird, versteht. Führt man die natürliche Ordnung auf die Götter zurück, dann tritt der Zwangscharakter der Gesetze in den Hintergrund. (. . .) Das Gesetz erhält höhere Würde, wenn das Universum göttlichen Ursprungs ist."[1]

Trotzdem bleibt dieser Anspruch notwendigerweise fiktiv, kann eben nicht bewiesen werden, besitzt also selbst auch wieder eine Schwäche. Ist Ordnung nicht eine rein menschliche Einbildung? Die klassische politische Ethik und die biblischen Offenbarungsreligionen können alleine den Konflikt zwischen den Individuen und dem Gesetz in der Moderne nicht lösen, den Wertezerfall nicht aufhalten. Im Gegensatz zum Liberalismus aber, der glaubt, den Menschen umfassend oder wenigstens partiell bilden, d.h. zivilisieren zu können, so dass dieser sich an die Gesetze aus freien Stücken bzw. vernünftiger Einsicht hält – was Strauss am zeitgenössischen Liberalismus besonders kritisiert –, geht Strauss davon aus, dass der Mensch sowohl ein gefährliches als auch ein gefährdetes Wesen ist. Darauf beruht die Kultur und deswegen braucht der Mensch die staatliche Kontrolle.

Denn ob dieser „Gefährlichkeit und Gefährdetheit", kann man sich weder mit der philosophischen Ethik noch mit der religiösen Offenbarung zufrieden geben. Ohne wirksamen politischen Zwang lässt sich diese gefährliche wie gefährdete Natur des Menschen weder beherrschen noch beschützen. Daher weist der Wertezerfall Leo Strauss von der Ethik über die Religion zur Politik.

---

[1] Strauss, Über Tyrannis - Eine Interpretation von Xenophons ‚Hieron' (1948), Neuwied, Berlin 1963, 144

3. Die philosophisch diskret gestützte Politik

Beinahe durchgängig beschränkt sich Strauss in seinem Werk auf die genaue Lektüre und Interpretation bedeutender philosophischer Texte. Ausdrückliche eigene Stellungnahmen finden sich selten. So muss man nach jenen Stellen in seinem Werk fahnden, an denen er kommentierend über eine reine Interpretation hinausgeht. Seine eigene Auffassung vom Wesen des Menschen konkretisiert sich vor allem in seinen Auseinandersetzungen mit Hobbes. Der Mensch zeigt sich gleichermaßen als gefährlich wie als gefährdet. Weder ethische Ermahnung noch religiöse Verheißung bringen ihn mit Gewissheit auf den Weg der Tugend, um seine Gefährlichkeit zu bannen und ihn ob seiner Gefährdetheit zu schützen. Der Blick schwenkt folglich zur politischen Macht, die sich auf Zwangsmittel stützt. Wie könnte es der Politik gelingen, dem Wertezerfall zu widerstreiten? Braucht sie dazu angesichts ihrer eigenen Schwäche im demokratischen Staat vom politischen Philosophen diskrete Ratschläge, die politisches Handeln legitimieren?

Leo Strauss schreibt über das klassische Naturrecht: „Der Mensch ist so veranlagt, dass er die Perfektion seiner Menschlichkeit nur durch die Zügelung seiner niederen Impulse erreichen kann. Er kann seinen Körper nicht durch Überredung beherrschen. Allein diese Tatsache zeigt, dass sogar die despotische Herrschaft nicht *per se* naturwidrig ist.“[1] In modernen Ohren klingt das provokant – de Maistre sieht das noch anders, woran Strauss anschließt: Angesichts der gefährlichen Natur des Menschen wäre selbst eine Tyrannis oder Despotie immer noch akzeptabler als jede Form der politischen Instabilität, geschweige denn die anarchische Herrschaftslosigkeit, die in ein gewalttätiges Chaos münden würde.

Macht ist also keineswegs grundsätzlich böse, im Gegenteil. Die herrschaftsbedürftige Natur des Menschen verlangt den

---

[1] Strauss, Naturrecht und Geschichte (1953), 137

Einsatz der Macht, um diese Natur zu disziplinieren. Eine überredende Ethik oder eine verheißende Offenbarung bringen niemals den verpflichtenden Zwang zustande. Die Herrschaft des Menschen über den Menschen erweist sich folglich als notwendig, selbst wenn sie in despotische Verhältnisse ausartet. Staat und Politik haben bei Strauss somit höchste Priorität, sind keinesfalls zweitrangig oder von minderer Wichtigkeit, wie es manche liberale Denker unterstellen.

Würden sich indes heute viele Menschen eine solche Despotie wirklich gefallen lassen? Würde nicht auch jeder demokratische Versuch, die Menschen politisch zu zügeln und zu disziplinieren bestenfalls in die Abwahl jener Politiker führen, die sich darum bemühen, der Disziplinlosigkeit und dem Werteverfall zu begegnen? Oder hat die Corona-Politik Strauss Recht gegeben? Dann wären indes die Menschen doch nicht so zügellos, wie es Strauss unterstellt.

Für Strauss gelingt der Politik nicht, der Disziplinlosigkeiten zu begegnen, wenn sie im liberalen Sinne nicht klar zwischen Gut und Böse unterscheidet. Vielmehr muss sie sich mit aller Kraft darum bemühen, einen guten Staat zu schaffen und nicht bloß einen, der den Niedergang der Ethik, also den Zerfall der Gemeinschaft und somit letztlich der Politik selbst verwaltet. Dazu alleine aber reicht der Rückgriff auf die Ethik so wenig wie auf die Religion, obgleich beides höchst sinnvoll bleibt. Strauss weiß um die Schwäche der Ethik genauso wie um die einer Offenbarung, die viele Menschen nicht mehr erreicht.

Wie aber soll das einer Politik gelingen, die der liberale Relativismus der Werte verunsichert? Wie kann sie ihre ethische Selbstgewissheit festigen, aus der heraus sie wieder machtvoll zu agieren versteht? Sie muss sich dazu legitimiert fühlen sowie sich auf der Seite des Guten wie der Offenbarung sehen. Just dazu aber soll die politische Philosophie – so Strauss – ihr Scherflein beitragen – aber nicht in jenem wissenschaftlichen Sinne einer wertneutralen Politikberatung à la Max Weber, vielmehr im Sinne klarer ethischer Bestimmungen. Politik, die dem Wertezerfall widerstehen will, muss sich auf absolute ethische Normen besinnen. Strauss weiß sehr wohl um die Schwierigkeit dieser Aufgabe, wenn er feststellt: „Klassische politische Philosophie lehrte, dass die Erhaltung der Polis auf der Übereinstimmung von Philosophie und politischer Macht beruht, was wirklich eine Übereinstimmung ist – etwas was man wünschen, worauf man hoffen darf, was man aber nicht herstellen kann."[1]

Anders als die modernen Wissenschaften beschäftigt sich die politische Philosophie nicht mit entsprechendem Detailwissen: welche Zwecke werden mit welchen Mitteln erreicht? Der Blick der Philosophie reicht weiter in einer Weise, der für die Politik notwendig wird, und der sogar noch über die Fragen nach dem guten Staat und dem guten Leben hinaus weist. Strauss schreibt: „Philosophie als die Suche nach Weisheit, ist Suche nach universellem Wissen, nach Wissen vom Ganzen. (. . .) Anstelle ‚des Ganzen‘ sagen Philosophen auch ‚alle Dinge‘. (. . .) Suche nach Wissen von ‚allen Dingen‘ bedeutet Suche nach Wissen von Gott, der Welt und dem Menschen – oder eher Suche nach Wissen von der Natur aller Dinge: die Naturen in ihrer Totalität sind ‚das Ganze‘."[2]

Die Politik muss sich von der Philosophie ihren Blick für das Ganze weiten lassen. Von der Organisation der bloßen Bedürfnisbefriedigung ihrer Bürger soll sie sich dadurch wieder verabschieden. Ähnlich wie bei Eric Voegelin muss sich der Blick einerseits für kosmologische Zusammenhänge und die damit verbundenen fundamentalen Ordnungsfragen weiten. Ihre Aufgabe präsentiert sich vielmehr seit der klassischen griechischen Philosophie als die Entwicklung des sittlich guten und gerechten Staates. Zu einem solchen neuen ausgeprägten Selbstbewusstsein der Politik, das sich auf die Herrschaftsbedürftigkeit der menschlichen Natur stützt, dazu muss die politische Philosophie beitragen. So schreibt Leo Strauss programmatisch: „Das Thema der politischen Philosophie sind die großen Ziele

---

[1] Strauss, Thoughts on Machiavelli (1958), 173
[2] Strauss, What is Political Philosophy? (1959), 11

152

der Menschheit, Freiheit und Regierung oder Herrschaft, Themen die fähig sind, alle Menschen aus ihrem ärmlichen Selbst zu erheben."[1] Eine elitäre Haltung!

Aber lässt sich die Politik ihrerseits denn überhaupt gerne von der Philosophie beraten, unterstützen oder legitimieren? Prägen nicht vielmehr tiefe Spannungen das Verhältnis von Politik und Philosophie, zwischen Politikern und Intellektuellen? Ein Einklang zwischen beiden tritt jedenfalls nur selten ein. Sokrates musste sterben. Verfolgt und diffamiert werden Schriftsteller auch noch im 21. Jahrhundert. So problematisch wie das Verhältnis zwischen Moral, Religion und Politik ist, bleibt auch das der Politik zur politischen Philosophie. Am Ende seines Hauptwerkes *Naturrecht und Geschichte* schreibt Leo Strauss über den Kritiker der französischen Revolutionund Begründer des Konservativismus, Edmund Burke, der gleichfalls die Gefahren erkennt, die von der Philosophie ausgehen: „Keine wirkliche Gesellschaftsordnung ist vollkommen. ‚Spekulative Untersuchungen' fördern mit Notwendigkeit die Unvollkommenheit der bestehenden Ordnung zutage. Werden diese Untersuchungen in die politische Diskussion eingeführt, welcher es notwendigerweise an ‚der Kühle philosophischer Untersuchung' mangelt, so werden sie wahrscheinlich hinsichtlich der bestehenden Ordnung ‚Unzufriedenheit unter dem Volke hervorrufen', eine Unzufriedenheit, die eine vernünftige Reform unmöglich machen kann. Die legitimsten theoretischen Probleme werden in der politischen Arena zu ‚ärgerlichen Fragen' und rufen ‚Streitsucht' und ‚Fanatismus' hervor."[2] Ein Argument, das im politischen Konservativismus ständig wiederkehrt, damit aber zu den totalitären Risiken avanciert.

Politik, die sich ihres ethischen wie religiösen Gehaltes versichert, wirft nicht – wie es linke Kritiker gerne behaupten – notorisch den Schleier des Ideologischen über die Durchsetzung von vielleicht ökonomischen Interessen des Kapitals.

---

[1] Ebd. 10
[2] Strauss, Naturrecht und Geschichte (1953), 324

Vielmehr sucht sie klar zwischen Gut und Böse zu trennen. Sie will die moderne Beliebigkeit aufgeben, die beinahe jede Politik auf irgendeine Weise rechtfertigt, die, anstatt den Diktatoren die Stirn zu bieten, diese freundlich behandelt, um sie milde zu stimmen. Für eine moderne ethisch orientierte Politik würde dann gelten, was Strauss über Aristoteles schreibt: „Eine wohlgesittete Gemeinschaft wird nicht in den Krieg ziehen, es sei denn, es handele sich um eine gerechte Sache. Was sie aber während eines Krieges tun wird, das hängt bis zu einem gewissen Grad von dem ab, was ihr der Feind – möglicherweise ein absolut gewissenloser und barbarischer Feind – zu tun aufzwingt. Es gibt keine im voraus definierbaren Beschränkungen, es gibt keine bestimmbaren Grenzen für das, was zur gerechten Repressalie werden kann. Aber der Krieg wirft seine Schatten auf den Frieden."[1] Erinnert dergleichen etwa an die nachträgliche Rechtfertigung des Irakkrieges durch die Bush-Administration? Aber Strauss spricht ja nur über Aristoteles, freilich acht Jahre nach den Atombombenabwürfen auf Hiroshima und Nagasaki und mitten während des Korea-Krieges, in dem der US-Oberkommandierende Douglas MacArthur den Einsatz von Atombomben gegen Nordkorea und China gefordert hatte und daraufhin entlassen wurde, was beinahe zu einer Staatskrise geführt hätte.

Haben in der Demokratie andererseits nicht auch Bürgerinnen das Recht, eine andere Meinung zu vertreten? Darf man den Menschen eine bestimmte Überzeugung aufnötigen, wenn man sie für richtig hält? Für Isaiah Berlin hat eine solche Überzeugung immer schon dazu geführt, dass man Menschen bevormundete: „Es ist die Überzeugung, dass es irgendwo, in der Vergangenheit oder in der Zukunft, in der göttlichen Offenbarung oder im Geist eines einzelnen Denkers, in den Verlautbarungen der Geschichte oder der Naturwissenshaft oder in dem einfachen Gemüt eines unverdorbenen braven Menschen eine

---

[1] Strauss, Naturrecht und Geschichte (1953), 165

endgültige Lösung gibt."[1] Für Berlin gibt es keine objektiv richtige Erklärung gar richtige Lösungen für politische oder soziale Probleme. Mit der folgenden Formulierung trifft er nicht zuletzt den Platoniker Strauss: „Für jeden rationalistischen Metaphysiker, von Platon bis zu den letzten Schülern Hegels und Marx`, ist dieser Verzicht auf die Idee einer Harmonie, in der zuletzt alle Rätsel gelöst, alle Widersprüche versöhnt werden ein Ausdruck von krudem Empirismus, eine Kapitulation vor den rohen Fakten, ein unerträglicher Bankrott der Vernunft vor den Dingen, wie sie nun einmal sind, Ausdruck einer Unfähigkeit, zu erklären und zu rechtfertigen und alles in ein System zu bringen, gegen die die ‚Vernunft' sich empört."[2]

Leo Strauss dagegen folgt der klassischen politischen Philosophie. Nicht alle Menschen haben die gleiche geistige Kraft und nicht die gleiche starke Tugend. Wer sich um die Frage nach dem Richtigen und Guten streitet und dabei nicht das Eigeninteresse zum Kriterium erhebt, der wird sich den ethischen Argumenten nicht entziehen, der wird für gemeinschaftsorientierte Tugenden eintreten und diese auch selbst befolgen. Wenn er einen Krieg für richtig hält, wird er ihn führen. Strauss stellt fest: „Da die klassischen Denker sittliche und politische Angelegenheiten im Lichte der Perfektion des Menschen sahen, waren sie keine Gleichmacher. Nicht alle Menschen sind von der Natur in gleicher Weise für den Aufstieg zur Vollkommenheit begabt, oder: nicht alle ‚Naturen' sind gute ‚Naturen'. Alle Menschen, d.h. alle normalen Menschen haben die Fähigkeit zur Tugend; einige aber bedürfen der Führung durch andere, während andere ihrer überhaupt nicht oder in viel geringerem Maße bedürfen."[3]

---

[1] Isaiah Berlin, Freiheit – Vier Versuche (Four Essays on Liberty, 1969), Frankfurt/M. 1995, 250
[2] Ebd., 251
[3] Strauss, Naturrecht und Geschichte (1953), 138

Ein solcher elitärer Ansatz widerspricht dem modernen liberalen Gleichheitsdenken, das den Menschen wie Berlin keine bestimmten Vorstellungen aufnötigen will. Für Leo Strauss beruht dagegen auch die Demokratie auf den Unterschieden zwischen den Menschen, sowohl was deren Intelligenz als auch deren ethische Kompetenz betrifft. Erweist sich der Mensch ob seiner Gefährlichkeit und Gefährdetheit als ein herrschaftsbedürftiges Wesen, so gewinnen manche Menschen ihre Humanität durch ihre Führungskraft, während andere dringend der Führung bedürfen. Jenseits der egalitären Anstrengungen politischer Systeme im 20. Jahrhundert begegnen sich hier Politik und politische Philosophie. Egalitäre Regime übersehen die Natur des Menschen, müssen daher versuchen den neuen Menschen zu schaffen. Regime, die sich dagegen an der Natur des Menschen orientieren, folgen dem Prinzip der klassischen Naturrechtslehre: „Das überhaupt beste Regime würde die absolute Herrschaft der Weisen sein. Das praktisch beste Regime ist die Herrschaft der Vornehmen unter dem Gesetz oder das gemischte Regime.“[1] Das sind natürlich die Reichen, weil diese das Vermögen haben, sich gut zu bilden. Durch Reichtum und Bildung entsteht ein neuer Adel der Vornehmen. Ironischerweise wollen diese sich nicht von den Weisen bevormunden lassen. Aber viele nehmen auch das einfach hin.

Die Politik braucht die politische Philosophie, genauer Einsicht in die Lehren der klassischen politischen Philosophie, will sie sich vom modernen Wertrelativismus und vom Egalitarismus befreien, will sie nicht dem Nihilismus aufsitzen. Orientiert sie sich stattdessen am ethisch guten Handeln, also an der Natur des Menschen, dann muss sie auch unter demokratischen Umständen eine elitäre Herrschaft entwickeln. Denn die natürlichen Unterschiede zwischen den Menschen bis hin zur Kraft des Propheten präsentieren sich der klassischen Philosophie als evident.

---

[1] Strauss, Naturrecht und Geschichte (1953), 147

Hieran schließt denn auch Alasdair MacIntyre an, wenn er von den Menschen fordert, wieder ihre traditionellen Rollen zu erfüllen, also platonisch gesprochen, sich in ihren Platz in der Welt zu schicken. „Doch der Gebrauch von ‚Mensch' als funktionaler Begriff ist sehr viel älter als Aristoteles und leitet sich ursprünglich auch gar nicht von der metaphysischen Biologie des Aristoteles her. Er hat seine Wurzeln in den Formen sozialen Lebens, dem die Theoretiker der klassischen Tradition Ausdruck verleihen. Denn nach dieser Tradition bedeutet ein Mensch zu sein, eine Vielzahl Rollen einzunehmen, die alle ihr Ziel und ihren Zweck haben: Familienmitglied, Bürger, Soldat, Philosoph, Diener Gottes. Nur wenn man sich den Menschen als Individuum vor und getrennt von allen Rollen denkt, hört der Begriff ‚Mensch' auf, ein funktionaler Begriff zu sein."[1] Dadurch wird der Mensch von der Gemeinschaft her bestimmt, welcher auch immer, ist dann aber weder frei noch mündig, braucht er Betreuung durch die Tugendhaften, die gebildeten Eliten oder im traditionell christlichen Sinne durch Pastoren, Priester und Bischöfe allesamt als Hirten. Aber werden solche Bemühungen heute nicht auf enormen Widerstand stoßen? Wirklich? Hat sich in den letzten Jahren nicht gezeigt, dass selbst die Aufgeklärten sich bereitwillig lenken lassen!

So hat für Strauss die Philosophie immer zwei Feinde, die Tyrannis, die sich von ihrer ethischen Kritik belästigt fühlt, und das unkundige Volk, das die Weisheit, die ihm selbst fehlt, bei anderen niemals erträgt und sie schon gleich gar nicht versteht, vielmehr notorisch daraus falsche Schlüsse zieht.

Daher entwickelt die Philosophie seit jeher Rede- und Schreibtechniken, die verhindern sollen, dass die zur Philosophie Untauglichen sie überhaupt verstehen. Nur die Tauglichen, zukünftige Philosophen und tugendhafte Politiker sollen von ihr lernen und dadurch zur Philosophie oder zur verantwortungsvollen Politik angehalten werden. Bereits Sokrates –

---

[1] Alasdair MacIntyre, Verlust der Tugend (1981), Frankfurt/M. 1995, 85

so Leo Strauss – bedient sich dazu einer bestimmten Redeweise. Die Intention verantwortungsvoller Philosophen beschreibt
Strauss folgendermaßen: „Ihr Motiv ist soziale Verantwortung.
Sie gründet in der Annahme, dass ein Missverhältnis besteht
zwischen dem kompromisslosen Suchen nach Wahrheit und
den Erfordernissen der Gesellschaft; oder anders ausgedrückt:
nicht jede Wahrheit ist zu jeder Zeit ungefährlich."[1] Manche
philosophischen Wahrheiten können das Volk verwirren und
aufstacheln, so dass Rebellionen drohen.

Bereits Sokrates, aber auch sehr viele seiner späteren Nachfolger bewegen sich sehr vorsichtig, wenn es darum geht ihre
Gedanken der Mitwelt oder Nachwelt mitzuteilen. Bestimmte
rhetorische Techniken – wenn man nur hypothetisch argumentiert, oder bestimmte Vorstellungen anderer in den Mund legt,
eine so komplizierte wie komplexe Ausdrucksweise – sollen
verhindern, dass gefährliche Gedanken unters Volk geraten
bzw. von den Tyranneien als gefährlich eingestuft werden.
Aber nicht nur die Rede, auch die Schreibweise orientierte sich
an solchen Risiken. Strauss schreibt: „Verfolgung fördert denn
eine bestimmte Technik des Schreibens und damit einen bestimmten Typ der Literatur, in der sich die Wahrheit über alle
entscheidenden Dinge ausschließlich zwischen den Zeilen
zeigt. Diese Literatur wendet sich nicht an alle Leser, sondern
nur an vertrauenswürdige und intelligente Leser."[2]

Diese Unterscheidung zwischen einer exoterischen, öffentlich verständlichen und einer esoterischen, nur Kundigen nach-
vollziehbaren Ausdrucksweise dient nicht nur dem Selbst-
schutz, sondern stellt für Leo Strauss auch eine politisch ver-
antwortliche Haltung gegenüber jener Mehrheit der Menschen
dar, die eben zu tugendhaftem politischen Handeln weder fähig
noch willens sind. Philosophie erfüllte in der Antike oder im
Mittelalter nicht die Aufgabe der Volksaufklärung. Vielmehr

---

[1] Strauss, Über Tyrannis (1948), 38
[2] Strauss, Persecution and the Art of Writing, Glencoe, Illinois 1952,
25

158

musste sie ihre Pflicht beachten, Wahrheit und Vernunft vor der Menge geheim zu halten. Strauss bemerkt: „Lessing, der einer der tiefgründigsten Humanisten aller Zeiten war (. . .), und der überzeugt war, dass es Wahrheiten gibt, die nicht ausgedrückt werden sollten oder dürften, glaubte, dass ,alle antiken Philosophen' zwischen ihrer exoterischen und ihrer esoterischen Lehre unterschieden haben."[1] Arendt sieht das freilich ganz anders: „Lessing hat mit der Welt, in der er lebte, seinen Frieden nie gemacht. Sein Vergnügen war, ,den Vorurteilen die Stirne zu bieten' und dem ,vornehmen Hofpöbel (. . .) die Wahrheit zu sagen'; und wie teuer er für diese Vergnügungen bezahlt haben mag, es waren Vergnügungen im wörtlichen Sinne."[2] In Berlin machte Strauss 1932 Arendt den Hof, was mit der Bemerkung Arendts endete, die Partei, zu der er neige, würde ihn nicht aufnehmen. Noch Jahrzehnte später, als beide an der Universität Chicago lehren, wird sich an ihrer Intimfeindschaft nichts ändern. Als im August 1952 die israelische Armee verschiedene Angriffe auf arabische Siedlungen unternimmt und dabei in Kybia 52 Araber getötet werden – darunter viele Frauen und Kinder – verabschiedet sich Arendt von der Politik Israels. Ähnliches ist von Strauss nicht bekannt.

Die philosophische Vorsicht bei der Äußerung ihrer Gedanken verblasst erst gegen Ende des 18. Jahrhunderts – vor dem Hintergrund der französischen Revolution. Dann soll jedes philosophische oder politische Wissen veröffentlicht werden, so dass alle Menschen Zugang zu jedem Wissen haben dürfen. Genau das aber erweist sich vor allem im Blick auf die Herrschaftsbedürftigkeit des Menschen als falsch. Doch diese Einsicht in die Natur des Menschen haben große Teile der heutigen politischen Elite verloren, die sich an der öffentlichen Meinung und damit an der Bedürfnisbefriedigung des Volks

---

[1] Ebd., 28
[2] Hannah Arendt, Gedanken zu Lessing – Von der Menschlichkeit in finsteren Zeiten (1959); in: Menschen in finsteren Zeiten (1968), 2. Aufl. München 1989, 20

orientieren. Derart verstricken sie sich in Werterelativismus und Nihilismus. Daher würden weder das ausschließlich konsumorientierte Volk, die öffentliche Meinung, noch eine liberale Elite eine an der ethischen Frage nach dem guten Leben orientierte politische Philosophie verstehen wollen. Sie würden diese nur verdrängen.

Folglich hat sich die politische Philosophie solchen feindlichen Blicken zu entziehen und sich nur an jene zu wenden, die dem Wertezerfall entgegentreten. Eine solche Intention darf man natürlich nicht offiziell verkünden. Leo Strauss ist selbst auch viel zu skeptisch, viel zu vorsichtig und hinterfragt jede gewonnene Einsicht. Er formuliert seine Philosophie beinahe nur indirekt in Form von Interpretationen philosophischer Texte. Insofern hält er sich selber an die Regel, die er für die politische Philosophie formuliert, sich nicht direkt und unumwunden zu äußern.

Unter demokratischen und aufgeklärten Verhältnissen muss es dann nicht verwundern, wenn mit verschwörungstheoretischem Habitus Strauss eine unveröffentlichte Geheimlehre unterstellt wird. Wissenschaftler, die unpopuläre Ansichten vertreten, äußern diese in der Tat im Seminar oder im Gespräch manchmal direkter als in ihren Texten, aus denen sie zitiert werden können.

Letztlich aber sagt Leo Strauss, worum es ihm geht. Man muss nur genau lesen, gar nicht unbedingt dekonstruktiv nach den Aporien suchen, sondern konstruktiv Strauss` Linien und Verknüpfungen seiner Gedanken und Interpretationen ziehen: Höchstens eine elitäre politische Herrschaft vermag im Rückgriff auf die Natur eas Menschen, auf das ethisch Gute, das göttlich geoffenbarte Gesetz – und dabei diskret inspiriert durch die politische Philosophie – sich dem liberalen und nihilistischen Wertezerfall in der modernen Kulturentwicklung zu widersetzen.

V. KAPITEL

ERIC VOEGELINS RELIGIÖSES ORDNUNGS-
DENKEN

Aus dem Land, in dem Demokratie und Liberalismus ihre Heimstatt haben, erschallen seit langem ständig Töne wider die Wissenschaft, besonders die Lehre Darwins, gegen die Abtreibung, gegen Homosexualität genauso wie gegen Sexualität ohne Ehe. Politisch hat man den Krieg gegen das Reich des Bösen zwar vor Jahrzehnten gewonnen. An seine Stelle sind seit Ronald Reagan die Liberalen getreten. Daher besteht denn eine tiefe Differenz zwischen Europa und den USA, auf die Jürgen Habermas hinweist: „In der Periode seit dem Ende des Zweiten Weltkrieges sind, mit Ausnahme Irlands und Polens, alle europäischen Länder von einer Säkularisierungswelle erfasst worden, die mit gesellschaftlicher Modernisierung einhergeht. Für die Vereinigten Staaten belegen hingegen alle Umfragedaten, dass der ohnehin vergleichsweise hohe Anteil an gläubigen und religiös aktiven Bürgern während der letzten sechs Jahrzehnte konstant geblieben ist."[1]

Wenn man sich dieser religiösen Gedankenwelt des Bibelgürtels nähern will, so gibt es einen in Deutschland kaum, aber in Amerika umso bekannteren politischen Philosophen, nämlich Natürlich gehört Voegelin, der 1985 starb, nicht unmittelbar zur *Christian Coalition*. Und doch versteht man ihn

---

[1] Jürgen Habermas, Religion in der Öffentlichkeit – Kognitive Voraussetzungen für den ‚öffentlichen Vernunftgebrauch' religiöser und säkularer Bürger (2005); in: Philosophische Texte Bd. 4 – Politische Theorie, Frankfurt/M. 2009, 261

in Europa nur, wenn man an letztere denkt. Umgekehrt könnte Voegelin dazu verhelfen, deren Gedankenwelt zu entschlüsseln, mehr noch als Leo Strauss, der viel philosophischer orientiert ist und zwischen Religion und Philosophie eine deutliche Differenz markiert. Voegelin entwickelt dagegen ein traditionell christliches Politikverständnis, das er mit modernen Terminologien nachlädt, und damit eine der großen Linien des politischen Konservativismus entwickelt.

1. Die Religion als Grundlage der politischen Ordnung

Man muss sich dazu zunächst die Frage stellen, wie denn das 20. Jahrhundert auf einen religiösen Menschen wirken musste. Das 18. Und das 19. Jahrhundert führten in Kreisen überzeugter Christen sicherlich zu einer gewissen Verunsicherung, zumindest angesichts des eigenen Einfluss- und Machtverlustes. Vor dem 20. Jahrhundert konnte man als gläubiger Mensch einerseits erschrecken und andererseits mit einer gewissen Genugtuung das permanente Scheitern seiner säkularen oder ideologischen Gegner verfolgen.

Allerdings entwickelte sich jedenfalls in und um Europa herum das 20. Jahrhundert vielleicht zum grausamsten des Jahrtausends, also genau jenes Jahrhundert, in dem die Technik ihre bis dahin größten Erfolge feiert, die von religiösem Bewusstsein aber offenbar eher ablenken. Zu den schlimmsten Auswüchsen kam es nach dem ersten Weltkrieg in der Epoche des Faschismus und im Stalinismus. Deren Wellen ebbten in einem vierzigjährigen kalten Krieg langsam ab, wobei er immer wieder zu eskalieren drohte und am Anfang des dritten Jahrzehnts des 21. Jahrhunderts wiederzukehren droht.

Dieses Jahrhundert umfasst mit seinen schrecklichsten Höhepunkten den Lebens- und Erfahrungshorizont von Eric Voegelin. Sein politisches Denken sucht nach Antworten auf diese Katastrophen, die allerdings über deren Horizonte hinaus weisen. Welche Konsequenzen zieht man aus dem 20. Jahrhundert, wenn man gläubiger Christ ist? Aus Wien gerade den

Nazis in die USA entkommen – schreibt er an Weihnachten 1938 im Vorwort zu seinem frühen Werk *Die politischen Religionen*: „Ich will also nicht sagen, dass der Kampf gegen den Nationalsozialismus nicht auch als ethischer geführt werden soll; er wird nur – nach meiner Ansicht – nicht radikal geführt, weil die radix, die Wurzel in der Religiosität fehlt."[1]

Aus seinem religiösen Verständnis heraus fragt Voegelin über die üblichen sozialen und politischen Hintergründe hinaus nach den weiteren Ursachen der Krise des Abendlandes im 20. Jahrhundert. Nicht nur als unmittelbare historische Folgen des ersten Weltkriegs beispielsweise und der damit verbundenen ökonomischen Krisen analysiert er Nationalsozialismus und Kommunismus. Aber welche Rolle spielen dabei religiöse Motive, beherrschen doch antireligiöse Ideologien beide Bewegungen? Einer ersten Antwort, die Voegelin darauf gibt, geht es um die Effizienz des Kampfes gegen diese *Politischen Religionen*: „Eine religiöse Betrachtung des Nationalsozialismus muss von der Annahme ausgehen dürfen, dass es Böses in der Welt gebe; und zwar das Böse nicht nur als einen defizienten Modus des Seins, als ein Negatives, als eine echte, in der Welt wirksame Substanz und Kraft. Einer nicht nur sittlich schlechten, sondern religiös bösen, satanischen Substanz kann nur aus einer gleich starken religiös guten Kraft der Widerstand geleistet werden. Man kann nicht eine satanische Kraft mit Sittlichkeit und Humanität allein bekämpfen."[2]

Um Faschismus und Kommunismus standzuhalten, um die abendländische Kultur vor dem Untergang zu bewahren, erscheinen Voegelin humanistische und bürgerlich liberale Ideologien als zu schwach. Dazu bedarf es vielmehr der missionarischen Gewissheit des religiösen Glaubens, der Kraft des Christentums, die ihr positives Symbol im Märtyrertum hat, ihre ungeheure Macht in den Kreuzzügen und den Religionskriegen entfaltete.

---

[1] Eric Voegelin, Die politischen Religionen (1938), München 1993, 6
[2] Ebd., 6

Diese These Voegelins mag heute trotzdem verwundern. Schließlich widerstanden republikanische, liberale, demokratische, ja gerade sozialistische Kräfte gemeinsam und letztlich erfolgreich sowohl dem Faschismus als auch dem Kommunismus. Aus der Perspektive des Jahres 1938 war das allerdings noch keineswegs so klar: Zu diesem Zeitpunkt waren viele Länder den totalitären Ideologien verfallen und die westlichen Demokratien reagierten darauf eher zögerlich. Und zum Zusammenbruch des Sowjetimperiums haben unmittelbar islamische Freiheitskämpfer in Afghanistan und Polens katholische Gewerkschaftsbewegung beigetragen. Das könnte Voegelins These untermauern, der selbst nur noch die Anfänge dieser Entwicklung miterlebte.

Doch die Religion spielt für Voegelin nicht nur eine entscheidende Rolle im Kampf gegen diese satanischen Mächte. Diese ausgedehnte Krise Europas hat für Voegelin primär eine religiöse Geschichte: Das ist der zweite Grund, warum für Voegelin jede Reaktion auf den Nationalsozialismus nicht weit genug geht, die nicht die religiösen Zusammenhänge beachtet. Denn diese so antireligiösen Bewegungen wie Nationalsozialismus und Kommunismus haben eine religiöse Herkunft und eine eigene religiöse Motivation: „Es gibt heute keinen bedeutenden Denker der westlichen Welt, der nicht wüsste – und es auch ausgesprochen hätte – dass sich diese Welt in einer schweren Krise befindet, in einem Prozess des Verdorrens, der seine Ursache in der Säkularisierung des Geistes, in der Trennung eines dadurch nur weltlichen Geistes von seinen Wurzeln in der Religiosität hat, und der nicht wüsste, dass die Gesundung nur durch religiöse Erneuerung, sei es im Rahmen der geschichtlichen Kirchen, sei es außerhalb dieses Rahmens, herbeigeführt werden kann. Die Erneuerung kann in großem Maße nur von großen religiösen Persönlichkeiten ausgehen – aber jedem ist es möglich, bereit zu sein und das Seine zu tun, um den Boden zu bereiten, aus dem sich der Widerstand gegen das Böse erhebt."[1]

Wenige Jahre zuvor, 1932 schon in hoch bedrohlicher Lage, skizziert Henri Bergson eine ähnliche Perspektive, wenn er schreibt: „Wenn jetzt ein mystisches Genie auftaucht, dann wird es eine Menschheit mit sich reißen, die einen schon ungeheuer vergrößerten Körper und eine durch ihn umgeformte Seele hat."[2] Mit diesem technischen Körper ist die Seele nicht mitgewachsen. Daher ist diese religiöse Wiederbeseelung angesichts der damals akuten Krisen und Konflikte vonnöten. Und ähnlich wie bei Voegelin heißt es bei Bergson: „Stifter und Reformatoren der Religionen, Mystiker und Heilige (. . .): durch ihr Beispiel mitgerissen, schließen wir uns ihnen an, wie einer Armee von Eroberern."[3] Nicht nur dass der junge Voegelin und der alte Bergson darauf setzen, dass religiöse Genies das Heft des Handelns in die Hand nehmen. Beide erwarten auch, dass die Menschen sich diesen unterwerfen und ihnen gehorchen. So heißt es bei Bergson: „Dann mag der Ruf des Heros kommen: wir werden nicht alle ihm folgen, aber wir werden alle fühlen, dass wir es tun sollten, (. . .). Mit einem Schlage wird sich für die ganze Philosophie das Geheimnis der höchsten Verpflichtung enthüllen."[4] Alle werden erkennen, dass Gefolgschaft und Pflichterfüllung vonnöten sein werden, will man die Welt wieder zum Guten ausrichten. Konservative Denker erwarten gemeinhin nicht, dass die Menschen selber entscheiden, was sie tun, halten sie diese nicht für mündig.

1981, als Reagan die Präsidentschaft übernimmt und sich damit eine religiöse Wende in der US-Politik andeutet, formuliert MacIntyre einen ähnlichen Gedanken wie Bergson und Voegelin. Für MacIntyre haben Aufklärung, Liberalismus und

---

[1] Voegelin, Die politischen Religionen (1938), 6
[2] Henri Bergson, Die beiden Quellen der Moral und der Religion (1932); in: ders., Materie und Gedächtnis und andere Schriften, Frankfurt/M. 1964, 484
[3] Ebd., 482
[4] Ebd., 485

165

Sozialismus die religiösen Grundlagen der Moral zerstört und diese damit ihres Fundamentes enthoben. Nicht nur dass MacIntyre auf eine religiöse Wende hofft, sondern auch auf einen neuen religiösen Führer, dem er einen alten überraschenden Namen anbietet: „Wenn meine Darstellung unserer moralischen Lage richtig ist, sollten wir ebenfalls zu dem Schluss kommen, dass auch wir nun seit einiger Zeit ebenfalls diesen Wendepunkt erreicht haben. Was in diesem Stadium zählt, ist die Schaffung lokaler Formen von Gemeinschaft, in denen die Zivilisation und das intellektuelle und moralische Leben über das neue finstere Zeitalter hinaus aufrechterhalten werden können, das bereits über uns gekommen ist. Und da die Tradition der Tugenden die Schrecken der letzten Finsternis überstanden hat, sind wir nicht ganz ohne Grund zur Hoffnung. Diesmal warten die Barbaren allerdings nicht jenseits der Grenzen; sie beherrschen uns schon seit einer ganzen Weile. Und gerade das mangelnde Bewusstsein dessen macht einen Teil unserer misslichen Lage aus. Wir warten nicht auf einen Godot, sondern auf einen anderen, zweifelsohne völlig anderen heiligen Benedikt." [1] Zu den Lebzeiten von Benedikt von Nursia war das christlich gewordene Römische Reich durch heidnische Germanen gerade untergegangen. Benedikt gründete den ersten lateinischen Mönchsorden, die Benediktiner, auf die MacIntyre damit verweist. Man darf annehmen, dass der Theologe Joseph Ratzinger bei der Wahl seines Papst-Namens MacIntyres *Verlust der Tugend* kannte.

In der säkularen westlichen Welt, in der Religionen primär entweder im Gefolge von Fundamentalisten für negative Schlagzeilen sorgen, oder im öffentlichen Leben eher wenig Beachtung finden, verwundern solche Sätze. Am Beginn der frühen Neuzeit waren religiöse Bekenntnisse Triebfedern zu blutigsten Religionskriegen. Um die Wiederholung solcher Zustände zu vermeiden, bemühte man sich in vielen Verfas-

---

[1] Alasdair MacIntyre, Verlust der Tugend (1981), Frankfurt/M. 1995, 350

sungen westlicher Staaten, Religion und Politik eher voneinander zu trennen.

Diese Trennung hat sicherlich dazu beigetragen, dass religiöse Orientierungen in der Politik eine untergeordnete Rolle spielen, freilich nicht in den USA. Wenn religiöse Werte politisch an Bedeutung verlieren, beklagt man das aber auch heute wieder aus christlicher wie kommunitaristischer Perspektive als einen Werteverlust; denn dann verliere die Politik an ethischen Orientierungen. Voegelins These lautet dementsprechend, dass eine solche religiöse Orientierungslosigkeit für die Krisen des 20. Jahrhunderts verantwortlich ist. Die Frage, die sich damit stellt, lautet natürlich, inwiefern das Christentum mithelfen kann, diese Krisen zu überwinden. Voegelin sieht dabei die liberalen, westlichen Demokratien im Niedergang begriffen, die sich gegen den Vormarsch erste des Faschismus und später des Kommunismus nicht intensiv genug zur Wehr setzen.

Eric Voegelin studierte nach dem Ende des ersten Weltkrieges an der Wiener Universität Politische Wissenschaft. Von der reinen Rechtslehre seines Lehrers Hans Kelsen wandte er sich sukzessive ab. Dagegen verteidigte er in seiner Doktorarbeit den ethischen Universalismus seines anderen Lehrers Othmar Spann gegen den Individualismus Georg Simmels. Ein Forschungsstipendium der Rockefeller Foundation führte ihn zwei Jahre in die USA und ein Jahr nach Paris. Die amerikanische Philosophie beeindruckte ihn mit ihrem Pragmatismus und ihrem protestantischen Geist so stark, dass er sich von der europäischen Philosophie abwandte, die ihm fortan zu ideologisch erschien. Mit 27 Jahren habilitierte er sich und lehrte bis 1938 an der rechtswissenschaftlichen Fakultät Gesellschaftslehre und allgemeine Staatslehre.

An der Volkshochschule, an der er in Wien nebenbei unterrichtete, diskutierte er häufig mit sozialistischen jungen Arbeitern. Dagegen sah er sich in der Universität eher mit nationalsozialistischen Studenten konfrontiert. Vergeblich hoffte er gegenüber dem schleichenden Zusammenbruch der Republik, der im praktisch widerstandslosen Anschluss Österreichs an das nationalsozialistische Deutschland endete, auf die Kräfte der Demokratie. Gegen die Unterhöhlung des Staates durch die ideologischen Bewegungen hatte er sich 1936 mit dem Buch *Der autoritäre Staat* gewandt – der Grund für seine Verfolgung durch die Nazis. Er setzte sich auch intensiv mit der national-sozialistischen Rassenlehre auseinander.

Voegelin faszinierte, dass die europäischen Staaten den ideo-logischen Bewegungen so hilflos gegenüber standen. Traditio-nelle politische Ordnungen brachen fast überall in Europa zu-sammen, ob in Russland, Italien, Deutschland und auf dem weiteren Weg in den zweiten Weltkrieg. Für Voegelin darf man diese Zusammenbrüche nicht bloß aus den aktuellen Er-eignissen selbst heraus erklären. Vielmehr fordert Voegelin eine umfassende Betrachtung sozialer und politischer Ord-nungsstrukturen in Geschichte und Gegenwart. Was ist das Wesen politischer Ordnungen? Warum brechen sie zusammen? So formuliert er in seinem Buch *Ordnung, Bewusstsein, Ge-schichte*, das vor allem späte Schriften aus den siebziger Jahren enthält, programmatisch seinen gedanklichen Ansatz: „Der Mensch ist verpflichtet, die Situation zu verstehen, in der er sich befindet; Teil dieser Situation ist die gesellschaftliche Ordnung, in der wir leben; und diese Ordnung ist heute welt-weit geworden. Diese weltweite Ordnung, ferner, ist weder neu noch einfach, sondern enthält als sozial wirksame Kräfte die Ablagerungen des jahrtausendalten Kampfes um die Wahrheit der Ordnung. Das ist keine Frage der Theorie, sondern eine empirische Tatsache."[1]

Dass sich Voegelin durch sein ganzes Werk hindurch mit der Frage nach der richtigen Ordnung beschäftigt, die jedes menschliche Leben wie die Kultur prägt und die angesichts der ideologischen Bewegungen massiv bedroht erscheint, ent-springt natürlich seiner religiösen Perspektive. Sein fünfbändi-ges, unvollendetes Hauptwerk, das er in den fünfziger Jahren

---

[1] Voegelin, Ordnung, Bewusstsein, Geschichte – Späte Schriften – eine Auswahl, Stuttgart 1988, 25

168

zu schreiben beginnt, trägt denn auch den Titel *Order and History*. Voegelin unterstellt, dass das Leben nicht nur irgendeine Ordnung braucht, sondern dass es eine wahre Ordnung gibt. Diese zeichnet sich in der Geschichte ab und ist daher in ihr zu erkennen. Es ist die so zentrale wie umfassende Aufgabe für die Geschichts- und Sozialwissenschaften, eben die allem Leben zugrunde liegende richtige Ordnung zu suchen.

Warum aber sollte der Verlust religiöser Orientierungen die politischen Krisen des 20. Jahrhunderts verursacht haben? Jedenfalls präsentieren sich diese Katastrophen für Voegelin als Zusammenbruch von Ordnungsstrukturen. Das klingt in gewisser Weise banal. Wenn Hitlers Armee 1939 Polen überfällt, dann bricht natürlich die internationale Ordnung genauso zusammen wie 2022 als russische Truppen in der Ukraine einmarschieren. Freilich stellt sich die Frage, ob es eine solche Ordnung überhaupt gibt. Selbst wenn davon ausgeht, wurde sie in beiden Fällen punktuell verletzt.

Aber der Verlust an Ordnung im 20. Jahrhundert kommt nach Voegelin weiter her als aus dem unmittelbaren historischen Geschehen. Nicht allein in der staatlichen oder internationalen Ordnung lösen sich Strukturen auf. Diese haben vielmehr ihren Halt im Bewusstsein der Menschen verloren, die die Ordnung, in der sie leben, als richtig anerkennen müssen. Im Bewusstsein der einzelnen findet ein langer Auflösungsprozess des Ordnungsdenkens statt. Stellen sich heute die Menschen etwa noch die Frage nach der richtigen und wahren Ordnung, sei es in der Gesellschaft oder im privaten Leben? Gilt die Ordnungsliebe etwa noch als eine Tugend? Bei Leo Strauss, sicher nicht bei Jacques Derrida!

Voegelin schreibt in seinem Buch *Anamnesis – Zur Theorie der Geschichte und Politik*, das Texte aus den Jahren zwischen 1937 und 1965 vereint: „Die Spannung in der politischen Realität, (. . .) ist nicht ein Ding, über das gegenständliche Aussagen gemacht werden könnten, vielmehr muss sie zurückverfolgt werden zu ihrem Ursprung im Bewusstsein der Menschen, die nach richtigem Wissen von Ordnung begehren. Das

Bewusstsein konkreter Menschen ist der Ort, an dem Ordnung erfahren wird; und von diesem Erfahrungszentrum konkret-menschlicher Ordnung strahlen die Interpretationen gesellschaftlicher Ordnung aus, (. . .). Auch die Erfahrung von konkret-menschlicher Ordnung ist jedoch nicht Wissen von einem Gegenstand, sondern selbst wieder eine Spannung, insofern der Mensch sich als geordnet durch die Spannung zum göttlichen Grund seiner Existenz erfährt."[1]

Es gibt für Voegelin also ein Bewusstsein der richtigen sozialen und politischen Ordnung, das einer religiösen Perspektive entstammt. Heute wird offenbar dieses religiöse Bewusstsein von der Wahrheit der Ordnung aufgelassen. Aber herrschen nicht einfach andere Ordnungsvorstellungen im Bewusstsein der Menschen? Zwar tilgt das Weltbild der Moderne nicht nur praktisch alle religiösen Bezüge des Menschen zur Welt, d.h. es fragt nicht mehr nach dem letzten Urgrund der Welt und des Lebens. Zahlreiche moderne Ideologien prägt sogar ein mehr oder weniger offener Atheismus. Der moderne Mensch interessiert sich nur noch für die Welt selbst, nicht mehr dafür, was darüber hinaus weist, für Symbole des Göttlichen. All sein Streben beschränkt sich auf Erfolge und Belohnungen im Diesseits. Er ist Materialist geworden. Die Welt besteht nur noch aus Tatsachen, die die moderne Wissenschaft kausal durch Ursache- und Wirkungszusammenhänge erklärt. Sind das nicht aber auch Ordnungsstrukturen? Voegelin schreibt bereits 1938: „Das Wissen vom Weltraum und der Natur, von der Erde und den Völkern, die sie bewohnen, von ihrer Geschichte und geistigen Differenzierung, von Pflanzen und Tieren, vom Menschen als Leibwesen und als Geist, von seiner geschichtlichen Existenz und seiner Erkenntnisfähigkeit, seinem Seelenleben und seinen Trieben füllt massiv das neue

---

[1] Voegelin, Anamnesis – Zur Theorie der Geschichte und Politik, München 1966, 287

Weltbild und drängt alles Wissen um göttliche Ordnung an den Rand und darüber hinaus"[1]

Die Moderne häuft mit ihren Wissenschaften und Technologien ein ungeheures Tatsachenwissen an, wie es Bergson beschreibt und nach ihm auch Gabriel Marcel. Sie kann sicherlich besser beschreiben als frühere Epochen – beim Erklären streiten sich die Geister. Der moderne Mensch versteht die Welt aus diesem Wissen heraus. Aber erkennt er damit die wahre Ordnung der Welt? Entwickelt er dabei noch ein Ordnungsbewusstsein, dem es um die Wahrheit der Ordnung bzw. die richtige Ordnung geht? Positivismus und Marxismus würden diese Fragen wohl mit ,Ja' beantworten, der Pragmatismus eher mit ,Nein'.

Jedenfalls mehren sich in der ersten Hälfte des 20. Jahrhunderts die Stimmen, die – wie Edmund Husserl in seiner berühmten *Krisis*-Schrift – mahnend bemerken, dass den Wissenschaften auf die alltäglichen wie die existentiellen Probleme der Menschen zumeist keine Antworten einfallen: „Gerade die Fragen schließt sie prinzipiell aus, die für den in unseren unseligen Zeiten den schicksalsvollsten Umwälzungen preisgegebenen Menschen die brennenden sind: die Frage nach Sinn oder Sinnlosigkeit dieses ganzen menschlichen Daseins."[2] Weder hilft die Wissenschaft bei den tagtäglichen Sorgen mit der Umgebung. Noch weiß sie eine Antwort auf den Tod, der permanent droht. In diesem Sinne stellt Voegelin fest: „Die Menschen können den Weltinhalt so anwachsen lassen, dass Welt und Gott hinter ihm verschwinden, aber sie können nicht die Problematik ihrer Existenz aufheben. Sie lebt in jeder Einzelseele weiter, und wenn Gott hinter der Welt unsichtbar geworden ist, dann werden die Inhalte der Welt zu neuen Göttern; wenn die Symbole der überweltlichen Religiosität verbannt

---

[1] Voegelin, Die politischen Religionen (1938), 49
[2] Edmund Husserl, Die Krisis der europäischen Wissenschaften und die transzendentale Phänomenologie (1936), Husserliana Bd. VI, Den Haag 1954, 4

werden, treten neue, aus der innerweltlichen Wissenschafts-sprache entwickelte Symbole an ihre Stelle."[1]

Die moderne Wissenschaft beachtet bei ihren sozialen und politischen Analysen diese Seite des Lebens fast überhaupt nicht. Ordnungsstrukturen sucht sie entweder rein mechanisch in der physikalischen Außenwelt oder psychologisch in der Innerlichkeit des Menschen. Für die modernen Wissenschaften gibt es in der Welt keine höhere Ordnung – eine Kritik, die von katholischer Seite aus kurz zuvor Gabriel Marcel ganz ähnlich formuliert, wenn für ihn Technik und Wissenschaft das Lebendige nicht erfassen, es vielmehr verdrängen. Als Schüler von Bergson schreibt Marcel 1935, „dass die außerordentliche Vervollkommnung der Technik mit einer maximalen Verarmung des inneren Lebens verbunden ist."[2] Voegelin hat Marcel allerdings kaum wahrgenommen, wenn auch seine Argumente streckenweise denen von Marcel ähneln. Voegelin schreibt: „Das Leben der Menschen in politischer Gemeinschaft kann nicht als ein profaner Bezirk abgegrenzt werden, in dem wir es nur mit Fragen der Rechts- und Machtorganisation zu tun haben. Die Gemeinschaft ist auch ein Bereich religiöser Ordnung, und die Erkenntnis eines politischen Zustandes ist in einem entscheidenden Punkt unvollständig, wenn sie nicht die religiösen Kräfte der Gemeinschaft und die Symbole, in denen sie Ausdruck finden, mitumfasst, oder sie zwar umfasst, aber nicht als solche erkennt, sondern in a-religiöse Kategorien übersetzt. In der politischen Gemeinschaft lebt der Mensch mit allen Zügen seines Wesens von den leiblichen bis zu den geistigen und religiösen"[3] Voegelin leitet daraus den Anspruch ab, dass Religionen das politische und soziale Leben mitbestimmen, wenn nicht gar bestimmen dürfen, sich beispielsweise auf religiöse Argumente stützen dürfen, die von anderen nichtreligiö-

---

[1] Voegelin, Die politischen Religionen (1938), 50
[2] Gabriel Marcel, Sein und Haben (1935), 2. Aufl. Paderborn 1968, 202
[3] Voegelin, Die politischen Religionen (1938), 63

sen Menschen nicht zurückgewiesen werden dürfen. Denn die Religion hat gegenüber andere sozialen Bereichen einen Primat, den auch noch 2017 der Religionssoziologe Hans Joas entwickelt: „Ihr Verhältnis zur Kultur insgesamt ist nicht das einer Kultursphäre zur anderen. Gläubige und ihre sozialen Organisationen erheben Ansprüche auf die Gestaltung aller Kultursphären und Funktionssysteme, wenn sie ihren Glauben ernst nehmen."[1]

2. Die Struktur der Seele als wahre Ordnung

Doch selbst wenn die modernen Wissenschaften den Zusammenhang zwischen der politischen und der religiösen Ordnung ausblenden, haben sie trotzdem noch Ordnungsvorstellungen. Kann man die politische Ordnung nicht jenseits der existentiellen Probleme der Menschen zwischen Geburt und Tod betrachten? Bzw. es stellt sich die Frage, wozu die politische Ordnung ein existentielles, d.h. für Voegelin ein religiöses Fundament noch braucht, wenn die modernen Wissenschaften die faktischen Zusammenhänge immer besser erklären und im Jahr 2023 scheinen die Wissenschaften auf dem besten Weg das Leben immer weiter zu prägen und zu beherrschen, bilden sich fast überall Expertokratien.

So einfach ist auch nicht zu beweisen, dass die religiöse Orientierung für die politische Ordnung wirklich notwendig ist, oder dass sich die politischen und sozialen Krisen des 20. Jahrhunderts einem religiös begründeten Werteverfall verdanken. Nach der Frühphase entwirft Voegelin im ersten Jahrzehnt der Emigration, also in der mittleren Phase seines Schaffens, noch ein umfangreiches Konzept über die Geschichte der politischen Ideen, *History of political Ideas*. Schließlich erkannte er jedoch, dass die politischen Ideen mit der Realität häufig nicht übereinstimmen. Voegelins Interesse gilt aber der Struktur der

---

[1] Hans Joas, Die Macht des Heiligen – Eine Alternative zur Geschichte von der Entzauberung, Berlin 2017, 416

Realität, ihrer wahren Ordnung, nicht irgendwelchen Ideen, die beispielsweise sehr schnell ihren Bezug zur Realität verlieren.

Ende der vierziger transformiert Voegelin daher dieses Konzept in die ersten Vorüberlegungen zu seinem Hauptwerk *Order and History*. An umfangreichem historischem Material arbeitet er Ordnungsreihen in der Geschichte heraus, die den Zusammenhang zwischen Politik und Religion präsentieren, um dadurch den religiösen wie existentiellen Ordnungssinn der Geschichte zu offenbaren. Wo in der Geschichte symbolisiert die politische Ordnung augenscheinlich die religiöse? In seinen *Autobiographischen Reflexionen*, die 1973 aufgezeichnet wurden, stellt Voegelin rückblickend fest: „Meine Arbeit zur *History of Political Ideas* hatte ich nicht umsonst getan, denn ich hatte mich hierbei mit den historischen Quellen vertraut gemacht. Aber nun wurde die Neuordnung der Materialien unter dem Aspekt der Erfahrung und der Symbolisierung notwendig. (. . .) Zu dieser Zeit erschien es mir notwendig dass *Order and History* einsetzen müsse mit den Reichen Mesopotamien und Ägypten sowie ihrer kosmologischen Symbolisierung der persönlichen und der sozialen Ordnung. Vor diesem Hintergrund der kosmologischen imperialen Symbolisierung ereignete sich der Durchbruch der israelitischen Offenbarung."[1]

Um den Zusammenhang von religiöser und politischer Ordnung aufzuzeigen, betrachtet Voegelin also die Anfänge der abendländischen Geschichte. Im *Alten Testament* sind die Ordnungsstrukturen von Religion und Politik eng miteinander verwoben: Die politische Ordnung entspringt der religiösen. In *Ordnung, Bewusstsein, Geschichte* heißt es: „Eine Wahrheit über die Seinsordnung, die in den kompakten Symbolen der Gesellschaften Mesopotamiens, Kanaans und Ägyptens nur dunkel sichtbar ist, artikuliert sich mit der Entstehung Israels zur Höhe der Klarheit, wo sich der welttranszendente Gott selbst als die ursprüngliche und letzte Quelle der Ordnung für

---

[1] Voegelin, Autobiographische Reflexionen (1973), München 1994, 100

174

Welt und Menschen, Gesellschaft und Geschichte – also für das gesamte weltlich-immanente Sein – offenbart."[1]

Im *Alten Testament* präsentiert sich die Religion als ordnende Kraft hinter den realen, aber bloß diesseitigen Erscheinungen. Eine solche Kraft will Voegelin nicht nur annehmen. Er will sie mit einem umfänglichen empirischen Material historisch aufzeigen, ein Unterfangen, das sich natürlich nicht vollenden lässt, das vielmehr in eine nicht endende Suche führt. Der fünfte und unvollendete Band von *Order and History*, der 1987 zwei Jahre nach seinem Tod erscheint, hat denn auch den Untertitel *In Search of Order*. Dort stellt er fest: „Es gibt keine Struktur religiöser Erscheinung in der Realität ohne eine strukturierende Kraft jenseits der manifesten Struktur; es gibt keine Enthüllung einer göttlich ordnenden Kraft bei der Suche nach Wahrheit ohne eine göttliche Realität jenseits der Manifestation ihrer Ordnung im Geschehen."[2]

Diese religiöse Ordnung, die der politischen zugrunde liegt, ist nicht allein historisch zu erfassen. Sie bedarf auch der philosophischen Einsicht. Das geschichtliche Material braucht die ordnende Kraft der Vernunft. Denn die Philosophie beschäftigt sich mit der Wirklichkeit, indem sie nach deren wahrer Ordnung sucht. Dieses Problem führt über die Geschichte hinaus zum letzten Grund der Ordnung, zu Gott.

Das unterscheidet Philosophie im Voegelinschen Verständnis denn auch von den modernen Wissenschaften, die die Frage nach dem letzten Grund der Ordnung ausgeblendet haben. Es gibt aber – das ist Voegelins These – keine wahre Ordnung, wenn sie kein notwendiges Fundament besitzt, das sich nicht als letzter Grund bestimmen lässt. Voegelin schreibt dazu: „*Order and History* sollte in diesem Sinne nicht als Versuch verstanden werden, Kuriositäten einer toten Vergangenheit zu erkunden, sondern als eine Untersuchung der Struktur der Ord-

[1] Voegelin, Ordnung, Bewusstsein, Geschichte, 1988, 21
[2] Voegelin, Order and History – Volume Five: In Search of Order, Baton Rouge, London, 1987, 106

175

nung, in der wir gegenwärtig leben. Ich habe von den Heilmitteln gegen die Unordnung der Zeit gesprochen; eines dieser Heilmittel ist die philosophische Untersuchung selbst. Ideologie ist Existenz in Rebellion gegen Gott und den Menschen. In der Sprache der Ordnung Israels ist es die Verletzung des Ersten und des Zehnten Gebots, in den Worten von Aischylos und Platon ist es der *nosos*, die krankhafte Störung des Geistes. Philosophie ist die Liebe zum Sein durch die Liebe zum göttlichen Sein als der Quelle seiner Ordnung."[1]

Die Suche nach dem Fundament der politischen Ordnung in der Religion stellt für Voegelin somit nicht nur ein originär philosophisches Unterfangen dar. In dieser Suche spitzt sich auch sein Kampf gegen die Ideologien des 20. Jahrhunderts zu. Sein philosophischer Blick richtet sich dabei einerseits auf die klassische antike Philosophie von Platon und Aristoteles und andererseits auf die christliche Philosophie bei Augustin und bei Thomas von Aquin. Diese reflektieren die soziale Ordnung vor dem Hintergrund einer geistigen bzw. religiösen Ordnung. Insofern entwickeln sie Wissenschaften von der Ordnung, also Ordnungswissenschaften – für Voegelin der Sinn von Wissenschaft überhaupt. Sie fragen wissenschaftlich nach den Grundstrukturen des menschlichen Lebens und lassen dabei die Frage nach dem letzten Grund, also nach dem notwendigen Fundament der Ordnung nicht aus.

Metaphysik nennt das die Philosophie des 20. Jahrhunderts, die in den sozialen Beziehungen nur den Ausdruck von Machtstreben erkennen kann. Doch damit begreift sie den Menschen nur eindimensional, diesseitig. Sie lässt sich nicht auf die Frage nach seiner existentiellen Herkunft ein. Würde sie die Frage nach der wahren Ordnung stellen, dann könnte die ideologisch gewordene Philosophie des 20. Jahrhunderts die klassische Philosophie nicht bloß als Ausdruck ihrer Epoche mit deren Wertvorstellungen betrachten, wie es vor allem durch Marx und bei Max Weber geschieht. Er schreibt in seiner in Deutsch-

---

[1] Voegelin, Ordnung, Bewusstsein, Geschichte, 1988, 26

land bekanntesten Schrift *Die neue Wissenschaft der Politik* aus dem Jahre 1951, die einen ersten Entwurf zu *Order and History*, darstellt: „Um die politische Wissenschaft eines Platon, Aristoteles oder Thomas zu ‚Werten' unter anderen herabzuwürdigen, hätte ein gewissenhafter Gelehrter erst zeigen müssen, dass ihr Anspruch auf Wissenschaftscharakter unbegründet sei. Und dieser Versuch, wenn er unternommen wird, überwindet sich selbst: denn wenn der Kritiker soweit in die Metaphysik eingedrungen ist, dass seine Kritik Gewicht hat, ist er selbst Metaphysiker geworden."[1]

Die neue Wissenschaft der Politik stellt zugleich eine Kampfschrift gegen die ideologischen Strömungen der Philosophie, vor allem gegen den Positivismus dar, der mit seinem Anspruch auf Sachlichkeit ja gerade religiöse und ethische Fragen aus der Wissenschaft ausschließt. Der Positivismus – hierbei denkt Voegelin vornehmlich an Max Weber – will dadurch objektiv sein. Der sozialen Ordnung mangelt es dann aber an Notwendigkeit, an einem Fundament bzw. einem letzten Grund. Sie wird historisch zufällig, beliebig, und vermeintlich wandelbar mit den bekannten fatalen Folgen bei Lenin, Stalin oder dem langjährigen Nazi-Kanzler: Just aus diesem fehlenden letzten Grunde und der damit verbundenen fehlenden Notwendigkeit der politischen Ordnung im modernen Denken ergibt sich die Krise des Abendlandes.

Der Positivismus des 19. Jahrhunderts hat dadurch auch jede Form der Ordnungswissenschaft aufgelöst, denn er fragt ja nicht mehr nach der Wahrheit der Ordnung. Eine wahre Wissenschaft von der Politik ist damit für Voegelin unmöglich geworden. Diese aber will Voegelin mit der *Neuen Wissenschaft der Politik* wiedergewinnen. Die Notwendigkeit der Ordnung lässt sich nur aus dem religiösen Ordnungsbewusstsein herleiten, das man in der Menschheitsgeschichte entdecken kann. 1951 tobt gerade seit einigen Jahren die McCarthy-

---

[1] Voegelin, Die Neue Wissenschaft der Politik – Eine Einführung (1951), 4. Aufl. Freiburg, München 1991, 143

Ära, zu der dieses Buch ähnlich wie Strauss' *Naturrecht und Geschichte* 1953 eine Legitimation liefert.

Die Ordnung, nach der Voegelin historisch und philosophisch sucht, kann man allerdings in ihren Grobstrukturen durchaus umreißen; somit auch die Gefahren, die ihr drohen. In einem Vortrag aus dem Jahre 1959 *Die geistige und politische Zukunft der westlichen Welt* sagt er: „Europa hat drei Wurzeln (und die europäische Ordnung hat damit auch eben diese drei Wurzeln): die römische Machtorganisation, die hellenische Philosophie, die jüdisch-christliche Religiosität. (. . .) Das ist die europäische Ordnung. Wo diese Ordnung weiterbesteht, da besteht sie; wo sie gestört wird, da wird sie gestört, und ‚Untergang' lässt sich somit sehr präzise als Zerstörung dieser Art von Ordnung definieren"[1]

Die Katastrophen von Nationalsozialismus und Kommunismus entspringen nach Voegelin dem Niedergang der politischen Ordnung nicht nur in Europa, also letztlich einem mangelnden Ordnungsbewusstsein. Wesentlich beigetragen hat dazu die moderne Trennung von Politik und Religion und ein reduziertes Ordnungsverständnis innerhalb der positivistischen Wissenschaften. Um eine stabile politische Ordnung aufrechtzuerhalten, bedarf es eines notwendigen unwandelbaren Fundamentes. Dazu ist aber ein religiöses Bewusstsein des letzten Grundes in Gott unabdingbar. Weil dieses Bewusstsein der Moderne fehlt, brachen europäische Staaten reihenweise unter dem Ansturm der ideologischen Bewegungen zusammen.

Damit hat Voegelin zwar einen religiösen Hintergrund der politischen Krisen im 20. Jahrhundert aufgezeigt. Was für eine Struktur besitzt aber eine wahre und notwendige Ordnung, die der Politik verloren ging? Wo zeigt sich die Wahrheit der Ordnung?

---

[1] Voegelin, Die geistige und politische Zukunft der westlichen Welt (1959), Occasional Papers I, April 1996, hrsg. v. Eric-Voegelin-Archiv an der Ludwig-Maximilians-Universität München, 24

Das traditionelle politische Denken von Aristoteles bis Thomas von Aquin – aber natürlich auch noch in der Aufklärung – leitet die politische Ordnung vom Wesen des Menschen ab, entwickelt also eine bestimmte Vorstellung vom Menschen, eine Anthropologie. Von einer Lehre des Menschen, z.B. als vernünftigem Wesen, dessen Zweck es nach Aristoteles ist, in Gemeinschaft zu leben, also Staaten zu bilden, leiten sich dann die politischen Strukturen ab, die dieser Mensch braucht und entwickelt. Ähnlich untermauert Voegelin seine Konzeption von Ordnung aus der Struktur der menschlichen Seele heraus. Sie gibt den philosophischen Blick auf das göttliche Sein frei. Dazu schreibt Voegelin: „Die wahre Ordnung des Menschen liegt also in einer Seelenkonstitution durch gewisse Erfahrungen, die so stark vorherrschen, dass sie den Charakter formen. Die wahre Seelenordnung in diesem Sinne liefert den Maßstab für das Messen und Klassifizieren der empirischen Mannigfaltigkeiten menschlicher Typen wie auch der Gesellschaftsordnungen, in denen sie Ausdruck finden.“[1]

Die neuzeitliche Philosophie entwirft den Menschen hingegen ohne Bezug zur Religion. Seine Orientierung verbleibt bloß innerweltlich bzw. diesseitig. Beispielsweise betrachtet Thomas Hobbes den Menschen als ein egoistisches Wesen, dessen Vernunft vor allem im Dienst der Selbsterhaltung steht und ihn nicht zur Nächstenliebe motiviert. Ohne eine Beziehung zu Gott stellt sich die Frage nach dem Ursprung des Menschen nicht mehr. Die Eigenschaften des Menschen lassen sich nicht genau und als notwendig bestimmen, sowenig wie die politische Ordnung sich ohne religiösen Bezug als notwendig ausweisen lässt. Die menschlichen Eigenschaften werden vielmehr zufällig und subjektiv. In der liberalen Welt kann man sich nicht mehr darauf einigen, was das Wesen – und das heißt auch, was der Ursprung – des Menschen ist. Man insistiert noch auf einer Lehre vom Menschen – beispielsweise insistiert John Rawls auf dem vernünftigen Charakter des Menschen –

---

[1] Voegelin, Die Neue Wissenschaft der Politik (1951), 143

letztlich lässt sich damit indes nichts mehr begründen oder legitimieren.

Dagegen wendet Voegelin ein: „Der Sinn des anthropologischen Prinzips muss daher qualifiziert werden durch die Einsicht, dass nicht eine willkürliche Idee vom Menschen als einem welt-immanenten Wesen zum Instrument gesellschaftlicher Kritik wird, sondern die Idee des Menschen, der seine wahre Natur entdeckt hat durch die Entdeckung seiner wahren Beziehung zu Gott.“[1] Wenn man die wahre Natur des Menschen, d.h. seine Beziehung zu Gott, erkennt, dann lässt sich davon nicht nur die richtige Lebensordnung für den einzelnen, sondern für alle, also die Ordnung der Gesellschaft und der Politik ableiten. Die klassische griechische Philosophie und die mittelalterliche christliche haben genau das ins Zentrum ihrer Bemühung gestellt. Für Platon besteht der menschliche Charakter aus Begierde, Wille und Vernunft. Diesen entsprechen die drei vorherrschenden gesellschaftlichen Stände: Bauern und Handwerker, Soldaten und drittens die Herrscher. Diese drei Stände besitzen dementsprechend eine für sie jeweils wichtigste Tugend, nämlich der Nährstand die Besonnenheit, der Wehrstand die Tapferkeit und die Herrscher die Vernunft. Voegelin schreibt: „Die Gültigkeit der von Platon und Aristoteles entwickelten Maßstäbe beruht auf der Vorstellung von einem Menschen, der das Maß der Gesellschaft sein kann, weil Gott das Maß seiner Seele ist.“[2] Genau aus diesem Grund entspricht seine geistige Struktur – Begierde, Wille, Vernunft – der des Staates – Nährstand, Wehrstand, Herrscher. In diesem Sinne gibt auch der christliche Charakter des Menschen, sein Bezug zu Gott, dem Staat und der Gesellschaft die Struktur ihrer Ordnung vor.

Damit hat Voegelin zwar parallele Ordnungsstrukturen festgestellt. Wodurch aber erfährt der Mensch diese Beziehung zu Gott? Woran erkennt er seine wahre Natur, das Maß seiner

---

[1] Voegelin, Die Neue Wissenschaft der Politik (1951), 104
[2] Ebd., 108

Seele? Diese Frage ist noch nicht beantwortet. Voegelin entwickelt in den sechziger Jahren in *Anamnesis* eine politische Philosophie des Bewusstseins: „Nun ist ewiges Sein jedoch nicht ein Objekt der Außenwelt, das entdeckt und beliebig zur Kenntnis genommen werden könnte oder auch nicht, sondern es wird zwingend erfahren, wo es, in die Zeit eindringend, in ihr sich verwirklicht. Der Ort der Verwirklichung ist im gegebenen Fall die Seele des Philosophen, des *amator sapientiae*, die nach dem ewigen Sein begehrt und seinem Eindringen liebend sich öffnet."[1]

Philosophie bedeutet aber für Voegelin Begründen, d.h. nach Gründen zu fragen: Das heißt Denken. Der Mensch erfährt also von Gott durch seinen Geist, der ihm die Frage nach dem Grund aller Dinge in der Welt und somit auch nach dem letzten Grund ermöglicht, ja eigentlich aufnötigt. Mit der Frage nach dem letzten Grund erfasst er schließlich die Welt universell, in ihrer von Gott gegebenen Ganzheit: „In der optimalen Bewusstseinshelle erfährt sich der Mensch zugleich als in der Zeit stehend und als partizipierend an der Ewigkeit des Grundes. Die Spannung zur Ewigkeit des Grundes gehört daher zur Struktur des Universalfeldes."[2]

Die Seele des Menschen verlangt nach einem Bezug zum ewigen Sein und sucht daher die Beziehung zu Gott. Die klassische antike und die christliche Philosophie des Mittelalters waren sich dessen bewusst, ein Wissen, das im Zeitalter von Marxismus und Positivismus verloren gegangen ist. Insofern müsste die Geschichte der Philosophie eigentlich als Niedergang begriffen werden. Aristoteles und Thomas von Aquin stützen sich auf eine Lehre vom Menschen und eine Lehre vom Sein, auf die Anthropologie und die Metaphysik. Sie stehen daher höher als Marx und Auguste Comte, der Begründer des Positivismus. Nach Voegelin verfälscht der Marxismus geradezu die Geschichte, demonstriert Ignoranz und Unwissenschaft-

---

[1] Voegelin, Anamnesis, 1966, 255
[2] Ebd., 346

lichkeit, wenn er atheistisch die Religion zum bloßen Opium des Volks erklärt.

Voegelin interpretiert in seinem Buch *Der Gottesmord*, Texte aus den späten fünfziger Jahren, Nietzsches These ‚Gott ist tot' folgendermaßen: „'Gott' ist, im Sinne der Feuerbachschen Religionspsychologie, die Projektion des Besten im Menschen in eine Überwelt. Aber wenn auch die Projektion in die Überwelt illusionär ist, so ist darum nicht der Inhalt der Projektion eine Illusion. Das Beste im Menschen ist real; es muss – und damit geht Marx über die Projektionspsychologie, welche die Religion als Illusion enthüllt, hinaus – in den Menschen zurückgeholt werden. Der Marxische homo novus ist nicht ein Mensch ohne religiöse Illusionen, sondern der Mensch, der ontisch Gott wieder in sich aufgenommen hat. Der ‚Unmensch', der Illusionen hat, wird zum Vollmenschen dadurch, dass er den ‚Übermenschen' absorbiert. Der neue Mensch ist also in der Tat, wie Nietzsches Übermensch, der Mensch, der sich selbst zum Gott macht." [1]

Doch der Mensch kann weder beliebig verändert, noch kann er willkürlich definiert werden. Wie alle Dinge auf der Welt hat der Mensch eine unveränderliche Struktur, die die politische Wissenschaft und die Philosophie erkennen müssen, um die politische und gesellschaftliche Ordnung zu verstehen. Ansonsten verkommen sie zur Ideologie. Voegelin stellt eine Verbindung her von Nietzsches These, dass die Menschen Gott ermordet hätten, zum Holocaust, zum Gulag und darüber hinaus. Im *Gottesmord* heißt es kategorisch gegen den vorherrschenden Geist der Philosophie des 20. Jahrhunderts, nach der alles im Wandel sei: „Ein Ding kann seine Natur nicht verändern; wer versucht, seine Natur zu ‚ändern', zerstört das Ding. Der Mensch kann sich nicht zum Übermenschen wandeln; der Versuch, den Übermenschen zu schaffen, ist der Versuch, den Menschen zu ermorden. *Auf den Gottesmord folgt im ge-*

---

[1] Voegelin, Der Gottesmord – Zur Genese und Gestalt der modernen politischen Gnosis, München 1999, 99

182

schichtliche Prozess nicht der Übermensch, sondern der Menschenmord – auf das deicidium der gnostischen Theoretiker das homicidium der revolutionären Praktiker." [1] Das ähnelt Leo Strauss These der unveränderten Werte seit Jerusalem und Athen bis heute.

Urknall- und Relativitätstheorien lassen kein ewiges Sein zu, jedenfalls nicht diesseits der Erscheinungen. Ein Sein, das sich verändert, wäre nicht ewig, eine Zeit, die einen Anfangspunkt hat und die zudem instrumentenabhängig wäre, gar nicht. Wenn es ein ewiges Sein gibt, an dem Voegelin nicht zweifelt, dann muss es auch eine ewige Struktur besitzen, die immer gleich und mit sich dasselbe bleibt und die letztlich, das ist Voegelins Prämisse, allen Dingen auf der Welt ihr Wesen als Geschöpfe Gottes verleiht. Die weltverändernden Ideologien der letzten Jahrhunderte haben dagegen geglaubt, das Wesen der Dinge stehe ihnen zur Disposition. Man könne die Welt verändern, wie man es für richtig und gut hält. Diese Anmaßung, das ist Voegelins These, hat in die Katastrophen des 20. Jahrhunderts geführt.

Will man diesen Katastrophen entgegentreten, so ist Besinnung auf genau dieses unveränderliche Wesen des Menschen notwendig, eben auf das, was ihn mit dem göttlichen ewigen Sein verbindet. Man muss die verborgenen Erfahrungen dieses unveränderlichen menschlichen Charakters wieder freilegen, also zur Struktur der Seele vordringen. Von der Erfahrung der individuellen Ordnungsstrukturen gelangt man dann zum notwendigen sozialen und politischen Ordnungsganzen. Das ist die Aufgabe der *Neuen Wissenschaft der Politik* wie der Philosophie im allgemeinen.

Doch die Entwicklungen der modernen Gesellschaft stehen dem fundamental entgegen. Voegelin schreibt – und damit wiederholt er Adornos und Horkheimers Kritik an der Kulturindustrie aus der *Dialektik der Aufklärung* aus dem Jahre 1944 – in *Die geistige und politische Zukunft der westlichen Welt*

---

[1] Ebd., 98

(1959): „Ich würde sagen, die größte Gefahr für eine lebensfähige Restauration europäischer geistiger Ordnung sind die Massenkommunikationsmittel: die Presse, der Rundfunk, das Fernsehen, die illustrierten Zeitschriften usw. Und zwar deshalb, weil sie – wie ein eiserner Vorhang – die Bevölkerung in der breiten Masse von allem, was geistige Problematik der westlichen Welt ist, abtrennen. Niemand hat Zugang zu dem, was heute in der westlichen Welt vorgeht." [1] Medienschelte ist Markenzeichen des politischen Konservativismus, der die Medien immer verdächtig, nicht in seinem Sinn zu berichten.

3. Die drohende Apokalypse der westlichen Welt

Die Ideologien des 19. und 20. Jahrhunderts markieren den Wandel in der Welt und übersehen dabei – so Voegelin – fundamentale Ordnungsstrukturen. Die Krise, in die die westliche Welt durch die ideologischen Bewegungen geraten ist, beruht also auf einem Verlust an Ordnungswissen. Dazu hat vornehmlich der Positivismus beigetragen, der das Wesen des Menschen jenseits religiöser Bezüge entwirft. Die Philosophie eines Aristoteles oder des Thomas von Aquin entdecken dagegen Identitäten zwischen den Strukturen der Seele und der Politik, in denen sich die kosmische Ordnung und somit der letzte Grund in Gott spiegeln. Wie konnten sich aber der Positivismus und die ideologischen Bewegungen gegen die traditionelle klassische und die christliche Philosophie durchsetzen? Wieso konnte sich die wahre Ordnung nicht gegenüber den falschen behaupten?

Über weite Zeiträume hinweg wirkte – so Voegelin – eine geistige Bewegung, die Gnosis. Sie bereitete die Moderne vor. Ja, die Moderne besitzt selbst gnostischen Charakter. Was heißt nun Gnosis? Ihre Anfänge liegen, so Voegelin, ca. 500 Jahre vor Christus. Sie war damals eine Großreligion, die von Persi-

---

[1] Voegelin, Die geistige und politische Zukunft der westlichen Welt (1959), 36

en bis über das Mittelmeer reichte und die Jahrhunderte des Aufstiegs von Rom wie seiner Herrschaft begleitete. Die Gnosis stellte damals keine einheitliche Religion, sondern eine geistige Strömung dar, die in verschiedenen Religionen wirksam war. Auch das frühe Christentum kannte eine gnostische Variante. Wie das Wort schon sagt – das griechische Wort Gnosis heißt Erkenntnis – versuchen gnostische Bestrebungen dem Glauben durch eine richtige Erkenntnis von Gott ein rationales Fundament zu geben. Insofern war die christliche Gnosis auch Vorläuferin der christlichen Dogmatik.

Man könnte nun annehmen, den Glauben zum Wissen zu erheben, würde den Glauben radikalisieren, beispielsweise in einem fundamentalistischen Sinn, wie man ihn heute von diversen Sekten her kennt. Doch die umgekehrte Entwicklung ist eingetreten. Gnostische Strömungen haben, wo immer sie auftraten – in der Antike, im Mittelalter, ja selbst im Islam –, die Religion in die Welt hinein geholt. Welt und Gesellschaft erhielten damit göttlichen Charakter. Menschliches Leben, das in den religiösen letzten Dingen seine Erfüllung findet, eben eschatologisch als Ausrichtung des Menschen auf die Gnade Gottes hin, erhält jetzt einen diesseitigen Sinn. Statt einer transzendenten Ausrichtung des Menschen verlangt die Gnosis eine Orientierung in der Welt.

Voegelins Lehre von den gnostischen Bewegungen steht auch im Zentrum seiner *Neuen Wissenschaft der Politik*: „Die gnostische Spekulation überwand die Ungewissheit des Glaubens dadurch, dass sie sich von der Transzendenz abwandte und den Menschen in seinem innerweltlichen Handlungsbereich mit dem Sinn einer eschatologischen Erfüllung ausstattete. In demselben Ausmaß, in dem diese Immanentisierung erlebnismäßig voranschritt, wurde die zivilisatorische Betätigung zu einem mystischen Werk der Selbsterlösung."[1] Vor allem in der Reformation breitete sich der Gnostizismus aus. Calvinisten und Puritaner müssen in der Welt erfolgreich arbei-

---

[1] Voegelin, Die Neue Wissenschaft der Politik (1951), 187

ten, um einen Hinweis darauf zu bekommen, ob sie der göttlichen Gnade teilhaftig werden. Ansonsten bleibt ihr Gott ihnen eher fern. Voegelin schließt an Max Webers Protestantismus-Studien an, deutet diese allerdings um, wenn er schreibt: „Der Gnostizismus machte also auf äußerst wirksame Weise menschliche Kräfte frei für den Aufbau einer Zivilisation, indem er auf den begeisterten Einsatz dieser Kräfte für innerweltliche Betätigung die Prämie der Erlösung setzte."[1]

Über die Reformation breitet sich der Gnostizismus bis in die Moderne aus. Wenn Galilei glaubt, die Natur mit naturwissenschaftlichen Methoden erkennen zu können, wie sie wirklich ist, dann beginnt der gnostische Geist die religiöse Beziehung des Menschen zu Gott aufzulösen. Seinen Höhepunkt erreicht der Gnostizismus im Positivismus, der nur noch diesseitige, konkret nachprüfbare Erfahrungen in der Wissenschaft gelten lässt. So verlieren sich die metaphysischen Erfahrungen und Traditionen. Allerdings: „Die Unterhöhlung der westlichen Zivilisation durch den Gnostizismus ist ein langsamer, sich über ein Jahrtausend erstreckender Prozess."[2]

Mit dem Verlust seines Bezugs zu Gott löst sich nicht nur die religiöse Orientierung des Menschen auf, sondern der Charakter und die Struktur seiner Seele. In der modernen Psychologie zerfällt die Seele in verschiedene Instanzen und wird bei Sigmund Freud schließlich ödipal verfolgt. Dabei verliert sie ihren erhabenen Charakter. Die Seele beruht ja wesentlich auf der Beziehung zu Gott. Da die Ordnung der Seele aber dem Staat und der Gesellschaft ihre Struktur aufprägt, zerfällt mit dem Gnostizismus die metaphysische Ordnung in der Welt, die zentrale Ordnungskraft der Geschichte. Das ist der Kerngedanke von *Order and History*. Die transzendente Ordnung in der Geschichte geht gnostisch im Chaos auf. Das ist der Weg in den Holocaust und den Gulag. *Die neue Wissenschaft der Politik* stellt fest: „In den vorchristlichen Kulturen war die Wahr-

---

[1] Voegelin, Die Neue Wissenschaft der Politik (1951), 189
[2] Ebd., 264

heit, die sich durch das Öffnen der Seele differenzierte, in der Form kompakter Erlebnisse präsent. In den gnostischen Zivilisationen kehrt die Wahrheit der Seele nicht in die kompakte Form zurück, sondern wird gänzlich unterdrückt. In dieser Unterdrückung der autoritativen Quelle der Ordnung in der Seele liegt die Ursache für die kalte Grausamkeit totalitärer Regierungen im Umgang mit Einzelmenschen."[1]

Gnostische Formen der Religiosität und des Denkens gibt es zwar in vielen Epochen und Kulturen. Die Moderne als europäische Kulturentwicklung hat sich aber zum ersten Mal weltweit ausgebreitet und unterwandert überall traditionelle Kultur- und Lebensordnungen. Sie verlagert den jenseitigen Sinn des Lebens in das Diesseits. Diese weltweite Auflösung der überlieferten Ordnung stellt für Voegelin einen Prozess des Untergangs dar: denn: „Dadurch dass er den Sinn der Erlösung an sich zog, wurde der Aufstieg des Westens in der Tat zu einer Apokalypse der Zivilisation."[2]

Spätestens in der Aufklärung hat dieser Prozess der Ausbreitung gnostischen Denkens auch die Philosophie erreicht. Seither klammert sie alle Bezüge zur Religion aus: Das Wort Metaphysik wurde zu einem philosophischen Schimpfwort. Die Vernunft lenkt den menschlichen Blick nicht mehr zu Gott, sondern bloß noch in die Welt – eine Konzeption, die sich als Seelenverlust in der technischen Welt bereits bei Bergson findet, auf den sich Voegelin gelegentlich auch bezieht. Die Philosophie im 20. Jahrhundert hat die Frage nach der wahren Ordnung aufgegeben. Für Voegelin wird sie damit zur Ideologie: „Auch die Philosophie befindet sich in sehr bösem Zustande, sie ist heute nicht mehr rational, sondern ein sehr großer Prozentsatz dessen, was heute unter Philosophie geht, ist Gnosis, ist ideologische Massenbewegung der einen oder anderen Sorte, ist Positivismus, ist gnostischer Hegelianismus oder

---

[1] Ebd., 232
[2] Ebd., 189

dergleichen mehr. Es ist nicht Philosophie im rationalen Sinne, in dem die Autonomie der Vernunft zur Sprache käme."[1]

Auf politischer Ebene mündet die gnostische Unterhöhlung der abendländischen Kultur in die totalitären Bewegungen des 20. Jahrhunderts. Das ist Voegelins Antwort auf die Frage, was die Katastrophen des Jahrhunderts verursacht hat, woher Nationalsozialismus und Kommunismus stammen und wieso sie eine religiöse Entwicklungsgeschichte eben in der Gnosis haben. Deshalb muss eine nichtreligiöse Analyse immer zu kurz greifen. Das ist die Perspektive, die sich einem christlichen Denker angesichts der Schrecken des Jahrhunderts und der Auflösung traditioneller gesellschaftlicher Strukturen gegen Ende des Jahrhunderts eröffnet. Diese Entwicklung gerade in politischer Hinsicht schildert Voegelin in einigen Kapiteln zu seinem ersten unveröffentlichten Hauptwerk *History of political Ideas* aus den vierziger Jahren. Posthum wurden diese Kapitel unter dem Titel *Das Volk Gottes* publiziert: „Der Prozess, der mit Bewegungen für eine geistige Reform begann, könnte mit Bewegungen gegen den Geist enden. Dies war in der Tat der Verlauf der Bewegungen der westlichen Zivilisation: Er beginnt mit Bewegungen des albigensischen Typus und endet mit Bewegungen des kommunistischen und nationalsozialistischen Typus. Diese Entwicklung ist in der Geschichte ohne Parallele. Die westlich-christliche Zivilisation besitzt eine besondere Verwundbarkeit und weist besondere Probleme des Niedergangs auf: Während in der griechisch-römischen Zivilisation die Spannung des Niedergangs durch Bewegungen verursacht wurde, die einen Fortschritt des Geistes darstellten, wurde in der westlich-christlichen Zivilisation die Spannung des Niedergangs durch Bewegungen verursacht, die geistig rückläufig sind."[2] Normativer kann man nicht argumentieren.

---

[1] Voegelin, Die geistige und politische Zukunft der westlichen Welt (1959), 35
[2] Voegelin, Das Volk Gottes – Sektenbewegungen und der Geist der Moderne (1940er), München 1994, 22

Aber Voegelin sieht sich in der Lage zwischen Gut und Böse unterscheiden zu können. Das Werk Voegelins diskriminiert seine Gegner als Böse und insofern wäre es im Sinn von Webers Wertfreiheitspostulat keine Philosophie, was man auch für das Werk von Strauss geltend machen kann, wiewohl dieser sich um immanente Interpretationen bemüht.

Der Weg des Gnostizismus führt dabei allerdings nicht unmittelbar in Nationalsozialismus und Kommunismus. Wegbereiter ist mit der Aufklärung und dem Positivismus das liberale Denken, das den Staat nicht als Repräsentant einer göttlich kosmischen Ordnung versteht, sondern ihn auf die Funktion des liberalen Nachtwächterstaates reduziert. Das liberale Individuum soll tun und lassen können, was es will und dabei vom Staat so wenig wie möglich beeinträchtigt werden. Das aber schwächt den demokratischen Staat gegenüber den totalitären Bewegungen: „Die liberale restriktive Konzeption von den Funktionen der Regierung stammt zum Teil vom Sektierertum der Reformation; und wir finden die gleiche anti-staatliche Haltung in radikalisierter Form in den anarcho-syndikalistischen Bewegungen des 19. Jahrhunderts wie auch in der Marxschen Lehre vom Absterben des Staates."[1]

Der liberale Staat mag gegenüber den totalitären Herausforderungen versagen. Die Institutionen mögen ihre Aufgaben nur unzureichend erfüllen. Protestbewegungen können sich daraus ergeben und sich darauf auch mit einer gewissen Berechtigung berufen. Trotzdem sind deswegen ihre Zielsetzungen solange nicht berechtigt, wie sie sich nicht auf die geistigen Traditionen des Abendlandes rückbesinnen. Zumeist bleiben sie bloße egozentrische Revolten: „Bildet sich eine Volksbewegung von Massenrelevanz in Opposition zu einer Institution, dann ist diese Bildung der definitive Beweis, dass die Institution es irgendwie versäumt hat, die ihr anvertrauten Probleme zu meistern; soweit ist die vox populi, vox Dei eine goldene Weisheit. Allerdings ist die Bildung einer solchen Bewegung niemals ein

---

[1] Ebd., 36

Beweis dafür, dass mit der Richtung, in die sie sich bewegt, irgendein innerer Wert verbunden ist. Die Bewegung mag ein Vorstoß in Richtung auf die soziale Verwirklichung geistiger Werte sein; aber dieser Vorstoß mag auch nicht mehr sein als ein Kern, umgeben von einem weiten Mantel zerstörerischen Hasses auf die Institution, die hinsichtlich einer spezifischen Aufgabe versagt hat."[1]

Nach seiner Flucht vor den Nazis in die USA verhalfen amerikanische Freunde Voegelin zu einer vorübergehenden Stelle in Harvard. Doch an der Ostküste tummelten sich für ihn zu viele europäische Emigranten, die Voegelin ideologisch verbohrt erschienen. Das intellektuelle Klima an der Ostküste war ihm insgesamt zu liberal. Er ging in die Südstaaten, zunächst nach Alabama, dann nach Louisana, wo er an der Louisana State University in Baton Rouge ab 1942 lehrte. Hier entstanden seine wichtigsten Werke. 1958 nahm er einen Ruf an die Universität München an, wo er das Institut für Politische Wissenschaft, das heute den Namen der Geschwister-Scholl trägt, gründete und bis 1969 leitete.

Aus dem Bibelgürtel der USA gerät Voegelin in die unruhigen sechziger Jahre in Deutschland. Der Nationalsozialismus ist besiegt. Umso mehr stellt der Kommunismus östlicher wie westlicher Prägung eine Gefahr dar. Die westlichen Gesellschaften wehren sich nur ungenügend. 1959 stellte Voegelin fest: „Auf der Machtseite stellt sich die Frage: Wie organisiere ich weltlich eine Gesellschaft, so dass sie mit Christentum und Philosophie kompatibel ist, ohne aber die Problematik der Macht zu vernachlässigen? Dieses Unternehmen ist experimentell erfolgreich in Angriff genommen worden in dem, was man im angelsächsischen Kulturbereich ‚civil government' nennt. Es ist ein Regime, das sich von der Kirche getrennt hat, aber in seiner Regimepraxis die christliche Persönlichkeit anerkennt und sich so verhält, dass die Persönlichkeit geachtet und ge-

---

[1] Voegelin, Das Volk Gottes – Sektenbewegungen und der Geist der Moderne (1940er), 21

190

schützt wird. (. . .) Ein solches Zivilregime ist nicht haltbar, wenn die Bevölkerung – als Wahlbevölkerung, die die Regierung bestimmen kann – mit nicht-christlichen Ideologien durchsetzt ist und die Regenten selber nicht mehr im christlichen Geiste regieren. (. . .) Das heißt, es kann in einer solchen Demokratie nicht zugelassen werden, dass ideologische Parteien – antichristlicher und antiphilosophischer Art – nennenswerte Minoritäten oder gar Majoritäten sind. Bestehen solche Bedenken, dann muss sehr energisch mit Parteiverboten zugegriffen werden."[1]

Voegelin hat in den USA die McCarthy-Ära miterlebt, die wohl in diesen Worten widerhallt. Nachdem es keine christliche Theokratie mehr gibt, beseelt das Christentum am ehesten noch in der angelsächsischen Welt den Staat und die Politik. Insoweit muss sich Voegelin mit einer liberalen Umwelt arrangieren, eben weil in ihr sich christliche Politik noch am ehesten realisieren lässt. Das verbindet auch noch die religiöse Rechte in den USA mit der liberalen Demokratie.

Voegelin insistiert dabei auf einer Konzeption des starken Staates. Dieser indes steht die gnostische Schwäche des Liberalismus entgegen. Die Moderne als Ausdruck des Gnostizismus entwickelt für Voegelin nämlich ein falsches Verständnis von der Seele, wenn sich in ihr nicht mehr die göttliche Ordnung präsentiert. Voegelin konstatiert: „Die Verschließung der Seele im modernen Gnostizismus kann die Wahrheit der Seele wie auch die Erfahrungen, die sich in Philosophie und Christentum manifestieren, unterdrücken, aber sie kann die Seele und ihre Transzendenz nicht aus der Struktur der Wirklichkeit entfernen."[2]

Für Voegelin kennzeichnet die Moderne eine geistige Verblendung, die die Wahrheit der Seele genauso verdrängt wie die Vernunft in ihrer göttlichen Orientierung. Daraus folgt eine

---

[1] Voegelin, Die geistige und politische Zukunft der westlichen Welt (1959), 32f
[2] Voegelin, Die Neue Wissenschaft der Politik (1951), 233

grundsätzliche Täuschung über die Lebensprozesse in der Welt: Der Gnostizismus entwickelt falsche Vorstellungen von der Realität, aus denen sich zwangsläufig – so Voegelin – auch eine falsche politische Praxis ergibt. Er schreibt 1951 unter dem Eindruck des Korea-Krieges: „Gnostische Gesellschaften und ihre Führer erkennen zwar Gefahren, wenn sie ihre Existenz bedrohen, aber sie begegnen ihnen nicht durch adäquate Maßnahmen in der Welt der Wirklichkeit. Vielmehr tritt man diesen Gefahren durch magische Operationen in der Traumwelt entgegen, wie Missbilligung, Zurückweisung, moralische Verurteilung, Deklarationen von Grundsätzen, Resolutionen, Appelle an die Meinung der Menschheit, Brandmarkung von Feinden als Aggressoren, Ächtung des Krieges, Propaganda für Weltfrieden und Weltregierung etc. Die geistige und sittliche Korruption, die sich in dem Aggregat solcher magischer Operationen ausdrückt, kann eine Gesellschaft mit der unheimlichen, geisterhaften Atmosphäre eines Irrenhauses durchdringen, wie wir es zu unserer Zeit in der Krise des Westens erleben."[1]

Gnostische Politiker leben nach Voegelin in einer Traumwelt; denn sie identifizieren ihre Träume und Wünsche mit der Realität – beinahe schon die klassische rechtskonservative Kritik am liberalen Denken, die sich selber für realistisch hält wie Henry Kissinger. Insofern ebnet der Liberalismus als gnostische Denkweise für Voegelin dem Kommunismus politisch den Weg, nachdem er geistig sowieso als dessen Vorfahre begriffen werden muss. Ob in der Zeit der Beschwichtigungspolitik gegenüber Hitler vor dem zweiten Weltkrieg oder des beginnenden kalten Krieges, dem Liberalismus mangelt es an Sinn für die Wirklichkeit und damit für das politisch Gebotene, an Realismus: „Man sollte auch nicht die innere Folgerichtigkeit und Ehrlichkeit dieses Übergangs vom Liberalismus zum Kommunismus bestreiten; denn wenn der Liberalismus als die immanente Erlösung von Mensch und Gesellschaft verstanden

---

[1] Voegelin, Die Neue Wissenschaft der Politik (1951), 240

wird, ist der Kommunismus zweifellos sein radikalster Ausdruck."[1]

Natürlich ist die historische und politische Logik des Kommunismus genauso falsch, wie die des Liberalismus. Er müsste genauso scheitern. Doch er erhält seine Kraft allein aus der Verblendung und der Schwäche des Westens, aus der Umwertung der Werte. In den liberalen Gesellschaften gelten die wirklichen Tugenden nichts mehr. Voegelin dazu: „Auch unter den günstigsten äußeren Verhältnissen wird die kommunistische Gefahr lauern, solange die öffentliche Diskussion in den westlichen Gesellschaften von den gnostischen Klischees beherrscht wird; das heißt also: solange die Erkenntnis von der Struktur der Wirklichkeit, die Pflege der Tugenden der sophia und der prudentia, die Disziplin des Intellekts, die Pflege theoretischer Kultur und des Lebens des Geistes in der Öffentlichkeit als ‚reaktionär‘ gebrandmarkt werden, während Missachtung der Struktur der Wirklichkeit, Ignoranz betreffend Tatsachen, Fehlkonstruktion und Verfälschung der Geschichte, unverantwortliche Meinungsäußerung auf Grund aufrichtiger Gesinnung, philosophische Unbildung, geistige Trägheit, agnostische Überheblichkeit als die großen Tugenden des Menschen angesehen werden, deren Besitz die Karriere sichert – kurz: solange die Kultur des Geistes als Reaktion und sittliche Verkommenheit als Fortschritt gilt."[2] Wissenschaft heißt für Voegelin ähnlich wie für Strauss normative Urteile zu fällen.

Nach seiner Emeritierung in München kehrt Voegelin in die USA zurück. In den Südstaaten hat Voegelin doch seine intellektuelle Heimat, auch nicht im katholischen Bayern – schließlich ist er kein Katholik. Er hat in Deutschland, vornehmlich in Bayern, zahlreiche Schüler gewonnen, die er fleißig an bayerischen Universitäten mit Jobs versorgte, eine bayerische Tradition. Aber in den Politik- und Sozialwissenschaften herrscht in den sechziger Jahren ein anderer Geist, der mit seinen Konzep-

---

[1] Ebd., 247
[2] Ebd., 251

193

tionen nur wenig anfangen kann. Das hat sich bis heute kaum verändert. In den USA dagegen wird Voegelin heute fleißig gelesen. Erst in den neunziger Jahren und in einem gewissen ökologisch postmodernen Krisenbewusstsein der liberalen Welt beginnt er auch in Deutschland mehr Interesse zu wecken. Ob er mit seinen Prognosen recht behalten hat, darüber darf man jedenfalls immer noch streiten, wenn er die Perspektiven des gnostischen Denkens beschreibt: „Niemand vermag vorauszusagen, welcher Alpträume von Gewalttaten es bedarf, um den Traum zu brechen, und noch weniger, wie die westliche Gesellschaft au bout de la nuit aussehen wird." [1]

Für Voegelin besteht nur die Alterative: Abschied von den gnostischen Träumen und der Rückkehr zur richtigen Seelen- und Staatsordnung einerseits oder andererseits weitere Katastrophen. Wenn der kalte Krieg in keiner Katastrophe endete, so ist das letzte Wort noch nicht über viele andere drohende Katastrophen gesprochen – und Verbindungen zu einer derartigen Konzeption des Gnostizismus lassen sich natürlich immer herstellen. Voegelins Erwartungshaltung ähnelt im Grunde derjenigen von Marx, wenn er 1951: „Nur über einen Punkt lässt sich zumindest eine begründete Vermutung anstellen, nämlich über den Zeitpunkt der Explosion. Eine objektive Zeitangabe ist auch in diesem Fall nicht möglich; aber der Gnostizismus enthält in sich einen Faktor, der gegen ihn selbst arbeitet, und dieser Faktor macht es zumindest wahrscheinlich, dass der Zeitpunkt näher ist, als man unter dem Eindruck der gnostischen Macht des Augenblicks annehmen möchte." [2] Nun, den kalten Krieg gewann der Gnostizismus!

Die ironische Nähe zum Gnostiker Marx drückt auch darin aus, dass Voegelin gegen den Marxismus eine Geschichtsphilosophie entwickelt, als kaum noch jemand sich dafür interessiert – überhaupt ein metaphysisches Unterfangen bei beiden.

---

[1] Voegelin, Die Neue Wissenschaft der Politik (1951), 244
[2] Ebd., 235

VI. KAPITEL

KARL JASPERS' GLAUBE AN KOMMUNIKA-
TION

Der religiöse politische Konservativismus von Scheler, Strauss und Voegelin erklärt den Nihilismus zum Hauptfeind. Für den Existentialismus von Sartre und Camus erlaubt der Nihilismus, dass das Individuum selber seinem Leben einen Sinn verleihen kann: Religion braucht die Bürgerin dazu gerade nicht.

Mit einem individuellen Leben ohne Gott wollen sich im Umfeld des Existentialismus Gabriel Marcel und Karl Jaspers nicht zufrieden geben. Beide distanzieren sich vom atheistischen Existentialismus. Für Marcel zeichnet vor allem die Glaubenslosigkeit der Zeit dafür verantwortlich, dass die Menschen ein sinnloses Leben führen. Jaspers schreibt: „Die Bedingungen des technischen Zeitalters aber sind förderlich geworden für einen Ausbruch der nihilistischen Möglichkeiten in der zur Masse gewordenen Gesamtbevölkerung. (. . .) Heute geht der Zauber eines Philosophierens durch die Welt, das im Nihilismus die Wahrheit findet, zu einem wunderlich heroischen Dasein aufruft ohne Trost und ohne Hoffnung in Bejahung aller Härte und Erbarmungslosigkeit, in einem vermeintlich rein diesseitigen Humanismus."[1]

Wie Sartre engagiert sich auch Karl Jaspers bei aktuellen politischen Fragen, das erste Mal 1931 mit seinem Buch *Die geistige Situation der Zeit*, in dem er die Nivellierung und

---

[1] Karl Jaspers, Vom Ursprung und Ziel der Geschichte, München 1949, 168

Vermassung in der Gesellschaft kritisiert. Doch die jeweiligen Antworten der beiden Denker unterscheiden sich gravierend voneinander. Der Existentialismus erhellt nach Jaspers wesentliche Dimensionen der menschlichen Existenz gerade dann nicht, wenn er wie Sartre an den Nihilismus anschließt. Sartre propagiert zwar die totale Verantwortung des Menschen für seine Welt. In dieser Verantwortung aber bleibt er nur an seine eigenen Entscheidungen gebunden. Der Nihilismus, so Jaspers, „wagt es, aufzutreten ohne Verkleidung. Alle Glaubensinhalte sind ihm hinfällig geworden, alle Auslegungen der Welt und des Seins hat er als Täuschung entlarvt; alles ist ihm bedingt und relativ; es gibt keinen Boden, kein Unbedingtes, kein Sein an sich. Alles ist fraglich. Nichts ist wahr, alles ist erlaubt."[1] So lässt sich Jaspers auch nur ungern dem Existentialismus zuordnen, den er seinerseits eher unter die Ideologien des 20. Jahrhunderts zählt, die auf die vom Nihilismus hinterlassene Hoffnungslosigkeit und Öde antworten. Sie befriedigen dabei eher das individuelle Bedürfnis nach Sensationen, nach Erlebnissen.

Karl Jaspers, 1883 in Oldenburg geboren und 1969 in Basel gestorben, sucht nach anderen Wegen aus der nihilistischen Krise des Abendlandes. Wie kann man die Bedeutungslosigkeit und Einsamkeit der individuellen Existenz überwinden? Das ist die Grundfrage, die sich der Jaspersschen Philosophie stellt.

1. Die Vernunft als das Umgreifende

Jaspers Philosophie umspannt den Bogen von der Frage nach der individuellen Existenz bis hin zu einer alles umgreifenden Weltphilosophie. Sein Denken stellt sich dabei die Grundfrage: Was kann dem in der Industriegesellschaft bedeutungslos gewordenen individuellen Leben wieder Bedeutung verleihen?

Wohl kaum werden dazu die Wissenschaften beitragen, da sie schließlich selbst das moderne nihilistische Bewusstsein entscheidend prägen. Karl Jaspers kann hier auf eigene Erfah-

---

[1] Jaspers, Der philosophische Glaube (1948), München 1954, 100

rungen zurückgreifen. Bevor er sich der Philosophie zuwandte
– er wird 1920 Extraordinarius für Philosophie in Heidelberg –
war Jaspers Arzt und Psychiater und schrieb bedeutende Bücher. 1913 habilitierte er sich in Psychologie mit dem Text
Allgemeine Psychopathologie. 1919 veröffentlichte er die *Psychologie der Weltanschauungen*.

Jaspers schreibt in seinem ersten philosophischen Werk, mit
dem er 1931 in drei Bänden sein Verständnis von Philosophie
ausbreitet, unter dem so schlichten, wie Anspruch heischenden
Titel *Philosophie*: „Denn als die Grenzen der Wissenschaft
methodisch bewusst wurden, wiederholte sich die alte Erfahrung, dass wissenschaftliche Erkenntnis nicht das Leben zu
führen vermag, dass sie nicht einmal ihren eigenen Sinn, nämlich dass sie da sein soll, begründen kann, dass sie vom Standpunkt der Philosophie her gesehen Zerstreutheit ist."[1]

Denn die Wissenschaften bestehen aus einem Betrieb vielfäl-
tiger, aber isolierter Bestrebungen und zerlegen Welt und
Mensch in eine Vielzahl von Gegenständen und Betrachtungs-
weisen. Die Überwindung dieser Spezialisierung liegt kaum im
Interesse der Wissenschaften. Jeder Wissenschaftler verfolgt
sein spezielles Interesse bzw. das seines Faches. Daher können
die Wissenschaften weder die Welt als sinnvolle Einheit noch
den Menschen erfassen, wie er wirklich existiert. Sie zerlegen
beide nur in ihre Einzelteile, aus denen sich der Sinn des Ganzen verabschiedet hat: „Was ich existentiell bin, bin ich niemals mehr, wenn ich es zum Gegenstand des Wissens mache."[2]

Geben die Wissenschaften daher keine angemessenen Antworten auf die Sinnfragen der menschlichen Existenz, hat dann
die Philosophie dazu mehr zu sagen? Doch natürlich steht auch
die Philosophie unter dem Bann des Nihilismus, wie es sich
schon beim Existentialismus Sartrescher Prägung bestätigt.
Jedenfalls darf sich die Philosophie nicht mit bloßer Reflexion

---

[1] Jaspers, Philosophie Erster Band: Philosophische Weltorientierung
(1931), Berlin, Göttingen, Heidelberg 1956, XXV
[2] Ebd., 84

bescheiden, sondern muss nach dem fragen, was die Welt wie die menschliche Existenz insgesamt umgreift. Die Philosophie muss die Frage nach der Sinnhaftigkeit und der Einheit des Lebens stellen und nicht in bloßen logischen Gedankenspielen verharren, wie es die moderne Philosophie an den Universitäten jenseits des Existentialismus gerne betreibt. „*Die leere Reflexion*: So heißt das Denken, das allein am Leitfaden der Denkformen ohne Führung durch Gehalte, endlos fortschreitet, alles in Frage stellt, aber nur in der Bewegung der Negation, ohne den Antrieb aus dem Ursprung eines Umgreifenden, in dem diese Bewegung zugleich aufgehoben wäre. Es löst daher alles Gegebene nur auf, lässt jedes Ziel verschwinden."[1]

Die Philosophie, wie sie sich als universitäre Wissenschaft oder als Existentialismus präsentiert, kann auf die Sinnprobleme der Menschen nicht antworten. Der Bedeutungslosigkeit und Einsamkeit der Menschen spürt man so nicht nach. Spezialisierung und krampfhafte Suche nach objektiver Erkenntnis verschenkt die Chance, Welt und Mensch zu umgreifen, umfassend zu verstehen. Solche Philosophie verliert sich im Detail. Jaspers benennt solche Philosophie um: „Die Unphilosophie stellt sich jeweils auf den handfesten Boden einer Partikularität und Objektivität, die sie beliebig wechselt. Sie fällt aus dem labilen Gleichgewicht lebendigen Philosophierens in die stabile Plattheit des verstandesmäßigen Direkten oder verdampft in die Unbestimmtheiten des Schwärmens."[2]

Warum beschäftigt sich Jaspers dann mit Philosophie und nicht gleich mit der Religion? Ist nicht das Christentum im Abendland der einzige Ort, an dem die Sinnfragen des Lebens wirklich gestellt werden? Trotzdem lassen sich diese Sinnprobleme auch durch die Religion nicht mehr allgemein verbindlich und überzeugend lösen; denn die Religion spielt heute im Leben der Menschen nicht mehr die Rolle, die sie früher einnahm: „Früher waren die Religionen verbunden mit der Ge-

---

[1] Jaspers, Der philosophische Glaube (1948), 108
[2] Ebd., 111

samtheit der sozialen Zustände. Von ihnen wurde die Religion getragen und diese rechtfertigte sie wiederum ihrerseits. Die Lebensführung jedes Tages war eingebettet in die Religion. Diese war selbstverständlich allgegenwärtige Lebensluft. Heute ist die Religion eine Sache der Wahl. Sie wird festgehalten innerhalb einer Welt, die von ihr nicht mehr durchdrungen ist. Nicht nur dass die verschiedenen Religionen und Konfessionen nebeneinander stehen und durch diese bloße Tatsache sich in Frage stellen; vielmehr ist die Religion selber ein aus dem anderen ausgespartes besonderes Lebensgebiet geworden."[1]

Jaspers argumentiert nicht so radikal wie Voegelin, MacIntyre oder Joas. Die Religion beherrscht also nicht mehr das ganze Leben der Menschen und kann somit auch keine weitreichenden politischen Ansprüche erheben. Denn sie kann auch nicht mehr selbstverständlich die großen Lebensfragen der Menschen beantworten. Solche Antworten sind komplizierter geworden. Verlangen sie doch eine philosophische Reflexion, wenn sie nicht im Nihilismus enden wollen?

Die Orientierung an den Wissenschaften lässt nur eine Beschäftigung mit abstrakten wissenschaftlichen Themen zu, die ob ihrer Spezialisierung keine umfassende Betrachtung erlaubt. Die nihilistische Perspektive lenkt den Blick bloß in eine rein diesseitige Existenz. Wenn es um Antworten auf die Bedeutungslosigkeit und Einsamkeit des Lebens geht, muss Philosophie konkret die lebensweltlichen Probleme der Menschen angehen. Wenn das Leben seine Bedeutung einbüßt, dann hat es seine sinnstiftenden Bezüge zur Welt in ihrer Ganzheit verloren. Folglich darf die Philosophie nicht die umgreifenden Zusammenhänge des Lebens aus den Augen verlieren.

Für Jaspers umfasst die Grunderfahrung der Philosophie denn auch das Dasein des Menschen in der Welt, von dem man bei der Beantwortung der Frage nach einem bedeutungsvollen und nicht isolierten Leben ausgehen muss. Der moderne Mensch wendet sich weitgehend von religiösen Orientierungen

---

[1] Jaspers, Vom Ursprung und Ziel der Geschichte (1949), 167

ab und lebt immer stärker im Hier und Jetzt, ist eben an der Welt orientiert. In dieser individuellen Erfahrung lässt sich die Welt nicht umgreifen, nicht in ihrer Ganzheit erfahren bzw. erfassen: „Unsere anschauliche gegebene Welt ist nicht auf ein Prinzip zu bringen. Sie ist im Dasein ausgebreitet zwischen dem unendlich Kleinen und unendlich Großen, das unserer Anschauung in gleicher Weise unzugänglich ist."[1]

Aber durch diese Beschränkung, wie die Welt dem Menschen nur im Hier und Jetzt begegnet, zeigt sie einen Mangel seiner Erfahrung an: Ihr fehlt die Welt als Ganzes. Diese Ganzheit kann in der reinen Diesseitsorientierung nicht erfahren werden und doch drängt sie sich als Idee dem Menschen in seinem Dasein auf. Das Umgreifende, so Jaspers, ist kein Gegenstand der Erkenntnis, sondern eben eine Grunderfahrung des Daseins, wenn sich mir Beschränktheit wie Offenheit meiner rein diesseitigen Welterfahrung zeigen. Mit dieser Idee des Umgreifenden will Jaspers das Leben in ein sinnvolles Ganzes wieder einbinden und dadurch die nihilistische Sinnlosigkeit überwinden: „Es handelt sich um Philosophie als das Denken, das das Leben trägt, das das Handeln im persönlichen Dasein und im Politischen erhellt und führt."[2]

Das Dasein beschränkt sich nicht darauf, wie man lebt, was man ist. Das muss der Mensch einsehen. Doch der Gedanke des Umgreifenden bleibt noch philosophisch abstrakt. Damit stellt sich die Frage: Wie kann denn dadurch die Einsamkeit des Menschen konkret überwunden werden?

Wie lässt sich das Umgreifende mit dem Leben des Menschen philosophisch verbinden? Der Mensch muss sein bloßes Dasein überschreiten. Er darf dem schlichten Hier und Jetzt nicht verfallen bleiben. Aus dem Dasein heraus entfaltet Jaspers denn auch einen wichtigen Begriff für den Existentialismus insgesamt: die Transzendenz. Man ist mehr als sein Dasein, wenn man sich darüber hinaus auf das Umgreifende be-

---

[1] Jaspers, Philosophie Erster Band (1931), 108
[2] Ebd., XXI

zieht. Dann erhebe man sich über sein Dasein. Man transzendiert es, d.h. man überschreitet sein Dasein.

Mit dieser Transzendenz eröffnet sich die religionsphilosophische Perspektive. Denn sie verbindet den Menschen mit dem Umgreifenden und verweist ihn dadurch über die reine Weltorientierung hinaus. Ist der Mensch der Welt verfallen, interessiert er sich nur für das Diesseits, bleibt sein Leben isoliert und bedeutungslos: „Ich unterscheide die Dinge in der Welt und mich von ihnen, aber ich unterscheide nicht mehr die Welt von etwas Anderem, es sei denn, dass ich transzendiere, d.h. die Welt ‚überschreite‘. Dazu habe ich in der Weltorientierung (. . .) auch *keine Fähigkeit*, denn durch die Methoden der Weltorientierung ist ein Transzendieren nicht möglich.“[1]

Bei Sartre besitzt die Transzendenz nur eine diesseitige Bedeutung, d.h. man kann sein Leben selbstbestimmt verändern. Bei Jaspers hingegen entspringt die Transzendenz der umgreifenden Idee einer Ganzheit. Man verbindet sein schlichtes Dasein mit der Welt als Ganzheit und verleiht ihm derart einen transzendenten Sinn.

Im Dasein konstituiert die Transzendenz erst die Existenz. Die Transzendenz eröffnet dem Menschen die Möglichkeiten, sein rein diesseitiges, isoliertes Dasein in der Welt zu verändern, im Hinblick auf das Umgreifende zu verstehen, es zu überschreiten. Erst dadurch entsteht ein autonomes selbstbestimmtes Leben, das nicht mehr wie bei Sartre der Weltorientierung völlig ausgeliefert wäre. Das Dasein erhält durch die Transzendenz eine existentielle Bedeutung, die seinen Sinn aus dem zieht, was alles Leben umgreift. Existenz heißt: dem Dasein Sinn verleihen, der über das Dasein hinaus weist. Existenz braucht die Transzendenz: „Vom *Transzendieren* her gesehen aber ist diese Welt nur Dasein, das nicht aus sich ist, sondern Erscheinung. Der Mensch, sofern er nicht bloß Teil der Welt, sondern frei er selbst sein kann, ist mögliche Existenz.“[2]

---

[1] Ebd., 81
[2] Ebd., 82

Die reine Weltorientierung ist auch mit Bewusstsein verbunden. Aber erst dadurch, dass man seine Möglichkeit begreift, diese Weltorientierung zu überschreiten, kommt man wirklich zu sich selbst. Man wird erst frei von der Welt, wenn man sich beispielsweise nicht alleine durch die Dinge definiert, die man besitzt und die einen umgeben. Man begreift sein Dasein als existentiell bedeutungsvoll, wenn man sich nicht mehr als bloßes Wesen einsieht, das im Hier und Jetzt lebt und spurenlos vergehen wird. Das Dasein bekommt dann einen höheren bzw. transzendenten Sinn. Wenn sich einem Möglichkeiten bieten, sein Dasein an etwas Anderes anzuschließen als bloß an das, was sich im sichtbaren Diesseits bietet, eröffnen sich einem Perspektiven, die Einsamkeit zu überwinden: Wenn man sich beispielsweise in Liebe mit anderen Menschen verbindet. „Welt bleibt entweder als Weltlichkeit das blinde undurchsichtige Dasein oder wird (. . .) zum Ort der Seinsentscheidung der auf Transzendenz bezogenen Existenz."[1]

Die Welt lässt sich nicht bloß für sich und in ihren Einzelheiten betrachten. Aber man kann sie auch in einen Zusammenhang stellen, der diese bloße Innerweltlichkeit überschreitet. Als Transzendenz umgreift die Existenz die Innerweltlichkeit und weist sie auf einen umfassenderen Zusammenhang. Das kann man in der Welt durchaus, so Jaspers, konkret erleben. Man hat die Möglichkeit, sich existentiell zu entscheiden, sein Leben grundsätzlich zu verändern. Man kann existentiell handeln, d.h. sein Leben dem Dienst der Gemeinschaft oder Idealen widmen, die die eigene Existenz weit überragen. Der Mensch hat diese Freiheit, sein Leben zu bestimmen und zu gestalten und damit die Möglichkeit der Transzendenz. Diese Perspektive wirkt sich sowohl im individuellen Leben, in der Gesellschaft, wie in der Politik aus.

Zwar zeichnet sich die Überwindung der Einsamkeit ab. Dazu braucht der Mensch entsprechende Einsichten, die über das Dasein hinaus leiten. Er braucht Fähigkeiten, eine Vernunft,

---

[1] Jaspers, Philosophie Erster Band (1931), 82

die sich nicht wie in den modernen Wissenschaften auf eine Verstandestätigkeit der rationalen Erfassung der Welt beschränkt. Vernunft – das hat die Zerrissenheit der modernen Welt gezeigt – muss sich wieder auf ihre Universalität besinnen, dass sie selbst umgreifend ausgerichtet ist. Sie muss die Zerrissenheit in einer universellen Ganzheit der Welt aufheben. Der Mensch besitzt diese Fähigkeit einer alles umgreifenden Vernunft. Er muss sich dessen nur bewusst werden. Jaspers schreibt 1935 in seinem programmatischen Buch *Vernunft und Existenz*: „*Die Universalität des Denkens scheint identisch* mit dem Umgreifenden des *Bewusstseins überhaupt* zu sein. In der Tat hat die Form des Denkens hier ihren Ursprung. (. . .) Dass die Universalität radikal gewollt wird, entspringt (. . .) der Gesamtheit der Weisen des Umgreifenden, das wir sind. Sie alle drängen in die Helligkeit, durch die sie erst eigentlich zum Sein kommen; sie alle sind in diesem Sinne *Vernunft*."[1]

Das Umgreifende selbst ist der Mensch bzw. er besitzt viele Weisen, wie sich das Umgreifende erhellt, sei es als Transzendenz, als Existenz, Vernunft und als Selbstbewusstsein. Wenn der Mensch also das Umgreifende verstehen will, so muss er sich selbst erhellen. Der Mensch erfährt sich nur selbst, wenn er Einblick in alle seine Bezüge zur Welt in vielen Einzelheiten wie im Ganzen und darüber hinaus gewinnt. Insofern orientiert sich die Vernunft nicht bloß innerweltlich, sondern verknüpft diese verschiedenen Perspektiven. Bereits 1931 in seinem Buch *Die geistige Situation der Zeit* erklärt Jaspers: „Existenzphilosophie ist das alle Sachkunde nutzende, aber überschreitende Denken, durch das der Mensch er selbst werden möchte. Dieses Denken erkennt nicht Gegenstände, sondern erhellt und erwirkt in einem das Sein dessen, der so denkt. (. . .)."[2] Jaspers nennt Existenzerhellung programmatisch die Aufgabe der phi-

---

[1] Jaspers, Vernunft und Existenz – Fünf Vorlesungen (1935), München 1960, 107

[2] Jaspers, Die geistige Situation der Zeit (1931), 13. Aufl. Berlin 1979, 161

losophischen Vernunft. Sie muss einerseits vom konkreten Dasein des einzelnen Menschen ausgehen. Andererseits weist sie über diese schlichte Weltverfallenheit hinaus und konstituiert damit ein Selbstbewusstsein des Menschen, das sich aus dem Umgreifenden speist.

Als Aufgabe der Vernunft fragt Existenzerhellung nach dem Sinn des Lebens. Sie kann aber den Sinn der Existenz nicht widerspruchsfrei bzw. logisch konsequent darstellen. Sie führt vielmehr zu Einsichten in Paradoxien, z.B. wie der Mensch gleichzeitig frei und determiniert sein kann. Vernunft als Existenzerhellung zeigt an, dass man die Existenz nicht genau und klar bestimmen kann: Existenz überschreitet ja das bloße Dasein und reicht in die Sphäre der umgreifenden Vernunft. Jaspers versteht Vernunft folglich in einem weiteren Sinne als in jenem auf Logik und Mathematik verengten der Wissenschaften: „Während daher die Weisen des Umgreifenden in Klarheit, Ganzheit, in dem Allgemeinen, in Ordnung und Gesetz ihre Vollendung finden möchten, ist Vernunft, die sie doch auf diesen Weg treibt, zugleich über ihn hinaus, nicht nur in keiner Klarheit, keinem Ganzen, keiner Ordnung zufrieden, sondern aufgeschlossen für das wesentlich Unklare, das eigentlich Zerbrochene, für das Widervernünftige selbst."[1]

In Zeiten großer Verwirrung und Bedrängnis, eben im Europa der dreißiger Jahre, entwirft Jaspers Existenzphilosophie ein Konzept von Vernunft, das am Ende des Jahrhunderts unter anderen Bedingungen wiederkehren wird. Im Zeichen ökologischer Krisenerscheinungen und großer Gefährdungen durch technologische Entwicklungen stößt man darauf, dass Vernunft nicht nur die Fähigkeit zur logischen Konsequenz beinhaltet, sondern das Gespür für umfassende Gefährdungen und fatale Nebenwirkungen, für widersprüchliche Entwicklungen.

Wenn das Umgreifende der Mensch selbst ist, entfaltet sich dann die Vernunft nicht primär in seiner Innerlichkeit, in der Einsicht in sich selbst? Wie soll dann auf diesem Wege die

---

[1] Jaspers, Vernunft und Existenz (1935), 108

Einsamkeit des modernen Menschen überwunden werden? Bleibt er im Universum nicht letztlich doch völlig auf sich allein gestellt?

Nach Jaspers entsteht aber die Vernunft gerade nicht in der Innerlichkeit des einzelnen Menschen. Zur Wahrheit gelangt der Mensch nicht durch einen inneren Monolog, in dem seine Vernunft für sich alleine prüft, was wahr und was falsch ist. Vernunft verlangt die Aussprache mit anderen Menschen, braucht Kommunikation. „Aber Wahrheit ist in der Tat in niemandes Besitz als endgültige und absolute. Wahrheit suchen, das heißt immer, zur Kommunikation bereit sein, Kommunikation auch von anderen erwarten."[1]

Gehört die Kommunikation zur Wahrheit, dann wird damit auch die Freiheit der Menschen verlangt; denn Kommunikation kann Wahrheit nur überprüfen, wenn die Beteiligten nach eigenem Gutdünken handeln können. Freiheit heißt dabei aber nicht die blinde Willkür des Einzelnen, wonach ihm gelüstet, auch verfolgen oder äußern zu dürfen. Freiheit beruht vielmehr auf Vernunft und Einsicht, wie sie wiederum nur in Kommunikation entspringen. „Freiheit verwirklicht sich in Gemeinschaft. Ich kann nur frei sein in dem Maße wie die Anderen frei sind. Zugunsten gegründeter Einsicht schmilzt die bloße Meinung ein im liebenden Kampf zwischen den Nächsten."[2]

Einer liberalen Anthropologie, die den Menschen als Egoisten versteht, der nur in Gesellschaft tritt, weil er sich davon Vorteile verspricht, ihr folgt Jaspers nicht. Der Mensch ist für Jaspers zwar primär Individuum. Aber er entfaltet seine Individualität nur in Kommunikation mit anderen Menschen. Der Mensch gewinnt sein Ich nicht durch sich selbst. Insofern überschreitet Jaspers auch die Idee, dass der Mensch ein primär auf die Gemeinschaft hin orientiertes Wesen besäße. Denn verschiedene Wesen können weder in der Liebe, noch in der Freundschaft und auch nicht im Patriotismus ineinander aufge-

---

[1] Jaspers, Vom Ursprung und Ziel der Geschichte (1949), 199
[2] Ebd., 196

hen. Allerdings ist sich Jaspers darüber im Klaren, dass man solche Annahmen nicht beweisen kann, dass man letztlich an sie glauben muss: „Dazu kommt die Behauptung, dass jeder Mensch eine geschlossene Monade sei, dass niemand aus sich herauskönne, Kommunikation eine illusionäre Idee sei. Dagegen steht der philosophische Glaube, den man auch Glauben an Kommunikation nennen kann. Denn hier gelten die beiden Sätze: Wahrheit ist, was uns verbindet - und: in der Kommunikation hat Wahrheit ihren Ursprung. Der Mensch findet in der Welt den anderen Menschen als die einzige Wirklichkeit, mit der er sich verstehend und verlässlich verbünden kann."[1]

Der Glaube an Kommunikation ist Voraussetzung dafür, dass der Mensch seine Einsamkeit in der modernen Gesellschaft überwindet. Im Wesen des Menschen selbst liegen die Möglichkeiten, um den isolierenden Lebensbedingungen zu entgehen. Zwar sieht sich der Mensch dem Egoismus und der Konkurrenz ausgeliefert. Wenn er sich aber auf die Suche nach seiner eigenen Identität machen will, dann muss er hinausgehen und mit anderen in Verbindung treten, mit ihnen kommunizieren: „Kommunikation jeder Gestalt ist dem Menschen als Menschen im Grunde seines Wesens so zugehörig, dass sie jederzeit möglich bleiben muss und man nie wissen kann, wie weit sie noch kommen wird."[2] Nur wenn man mit anderen vernünftig kommuniziert, überwindet man die Einsamkeit. Folgt man einer nihilistischen Orientierung, der die Welt gleichgültig ist, wird man zu anderen keine Nähe finden. Man beseitigt die Einsamkeit indes nur durch eine umgreifende Vernunft, die Gemeinsamkeit schafft: „Vernunft fordert grenzenlose *Kommunikation*, sie ist selbst der totale Kommunikationswille."[3]

---

[1] Jaspers, Der philosophische Glaube (1948), 38
[2] Ebd., 130
[3] Ebd., 38

2. Die Religion als Triebfeder der Vernunft

Jaspers philosophische Schriften seit den zwanziger Jahren, mit einer besonderen publizistischen Intensität um 1950 herum durchzieht die Thematik der Existenzerhellung mit jeweils verschiedenen Schwerpunkten. Die Grundfrage der Existenzerhellung lautet: Wie kann man die Bedeutungslosigkeit und Einsamkeit der individuellen Existenz überwinden? Der menschlichen Existenz Sinn zu verleihen, das entnimmt Jaspers vornehmlich einer Konzeption von Vernunft als Umgreifendem, das den Menschen in einen universellen Zusammenhang stellt. Die Einsamkeit des Menschen wird dann von seinem kommunikativen Wesen vertrieben.

Aber Jaspers ist sich bewusst, dass das kommunikative Wesen des Menschen eine Hypothese darstellt, an die man nur glauben kann. Man wird also auch keine letzten Beweise dafür finden. Gibt es trotzdem Anhaltspunkte für diese Annahme? Weil Jaspers das kommunikative Wesen des Menschen auf das Umgreifende und auf die Transzendenz stützt, liegt es nahe, nach religiösen Bekräftigungen zu suchen. Das Verhältnis von Philosophie und Religion klingt denn auch fast überall in seinen philosophischen Werken an. Jaspers hat ihm sogar einige Schriften explizit gewidmet.

Wenn die Kommunikation einen Glauben braucht, ist dann nicht überhaupt die Religion zur Kommunikation notwendig? In seinem Buch *Der philosophische Glaube* – fünf programmatische Vorträge, die er 1947 an der Universität Basel gehalten hat – heißt es: „*Nur Glaubende können Kommunikation verwirklichen.* – Dagegen erwächst Unwahrheit aus der Fixierung von Glaubensinhalten, die sich nur abstoßen. Daher gilt der Satz: *mit Glaubenskämpfern lässt sich nicht reden.*"[1] Philosophisch überraschen solche Sätze: Sind Atheisten zur Kommunikation unfähig? Religiöser Fundamentalismus, der seine

---

[1] Ebd., 130

Wahrheiten verabsolutiert und sie anderen aufzwingt, erscheint indes noch ungeeigneter zur Kommunikation. Den jeweiligen Ausschließlichkeitsanspruch der verschiedenen Religionen kritisiert Jaspers als fatal und philosophisch nicht vertretbar. Ausschließlichkeitsansprüche fördern nicht die Kommunikation. Zudem belegen zahlreiche historische Verfehlungen der Religionen nicht gerade deren kommunikative Kraft. Ein schlichter Rückgriff auf die Religion erweist sich daher als unfruchtbar. Für die Philosophie wirkt der religiöse Glaube zu prophetisch, zu unreflektiert, zu mystisch, somit zu fragwürdig, um unmittelbar die kommunikative Struktur des Menschen zu begründen.

Mit diesen Einwänden trifft man nach Jaspers jedoch nicht den religiösen Kern, auf den eine philosophische Vernunft abzielt, die den nihilistischen Zeitgeist überwinden und die kommunikative Struktur des Menschen bekräftigen will. Diese Auffassung vertritt Jaspers bereits 1931: „Die Wirklichkeit zeigt, dass Religionen untereinander und mit Philosophie streiten. Eine objektive vergleichende Prüfung wird nie zu der Erkenntnis führen, wo die Wahrheit sei. Der einzelne Mensch wird in einer Religion geboren, durch die erzogen er zu sich kommt: Konvertiten sind zumeist fragwürdige Gestalten mit innerer Bodenlosigkeit. Philosophie scheint nur auf dem Grund einer Religion zu erwachsen. Die Überlieferung der Religion geht in unvordenkliche Zeiten zurück, die Philosophie beginnt innerhalb der uns bewussten Geschichte."[1]

Das philosophische Denken gründet also inhaltlich wie in einem objektiv historischen Sinn in der Religion bzw. im Glauben. Die Philosophie überschreitet ihre religiösen Wurzeln auch nicht, indem sie die irrationalen Aspekte der Religion hinter sich lässt. Die Vernunft als das Umgreifende, die Kommunikation in ihrer Grenzenlosigkeit besitzen beide für Jaspers ja keine rein rationalen, sondern durchaus widersprüchliche Strukturen. Gerade in kommunikativer Absicht herrscht also

---

[1] Jaspers, Philosophie Erster Band (1931), 294

kein grundsätzlicher Gegensatz zwischen Vernunft und Religion: „Fast die gesamte Menschheit lebt, soweit historische Erinnerung reicht, religiös, ein nicht zu überhörender Hinweis auf Wahrheit und Wesentlichkeit in der Religion.“[1]

Wahrheit besitzt eine kommunikative Struktur, wenn sie der vernünftigen Auseinandersetzung entspringt. Die Religion hat dieses Wahrheitsverständnis auch insofern auf den Weg gebracht, wie sie selbst zu den Weisen des Umgreifenden gehört – eine unübersehbare Parallele zwischen Religion, Vernunft und dem Wesen des Menschen. Denn, so Jaspers: „Glaube ist das Leben aus dem Umgreifenden, ist die Führung und die Erfüllung durch das Umgreifende.“[2] Just in derselben Richtung entwirft sich die philosophische Vernunft, die sich nicht in nihilistischer Sinnlosigkeit und Isolation verlieren will, die vielmehr die Bezüge zur Ganzheit des menschlichen Lebens herstellt. Glauben und Vernunft treffen sich beide im Horizont des Umgreifenden: „Der Philosophierende kann nicht genug die Vernunft preisen, durch die er tut, was ihm gelingt. Vernunft ist das Band aller Weisen des Umgreifenden. Sie lässt kein Seiendes sich absolut trennen, nicht in Beziehungslosigkeit versinken, (. . .). Nichts soll verloren gehen.“[3]

Es verwundert also nicht, wenn die Religion der philosophischen Vernunft bei der Verwirklichung ihrer kommunikativen Ansprüche zu Hilfe kommt, just dort wo die Wissenschaften bestenfalls in den Meinungsstreit führen. Damit verabschiedet Jaspers nicht nur jene Einstellung, die seit der Zeit der Aufklärung im 18. Jahrhundert das Verhältnis von Philosophie und Religion als Gegensatz begreift. Die Religion avanciert angesichts der nihilistischen Tendenzen der Moderne vielmehr zur Triebfeder der philosophischen Vernunft.

Vernunft und Religion sind Weisen des Umgreifenden. Da die Religion der philosophischen Vernunft vorangeht, muss

[1] Jaspers, Der philosophische Glaube (1948), 60
[2] Ebd., 20
[3] Ebd., 37

diese zwangsläufig auf Religion zurückgreifen. Dort lassen sich die Ursprünge der Vernunft orten. Das Umgreifende insgesamt, sei es religiös oder vernünftig motiviert, treibt zur Kommunikation. Meine vernünftige Überlegung lässt mich genauso den anderen Menschen achten wie mein religiöses Gefühl der Nächstenliebe. Ist dann wirklich nur der Gläubige Mensch zur Kommunikation fähig? „Die philosophischen Gehalte des abendländischen Philosophierens haben ihre geschichtliche Quelle nicht nur im griechischen, sondern auch im biblischen Denken. Wer keiner Offenbarung als solcher zu glauben vermag, kann doch die biblische Quelle sich zu eigen machen, von ihrer Wahrheit ohne Offenbarung als Mensch sich durchdringen lassen. Das Studium der Bibel war in der Tat eine der Grundlagen fast aller abendländischen Philosophie bis heute. Dieses einzige Werk gehört keiner Konfession und keiner Religion allein, sondern allen."[1]

Trotzdem – selbst wenn Jaspers dem Ungläubigen die Chance der Kommunikation einräumt – kann sich die Philosophie nicht ausschließlich auf die Vernunft stützen, auch nicht auf die Vernunft als Umgreifendes, wenn sie dabei die religiösen Quellen nicht berücksichtigt. Zu vieles lässt sich nicht ausschließlich aus der Vernunft erklären, z.B. das kommunikative Wesen des Menschen, an das man glauben muss. Daher braucht auch die Philosophie einen Glauben: z.B. Grundsätze und Ideen, von denen sie ausgeht, die sie für richtig hält.

Aber was gewinnt sie konkret für die Kommunikation aus dem Glauben? Philosophie, so Jaspers, kann Gott nicht erst suchen wollen. Sie muss ihn voraussetzen, um ihn überhaupt suchen zu können. Wie vage sich die Vorstellung vom Sein Gottes auch abzeichnen mag, die Philosophie muss von ihr ausgehen, um sich ihrer Hilfe zu vergewissern. Auch im naturwissenschaftlichen Experiment weiß man vorher, wonach man forscht. Just auf diese Weise gelangt man zur Idee der umgreifenden Einheit in der Vernunft und in der Philosophie.

---

[1] Jaspers, Der philosophische Glaube (1948), 32f

210

Wo sie im wissenschaftlichen Separierungs- und Spezialisierungsdrang längst nihilistisch verloren ging, wird sie aus dem Glauben heraus wiederhergestellt: *„Der eine Gott*: Das Eine wird Grundlage des Selbstbewusstseins und des Ethos, Ursprung der tätigen Einsenkung in die Welt. Keine anderen Götter neben Gott, das ist der metaphysische Grund für den Ernst des Einen in der Welt."[1] Jede Form von Kommunikation, die mehr sein will als der bloße Austausch von Meinungen oder der wissenschaftliche Streit über die richtige Einsicht in ein Detail der Welt, unterlegt die umfassende Einheit als Bedingung der Gemeinsamkeit. Diese Idee der Einheit gewinnt die Philosophie aus der Religion und kann damit den umfassenden Sinn der Kommunikation erhellen.

Jaspers propagiert den philosophischen Glauben um der Kommunikation willen. Reine philosophische Diesseitsorientierung, also nihilistischer Unglaube, fördert die Kommunikation so wenig wie rein religiöse Gewissheiten. Diese stützen sich womöglich auf Ausschließlichkeitsansprüche und enden in Fanatismen. Man kann sich nicht auf Gottes Stimme berufen, um in der Welt Handlungen zu rechtfertigen. Deswegen kann man die Kommunikation nicht allein auf die Religion stützen. Kommunikation braucht die Philosophie: „Es fehlt in der Bibel, mit Ausnahme verschwindender Ansätze, das philosophische Selbstbewusstsein. (. . .) Es fehlt die Herrschaft denkender Prüfung. Leidenschaft wird durch Leidenschaft korrigiert."[2]

Man kann sich heute philosophisch weder auf die Offenbarung noch auf die religiöse Autorität berufen. Diese müssen vielmehr philosophisch durchdacht werden. Nur auf diese Weise vermag die philosophische Vernunft die Existenz in allen Dimensionen, vor allem derjenigen der Kommunikation, zu erhellen. Der philosophische Glaube braucht die Einsicht in die realen Verhältnisse, in die Existenz des Menschen, um die Chancen der Kommunikation zu bedenken. Nur durch die

---

[1] Ebd., 33
[2] Ebd., 76

Erhellung der Transzendenz kann er dem Menschen helfen, Einsicht in sich selbst bzw. in seine Kommunikationsmöglichkeiten zu gewinnen. Das darf man sich aber nicht zu konkret und unmittelbar vorstellen. Auf die Frage „Hilft die Philosophie?" antwortet Jaspers in seinem Spätwerk *Der philosophische Glaube angesichts der Offenbarung* aus dem Jahr 1962: „Sie hilft nicht, wie der Offenbarungsglaube zu helfen verspricht und behauptet. Sie hilft durch die Wahrhaftigkeit einer Denkwelt, der in unmittelbarem Bezug auf Transzendenz, sich selbst geschenkt, sich zu helfen vermag."[1]

Der philosophische Glaube bietet keine Lebenshilfe. Doch letztlich propagiert Jaspers damit einen reflexiven Glauben, der den Lebensumständen der Moderne besser gerecht werden soll, als es die Religion selbst noch vermag. Denn auch die Religion sieht sich einem tiefgreifenden Wandel ihrer eigenen Lebensumstände ausgesetzt, der ihre Gewissheiten verunsichert. Just hier aber wächst dem philosophischen Glauben auch ein Dienst zu, den er der Religion leisten kann. Jaspers schreibt: „Es ist eine Verwandlung dessen zu erwarten, was wir die Materie, das Kleid, die Erscheinung, die Sprache des Glaubens nannten, und zwar eine Verwandlung, so stark wie alle anderen Verwandlungen unseres Zeitalters, – oder aber es geht die ewige Wahrheit der biblischen Religion dem Gesichtskreis der Menschen verloren; (. . .). Daher ist ein Ausholen zur Wiederherstellung der ewigen Wahrheit zu fordern, das bis in die letzten Ursprünge geht und unbekümmert um historische Vergänglichkeiten diese Wahrheit in neuer Sprache zur Erscheinung bringt."[2]

Die Religion muss ihrerseits den kommunikativen Umständen der Gegenwart gerecht werden, darf den Stand des Wissens nicht verfehlen, wenn ihre Wahrheit nicht gefährdet werden soll. Die Religion muss sich beispielsweise mit den Einsichten

---

[1] Jaspers, Der philosophische Glaube angesichts der Offenbarung, München 1962, 476
[2] Jaspers, Der philosophische Glaube (1948), 80

von Nietzsche und Sigmund Freud auseinandersetzen, darf sie nicht schlicht verdrängen – eine Problematik, der später Paul Ricœur, Schüler Gabriel Marcels, nachgehen wird, wenn er fragt: „Welche Art von Glauben verdient es, die Kritik Nietzsches und Freuds zu überleben? (. . .) Es wäre dies ein Glaube, der im Dunkel voranschreitet, in einer neuen ‚Nacht des Verstandes' – um mit den Mystikern zu reden –, vor einem Gott, der sich nicht mit den Attributen der ‚Vorsehung' umgibt, einem Gott, der mich nicht beschützen will, sondern mich vielmehr den Gefahren eines Lebens aussetzt, das allein menschenwürdig genannt werden könnte."[1] Für Jaspers rettet der philosophische Glaube wesentliche religiöse Gehalte. Damit dient er sowohl der Religion als auch der Kommunikation.

3. Weltphilosophie als Antwort auf Globalisierung?

Nicht nur die Philosophie erhält also ihren Grund in der Religion zurück. Immer schon hat die Philosophie die reine diesseitige Orientierung überschritten, so dass dergleichen für sie nicht sonderlich überraschend kommen muss. Wer in der geistigen Sphäre der Philosophie lebt, der ist der religiösen Sphäre nicht so fern. Der philosophische Glaube avanciert daher zum Grund des Philosophierens bzw. der umgreifenden Vernunft. Angesichts einer existentiell veränderten Lage des Menschen in der Welt wirkt das auf die Religion zurück, obgleich mit für Jaspers deutlich beschränkter Reichweite: „Der Philosoph kann unmöglich dem Theologen und den Kirchen sagen, wie sie es machen sollen. Der Philosoph kann nur hoffen, mitzuarbeiten an den Voraussetzungen. Er möchte helfen, den Boden zu bereiten und den Raum der geistigen Situation fühlbar zu machen, in dem wachsen muss, was er nicht schaffen kann."[2]

---

[1] Paul Ricœur, Hermeneutik und Psychoanalyse – Der Konflikt der Interpretationen II (1969), München 1974, 305
[2] Jaspers, Der philosophische Glaube (1948), 80

Dem philosophischen Glauben geht es letztlich darum die Sprachlosigkeit und die Einsamkeit der Menschen überwinden zu helfen. Auch der philosophische Glaube steht im Dienst der Kommunikation, ist Glaube an die Kommunikation, der sich seiner religiösen Wurzeln versichert und aus diesen neue Kraft zur Kommunikation schöpft.

Der philosophische Glaube soll zur Wiederkehr der Religionen beitragen, um die Kommunikation über die Religionsgrenzen hinweg zu ermöglichen. Dass andererseits Kommunikation gelingt und verbindet, das ist keineswegs sicher – Habermas und Apel versuchen das theoretisch zu begründen. Für Jaspers muss man davon ausgehen, dass Kommunikation gelingen kann, also daran glauben. Nur so kann sich der Philosoph vor der ganzen Menschheit rechtfertigen – ein Anspruch, den Jaspers vor allem für sich selbst erhob: „Die grenzenlose Kommunikation ist nicht ein Programm, sondern der umgreifende Wesenswille des philosophischen Glaubens, – daraus erst begründen sich im besonderen die Absicht und die Methoden der Kommunikation auf allen ihren Stufen."[1]

Jaspers Philosophie, die auf den ersten Blick wenig politisch erscheint, entfaltet mit der Verbindung von Kommunikation und Religion ihre realen politischen Perspektiven. Als Jaspers in der zweiten Hälfte der vierziger Jahre eine solche Philosophie entwickelt, entstehen in Europa die christdemokratischen Parteien. Einerseits wollte man die Demokratie wiederbeleben, andererseits sollten die durch den nationalsozialistischen Terror aus den Fugen geratenen Gesellschaften durch die Religion wieder stabilisiert werden. So erklärt Jan-Werner Müller 2013 die Christdemokratie zur „wichtigsten ideologischen Innovation der Nachkriegszeit und einer der bedeutendsten des europäischen 20. Jahrhunderts überhaupt."[2] So verbinden sich bei den christdemokratischen Parteien Demokratie und Religion, was

---

[1] Jaspers, Der philosophische Glaube (1948), 130
[2] Jan-Werner Müller, Das demokratische Zeitalter – Eine politische Ideengeschichte Europas im 20. Jahrhundert, Berlin 2013, 219

auch Jaspers politisches Programm ist, was heute freilich erschöpft erscheint

Jaspers passt jedenfalls in die Gestimmtheit seiner Zeit hinsichtlich der Entwicklung des Sozialstaates, den nach Müller nicht die Sozialdemokraten auf dem Kontinent gründeten, sondern die Christdemokraten. Auch dabei besteht eine Nähe zwischen letzteren und Jaspers, wenn Müller darauf hinweist: „Man sollte gleichwohl in Erinnerung behalten, dass die Vorzeichen, unter denen diese Modernisierung stattfand, alles andere als modern wirkten. Denn sie wurde mittels einer paternalistischen Politik vorangetrieben, (. . .).“ [1] Die Politik in den Demokratien lenkte die Bevölkerung, ohne ihr allzu viele Partizipationsmöglichkeiten zu bieten. Die politischen und intellektuellen Eliten misstrauten der Bevölkerung und verlängerten damit die vordemokratische Obrigkeitsmentalität, die der Bevölkerung keine Mündigkeit gewähren wollte. An diesem traditionell konservative Denkmuster hält auch Jaspers fest, freilich mit der Einschränkung, dass er mit seinem Kommunikationsbegriff einen anderen als bloß autoritären Umgang miteinander innerhalb der Politik propagierte, also zwischen den konkurrierenden Eliten. Damit wurde Jaspers zum konservativen Mahner der frühen Bundesrepublik, während seine Schülerin Hannah Arendt mit ihren Vorstellungen von partizipatorischer Demokratie in den sechziger Jahren in den USA zur führenden öffentlichen Intellektuellen aufstieg, wiewohl sie keineswegs vorbehaltlos immer auf der Seite der Protestierenden stand und nicht alle Entwicklungen goutierte, über die Müller schreibt: „Die Ereignisse wie auch das Denken von 68 und danach stellten traditionelle Begriffe des Politischen in Frage, rissen ideologische Trennwände zwischen dem Öffentlichen und dem Privaten ein und machten die alltägliche Erfahrung zu etwas explizit Politischem (. . .).“ [2] So wenig wie die Christdemokraten konnte auch Jaspers mit diesen Entwicklungen etwas an-

---

[1] Ebd., 246
[2] Ebd. 334

fangen. Aber anders als Leo Strauss, der politische Philosophie nicht in die Öffentlichkeit tragen will, weil sie dort Unruhe stiften könnte, hat Jaspers das Licht der Öffentlichkeit nicht nur nicht gescheut, sondern sogar gesucht. In ihrer Laudatio anlässlich der Friedenspreisverleihung an Jaspers 1958, sagt Arendt, „dass Kant der Meinung war, dass der Prüfstein, ob die in einer philosophischen Schrift enthaltene Schwierigkeit echt oder ein bloßer ,Dunst von Scharfsinn' sei, in der Fähigkeit zur Popularität liegt. Und Jaspers, der in dieser wie eigentlich jeder Hinsicht der einzige Nachfolger ist, den Kant je gehabt hat, hat ja nicht nur, wie auch Kant, den akademischen Raum und seine Begriffssprache mehr als einmal verlassen, um sich an das lesende Publikum überhaupt zu wenden."[1] Damit widerspricht sie auch unter Berufung auf Kant ihrem Kollegen Strauss, der 1952 in *Persecution and the Art of Writing* die Gegenthese vertritt.

So antwortet Jaspers mit dem Programm grenzenloser Kommunikation auf der Grundlage des philosophischen Glaubens nicht nur auf die veränderten, existentiellen Lebensumstände der Menschen in der modernen Industriegesellschaft. Er reagiert damit auch auf die politischen Verfallserscheinungen im 20. Jahrhundert, auf die Gefährdungen in der internationalen Politik angesichts atomarer Bedrohungen und auf die mühsamen Schritte zur Demokratie in Deutschland nach der Nazizeit. Der Rückgriff auf den philosophischen Glauben, soll auch politisch und sozial zur Stabilisierung der Ordnungsstrukturen beitragen. So lautet die abschließende perspektivische Fragestellung: Führt Jaspers philosophischer Glaube an Kommunikation gar in eine Weltphilosophie, die noch als Antwort auf die Globalisierungsprozesse am Ende des Jahrhunderts verstanden werden kann?

---

[1] Hannah Arendt, ,Karl Jaspers': in: Hannah Arendt, Karl Jaspers, Reden zur Verleihung des Friedenspreises des deutschen Buchhandels, München 1958, 32

Die reine Vernunft – das hat nicht allein dieses Jahrhundert gezeigt – scheitert an solchen Aufgaben regelmäßig. Jaspers schreibt: „Wenn gar die These aufgestellt wird, (. . .) was an Gutem in der Menschheit sei, sei das Werk von Wissenschaft und Vernunft, nicht von Religion, – so muss erwidert werden, dass Religion die Vernunft ja nicht ausschließt und dass bisher Religion in der Tat die meiste haltbare und gehaltvolle Ordnung, und zwar dann mit Hilfe der Vernunft verwirklicht habe, nicht durch direkte Anweisungen, sondern durch glaubende Menschen, deren Ernst und Verlässlichkeit."[1]

Jaspers stützt seine politischen Hoffnungen auf die Religion, will dabei aber keineswegs auf die Vernunft verzichten. Das ist angesichts der veränderten technologischen Bedingungen, die ein Zusammenrücken der ganzen Menschheit abzeichnen, auch schwer vorstellbar. Immer mehr Menschen aus verschiedenen Kulturen müssen miteinander kommunizieren und kooperieren – und das noch dazu unter der Bedrohung, dass sich die Menschheit heute selbst vernichten kann. Jaspers antizipiert die heutige Globalisierungsthese, wenn er einerseits einen Weltstaat mit Weltregierung und Weltpolizei ablehnt, weil diese den kulturellen Unterschieden der Menschen nicht gerecht zu werden vermögen. Andererseits fordert er in seinem Buch *Die Atombombe und die Zukunft des Menschen* aus dem Jahre 1958: „Daher kann eine Weltordnung der Freiheit nur die Form einer Konföderation in einem bleibend labilen Zustand haben. Sie kann nicht von vornherein eine Weltkonföderation sein, die ohne Rücksicht auf Staatsverfassungen und Lebensformen auch das im Wesen Ungleiche in den Schein einer Verbundenheit brächte."[2] Jaspers fordert 1958, dass sich Politik zur Weltpolitik transformieren müsse, die sich um eine Weltordnung zu sorgen habe, da Kriege angesichts der atomaren Bedrohung

---

[1] Jaspers, Der philosophische Glaube (1948), 64
[2] Jaspers, Die Atombombe und die Zukunft des Menschen, München 1958, 147

sinnlos geworden seien, was wohl eher eine Hoffnung darstellt als die Realität zu beschreiben.

Die Philosophie ihrerseits muss zur Weltphilosophie gereichen und derart die menschliche Existenz durchdringen und beseelen. Trotzdem heißt Weltphilosophie eben auch die Verbindung von Philosophie und Religion in allen Lebensbereichen, gerade auch in der Politik. Der philosophische Glaube an das Umgreifende und an die allgemeine Kommunikation bringt auch in die Politik das zurück, worauf die Politik in den letzten Jahrhunderten durchaus zurecht weitgehend verzichten musste: „Ein Merkmal des Zustandes politischer Freiheit ist die *Trennung von Politik und Weltanschauung*. Im Maße wachsender Freiheit werden religiöse (konfessionelle) und weltanschauliche Kämpfe aus der Politik ausgeschieden. In der Politik handelt es sich um das allen Menschen Gemeinsame, um die vom Inhalt eines Glaubens unabhängigen Daseinsinteressen, in dem sich alle Menschen verstehen können, um sich gegenseitig durch Ordnung, Recht und Vertrag Raum zu geben.“[1]

Der philosophische Bezug – das ist Jaspers äußerst wichtig – darf keine Dogmatisierung ergeben. Er weist den Menschen an seine Ursprünge und zum Umgreifenden. Aber er gewinnt dadurch keinen festen Boden, sondern nur einen kommunikativen Zusammenhang. Weltphilosophie als Denken in der großen Gemeinschaft der Menschheit müsste zwangsläufig scheitern, wenn sie feste Dogmen anböte, die dann mit kulturellen Eigenheiten zusammenstoßen. Stattdessen eröffnet sie so grenzenlose wie umgreifende Möglichkeiten des Verstehens und der Kommunikation. Derart befindet sich Weltphilosophie immer auf dem Weg und wird nie ihr Ziel erreichen. In seinem grundlegenden Werk über die *Philosophische Logik* mit dem Haupttitel *Von der Wahrheit* – ein erster über tausend Seiten umfassender Band ist zu Lebzeiten von Jaspers 1947 erschienen – entwickelt er die Logik der Weltphilosophie. Auch hier betont er, dass sich die Philosophie vor jeder Form der Dogmatisie-

---

[1] Jaspers, Vom Ursprung und Ziel der Geschichte (1949), 206

rung und vermeintlich sicherer Wahrheiten hüten muss. Damit antizipiert er wiederum Tendenzen des Abschieds von Weltbildern am Endes des 20. Jahrhunderts. „Wenn Gott ewig ist, ist für den Menschen Wahrheit als werdende Wahrheit, und zwar als Kommunikation werdende Wahrheit. Losgelöst von dieser, wäre sie als bestehende Wahrheit sogleich entartet zum Wissen von Etwas, (. . .). Im Ursprung war das Eine, die Wahrheit, wie sie für uns unzugänglich ist. Aber das verlorene Eine ist, als ob es in der Zerstreuung durch Kommunikation wiedergewonnen werden solle."[1]

Das Eine präsentiert sich in der Kommunikation nicht mehr als das Sichere und Gewisse, sondern als die sich wandelnde Idee der Einheit, des Umgreifenden. Darüber müssen sich die Menschen heute sogar weltweit verständigen.

In der Weltphilosophie geht es Jaspers um die Offenheit der Vernunft, um das Umgreifende, das einen Weltbezug herstellen könnte, der die gesamte Menschheit angeht. Das wissenschaftlich technische Zeitalter hat die Voraussetzungen für die Einheit der Erde geschaffen. Die politische Einheit ist anzustreben, aber nicht auf der Grundlage eines Dogmas, sondern auf der Grundlage der Offenheit und der Kommunikation, die sich im Jasperschen Sinne natürlich aus religiösen Motiven speist: „So erhebt sich die tiefste Einheit in eine unsichtbare Religion, in das Reich der Geister, die sich begegnen und zueinander gehören, das verborgene Reich der Offenbarkeit des Seins in der Eintracht der Seelen."[2]

Die Aufgabe der Philosophie heißt Gründung einer neuen Denkungsart, die die Bedingung einer freien Weltordnung durchdenkt. Darin verbirgt sich ein religiöser Auftrag. Gleichzeitig beseelt diesen der alte philosophische Anspruch, dass man letztlich über die Welt gar nicht genau Bescheid wissen kann. Somit verbindet Jaspers wie schon bei der Existenzerhel-

---

[1] Jaspers, Philosophische Logik I – Von der Wahrheit, München 1947, 980
[2] Jaspers, Vom Ursprung und Ziel der Geschichte (1949), 327

lung auch politisch religiöse Kraft mit philosophischer Reflexion. Könnte darin eine Wegweisung für das Zeitalter der Globalisierung liegen?

In seiner Friedenspreis-Rede heißt es 1958: „Niemand weiß, was die Welt im Ganzen ist, wohin sie geht. Die Reinheit dieses Nichtwissens ermöglicht erst, was wir Wahrheit nennen oder Vernunft oder Gottesdienst."[1]

Während der Nazizeit litt Jaspers vor allem unter der massiven Bedrohung seiner Frau, die jüdischer Herkunft war. 1937 wurde er von der Hochschule entlassen. 1938 erhielt er Publikationsverbot. Erst nach dem Krieg konnte er die deutschen Landen verlassen und nahm 1948 er einen Ruf nach Basel an.

In den letzten Kriegsjahren, in denen sich seine Frau angesichts drohender Deportation häufig verstecken musste, hatte er alle Vorbereitungen getroffen, um sich einer etwaigen Verhaftung durch Gifteinnahme zu entziehen, schliefen sie nachts neben Zyankali-Kapseln.

---

[1] Jaspers, Wahrheit, Freiheit und Friede (1958); in: Wahrheit und Leben – Ausgewählte Schriften, Zürich 1965, 533

VII. KAPITEL

DIE MODERNE ALS GEFAHR FÜR STAAT UND GESELLSCHAFT BEI GABRIEL MARCEL

Während Sartre und Camus den einzelnen ohne Gott auf sich allein gestellt einer aussichtslosen Situation aussetzen, fragt eine andere christliche Strömung des Existentialismus darüber hinaus nach den metaphysischen Bezügen des Menschen, die in der kalten technischen Moderne gekappt erscheinen. Ihr bekanntester Vertreter, Gabriel Marcel, in Paris 1889 geboren und 1973 gestorben, erschauert angesichts des mechanisierten, sinnentleerten Lebens und des totalitären Machtstaates: Wir dürfen, so Marcel in seinem Buch *Philosophie der Hoffnung* aus dem Jahre 1944, „den Ernst der Krise nicht verkennen, die in unseren Tagen ausgebrochen ist; einer bedenklichen und mit der Zeit vielleicht tödlichen Krise, die von unwiderlegbaren Zahlen bezeugt wird: Zunahme der Ehescheidungen, wachsender Gebrauch der Abtreibungsmittel usw. Hier haben wir Faktoren vor uns, die uns verpflichten, tiefer einzudringen, um die Wurzeln jener ‚sozialen Tatsachen' bloßzulegen, Wurzeln, die auf der Ebene des Glaubens liegen, oder genauer gesagt, des *Nicht-Glaubens*, in welchen ich eine Hauptgegebenheit der geistigen Biologie unserer Epoche zu sehen geneigt bin." [1]

Wohin hat die moderne technische Welt den Menschen geführt? Welche Rolle spielt dabei der Mangel an religiösem Bewusstsein? So lauten die beiden Grundfragen, die das Werk

---

[1] Gabriel Marcel, Philosophie der Hoffnung (1944), München 1957, 83

von Gabriel Marcel durchziehen, das etwa zwischen 1920 und 1960 entsteht. Sie verleihen dem Werk trotz seines fragmentarischen Charakters eine gewisse Einheitlichkeit in einer technik- und religionsphilosophischen Orientierung, die deutliche politische Implikationen des Konservativismus prägen.

Doch sollte man jetzt nicht vorschnell folgern, Marcels religiöses Angebot an den modernen Menschen hieße primär Jenseitsorientierung. Er wäre kein Existentialist und nicht vom Judentum zum Katholizismus konvertiert, würde er das Diesseits als Ort der Sünde einfach ablehnen. Die gewisse aristotelische Selbstverständlichkeit des Glaubens eines Thomas von Aquin fehlt Marcel. Seine Problematik ist eine moderne. Er fragt, wie man überhaupt von einem rein rationalen Denken zu einer religiös metaphysischen Reflexion gelangt. Marcel fragt weiter, wie der Mensch als leibhaftiges, also körperliches Wesen in ein umfassendes ganzheitliches Sein eingebunden werden kann: Was für eine schöpferische Kraft muss nötig sein, um die konkrete Existenz mit dem göttlichen, umfassenden Sein zu vereinen? Oder welche Tugenden braucht es, um der Leere und der Entseelung in der technischen Welt zu begegnen und um dadurch Staat und Gesellschaft zu stabilisieren?

1. Herrschaft der Technik oder Rückkehr zur Monarchie

Im Grunde ist Marcel weniger Existentialist. Vielmehr prägt ihn die Lebensphilosophie. Die Bezüge zu Henri Bergsons *Élan vital* als mystischer Lebenstrieb sind unübersehbar. In der modernen Gesellschaft, so die entsprechende Gegenwartsdiagnose von Gabriel Marcel, erschlafft die lebendige wie geistige Schöpferkraft des Menschen. Die für Gabriel Marcel völlig übertriebene Entwicklung der Technik schiebt über das Leben eine weitgehend erkünstelte Superstruktur, auf die der Mensch immer weniger verzichten kann und die ihn zunehmend abhängig macht. Die technische Welt kontrolliert das Lebendige, dessen Spontaneität sie überwinden will. Sie lenkt es in technische Bahnen, in denen es seinen lebendigen Charakter einbüßt.

222

Marcel schreibt: „Die Technik erscheint als die Gesamtheit der systematisierten Mittel, die es dem Menschen erlauben, eine als blind oder gar als rebellisch betrachtete Natur seinen Zwecken unterzuordnen. Wir müssen aber feststellen, dass zugleich die Objekte der im Menschen ruhenden Kräfte des Staunens sich unausweichlich verschieben: Was ihm jetzt der Bewunderung wert erscheint, ist vor allem die technische Tat unter allen ihren Formen und keineswegs mehr der spontane Lauf der Dinge, denn diesen will er ja ordnen und bändigen wie einen Fluss, den man mit Schleusen versieht."[1]

Die Technik benimmt sich gegenüber der Natur, so Marcel, als stände sie in Feindesland, als würde bei Naturkatastrophen ein imaginärer Feind zurückschlagen – eine Argumentation, auf die Hans Jonas und die ökologische Debatte des Jahrhundertendes zurückgreifen werden, allerdings weitgehend ohne dabei ihres Vorläufers zu gedenken. Dagegen erscheint dem modernen Menschen die Technik als einzige Ordnungskraft, gerade indem sie die lebendigen Zusammenhänge der Natur kontrolliert und bändigt. Marcels zentrale These zur Technik, die sein ganzes Werk durchzieht, lautet: Die Technik konstruiert eine sterile, tote Welt und verdrängt dabei alle Spontaneität und Lebendigkeit – eine Argumentation, die um diese Zeit bei Bergson auftaucht: „In diesem ungeheuer vergrößerten Körper bleibt nun aber die Seele so wie sie war, jetzt zu klein, um ihn zu füllen, zu schwach, um ihn zu leiten. Daher die Leere zwischen ihm und ihr. Daher die furchtbaren sozialen, politischen, internationalen Probleme, die ebenso viele Definitionen dieser Leere sind und zu ihrer Überbrückung heute so viel ungeordnete und unwirksame Anstrengungen hervorrufen."[2]

Die technische Welt bekämpft dabei nicht nur die Natur als ihren Feind, sondern auch den Menschen, eben das Lebendige

---

[1] Marcel, Philosophie der Hoffnung (1944), 130

[2] Henri Bergson, Die beiden Quellen der Moral und der Religion (1932); in: ders., Materie und Gedächtnis und andere Schriften, Frankfurt/M. 1964, 483

am Menschen. Das Menschliche des Menschen verliert sich durch technischen Anpassungsdruck ins reine Funktionieren. Kein Wunder, wenn die Menschen in der technischen Welt das Leben als schmutzig und gemein erfahren, vor dem sie sich schützen wollen. Marcel stellt in seiner Schrift *Die Erniedrigung des Menschen* aus dem Jahre 1951 bezeichnenderweise fest: „Hier wäre der tiefe Sinn der Landflucht in die Städte zu suchen. Es ist völlig klar, dass das, was einen Bauern am städtischen Leben anziehen kann, fast nichts mit dem zu tun hat, was man zu allen Zeiten als das Leben betrachtet hat. Die gleiche Erkaltung der Liebe zur lebendigen Wirklichkeit ist sicherlich eine der tiefen Ursachen für den Geburtenrückgang, den man in vielen Ländern mit sogenannter fortschrittlicher Zivilisation feststellt."[1]

Aber wodurch gelingt es der Technik, das Lebendige auszutreiben? Primär indem sie das Individuum, die Person, den Einzelfall abstrahiert und generalisiert, gleichschaltet und wiederholbar macht. Der Mensch als Persönlichkeit zerfällt, wenn er technisch oder wissenschaftlich erfasst wird. Politisch wird er in der Massengesellschaft gleichgeschaltet und als Individuum aufgelöst. Wovon linke und rechte Gesellschaftstheoretiker träumten, davon dass das Individuum in der Masse aufgeht, das kritisiert Marcel als Hintergrund für die Austreibung des Lebendigen im Zeitalter der modernen Technik: Die Massen „sind ein degradierter Zustand des Menschlichen. Versuchen wir uns nicht einzureden, dass eine Erziehung der Massen möglich sei: dies ist ein Widerspruch in sich selbst. Nur der Einzelmensch oder, besser gesagt, die Person ist erziehbar. Sonst ist überall nur Raum für eine Dressur."[2]

Um den Menschen völlig zu entwürdigen, bedienen sich die totalitären Staaten der Technik. Ohne diese wäre der Totalitarismus schwerlich denkbar. Denn sie ermöglicht erst die Ent-

---

[1] Marcel, Die Erniedrigung des Menschen (1951), Frankfurt/M. 1957, 105
[2] Ebd., 19

faltung einer Bürokratie, die den Menschen zur reinen Nummer, zum Funktionär reduziert, das Lebendige am Menschen für unbrauchbar erklärt und den Staat vergöttlicht. Die höchste Perversion totalitärer Herrschaft sieht Marcel im Konzentrationslager. Das Individuum wird zum Atom in der Masse.

Durch diese Atomisierung des Menschen treiben Menschlichkeit und Technizismus weit auseinander. Marcel schreibt in seinem berühmten Buch *Sein und Haben* bereits im Jahre 1935, in dem Jahrzehnt, in dem er wohl am stärksten die französische Philosophie beeinflusste: „In der Tat sehen wir, dass die außerordentliche Vervollkommnung der Technik mit einer maximalen Verarmung des inneren Lebens verbunden ist. Das Missverhältnis zwischen der Ausrüstung, die dem Menschen zur Verfügung gestellt wird, und den Zielen, die dieser zu realisieren hat, erscheint immer deutlicher."[1]

Der Mensch wollte sich mit der Technik auf der Erde ausbreiten und sich zugleich fest verwurzeln. Er wollte sichere und bequeme Lebensverhältnisse schaffen. Das Gegenteil tritt ein. Mit der Technik etabliert sich der Mensch nicht auf der Welt. Kein Prozess der Individualisierung findet statt, wie ihn viele heute beklagen, sondern einer der Entindividualisierung. In ihm verliert der Mensch auch den Bezug zur konkreten Örtlichkeit in der Welt. Marcel beseelt quasi eine Vorahnung der Globalisierung im selben Jahrzehnt, an dessen Beginn der konservative Ernst Jünger sein Buch *Der Arbeiter* veröffentlicht, in dem er bemerkt: „Die Technik, das heißt: die Mobilisierung der Welt durch die Gestalt des Arbeiters, ist, wie die Zerstörerin jedes Glaubens überhaupt, so auch die entschiedenste antichristliche Macht, die bisher in Erscheinung getreten ist."[2]: Einerseits lässt sich die Technik unabhängig vom spezifischen Charakter des jeweiligen Ortes überall ein-

---

[1] Marcel, Sein und Haben (Etre et Avoir, 1935), 2. Aufl. Paderborn 1968, 202
[2] Ernst Jünger, Der Arbeiter – Herrschaft und Gestalt (1932), Stuttgart 1982, 161

setzen. Andererseits gleicht sie weltweit die Lebensbedingungen an. Überall liefert sie dieselben Hochhäuser, Fabriken, Verkehrs- und Lebensmittel. Die Technik entörtlicht den modernen Menschen. Marcel schreibt: „Müssen wir nicht sowohl im Weltmaßstab als auch auf der Ebene der nationalen Existenz feststellen, dass die Entwicklung der Verbindungen eine wachsende Uniformität der Existenzweise nach sich zieht? Anders ausgedrückt: diese Vervollkommnung der Verbindungen verwirklicht sich überall auf Kosten der Individualität, die mehr und mehr zu schwinden droht."[1]

Dieser Prozess der Entindividualisierung und der Austreibung des Lebendigen besitzt aber noch einen tieferen Hintergrund in der technischen und naturwissenschaftlichen Denkweise selbst: Mechanismus und Funktionalismus erklären die Welt auf allgemein abstrakte Weise. Der technisch wissenschaftliche Rationalismus reduziert dadurch Leib und Geist auf berechenbare Größen. Was er derart nicht verstehen kann, schließt er als unsinnig aus. Auf die hoffenden oder bangenden, also lebendigen Fragen der Menschen zwischen Geburt und Tod weiß er keine Antworten. „Wie sollte man nicht sehen, dass die Demut, die Scham oder die Keuschheit sich wesensmäßig dagegen sträuben, sich logisch auflösen zu lassen, das heißt ihr Geheimnis dem mit Vernunftschlüssen arbeitenden Denken auszuliefern?"[2]

Das Lebendige verkörpert für Marcel weder einen biologischen noch hermeneutischen Willen zur Macht, kulminiert also weder im Töten noch im Herrschen. Insofern unterscheidet sich Marcel deutlich von Hobbes und Nietzsche: der Mensch ist kein egoistisches Wesen. Das Lebendige kann wie das Individuelle rational gar nicht erfasst werden, weil sich beide eben in den hoffenden, bangenden, staunenden und bewundernden Fragen ausdrücken: Der Mensch hat für Marcel ein metaphysisches Wesen, das allerdings an die leibhaftige Existenz rück-

---

[1] Marcel, Die Erniedrigung des Menschen (1951), 96
[2] Marcel, Philosophie der Hoffnung (1944), 38

gekoppelt bleibt. Das Christentum orientiert sich für Marcel nicht jenseitig, sondern in ihm kulminiert das Lebendige und das Individuelle: In Christus ist Gott Mensch geworden und verheißt jedem Menschen die Teilhabe am Reich Gottes, und zwar in Form der eigenen Seele, also der Individualität.

Der technisch wissenschaftliche Rationalismus dagegen erstreckt sich nur auf einen Teilbereich, damit nur auf eine berechenbare Scheinwelt, eigentlich auf eine falsche Welt, wie Marcel betont. Das Leben entzieht sich der Beherrschung und der Berechnung wie das Heilige. Dem Rationalismus bleibt das Leben daher dunkel, ein Geheimnis. Religiös spricht man vom Mysterium. 1955 stellt Marcel fest: „Es ist selbstverständlich keine Rede davon, den Wert der von den spezialisierten Wissenschaften erzielten Ergebnisse zu bestreiten. Wir müssen nur einsehen, dass wir, obwohl wir immer mehr Dinge vom Menschen erfahren, uns vielleicht immer weniger über sein Wesen im klaren sind. Ich wäre sogar geneigt, mir die Frage zu stellen, ob diese Überfülle von Einzelkenntnissen nicht letzten Endes blind macht."[1] Rationalismus heißt für Marcel, die ganze Welt in objektiven und mechanistischen Begriffen aufgehen zu lassen, die Reichweite rationaler Begriffe also zu übertreiben. Da rationale Begriffe auf das Allgemeine abzielen, verfehlen sie nicht nur das Individuelle wie den Einzelfall. Sie reichen an das Sein selbst nicht heran, an das, was hinter den bloß berechenbaren Erscheinungen sich eröffnet. Diese Perspektive auf den Rationalismus vertritt im selben Zeitraum auch Martin Heidegger, der im vorstellenden Denken in der technischen Welt nicht nur die Distanz zwischen Denken und Sein betont, sondern darin zugleich die Möglichkeit begründet sieht, dass sich das vorstellende Denken ins Riesenhafte und Planetarische ausbreitet – vom Globalen spräche man heute.

Vielleicht liegt diese Kritik am Rationalismus bereits in der Kindheit von Marcel begründet. Denn nach dem Tod seiner

---

[1] Marcel, Der Mensch als Problem (1955), 2. Aufl. Frankfurt/M. 1957, 80

leiblichen Mutter genießt er die strenge, rationale Erziehung seiner liberalen, aber nichtchristlichen Stiefmutter. Auch als Gymnasiast lernt er den zeitgenössischen Rationalismus kennen. Als Student an der Sorbonne und am Collège de France in den Jahren zwischen 1906 und 1910 und unter dem Einfluss des französischen Lebensphilosophen Henri Bergson erweist sich ihm der Rationalismus definitiv als ungenügend und zu eng. Erleben musste er diese Schwäche des Rationalismus außerdem, als er ob seiner fragilen Gesundheit im ersten Weltkrieg in einem Auskunftsbüro des Roten Kreuzes die Fragen besorgter Angehöriger beantworten musste.

Marcel nimmt im Anschluss an Bergson, aber doch auf eigenen Wegen, den Kampf gegen den Geist der Abstraktion auf. Dementsprechend präsentiert sich sein Werk eher als unsystematisch und erscheint geradezu unwissenschaftlich, wenn ein Großteil seiner philosophischen Texte aus Tagebüchern besteht, nämlich aus *metaphysischen Tagebüchern*, die sich schon ihrer Form nach der rationalistischen Logik entziehen. Darüber hinaus schreibt er wie Sartre und Camus Dramen, in denen er die existenzielle Situation des Menschen in einer entfremdenden, gottlosen Welt darstellt. Marcel sagt über sein bekanntestes Theaterstück „*Eine zerbrochene Welt*? Lässt sich dieses Wort wirklich vertreten? Hat uns nicht etwa ein Fabelbild einer Zeit zum besten, in der diese Welt ein Herz gehabt hätte? Hier heißt es auf der Hut sein. Es wäre ohne Zweifel äußerst gewagt, ein Zeitalter heraufrufen zu wollen, in dem die Einheit der Welt den Menschen überhaupt unmittelbar fühlbar gewesen wäre. Dass wir jedoch – dass einige von uns – diesen Bruch mit solcher Kraft erleben können, ist nur deshalb möglich, weil wir in uns zwar nicht sowohl eine Erinnerung an solche Einheit bewahren als die Sehnsucht nach ihr. Noch wichtiger indessen ist es, zu begreifen, um wie viel stärker dieses Gefühl der Zerfallenheit dadurch wird, dass wir doch scheinbar einer zunehmenden Einigung unserer Welt – also der Erde – beiwohnen."[1]

---

[1] Marcel, Geheimnis des Seins (1951), Wien 1952, 37

Das menschheitliche Denken gaukelt für Marcel im Zeitalter des planetarischen Zusammenwachsens eine Einheit nur vor, hinter der jedoch tiefe Entfremdungsprozesse lauern. Die Menschheit, die sich mittels der Technik weltweit zu einen scheint, treibt mit dem Heiligen nicht nur das Lebendige wie Individuelle aus. Zudem wird ein vertraulich freundliches Zusammenleben auch immer seltener. Das Mitsein der Menschen untereinander, die Brüderlichkeit geht verloren. Die rationalistische Tilgung aller metaphysischen Bezüge des Menschen begleitet eine tiefe soziale Krise, in der die traditionellen christlichen Werte zerfallen. Marcel spricht schon in der Mitte des Jahrhunderts vom Werteverfall – eine Redeweise, die vornehmlich der Kommunitarismus als Antwort auf den Liberalismus in den achtziger Jahren des 20. Jahrhunderts aufgreifen wird. Alasdair MacIntyre als christlich orientierter Kommunitarist hat in seinem programmatischen Buch *Verlust der Tugend* Gabriel Marcel als eigenen Vorläufer völlig übersehen.

Aber Marcel hat manche Argumente entwickelt, auf die viele heute zurückgreifen: Die vermeintliche, technisch errungene Autarkie über Natur entlarvt sich als Hybris eines unmenschlich gewordenen Menschen. Marcel distanziert sich 1951 daher vom damals äußerst populären Existentialismus: „Und wie wollte man verhindern, dass diese simulierte oder parodistische *autarkia*, die (der Mensch) sich verleiht, in ein verdrängtes Ressentiment gegen sich selbst entartet und in die Techniken der Entwürdigung mündet? Es gibt einen übersehbaren Weg, der von den Abtreibern, bei denen die Kundschaft Sartres ein- und ausgeht, zu den Todeslagern führt, in denen sich Folterknechte auf Menschen stürzen, die sich nicht zur Wehr setzen können."[1] Das ist wohl indirekt der erste Vergleich der Abtreibung mit Auschwitz.

Für Marcel – darin gipfelt seine Gegenwartsdiagnostik – steht die moderne Welt der Industrie- und Massengesellschaft vor der Alternative, entweder als Ameisenhaufen zu verkom-

---

[1] Marcel, Die Erniedrigung des Menschen (1951), 85

men, oder sich darauf zu besinnen, dass sie ihre Einheit und Ganzheit nur in einem mystischen Leib, nur in einer christlichen Besinnung wiederfinden kann. Weder der Marxismus noch der Liberalismus überwinden die Verwerfungen der Moderne, heilen wieder *Eine zerbrochene Welt*. Im Gegenteil, beide haben sie heraufbeschworen. Das Christentum allein, und nur dann, wenn es sich selbst wirklich treu bleibt, vermag wahrhaft friedensstiftend zu wirken. Entweder fällt Frankreich, so Marcel 1951, dem Kommunismus zum Opfer, oder es entsteht eine neue Monarchie, die es mit seinen Traditionen verbindet, wenn sich diese Monarchie auch der heutigen Situation anpassen müsste. „Die Krise, die der abendländische Mensch heute durchmacht, ist eine metaphysische Krise. Und wahrscheinlich gibt es keine gefährlichere Illusion, als sich einzubilden, dass diese oder jene soziale oder institutionelle Verbesserung genügen könnte, eine Unruhe, die aus der tiefsten Tiefe des Seins selbst aufsteigt, beschwichtigen zu können."[1]

Die Krise der traditionellen Werte in der liberalen Gesellschaft und ihre Schwäche gegenüber der kommunistischen Gefahr beklagt zur selben Zeit auch Eric Voegelin. Insofern sieht er auch eine innere Verbindung zwischen Liberalismus und Kommunismus. Arnold Gehlen kritisiert ebenfalls in den fünfziger Jahren die konservativen westlichen Regierungen von rechts: Angesichts des kalten Krieges seien diese trotzdem nicht in der Lage, den Lebensstandard der Bevölkerung zugunsten verstärkter Rüstungsanstrengungen zu senken. Der Lebensstandard sei wie eine Droge: „das Wohlleben ist so etwas wie eine Art Rechtsanspruch geworden. Der tief verpflichtende Klang, den einmal das Wort hatte: ‚Im Schweiße deines Angesichts sollst du dein Brot essen', der ist ja durch erfinderischen Fortschritt aus der Welt geschafft worden."[2] Für Gehlen ist der Mensch ein Mängelwesen, das nicht nur der

---

[1] Marcel, Die Erniedrigung des Menschen (1951), 46
[2] Arnold Gehlen, Die Rolle des Lebensstandards in der heutigen Gesellschaft (1952); in: Einblicke, Werke Bd. 7, Frankfurt/M. 1978, 18

technischen Hilfe bedürftig ist, auch der staatlichen Lenkung. Das Individuum spielt für ihn ähnlich wie für andere rechte Denker wie Carl Schmitt keine Rolle. Davon setzt sich Marcel ab, auch wenn er das Individuum nur religiös bestimmt, so dass es sich daran zu orientieren hat.

2. Der Konflikt zwischen Individuum und Gesellschaft

Damit stellt sich die Frage, inwieweit Gabriel Marcel Chancen erblickt, dieser verhängnisvollen Entwicklung zu entgehen. Eine Abkehr von der Technik oder einen Ausstieg aus der kulturellen Entwicklung, zu einem anderen, früheren geschichtlichen Stadium zurückzukehren, das liegt nicht im Bereich der menschlichen Möglichkeiten. Der Mensch muss sich von jetzt an mit der Technik einrichten, da die historische Entwicklung unumkehrbar bleibt. Wenn er sich von dieser distanziert, würde er sich selbst verleugnen. Vielleicht ist das einer der Gründe, warum die ökologische Debatte Marcel kaum beachtet.

Doch der rationale Charakter der Technik wie der modernen Wissenschaften verstellt wesentliche Perspektiven der Reflexion. Marcel schreibt: „Mit Recht setzen uns die Rechenmaschinen in Erstaunen, und ich bin meinerseits nicht in der Lage zu sagen, bis zu welcher Vollendung sie gebracht werden können. Mit voller Gewissheit können wir jedoch sagen, dass es niemals möglich sein wird, eine Maschine zu konstruieren, die in der Lage ist, *sich* über die Bedingungen ihrer Möglichkeit und die Grenzen ihres Wirkungsvermögens *zu befragen*. Hier kommt der innerste Zusammenhang zwischen Reflexion und Mysterium, der am Ursprung meines ganzen Werkes steht, zum Vorschein."[1] Letztlich bleibt das eine Frage der Interpretation. Und ob die Rechenmaschinen, das nicht leisten werden, was Marcel unterstellt, hängt davon ab, wie die sogenannten Experten dergleichen interpretieren. Was ein Algorithmus kann, wird gerne als dasselbe interpretiert, was der Mensch kann. Derart

---

[1] Marcel, Die Erniedrigung des Menschen (1951), 17

lässt sich auch die Mystik berechnen. Aber ob das noch Mystik oder auch nur Reflexion ist, werden die Freunde der Digitalisierung dieser zurechnen und es wird ihnen egal sein, dass das nicht dasselbe sein kann.

Marcel schreibt weiter: „Nur sind wir zu der Feststellung gezwungen, dass je mehr die Techniken voranschreiten, desto mehr die Reflexion zurückgeht, – und ich glaube nicht, dass hier etwas Zufälliges vorliegen kann. Übrigens behaupte ich nicht, dass dieser Zusammenhang im eigentlichen Sinne verhängnisvoll ist. Sicher erscheint jedoch, dass der Fortschritt und vor allem die außergewöhnliche Verbreitung der Techniken darauf abzielen, eine geistige oder richtiger anti-geistige Atmosphäre zu schaffen, die der Ausübung der Reflexion so ungünstig wie möglich ist.“[1] Damit hat er recht behalten. Für ihn ist die rationale Reflexion einseitig, da sie sich nur auf Gegenstände als Objekte in der beschränkten Erfahrungswelt bezieht, wie sie von den modernen Wissenschaften entworfen und vor allem berechnet wird. Die rationale nennt Marcel erste Reflexion, die jene Perspektiven behindert, die über sie hinaus weisen, wenn nicht sogar verdrängt. Vor allem wirkt sie abstrahierend, indem sie vom einzelnen absieht und auf das Allgemeine hinzielt, indem sie das konkrete Leben nur aus einer engen rationalen Perspektive betrachtet. Trotzdem bleibt sie für Marcel die Basis der Reflexion.

Ihr stellt Marcel eine zweite Reflexion gegenüber. Die erste Reflexion zergliedert die Welt gemäß ihrer Kategorien. Die zweite Reflexion überwindet und versöhnt diese Zersplitterung, indem sie die Einseitigkeit der ersten aufhebt. Die erste Reflexion erfasst die Welt nur in Objekten, eben in *Gegen-ständen*, die dem Menschen *entgegen-stehen* und die er aufgrund einer gewissen Distanz betrachten kann. Der Mensch bleibt diesen Objekten als Subjekt fremd. Die zweite Reflexion dagegen lässt den Menschen an der Welt teilhaben. In der zweiten Reflexion wird der Mensch nicht gegenüber der Welt in distan-

---

[1] Marcel, Die Erniedrigung des Menschen (1951), 17

zierte Stellung gebracht, sondern selbst als Teil dieser Welt verstanden, an der er eben teilnimmt. Teilnehmend aber nicht objektivierend begegnet der Mensch dem eigentlichen Sein, dem wirklichen Leben. Das wirkliche Leben gründet nicht in der rationalistischen Verallgemeinerung, sondern in der Teilhabe aller Einzelheiten am Ganzen, so dass auch alle Einzelheiten beachtet werden müssen. Auch Martin Heidegger plädiert für ein anderes Verständnis von Denken, das nicht im Rechnen aufgehen soll, sondern sich als Achten auf das Vorliegende versteht, wie es bei Parmenides bereits anklingt.

Für Marcel überwindet nur diese Teilhabe am Ganzen des Seins die Subjekt-Objekt-Spaltung, die René Descartes mit seinem berühmten *Cogito ergo sum – ich denke, also bin ich* in die Philosophie einbrachte. Das kartesische *Cogito*, das *ich denke* stellt den Menschen der Welt entgegen und gegenüber. Er denkt selbst unabhängig von der Welt, aber nimmt an ihr auch nicht mehr teil, ist nicht mehr eins mit ihr. Der Mensch denkt nicht mehr *mit* der Welt. Marcel schreibt im Tagebuchteil von *Sein und Haben* am 12. Juni 1929: „Man wird nie genug betonen können, wie sehr die Formel *es denkt in mir* dem *cogito* vorzuziehen ist, das uns dem reinen Subjektivismus ausliefert. Das ‚Ich denke‘ ist keine Quelle, es ist ein Verschluss."[1] Auch einer der vielen Versuche, dem Subjektivismus zu entgehen. Metaphysisch mag das angehen, empirisch sicherlich nicht.

Mit der zweiten Reflexion will Marcel zu einer positiven Philosophie vorstoßen, die die Subjekt-Objekt-Spaltung nicht nur überwindet, sondern erkennt, dass das Band zwischen Subjekt und Objekt, zwischen Mensch und Welt als Teilhabeverhältnis unauflöslich ist. Die zweite Reflexion muss der Wirklichkeit nachspüren. Das eigentliche Sein selbst isoliert den Menschen nicht: Eben dieses Sein fordert ihn vielmehr heraus, treibt sein Denken an: Das *es denkt* öffnet den Menschen gegenüber der Welt und schließt ihn nicht ab. Denn das Sein

---

[1] Marcel, Sein und Haben (1935), 29

selbst, die Welt, das Leben inspirieren den Menschen. Dieses Denken dreht sich nicht um sich selbst wie das Cogito von Descartes.

Der Mensch bleibt eingebunden in das Ganze des Seins. In einer Vielfalt von Bezügen nimmt es am Sein Anteil – ein Seinsverständnis, das sich von demjenigen Heideggers allerdings grundsätzlich unterscheidet und dem Sartres eher nahesteht. Eben die Idee der Teilhabe integriert den Menschen ins Sein und enthebt ihn der rationalistischen Distanz zu den Objekten. Die zweite Reflexion entwickelt daher auch ein anderes Verhältnis zu ihren Gegenständen als die erste, die ihre Objekte als Probleme erfasst, die man technisch lösen muss. Die zweite Reflexion bezieht sich dagegen auf Metaproblematisches, das über das Rationale hinausweist. Marcel schreibt: „Im Gegensatz zur Welt des Problematischen, die (. . .) ganz und gar vor mir ist, ist das Mysterium etwas, in das ich mich engagiert finde, und zwar, wie ich hinzufügen möchte, nicht teilweise durch irgendeinen bestimmten und spezialisierten Aspekt meiner selbst engagiert, sondern im Gegenteil ganz und gar engagiert, insofern ich eine Einheit verwirkliche, die sich übrigens schon ihrer Definition nach nie selbst erfassen kann und nur Gegenstand der Schöpfung und des Glaubens sein kann."[1]

Für den Menschen, der in das Mysterium engagiert ist, so Marcel, entfaltet sich daraus eine lebendige Erfahrung. Diese zweite Reflexion stellt selbst ein Denken dar, das die rationale Welt des Cogito und des abstrakt Problematischen überschreitet, eben zum Metaproblematischen, zum *Meta-physischen* hin transzendiert. Insofern beschränkt sich die zweite Reflexion natürlich nicht auf die Gegenwart und die sinnliche Wahrnehmung. Aber sie verzichtet auch nicht auf sie, blendet sie nicht in völliger Jenseitsorientierung aus. Im lebendigen transzendierenden Denken realisiert sich die metaphysische Erfahrung als Teilhabe am Diesseits. Sonst wäre sie schwerlich lebendig. Und die Lebendigkeit – daran ist zu erinnern – hält Marcel im

---

[1] Marcel, Die Erniedrigung des Menschen (1951), 101

Mysterium fest und dem abstrakten Rationalismus entgegen, der damit nichts anfangen kann. Das Lebendige ist rational nicht zu fassen – eine Einsicht der Lebensphilosophie, die auch bei weniger religiös motivierten Denkern eine Rolle spielt.

Georg Simmel erkennt dementsprechend einen unvermeidbaren Konflikt zwischen dem Leben und den Kulturformen, die einen Erstarrungsprozess des Lebens verkörpern. Für Marcel haftet am Leben schlicht Geheimnisvolles. In seinem Buch *Gegenwart und Unsterblichkeit*, das weitgehend aus Tagebüchern besteht, schreibt er 1959: „Ich zweifle allerdings nicht daran, dass manche gegen einen Versuch wie den hier unternommenen protestieren und den Wert und die Berechtigung eines Denkens bestreiten, das sich jenseits der Objektivität bemüht, bestimmte konkrete Zugangsmöglichkeiten zur Offenbarung zu zeigen. Dabei müssen wir freilich kategorisch erklären, dass das Bild der Brücke abgelehnt werden muss (. . .), weil es für das philosophische Denken im eigentlichen Sinne nicht in Frage kommen kann, in irgendeiner Hinsicht auf das Gebiet der Offenbarung überzugreifen. Ich bleibe indessen überzeugt, dass es wichtig ist, zu zeigen, wie sich die Reflexion da, wo sie sich in allen ihren Dimensionen entfaltet, in einem unwiderstehlichen Schwung einer Behauptung zukehrt, die sie übersteigt, sie aber letzten Endes über sich selbst und über ihre eigene Natur erleuchtet."[1]

Der Ort, an dem sich die zweite Reflexion realisiert, findet sich nicht in einer höheren Wissenschaft oder Theologie. Der Existentialismus Marcelscher Prägung ist keine Wissenschaftstheorie, sondern eine Philosophie der konkreten Existenz des Individuums, die auf die Begegnung mit dem anderen Menschen nicht verzichten kann. Die zweite Reflexion öffnet eine Dialogbeziehung zu Gott, sonst würde sie die erste Reflexion nicht transzendieren und den Menschen nicht zum Mysterium hin öffnen. Offenheit und Dialogverhältnis weisen den Men-

---

[1] Marcel, Gegenwart und Unsterblichkeit (1959), Frankfurt/M. 1961, 305

schen aber zum Anderen, prägt die zweite Reflexion eine Struktur des Mitseins, nicht die Differenz zum Anderen, sondern die Einheit mit dem Anderen.

Begegnungen mit vielen bedeutenden Zeitgenossen beherrschten auch Marcels Leben. 1909 lernte er André Gide kennen und schloss sich der Zeitschrift *Nouvelle Revue Francaise* an, die die französische Literatur des 20. Jahrhunderts mitbestimmen sollte. Nach dem Studium arbeitete er kurze Zeit als Philosophielehrer an Pariser Gymnasien, bevor er dann Lektor bei verschiedenen Verlagen wurde. Zwar war er mit Gastvorlesungen an Universitäten präsent, wie andere berühmte Existentialisten schlug er die Hochschullehrerlaufbahn nicht ein. Vor allem prägte ihn die Begegnung und lebenslange Freundschaft mit Charles Du Bos, der der Bewegung *Renouveau Catholique* angehörte. Diese Freundschaft begleitete ihn schließlich auch vom Judentum zum Katholizismus. Am 5. März 1929 notiert Gabriel Marcel in seinem metaphysischem Tagebuch: „Ich zweifle nicht mehr. Wunderbares Glück heute Morgen. Ich habe zum ersten mal ganz klar *die Gnade* erlebt. Diese Worte sind erschütternd, aber es ist so. Ich war zuletzt vom Christentum überwältigt; und ich bin darin untergetaucht. Glückseliges Versinken! Aber ich will nicht mehr darüber schreiben. Und dennoch drängt es mich dazu. Eindruck des Stammelns . . . es ist wie eine Geburt. Alles ist neu."[1]

Für Gabriel Marcel verfehlt der Rationalismus der Moderne das eigentliche Sein, die Lebendigkeit. Erst die zweite Reflexion verweist auf das Sein, indem sie zur Einsicht gelangt, dass der Mensch daran nicht auf rationale Weise teilnimmt. Wie aber verbindet Marcel das eigentliche Sein konkret mit dem lebendigen Menschen, will er den Vorwurf vermeiden, das Lebendige letztlich aufzulassen – wie der Rationalismus?

Ausgangspunkt für Marcel, um zur Teilhabe von Mensch und Sein zu gelangen, ist die zweite Reflexion. Diese richtet, indem sie auf die konkrete Existenz des Menschen achtet, den

---

[1] Marcel, Sein und Haben (1935), 16

Blick auf die Person selbst. Hier trifft die zweite Reflexion auf die Teilhabe. Der Mensch nimmt am Sein teil, wenn er bei sich ist. Ein solches Bei-sich-sein kehrt nicht in die eigene Innerlichkeit ein, in einen Monolog mit sich selbst. Bei-sich-sein heißt vielmehr Bei-sich-empfangen: Der Mensch, der ansprechbar ist, der sich bereit macht, vom Anderen zu empfangen, auf den Anderen zu hören, der lebt im Zustand der Teilhabe am Sein, und damit in der Offenheit für mögliche Glaubenserfahrungen. Marcels Werk dreht sich immer wieder um den Bezug zum anderen Menschen, bei dem im Hintergrund das göttliche Du mitschwingt. Hierbei gibt es eine gewisse Parallele zu Emmanuel Lévinas, der sich in seinem ersten Hauptwerk auch Bezug auf Marcel nimmt. Die ethische Beziehung beruht für Lévinas wie für Marcel nicht auf einer objektiven, rationalistischen Grundlage. In der ethischen Beziehung begehrt man den Anderen als Offenbarung Gottes. Diese zwischenmenschliche Beziehung überschreitet mit ihrem religiösen und weltkonstituierenden Moment bei Lévinas die reine Ich-Du-Beziehung im Sinne Martin Bubers: „Den Menschen, zu dem ich Du sage, erfahre ich nicht. (. . .) Erfahrung ist Du-Ferne."[1] Das ethisch religiöse Verhältnis zum Anderen ist der Ursprung der Welt, bzw. begegnet man dem Anderen als Gesicht, das man wahrnimmt: „Das Antlitz, indem sich der – absolut andere – Andere präsentiert, (. . .) bleibt nach dem Maß dessen, der es empfängt, es bleibt irdisch."[2] Damit überschreitet Lévinas auch die Konzeption Marcels.

Der Mensch, der für Marcel bei sich selbst ist, trennt sich aber nicht von seiner Körperlichkeit. Unabdingbar eignet dem Selbst nach Marcel die Leiblichkeit. Marcel sagt: „Ich bin mein Körper, (. . .), doch bin ich nicht mein Spaten oder Fahrrad."[3] Und an einer anderen Stelle heißt es: „Ich kann nicht ernsthaft

---

[1] Martin Buber, Ich und Du (1923), Ditzingen 1995, 9
[2] Emmanuel Lévinas, Totalität und Unendlichkeit – Versuch über Exteriorität (1961), Freiburg, München 1987, 292
[3] Marcel, Geheimnis des Seins (1951), 324

sagen: ich und mein Körper."[1] Den Körper darf der Mensch nicht als Instrument missbrauchen, als Mittel zur Lustmaximierung. Im beseelten Körper gehören Leib und Seele untrennbar zusammen und nur in diesem Zusammengehören nehmen sie am eigentlichen Sein wie an der materiellen Welt teil. Marcel stellt fest: „Ich kann mich nicht gänzlich als eine von meinem Körper geschiedene Größe auffassen, die mit ihm in bestimmbarer Beziehung steht. (. . .) in dem Augenblick, in dem mein Körper als Objekt der Wissenschaft aufgefasst wird, ziehe ich mich sofort ins Unendliche zurück."[2] Wenn man seinen Körper als Gebrauchsgegenstand betrachtet, verfehlt man die Teilhabe am eigentlichen Sein: Das Verhältnis zur Welt bestimmt sich dann durch materielle Gegenstände. Das Geheimnis der Seinsteilhabe verbindet jedoch untrennbar Subjekt und Objekt, Körper und Seele. Marcel beachtet also auch den Körper, aber nicht phänomenologisch wie Lévinas das Gesicht sieht.

Der Mensch steht der Welt nicht distanziert gegenüber. „Einerseits werde ich veranlasst, meinen Leib als etwas zu behandeln, was ich besitze und worüber ich auf diese oder jene Weise verfügen kann; andererseits jedoch und in tieferem Sinne weigert sich mein Leib, so behandelt zu werden, und dieser Widerspruch findet seinen Ausdruck in der folgenden, philosophisch recht dunklen Behauptung, die aber so etwas wie ein Protest aus meinem Innersten ist: mein Leib ist nicht etwas, das ich habe, *ich bin mein Leib*."[3]

Ich bin mein Leib, weil der Mensch ihn nicht als Gerät oder Instrument *besitzt*. Marcel unterscheidet das Sein von jeder Form des Besitzes. Zwischen *Besitzen* und *Haben* besteht ein Unterschied. Besitz kann geraubt werden und stellt insofern nur einen Teil von mir dar. Das Haben verweist auf ein geheimnisvolles Besitzverhältnis ähnlich wie die Teilhabe. Marcel schreibt: „Das primäre Objekt, das typische Objekt, mit

---

[1] Marcel, Sein und Haben (1935), 15
[2] Ebd., 13
[3] Marcel, Gegenwart und Unsterblichkeit (1959), 291

dem ich mich identifiziere, und das sich mir dennoch entzieht, ist mein Körper. Es ist, als ob wir hier gleichsam im geheimsten und tiefsten Verließ des Habens ständen. Der Körper ist der typische Fall für das Haben."[1]

Der Leib kann als Gegenstand des Habens missbraucht werden, als Objekt der Lust. Dann verfällt er dem bloßen Zustand des Habens im Sinne von Besitzen und weist nicht darüber hinaus ins eigentliche Sein. In der Leiblichkeit jedoch tangieren sich Haben und Sein, und zwar als Inkarnation. Marcel: *„Ich bin mein Leib* ist in Wirklichkeit eine Kern-Behauptung, eine Angelpunkt-Behauptung, die nur teilweise erhellt werden kann in Sichtweisen, die ich abwechselnd anzuwenden habe, ohne dass jedoch eine von ihnen ausschließlich oder endgültig zugelassen werden kann. Das habe ich im Auge, wenn ich von einem Mysterium der Menschwerdung (incarnation) spreche, die absolut nichts Theologisches enthält."[2]

Leiblichkeit wie Teilhabe sind für Marcel Mysterien, die das distanzierte Verhältnis des Menschen als Subjekt zur Welt als Objekt aufheben. Will der Mensch nicht in der beschränkten Welt der Objekte leben, muss er die Tatsache der Inkarnation anerkennen. Den Menschen will Marcel mit dem Mysterium nicht nur versöhnen, sondern ihn im Gegensatz zur rationalen Reflexion im Mysterium entstehen lassen, indem er die Leiblichkeit des Menschen als Mysterium begreift. Das ist konsequent, denn der Rationalismus reduziert alles Lebendige – auch das Körperliche – auf begrifflich fassbare, also auf stabile Einheiten, denen just das Lebendige abgeht. Spricht man darüber hinaus vom Lebendigen, so kann das ein Rationalismus nicht verstehen. Er würde das als Irrationalismus abtun. Michel Foucault schließt im Grunde an diese Einsicht an, wenn er keinen übergreifenden Begriff von den Zusammenhängen der Welt zu entwickeln versucht, sondern Gegenständen konkret und mikrologisch nachspürt. Er schreibt: „Man muss jene

---

[1] Marcel, Sein und Haben (1935), 175
[2] Marcel, Gegenwart und Unsterblichkeit (1959), 292

dunklen Formen und Kräfte aufstöbern, mit denen man gewöhnlich die Diskurse der Menschen miteinander verbindet (. . .) und in erster Instanz annehmen, dass man es nur mit einer Menge verstreuter Ereignisse zu tun hat."[1] Auf diese Weise im Anschluss an die Einsichten der Lebensphilosophie möchte er vorgeprägten rationalen Ordnungsstrukturen entgehen.

Zur Leiblichkeit wie zur Teilhabe gehört das Haben; es vermittelt zwischen Sein und materieller Welt. Als Besitzen siedelt es in dieser Welt, im *Teil-Haben* nimmt es Anteil am Sein. Daher durchlebt das Haben eine Spannung, die Marcel betont: „Die Tragödie allen Habens besteht unabänderlich in der verzweifelten Anstrengung, ganz mit etwas eins zu werden, das doch nicht eines Wesens ist und sein kann mit dem, der hat."[2]

Leibhaftigkeit – als *Leib zu haben und zu sein* –, verbindet den Menschen nicht nur als Teilhabe mit dem eigentlichen Sein. Genau dadurch tritt er auch mit allen anderen Wesen in Beziehung. Die leibhaftige Teilhabe eröffnet einen Horizont der Welt im Mitsein, also einen mitmenschlichen Dialog. Zwischen dem Sein als notwendig metaphysischer Seite und dem Leib als kontingenter, auch materieller Seite entspringt die Intersubjektivität, indem das Haben beide Seiten verbindet. Marcel: „Wir können uns nur dann in Ausdrücken des Habens bewegen, wenn wir uns in einer Ordnung befinden, die Beziehungen zu anderen als anderen zulässt (. . .) Denn das *Ich habe* kann nur in einer Fühlung mit einem *anderen*, der als anderer empfunden wird, ausgesprochen werden."[3] Der teilhabende Mensch gelangt durch das Haben zum Mitsein, das für Marcel durch Freundschaft, Liebe und Treue geprägt wird. Darüber hinaus tritt es in eine kosmische Universalverwandtschaft ein, in der alle Dinge miteinander in Beziehung treten.

---

[1] Michel Foucault, Archäologie des Wissens (1969), 7. Aufl. Frankfurt/M. 1995, 34
[2] Marcel, Geheimnis des Seins (1951), 140
[3] Marcel, Sein und Haben (1935), 173)

3. Individuelle und politische Kreativität der Treue

So bleibt diese umfassende Verbindung ein Mysterium. Diese Teilhabe mündet in einen schöpferischen Akt des Glaubens, schöpferisch deshalb, weil es über die rationale Betrachtung hinaus Teilhabeverhältnisse bemerkt, die geheimnisvoll sind. Um wahrgenommen zu werden, brauchen sie schöpferische Intuition. „Meine Situation als fleischgewordenes Wesen birgt eine Rätselfrage, auf die es im gegenständlichen Bereich anscheinend keine Antwort gibt."[1] Das Schöpferische übersteigt das materielle Diesseits, indem es neugierig auf die vielfältigen Formen der Inkarnation wird, wie das Sein den Menschen in der Inkarnation als Mysterium umgreift. Damit übernimmt Marcel eine moderne aktive Tugend, nämlich die Kreativität und verknüpft sie mit einem mystischen Seinsverständnis. Aber auch in der Kunst gibt es ein Moment des Unerklärlichen.

Das Schöpferische als Teilhabe übersteigt das Haben und bleibt durch dieses Haben als Leib wie bei der zweiten Reflexion mit der gegenständlichen Welt verknüpft. Marcel wäre kein Existentialist, würde er nicht diese Verbindung zwischen der gegenständlichen Existenz und dem Heiligen betonen. Das Heilige überschreitet das Irdische, bleibt aber daran gebunden. Der Mensch lebt in keiner Distanz zur Welt, als wäre diese wie bei Sartre nur eine Bühne. Gabriel Marcel moniert in einem Tagebucheintrag vom 8. März 1929 lange vor Sartre: „Nur auf Grund einer Illusion, durch Anschluss an eine pragmatische Wissenschaft, welche sich die Wirklichkeit durch ihre Bestrebungen zurechtmacht, glaubt man, ins rein Theaterhafte zu entkommen. Und dort entdecke ich noch undeutlich etwas, das sich offen gestanden noch nicht völlig klar formulieren lässt. Ich könnte ihm Ausdruck verleihen, wenn ich sage, dass die Veränderungen, die eine solche Wissenschaft an der Realität vornimmt, kein anderes Resultat haben (. . .), als sich die Wirk-

---

[1] Marcel, Geheimnis des Seins (1951), 141

lichkeit selbst unverständlich zu machen. Das Wort *entfremden* gibt genau das wieder, was ich sagen will. ‚Ich bin nicht im Theater‘, – diese Worte werde ich mir jeden Tag wiederholen. Eine geistige Urgegebenheit. Die wechselseitige Verbundenheit der geistigen Schicksale, der Heilsplan: das ist für mich das Sublime und Einzigartige im Katholizismus."[1]

Marcel stellt dem rationalistischen Denken eine Philosophie der Teilhabe entgegen, dem objektivierenden Problemdenken das Mysterium. Teilhabe am Mysterium gründet im Leib, der sowohl in ein gegenständliches Haben als auch in eine Verwurzelung im Sein reicht und dadurch die diesseitige Welt mit dem Heiligen verbindet. Aus der Leibhaftigkeit entwickelt sich ein vielfältiges Geflecht von Beziehungen zur Mitwelt. In ihr besitzt der Mensch eine Existenz.

Diese beiden Begriffe, Existenz und Sein, stellt Marcel einander gegenüber. Bereits in seinem Erstlingswerk schreibt er: „Es gibt eine Ebene, auf der nicht nur die Welt keinen Sinn hat, sondern auf der es sogar widersprüchlich ist, die Frage zu stellen, ob sie einen habe; es ist die Ebene der unmittelbaren Existenz; es ist notwendigerweise die der Kontingenz, ist die Ordnung des Zufalls."[2]

Die Existenz beschreibt die diesseitige Welt ohne direkten Bezug zu einem sinnstiftenden Sein, das die Existenz ihres zufälligen und vergänglichen Charakters entheben würde. Für Sartre ist der Mensch in die Existenz geworfen und muss auf sich allein gestellt versuchen, ihr einen Sinn zu verleihen: Die Existenz geht der Essenz voraus. Das verlangt vom Menschen ein hohes Maß an Engagement – das aber in gewisser Hinsicht ihre Spiegelung in Marcels Teilhabeverhältnis findet.

Auch Marcel erkennt eine solche Struktur. Doch das Engagement entspringt keiner individuellen Isolation wie bei Sartre. Vielmehr engagiert sich der Mensch von vornherein in einem Mitsein. Er nimmt essentiell Teil an einem Leben, das in seine

---

[1] Marcel, Sein und Haben (1935), 22
[2] Marcel, Metaphysisches Tagebuch (1927), Wien 1955, 13

Mitwelt integriert ist. Sartre könnte einen solchen immer schon vorhandenen Bezug zur Mitwelt nicht nachvollziehen. Marcel gesteht eine gewisse Schwierigkeit ein, wenn für ihn die Existenz auf geheimnisvolle, nicht einfach erklärbare Weise im Sein wurzelt.

Auf jeden Fall ist für ihn das existentielle Erleben nicht wie für den Liberalismus egozentriert, sondern Tat, Einsatz, Hingabe. Nur die ästhetische Existenz verliert sich exzentrisch im Genuss ihrer selbst, so dass es nicht verwundert, wenn die Flucht in die Kunst – ein im 20. Jahrhundert beliebter Ausweg, um der tragischen Existenz zu fliehen – notorisch in der Sinnlosigkeit endet (man denke an Woody Allen oder Eric Rohmer). Die ethische Existenz dagegen konzentriert sich – so Marcel – auf das Engagement und den Kampf für den Anderen. Sartre würde das gar nicht anders sehen. Allerdings hat der Mensch die freie Wahl, sich für eine Existenzform zu entscheiden. Er ist sogar zur Entscheidung gezwungen – eine Struktur, die Sartre von Sören Kierkegaard übernimmt, den Marcel trotz dessen religiöser Orientierung praktisch nicht beachtet.

Für Marcel verwickelt sich die Existenz des einzelnen dagegen in konkrete Bezüge und entwickelt eine intime und persönliche Gemeinschaft mit einer sie umgreifenden Realität. Dieser Bezug zur Umwelt ist kein persönlicher exzentrischer Genuss, sondern die Teilhabe, zu tun, was diese Umwelt braucht. Daher besitzt die Existenz für Marcel einen religiösen Ursprung im Leiden der anderen Menschen, während nach Sartre die anderen auch gefährlich werden können.

Für Marcel mangelt es der Existenz zwar an einer ursprünglichen Einheitlichkeit. Der Mensch ist ähnlich wie bei Sartre in die Existenz geworfen. Aber der Mensch kann an das Sein als bereits vorhandener sinnstiftender Instanz anschließen. Getrennt bleiben Existenz und Sein trotzdem. Marcel schreibt: „Mag ich auch meine Existenz feststellen, mein Sein hingegen kann für mich nicht Gegenstand einer Feststellung werden. Man ist versucht zu sagen: mich trennt von meinem Sein immerzu ein Abstand, den ich zwar zu verringern vermag, den zu beseitigen ich jedoch – zumindest in diesem Leben – nicht hoffen darf."[1]

Das Sein verkörpert den mystischen Gesamtzusammenhang, in den alle Existenz eingebunden ist. Dieses universelle Sein verleiht dem Leben des Menschen Sinn, indem er auf die Strukturen seiner Existenz verwiesen wird. Doch im Gegensatz zur Existenz lässt sich das Sein nicht objektiv beschreiben. Allen derartigen Bemühungen entzieht es sich. Marcel: „Das Sein ist um so uncharakterisierbarer, d.h. unbesitzbarer und in jeder Weise transzendenter, je mehr es Sein ist, dann haben die Attribute nur den negativen Sinn, dass sie uns in einer völlig inadäquaten Sprache sagen und übersetzen, dass das absolute Sein in derartigen Determinierungen völlig unfassbar ist, die sich immer nur auf ein *vermindertes Sein* beziehen, auf ein Objekt, dem wir uns gegenüberstellen, weil wir uns auf seine und weil wir es auf unsere Maßstäbe verkürzen."[2]

Zweite Reflexion und Teilhabe ermöglichen dem Menschen von der Existenz emporzusteigen, um am umfassenden Sein zu partizipieren. Die Basis dazu ergibt die Leiblichkeit, die zwischen der rein gegenständlichen Welt und dem Mysterium vermittelt. Der Mensch *hat* seinen Leib nur in einseitiger Perspektive. Im bloßen Haben bedeutet Freiheit, die beliebige Verfügbarkeit: Der Mensch kann mit seinem Körper machen, was er will! Die Freiheit wird erst schöpferisch, wenn sie diese existentielle Ebene überschreitet und ihre Wurzel im Sein erkennt. Sie bindet den Menschen in den metaphysischen Zusammenhang ein, indem sie ihn von der Einseitigkeit einer bloß physisch verstandenen Welt befreit, eine Freiheit, die nicht auf dem instrumentellen Umgang mit der physischen Welt beruht. Der Mensch ist dann nicht mehr Herr der Welt, sondern er stößt auf eine geheimnisvolle Weise in eine Region vor, wo er die Stimme des Seins vernimmt und versucht ihr in Religion, Kunst und Metaphysik zu antworten. Insofern ist das eigentli-

---

[1] Marcel, Geheimnis des Seins (1951), 330
[2] Marcel, Sein und Haben (1935), 182

che, das echte Sein transzendent, mystisch, heilig: *Geheimnis des Seins* lautet ja auch der Titel von Marcels Hauptwerk.

Trotzdem ist das Sein für Marcel auch nicht etwas Unbekanntes, ein undurchdringlicher Ort, ein absolut fremdes Wesen. Vielmehr prägen Widersprüche das Verhältnis des Menschen zum Sein: Der Mensch kennt den Charakter des Seins und er kennt ihn nicht. Primär als fragen, versteht auch Marcel sein eigenes Philosophieren. Daher würde er seine Philosophie selber lieber christlichen Sokratismus als katholischen Existentialismus nennen. Trotz fundamental unterschiedlichem Seinsverständnis ähneln sich hier Marcel und Heidegger. Für letzteren ist das Fragen die Frömmigkeit des Denkens.

Der Bezug zum Sein beruht zudem bei Marcel wie in der sokratischen Dialektik auf dem Dialog. Doch für Marcel steht dabei natürlich das Du im Vordergrund. Der Mensch begegnet dem Sein im Horizont der Intersubjektivität, wenn er andere Menschen trifft. Marcel konstatiert: „Nur insoweit geht es mir um das Sein, als mir die unterliegende Einheit mehr oder minder deutlich bewusst wird, die mich mit anderen, von mir als Realität erfühlten Wesen verbindet."[1] Doch die Intersubjektivität erschöpft sich nicht in der Begegnung.

In der Intersubjektivität taucht vielmehr das Antlitz Gottes auf, das die zwischenmenschliche Begegnung endgültig zu einem Mysterium erhebt. Denn das Antlitz Gottes erscheint als die dialogische Form des Mitseins. Das göttliche Du stiftet im Sein eine universale Intersubjektivität. Gott ist für Marcel selbst das absolute Du. Der gläubige Mensch hat am Sein Anteil, wenn er Gott begegnet. Seine Existenz findet sich ins Sein eingebunden, d.h. in eine umfassende Intersubjektivität. Das echte Sein lässt sich als Intersubjektivität umschreiben, aber seine Ganzheit lässt sich damit nicht ausdrücken.

Diese Konzeption ist derjenigen von Lévinas nicht fern, unterscheidet sich aber strukturell. Für Lévinas öffnet sich mit dem Gesicht des Anderen und seiner letztlich unfassbaren

---

[1] Marcel, Geheimnis des Seins (1951), 314

Andersheit nicht nur das Unendliche, in dem das Göttliche vorscheint. In seinem zweiten Hauptwerk begreift Lévinas diese transzentente Herkunft der zwischenmenschlichen Beziehung nicht als Sein, sondern als ein *Jenseits des Seins*, weil diese Herkunft nicht phänomenologisch erfassbar ist, präsentiert sich die Ontologie als Phänomenologie. Lévinas entwickelt also auch in dieser Hinsicht trotz einer gewissen Nähe genau das umgekehrte Verhältnis als Marcel und grenzt sich auch von Sartre ab: „Der Ausdruck das *Andere* des Seins – das Anders-als-sein – behauptet eine Differenz jenseits derer, die das Sein vom Nichts trennt: nämlich gerade die Differenz des Jenseits, die Differenz der Transzendenz."[1]

In der göttlich gestifteten Intersubjektivität hält Marcel gleichzeitig die Lebendigkeit zwischenmenschlicher Beziehung fest. In sie geht auch die konkrete menschliche Existenz ein, die nur durch die Hingabe und die Liebe zum anderen Menschen ihrer rationalistischen Zersplitterung enthoben und in der Einheit des Seins aufgehoben ist. Dieser Weg muss immer wieder neu von der Existenz zum absoluten Sein durchschritten und durchlitten werden. Die Geborgenheit des Glaubens muss immer wieder neu errungen werden.

Das entspricht Marcels fundamentalen Erfahrungen in der Kindheit, als er sich von der leiblichen Mutter geborgen fühlte und ihren Tod als Schock erlebte. Ihm blieb die Sehnsucht nach dem Unsichtbaren, nach der Auflösung der Gegensätze, die die leibliche Mutter für ihn symbolisierte. Vor allem aber sieht er die Liebe herausgefordert. Marcel erzählt in *Gegenwart und Unsterblichkeit*: „Ich meine hier das Hinscheiden meiner Mutter, die ich verloren habe, als ich noch nicht ganz vier Jahre alt war. Ich stelle ohne Zögern fest, dass sich mein Leben schlechthin – und auch mein geistiges Leben – unter dem Zeichen des Todes des Nächsten entwickelt hat. Und hier ist auch der ferne Ursprung der Kontroverse zu suchen, die mich auf

---

[1] Lévinas, Jenseits des Seins oder anders als Sein geschieht (1978), Freiburg, München 1992, 25

dem Descartes-Kongress im Jahre 1937 mit Léon Brunschvicg zusammengeraten ließ. Als er mir vorwarf, ich messe meinem eigenen Tod mehr Bedeutung bei als er dem seinen, antwortete ich ihm, ohne zu zögern: ‚Was zählt ist weder mein Tod noch der Ihre, sondern der Tod dessen, den wir lieben.' Mit anderen Worten: das Problem, das einzige wesentliche Problem wird durch den Konflikt von Liebe und Tod gestellt. Ist in mir eine unerschütterliche Gewissheit vorhanden, so die, dass eine Welt, die von der Liebe verlassen ist, im Tod versinken muss, dass aber auch dort, wo die Liebe fortdauert, wo sie über alles triumphiert, was sie entwürdigen will, der Tod endgültig besiegt wird."[1]

Marcels Antwort auf das technische Zeitalter propagiert eine Kehre zu einem religiös geprägten, ganzheitlichen Seinsverständnis, in dem das bloße Existieren im Diesseits überstiegen wird. Diese Perspektive einer metaphysischen und leibhaftigen Teilhabe am Sein entfaltet sich aus einer zweiten Reflexion heraus, die ihrerseits die erste bloß rationale Reflexionsstufe der Wissenschaften und der Technik übersteigt.

Wie seine Zeitgenossen Martin Heidegger und Theodor Adorno weiß Marcel, dass sich die Kulturentwicklung kaum wenden lassen wird, jedenfalls nicht durch ein rein technisches Handeln. Wenn also eine konkrete praktische Änderung des Weltzustandes nicht in Sicht erscheint, dann fliehen so manche philosophische Positionen des 20. Jahrhunderts in die Kunst. Diesen Weg beschreitet Marcel nicht. Und doch erscheint Marcels eigene Perspektive damit vergleichbar: „Ich glaube, dass in der tragischen Situation, in der die Welt sich heute streitet, eine bestimmte konkrete Metaphysik, die gleichsam der intimsten persönlichen Erfahrung angepasst ist, für viele Seelen eine wichtigere Rolle spielen kann als Kunst oder Lyrik."[2] Theodor Adorno, der mit dem ethischen Ausgangspunkt im kulturell bedingten, und praktisch unvermeidbaren Leiden

---

[1] Marcel, Gegenwart und Unsterblichkeit (1959), 287
[2] Marcel, Sein und Haben (1935), 218

Marcel in dieser Hinsicht gar nicht so fern steht, kann als kritischer Marxist nur den Weg in die Kunst antreten, die für ihn die letzte aufklärerische Rolle einnimmt, die wie die Philosophie nicht religiös überstiegen werden kann.

Angesichts des technischen Zeitalters folgt Marcel dem Weg in ein religiöses Seinsverständnis, das dem einzelnen einen konkreten Lebenssinn zeigen soll. Und wohin weist ein solches Seinsverständnis den einzelnen? Angesichts des Werteverfalls in der modernen Gesellschaft bleibt nichts anderes als ein Plädoyer für traditionelle Werte. Doch Marcel erneuert nicht deren religiöse Begründung. Vielmehr verknüpft er die traditionellen Werte mit der leibhaftigen Existenz und der schöpferischen Teilhabe am Sein, also mit der Situation des Menschen.

Woher schöpft der Mensch die Kraft, um dem Wertezerfall zu entgehen? Das Lebendige findet sich nicht im technischen Fortschritt. Schöpferische Kraft siedelt dort, wo man durch Reflexion und Intuition versucht, den Rationalismus in Richtung auf eine Teilhabe am Ganzen des Seins hin zu überschreiten. Leben reduziert sich nicht auf die erste rationale Reflexion von sachgemäßen Problemen. Es weist darüber hinaus. „Wo Leben ist, da ist auch schöpferisches Sichentfalten. Oder aber – mit dem von mir gebrauchten Wort und in voller Übereinstimmung mit Karl Jaspers – wo Sein ‚in der Situation' ist."[1] Wo der Mensch am Sein teilhat, realisiert sich das Sein in der Lebenssituation. Dort ist die Existenz beseelt und nicht entseelt. Aber nur durch schöpferische Intuition kann das Sein wahrgenommen werden. Intuitiv gibt der Mensch sich dem Sein hin und gelangt dadurch in das *Geheimnis des Seins*: ein schöpferischer Akt, den Bergson allerdings bereits vorgedacht hat, wenn sich im schöpferischen Akt die mystische Einheit offenbart.

Schöpferische Intuition – ein zentraler Begriff bei Marcel – führt dadurch in den Glauben und in die Hoffnung auf die Teilhabe am göttlichen Sein. Marcel schreibt: „Die Hoffnung (. . .) ist nicht egozentrisch: hoffen (. . .) heißt immer: für uns

---

[1] Marcel, Geheimnis des Seins (1951), 189

hoffen. Sagen wir, die Hoffnung ist niemals der wollende Zustand, der mit einem ‚ich möchte gern, dass . . .‘ ausgedrückt
werden kann. Sie begreift eine prophetische Gewissheit ein, die
wirklich ihre Ausrüstung ist und die den Menschen daran hin-
dert, sich aufzulösen."[1] Hoffnung, so Marcel, ist ein geistiges
Prinzip. Auch wenn er sie in der Teilhabe an die Existenz an-
bindet, so geht es in ihr nicht um Vitalität, sondern um die
Liebe. Glaube, Liebe und Hoffnung widerstreiten der Ver-
zweiflung und können die Zerstörung des Körpers überleben.
Sie können Zeit und Tod besiegen. „Die Hoffnung erscheint
uns gleichsam magnetisiert von der Liebe oder vielleicht, genauer gesagt, von einer Gesamtheit von Bildern, welche diese
Liebe beschwört und ausstrahlt."[2]

Damit bindet Marcel in seine Existenzphilosophie die christlichen Kardinaltugenden ein, die der seelenlosen Moderne aus
lebendiger Teilhabe am Sein widerstreiten sollen. Doch Hoffnung und Liebe reichen für diese Teilhabe alleine noch nicht
hin. Angesichts der Übermacht an Gefährdungen und Versuchungen des gläubigen Menschen in der modernen Welt reno-
viert Marcel eine Tugend, die heute eher vielfältig desavouiert
und sinnlos erscheint, nämlich die Treue, die er primär als
Treue zum Du, zum anderen Menschen, traditionell in der Ehe
versteht. Der Mensch ist nicht nur zur Hoffnung aufgerufen, er
muss nicht nur lieben. Er muss der Hoffnung und der Liebe,
dem anderen Menschen auch treu bleiben. Daher ermöglicht
erst die Treue zum anderen Menschen und zu Gott ein Existieren in der Hoffnung, verbindet die Treue Existenz, Intersubjektivität und Sein.

Marcel beruft sich dabei auf Nietzsche, der den Menschen
durch die Fähigkeit auszeichnet, Versprechen geben zu können. Die Treue kann sich nicht nur auf die Kräfte des Selbst
stützen. Sie wären zu schwach. Doch die Treue verbindet ja mit
dem Universum bewusster und liebender Wesen, zu dem für

---

[1] Marcel, Gegenwart und Unsterblichkeit (1959), 288
[2] Marcel, Philosophie der Hoffnung (1944), 49

Marcel auch die Toten gehören. Treue verlangt damit eine Entscheidung und ein Engagement für das Sein in seiner metaphysischen und mysteriösen Ganzheit. In der Intersubjektivität und im Sein zu Hause avanciert die Treue zum Abbild des ewigen Lebens. Natürlich nimmt Marcel dabei keine Rücksicht auf die Einsichten der Psychoanalyse, der aber auch Sartre seine eigene Existenialanalyse entgegenstellt. Die Psychoanalyse würde den Bezug zum Heiligen bei Marcel genauso in Frage stellen, wie Sartres Idee der Freiheit.

Auch Ricœur folgt Marcel in dieser mystischen Perspektive keineswegs. Er denkt die religiöse Dimension nicht im Gegensatz zur modernen Welt wie Marcel, aus der die Moderne geheilt werden soll, sondern im Anschluss an sie, so dass das Heilige mit der Moderne vermittelt wird: „Welche Art von Glauben verdient es, die Kritik Nietzsches und Freuds zu überleben? (. . .) Ist dieser Gott nicht der Gekreuzigte, der Gott, der mir, wie Bonhoeffer sagt, allein durch seine Schwäche helfen kann? Was Nacht für den Verstand bedeutet, bedeutet vor allem Nacht für den Wunsch wie für die Furcht, Nacht für die Sehnsucht nach einem Vater, der Schutz gewährt. Jenseits dieser Nacht, und nur jenseits ihrer, könnte man zur wahren Bedeutung des Gottes der Tröstung, des auferstandenen Gottes, des byzantinischen und römischen Pantokrators zurückkommen."[1]

Die Ethik, die Marcel dem technischen Zeitalter entgegenstellt, beruht damit primär auf der Treue, nicht auf allgemeinen, bloß formal begründeten Imperativen wie bei Kant. Formalismus in der Ethik erscheint Marcel unfruchtbar. Mit der Treue will Marcel vielmehr den Zerfallserscheinungen der Moderne begegnen, wenn die Menschen davon gezeichnet sind, dass sie niemand mehr, nicht mal mehr sich selbst treu bleiben. Im Grunde antizipiert Marcel jene Prozesse, die sich gegen Ende des Jahrhunderts soweit beschleunigt haben, dass die Subjektsoziologie von der Ausbreitung von Individualisierungs-

---

[1] Ricœur, Hermeneutik und Psychoanalyse (1969), 305

prozessen und von zunehmendem Risikobewusstsein spricht. Als Widerstand gegen die modernen Brüche gewinnt die Treue für Marcel eine prinzipiell schöpferische Dimension. „Wozu kommt, dass wir mit einem Schlag den Individualismus überwinden, der im Selbst die Monade sehen möchte, wenn wir die Ethik auf das Schöpferische gründen."[1] Die Treue ist die eigentliche schöpferische Kraft, die über das bloß zu berechnende und aufgesplitterte Diesseits hinaus unbeirrbar an der Ganzheit des Seins festhält, ihr treu bleibt, wird sie auch noch so sehr vom Rationalismus der Wissenschaften und der Technik bezweifelt oder belächelt.

Schöpferische Treue heißt – gegen den Zug der Zeit – Festhalten am Heiligen. In solcher Teilhabe am Sein lebt sowohl die menschliche Freiheit als auch die göttliche Gnade. Das weist auf eine weitere wichtige Tugend hin, auf der Marcel auf andere Weise als der damalige Zeitgeist beharrt: „Von dem Augenblick an, in dem ich die Gnade, die Transzendenz der Gnade denke, zielt dieses Denken seinerseits darauf ab, sich in eine Freiheit im Dienste der Gnade zu verwandeln. Im Dienste, sage ich: und hier haben wir schon wieder ein Wort, dessen Sinn nicht mehr verstanden wird. Infolge einer unglaublichen Verirrung wird jeder Gehorsam mit einer Passivität gleichgestellt."[2] Auch den Dienst interpretiert Marcel schöpferisch. Der Mensch besitzt die schöpferische Freiheit in der göttlichen Gnade am Ganzen des Seins teilzuhaben und diesem zu dienen. Allerdings – so Marcels Einsicht, die der Position vieler Zeitgenossen bis heute ähnelt – wird die Freiheit im Dienst der Gnade wahrscheinlich nur von kleinen Gruppen gelebt werden. MacIntyre schreibt dementsprechend: „Was in diesem Stadium zählt, ist die Schaffung lokaler Formen von Gemeinschaft, in denen die Zivilisation und das intellektuelle und moralische

---

[1] Marcel, Geheimnis des Seins (1951), 190
[2] Marcel, Die Erniedrigung des Menschen (1951), 209

Leben über das neue finstere Zeitalter hinaus aufrechterhalten werden können, das bereits über uns gekommen ist."[1]

Eine baldige Überwindung des technischen Rationalismus erscheint nicht absehbar. Nur durch Treue und Dienst in der Liebe, der Hoffnung und im Glauben lässt sich die fatale menschliche Geschichte aus ihrer rationalistischen Sinnlosigkeit transzendieren. Nur ein Leben – so Marcel –, das von Gott gestiftet ist und ihm treu bleibt, erweist sich als eine sinnerfüllte Geschichte.

Freilich haben sich Treue, Gehorsam und Dienst – traditionelle sowohl christliche wie konservative Tugenden – nicht erst im 20. Jahrhundert als durchaus problematisch herausgestellt. Foucault weist darauf hin, dass in der Patristik das Christentum wesentlich auf den Gehorsam gegründet wird: „Der Gehorsam ist nicht einfach eine Beziehung zu diesem oder jenem, er ist eine allgemeine und ständige Struktur der Existenz."[2] Von dort führt der Weg zur militärischen Disziplin als Bedingung der Militarisierung der Gesellschaft im 19. Jahrhundert. Von konservativen Denkern wird diese freilich zumeist positiv aufgefasst. Insofern verlängert Marcel ein Konzept, das bereits im 19. Jahrhundert präsent war, um auf die Herausforderungen der Zeit zu antworten. Treue und Dienst brauchen alle Staaten, um Kriege führen zu können. Auf beide Tugenden stützt sich auch die Gesellschaft gerade im Hinblick auf ihre Reproduktion. Das Individuum Marcels spielt doch eigentlich keine individuelle Rolle, soll es auch nicht.

---

[1] Alasdair MacIntyre, Verlust der Tugend (1981), 350
[2] Michel Foucault, Die Geständnisse des Fleisches – Sexualität und Wahrheit 4 (1984 / 2018), Berlin 2019, 173

VIII. KAPITEL

HANS JONAS' BEGRÜNDUNG DER ÖKOLOGISCHEN ETHIK

Hans-Jonas hätte sich wohl schwerlich träumen lassen, welche Rolle die Umwelt im Allgemeinen und das Klima im Besonderen heute in der Bevölkerung, der Politik und den Medien spielt, wie viele Menschen genau in seinem Stil sich engagieren, indem sie ihren Zeitgenossen ausmalen, was in Kürze passieren wird, wenn ökonomisch und technologisch nicht fundamental umgesteuert wird: dann nämlich passiert der Untergang der Welt, wie man sie heute kennt. Just das prophezeite bereits Jonas und kritisierte die Demokratie als zu langsam, um auf die Herausforderungen zu reagieren – wie die heutigen Klima-Aktivisten der *letzten Generation*, konnte man zudem aus den Reihen von Klima-Aktivisten den Spruch hören: ‚Mehr Diktatur wagen.'

Andererseits verbreitete sich ökologisches Bewusstsein in den letzten Jahrzehnten erheblich: In vielen Verfassungen findet sich der Umweltschutz als Staatsziel oder Staatsaufgabe wieder. Im Alltag spart man selbstverständlich Energie, man trennt den Müll, benutzt umweltschonende Waschmittel und kauft häufiger ökologisch angebaute Lebensmittel als noch vor 30 oder 40 Jahren. Über gefährliche Technologien wie Kernenergie oder Gentechnologie wird ausgiebig und auch immer noch erregt diskutiert – jetzt sogar wieder mit der Zielsetzung einer Wende der Kulturentwicklung, wie sie Ivan Illich forderte; die Politik schreibt gesetzliche Regelungen vor und bemüht sich um internationale Vereinbarungen und Verträge.

Natürlich genügt das bisher Erreichte alles nicht, wenn man den verschiedenen mahnenden Warnungen der ökologisch engagierten Experten vertraut: vor weltweiten Klimaveränderungen oder – um 2000 herum – vor dem geklonten Menschen. Für Standards aber, die heute selbstverständlich sind, musste man vor fast 50 Jahren noch mühsame und ausufernde Überzeugungsarbeit leisten.

1. Gnostische und technologische Weltbeherrschung

Einer der bedeutendsten Warner vor den weltweiten Gefahren der Umweltzerstörung und moderner Technologien war im letzten Jahrhundert Hans Jonas, 1903 in Mönchengladbach geboren und 1993 in New York gestorben. Mit seinem Buch *Das Prinzip Verantwortung* unternimmt er 1979 den vielleicht weitreichendsten *Versuch einer Ethik für die technologische Zivilisation* – so der Untertitel. Der Hinweis, das Buch würde unter dem Eindruck der ersten Ölkrise von 1973 stehen, verkürzt Jonas' Motive, wenn man einen Blick auf sein Gesamtwerk richtet. Aber das Buch erscheint rechtzeitig zur zweiten Ölkrise, die auf den Sturz des Schah-Regimes in Iran folgte. Das richtige Buch zur richtigen Zeit weist dem ökologischen Denken den Weg in die Ethik und eröffnet eine Diskussion über die Verantwortlichkeit des Menschen für Natur, Umwelt und zukünftige Generationen.

Bereits im frühen 20. Jahrhundert warnten zwar viele vor den Gefahren der Technik unter anderen: Bergson, Marcel, Heidegger, George Orwell. Doch die meisten diagnostizierten die Gefahren in einem Prozess der Entfremdung des Menschen von seinem Wesen, der technischen Macht über das Denken, des Verlustes traditioneller und spiritueller Werte, der totalen Kontrolle. Dass aber einzelne Technologien konkrete und äußerst weitreichende Gefahrenquellen darstellen, daran begann man ernsthaft erst seit siebziger Jahren zu denken. Jonas warnte als einer der ersten bereits vor den Gefahren der Gentechnologie. Er schreibt 1979 im *Prinzip Verantwortung*: „Hier sei lediglich auf diesen ehrgeizigen Traum des homo faber hingewiesen, der in der Redensart zusammengefasst ist, dass der Mensch seine eigene Evolution in die Hand nehmen will, mit dem Ziel nicht bloß der Erhaltung der Gattung in ihrer Integrität, sondern ihrer Verbesserung und Veränderung nach eigenem Entwurf. Ob wir dazu das Recht haben, ob wir für diese schöpferische Rolle qualifiziert sind, ist die ernsteste Frage, die dem plötzlich im Besitz solch schicksalhafter Macht sich findenden Menschen gestellt sein kann. Wer werden die ‚Bild'-Macher sein, nach welchen Vorbildern, und auf Grund welchen Wissens? Auch die Frage nach dem moralischen Recht, mit künftigen menschlichen Wesen zu experimentieren, stellt sich hier."[1]

Sicherlich entdeckt Jonas nicht als erster die Gefährlichkeit moderner Technologien, angefangen vom größten anzunehmenden Unfall bis hin zu nicht mehr rückgängig zu machenden Fernwirkungen gentechnologisch veränderter Pflanzen und Menschen. Aber er erkennt, dass man auf diese Gefahren nicht bloß mit technischen Verbesserungen antworten kann, mit besseren Sicherheitssystemen oder perfekteren technischen Abläufen. Ob überhaupt und wie weit man eine Technik wie die Gentechnologie anwenden darf, das ist primär eine ethische Frage, d.h. eine Frage der Grundwerte wie der Würde des Menschen oder seiner Freiheitsrechte.

Damit zählt er zu den Denkern, die in den siebziger Jahre eine Wende zurück zur Ethik einleiten. Denn seit dem 19. Jahrhundert interessierte man sich lange nicht mehr für die Ethik, die in diesen Epochen als schwach gilt, während man sich lieber auf Macht und Gewalt stützt, mit denen man die Menschen leichter lenken kann. Ethik enthält nun mal immer ein Element der Freiwilligkeit. Für ein halbes Jahrhundert gewinnt die Ethik wieder eine wichtige Leitfunktion, die sie seit den zwanziger Jahren des 21. Jahrhunderts indes zu verlieren beginnt, wenn man Krisen denn doch lieber wieder mit Zwangs-

---

[1] Hans Jonas, Das Prinzip Verantwortung – Versuch einer Ethik für die technologische Zivilisation (1979), Frankfurt/M 1984, 52

maßnahmen begegnet als mit Freiwilligkeit – man denke nur über die wieder aufgeflammte Debatte über eine Wehrpflicht.

Dass der Mensch vor den Fern- und Nebenwirkungen seiner Technologien die Augen nicht verschließen darf, dass er der Entwicklung der verschiedenen Technologien Grenzen setzen und Richtungen weisen muss, das erscheint heute beinahe selbstverständlich. In den siebziger Jahren musste man solche Ansprüche noch umständlich begründen. Haben sich diese Begründungen, die z.B. Jonas liefert, durchgesetzt? Sind es also bestimmte ethische Vorstellungen, die heute das Bewusstsein beherrschen? Oder haben die ökologische Debatte im Allgemeinen, wie die ökoethische im Besonderen eher indirekt das öffentliche Bewusstsein geprägt?

Bisherige Ethik beschäftigt sich – so Jonas – mit den zwischenmenschlichen Beziehungen, nicht mit dem Verhältnis des Menschen zur Natur oder mit einer Verantwortung gegenüber späteren Generationen. „Rechtes Verhalten hatte seine unmittelbaren Kriterien und seine fast unmittelbare Vollendung. Der lange Lauf der Folgen war dem Zufall, dem Schicksal oder Vorsehung anheimgestellt. Ethik hatte es demgemäß mit dem Hier und Jetzt zu tun, mit Gelegenheiten, wie sie zwischen Menschen sich einstellen, mit den wiederkehrenden, typischen Situationen des privaten und öffentlichen Lebens."[1]

Doch die modernen Technologien haben auch die Ethik verändert. Sie bescheren dem menschlichen Handeln Fern- und Nebenwirkungen, die der Mensch bisher nicht beachten musste, weil die mit ihnen verbundenen Risiken viel geringer waren. Heute jedoch kann sich die Menschheit durch die Atomwaffen selbst zerstören oder langfristig durch eine Schädigung der Atmosphäre. Heute gewinnt die Ethik eine bisher unbekannte Dimension: „Keine frühere Ethik hatte die globale Bedingung menschlichen Lebens und die ferne Zukunft, ja Existenz der Gattung zu berücksichtigen. Dass eben sie heute im Spiele sind, verlangt mit einem Wort, eine neue Auffassung von

---

[1] Jonas, Das Prinzip Verantwortung (1979), 23

Rechten und Pflichten, für die keine frühere Ethik und Metaphysik auch nur die Prinzipien, geschweige denn die fertige Doktrin bietet."[1] Die Fernwirkungen moderner Technologien zwingen den Menschen, die Augen zu öffnen, die Welt aus einem veränderten Blickwinkel zu betrachten.

Was der Mensch auch erst in Ferne als Gefahr erkennt, das muss er verhindern. Das gebietet ihm sein vorausschauendes Wissen, das ihm heute die Naturwissenschaften liefern. Aus dieser Verantwortung kann er sich nicht mit dem Verweis stehlen, bisher habe sich die Ethik auch nicht um die ferne Zukunft der Menschheit gekümmert. Sein prognostisches Wissen sagt ihm jedoch, dass er von jetzt an dies zu tun hat.

Weil sich vor allem die Reichweite des menschlichen Handelns geändert hat, fordert Jonas eine tiefgreifende Umorientierung der Ethik, im Grunde eine neue Ethik, die ihren anthropozentrischen Standpunkt aufgibt, den bisher alle Ethik seit den Sophisten einnahm. Die technischen Möglichkeiten erlauben eine völlige Zerstörung alles Lebens auf diesem Planeten. Die Biosphäre gilt es also zu erhalten, und zwar um ihrer selbst willen; auch um des Menschen willen, aber nicht mehr allein aus anthropozentrischen Gründen. Der Mensch ist jetzt für die Natur als Ganzes verantwortlich. „Es ist zumindest nicht mehr sinnlos, zu fragen, ob der Zustand der außermenschlichen Natur, die Biosphäre als Ganzes und in ihren Teilen, die jetzt unserer Macht unterworfen ist, eben damit ein menschliches Treugut geworden ist und so etwas wie einen moralischen Anspruch an uns hat – nicht nur um unseretwillen, sondern auch um ihrer selbst willen und aus eigenem Recht."[2] Bisher stand der Mensch im Mittelpunkt der Ethik. Die Natur durfte er beherrschen. Das hat in eine bedrohliche Situation geführt. Der Mensch sollte sich nicht als einziges Maß seines Handelns verstehen: „Die in der modernen Technologie gelegenen apokalyptischen Möglichkeiten haben uns gelehrt, dass die anthro-

---

[1] Ebd. 28
[2] Ebd., 29

pozentrische Ausschließlichkeit ein Vorurteil sein könnte und zu mindestens einer Überprüfung bedarf."[1]

Heute wird die ökologische Verantwortlichkeit des Menschen kaum dementiert. Auch rückt man heute leichter als noch in den 1980er Jahren vom anthropozentrischen Standpunkt ab. So insistiert Bruno Latour auf „dem unbestreitbaren Recht der ‚Dinge selbst', sich der Existenz zu erfreuen."[2] Der Begründer der Akteur-Netzwerk-Theorie vermittelt ähnlich wie Jonas das konservative Denken mit dem ökologischen, das ja seit seinen Anfängen in den siebziger Jahren auch immer eine konservative Neigung beseelt. Jonas' Denken ist strukturell antimarxistisch, religiös eingebunden und er beruft sich auf die kulturellen Traditionen. Auch im Konservativismus gibt es zudem eine Skepsis gegenüber dem wissenschaftlichen und technischen Fortschritt, die Jonas teilt. Ein nicht-anthropozentrisches Denken kann sich in konservativer Tradition religiös abfedern.

Müsste nicht trotzdem der Mensch selbst der Natur diesen eigenen Wert verleihen? Kennt die Natur wirklich Werte, wie es Max Scheler unterstellt? Doch Jonas' Motivation, sich ethisch mit Fragen der Verantwortung für die Biosphäre zu beschäftigen, entstammt eben nicht der Zeit der Ölkrisen in den siebziger Jahren, sondern eher dem Kulturpessimismus der ersten Hälfte des 20. Jahrhunderts, steht jedenfalls seiner Herkunft nach dem Denken Heideggers, Marcels oder Bergsons nahe. Jonas lernte schon während seines Studiums, dass das anthropozentrische Denken eine lange Geschichte hat, die womöglich gerade für den gedankenlosen technischen Umgang mit Natur verantwortlich zu machen ist. Ab dem Sommer 1921 studierte er in Freiburg bei Martin Heidegger, der in jenen Jahren Entfremdung und Uneigentlichkeit in der modernen Gesellschaft kritisierte. Er folgte Heidegger 1924 an die Universität Marburg, wo er dem Theologen Rudolf Bultmann

---

[1] Jonas, Das Prinzip Verantwortung (1979), 95
[2] Bruno Latour, Das Parlament der Dinge – Für eine politische Ökologie (1999), Frankfurt/M. 2001, 249

begegnete. So promovierte er 1928 mit einer Arbeit über religiöse Strömungen in den ersten nachchristlichen Jahrhunderten bei Heidegger und Bultmann. Ihr Titel lautet: *Gnosis und spätantiker Geist*. Das ursprünglich zweibändige Werk veröffentlichte Jonas 1958 in einer überarbeiteten populäreren Fassung zunächst auf Englisch, die 1999 auch auf Deutsch erschien: *Gnosis – Die Botschaft des fremden Gottes*. Diese Auseinandersetzung mit der Gnosis stellt die erste Phase seines Werkes bis in die fünfziger Jahre dar und ebnete den Weg in ein Denken der Verantwortung für die Biosphäre.

Jonas entdeckt in dieser spätantiken religiösen Strömung, die sich auch im Frühchristentum ausbreitete, Parallelen zur geistigen Situation der Moderne. Heute herrscht das Bewusstsein der Gottesferne vor, weil die modernen Naturwissenschaften die Natur nicht mehr als Schöpfung behandeln und dadurch jeden Eigenwert der Natur aufgehoben haben. Für die Gnosis ist Gott von der diesseitigen Welt weit entrückt, absolut transzendent, was die Welt als feindlich entwertet.

Das griechische Wort Gnosis bedeutet Erkenntnis und Wissen. „Gnosis meinte in erster Linie Wissen von Gott oder Gotteserkenntnis," schreibt Jonas, „und aus dem, was wir über die radikale Transzendenz der Gottheit gesagt haben, folgt, dass es sich beim ‚Wissen von Gott' um die Erkenntnis von etwas von Natur aus Nicht-Erkennbarem und deshalb an sich nicht um einen natürlichen Zustand handelt."[1] Je entfernter gegenüber der diesseitigen Natur und daher unerkennbarer, je transzendenter die Gnosis Gott positioniert, umso schwieriger Wissen von ihm zu erlangen ist, um so bedeutungsvoller wird dieses Wissen und gibt damit dieser religiösen Richtung den Namen.

Gnostische Strömungen, so Jonas, entstehen in den ersten Jahrhunderten nach Christi Geburt. Sie verbinden vornehmlich christliche Elemente mit jüdischem Monotheismus, babylonischer Astrologie und iranischem Dualismus, der radikal zwi-

---

[1] Jonas, Gnosis – Botschaft des fremden Gottes (1958), Frankfurt/M., Leipzig 1999, 59

schen Gut und Böse, Geist und Körper unterscheidet. Eine sogar antikosmische Zwei-Welten-Lehre beseelt die Gnosis: die diesseitige natürliche Welt, der Kosmos, siedelt als Produkt des Bösen fernab von der göttlichen Sphäre: „Dem in sich geschlossenen und fernen göttlichen Reich des Lichts steht der Kosmos als Reich der Finsternis gegenüber. Die Welt ist Werk niederer Mächte, die, obgleich sie mittelbar von ihm abstammen mögen, den wahren Gott nicht kennen und in dem Kosmos, über den sie herrschen, seine Erkenntnis niederhalten. (. . .) Der jenseitige Gott selbst ist allen Geschöpfen verborgen und mittels natürlicher Vorstellungen nicht zu erkennen. Wissen von ihm erfordert übernatürliche Offenbarung und Erleuchtung und lässt sich auch dann kaum anders als in negativen Bestimmungen zur Sprache bringen."[1]

Bösartige Mächte, die Archonten bzw. Demiurgen genannt wurden und die in der Welt tyrannisch herrschen, schufen das natürliche Universum, so dass für den Menschen die Welt in ein kosmisches Gefängnis ausartet. Die Naturgesetze drücken diese Herrschaft physisch aus, während die sittlichen Gesetze deren psychische Dimension verkörpern. Das gesamte Universum zielt auf die Knechtung des Menschen: „So wie das physische Gesetz das Fatum, die Leiber in das allgemeine System fügt, so das moralische Gesetz die Seelen, indem es sie dem demiurgischen Regime gefügig macht. Insoweit als das Prinzip dieses Moralgesetzes ‚Gerechtigkeit' ist, nämlich Lohn- und Strafgerechtigkeit (vor allem letztere), hat es im Psychischen denselben Zwangscharakter wie das kosmische Schicksal im Physischen. ‚Die Weltschöpfer-Engel setzen ‚gerechte Werke' ein, um durch solche Lehre die Menschen in Knechtschaft zu bringen'"[2], so der Gnostiker Simon Magus aus Samaria im ersten nachchristlichen Jahrhundert. Und Jonas schreibt weiter: „Wer gegebenen Normen gehorcht, der verzichtet auf die Autorität seines Selbst."

---

[1] Jonas, Gnosis – Botschaft des fremden Gottes (1958), 69
[2] Ebd., 392

Mit seinem Körper wie mit seiner Seele ist der Mensch der Welt der finsteren Mächte unterworfen. In seiner Seele verborgen findet sich jedoch der Geist, Pneuma und auch Funken genannt, der der ursprünglich guten aber fernen göttlichen Substanz entspringt, die sich in der Welt verloren hatte. Der Mensch wurde von den Archonten bzw. dem Demiurgen geschaffen, um diesen Funken des Geistes in der Welt gefangen nehmen zu können. Sein Erwachen soll mit allen Mitteln verhindert werden. Daher ist die Welt umgeben von Sternen und Planeten, die den Menschen vom guten Gott trennen.

Doch durch Wissen und Erkenntnis von diesem göttlichen Reich des Lichts kann sich der Mensch befreien, d.h. seinen Geist mit dem göttlichen verbinden. „Die Betonung der Erkenntnis als Mittel zur Erlösung, ja sogar als Form der Erlösung selbst, und der Anspruch, diese Erkenntnis in der eigenen ausgearbeiteten Lehre zu besitzen, sind gemeinsame Züge der zahlreichen Sekten, in denen sich die gnostische Bewegung historisch ausprägte."[1]

Für die Gnosis besitzt das wahre Wissen vornehmlich übernatürliche, religiöse Bedeutung. Es handelt sich nicht um ein Wissen von dieser Welt. Aber wenn der Mensch durch dieses Wissen Erlösung erlangt, dann eignet ihm durchaus keine bloß transzendente, sondern eine höchst praktische Bedeutung. Denn wenn sich das göttliche lichtvolle Prinzip in der Seele des Menschen niederschlägt, dann nimmt der Mensch am göttlichen Sein selbst teil.

Wissen von einem absolut überirdischen fernen Reich des Lichts befreit also vom schlechten Diesseits. Die Gnosis entwertet die Natur und den Kosmos als bösartig, die es daher zu beherrschen gilt. Zwei Mittel stehen ihr zur Verfügung: die Askese, also die Enthaltung von den Gütern dieser Welt, oder ein willkürlicher, ausbeuterischer Umgang mit der Natur. Denn an einer an sich wertlosen Natur kann sich die Freiheit des Menschen beweisen – ein beinahe schon faustischer Gedanke

---

[1] Ebd., 56

für Jonas: „Die Welt muss überwunden werden, und die zum Machtsystem degradierte Welt kann nur durch Macht überwunden werden. Zwar handelt es sich um alles andere als technologische Meisterung. Die Macht der Welt wird überwunden einerseits durch die Macht des Erlösers, der von außen in ihr geschlossenes Gefüge bricht, andererseits eben durch die Macht des von ihm gebrachten Wissens, das als magisches Instrument den Zwang der Sterne bezwingt und der Seele einen Pfad durch ihre Ordnungen bahnt."[1]

Die Gnostiker genauso wie die modernen Naturwissenschaften weigern sich, einer vorgegebenen, natürlichen Ordnung zu gehorchen. Beiden ist alles erlaubt, beide wollen den Naturzwang brechen. Beide reinigen die Natur von allen spirituellen Bezügen und rauben ihr damit ihren Eigenwert. Der Gott, der das Universum geschaffen hat, ist kein Gott mehr, sondern bloß eine menschenfeindliche Macht. In der Moderne spielt der Gott keine Rolle mehr, so dass die Natur an orientierender Kraft für den Menschen einbüßt – der Weg in die ökologische Krise, den die Lebensphilosophie der ersten Hälfte des 20. Jahrhunderts vorausahnt. „Der gnostische Mensch ist geworfen in eine widergöttliche und daher widermenschliche Natur, der moderne Mensch in eine gleichgültige. Erst letzteres bedeutet das absolute Vakuum, den wirklich bodenlosen Abgrund. (. . .) Dass die Natur sich nicht kümmert, ist der wahre Abgrund. Dass nur der Mensch sich kümmert, in seiner Endlichkeit nichts als den Tod vor sich, allein mit seiner Zufälligkeit und der objektiven Sinnlosigkeit seiner Sinnentwürfe, ist wahrlich eine präzedenzlose Lage."[2]

Nicht nur eine antikosmische Stimmung, sondern auch eine ausgeprägte geistige Selbstherrlichkeit breitete sich in den Jahrhunderten nach Christi Geburt in den gnostischen Bewegungen aus, die von den Kirchenvätern als Häresien so erfolgreich bekämpft wurden, dass der größte Teil ihrer Schriften

---

[1] Jonas, Gnosis – Botschaft des fremden Gottes (1958), 387
[2] Ebd., 399

verloren ging. Im souveränen Geist lag schließlich die Quelle aller Erkenntnis wie der Erleuchtung. Derart anthropozentrisches Denken nimmt die Einbindung des Menschen in die Natur kaum noch wahr. Stattdessen erlaubt es, sie gedankenlos auszubeuten. Der selbstherrliche Geist begreift sich nicht als Teil der Natur oder gar als verantwortlich für sie. Eric Voegelin sieht in den säkularen Prozessen der Verweltlichung und des Verlustes von Religiosität entscheidende Gründe für den Niedergang des Abendlandes, für dessen Schwäche gegenüber den Totalitarismen, was er ebenfalls auf die Gnosis zurückführt. Jonas hat aber ein tieferes Verständnis als Voegelin.

2. Das Prinzip Furcht als apokalyptische Pädagogik

Das Verhältnis des Menschen zur Natur und damit verbunden seine Verantwortung gegenüber ihrer Ganzheit beschäftigt Jonas seit seinen Gnosis-Studien in den dreißiger Jahren, seit er gewisse Parallelen zwischen der Welt- und Naturablehnung im gnostischen wie im modernen Geist entdeckt. In den sechziger Jahren – in der zweiten Phase, der seines mittleren Schaffens – fragt er im Anschluss an seine Gnosis-Studien primär nach der Einbindung des Menschen in die Natur. 1966 veröffentlicht er erstmals auf Englisch eine Aufsatzsammlung, die später auf Deutsch unter dem Titel erschien: *Organismus und Freiheit – Ansätze zu einer philosophischen Biologie*, und die nach seinem Tod als *Das Prinzip Leben* neu herausgegeben wurde. Jonas will den traditionellen Geist-Materie-Dualismus überwinden, aber den Geist nicht auf die Materie reduzieren, wie der Materialismus das Problem zu lösen versucht. Er schreibt in *Organismus und Freiheit*: „Eine Philosophie des Lebens umgreift in ihrem Gegenstand die Philosophie des Organismus und die Philosophie des Geistes (. . .) Die Anzeige des äußeren Umfanges behauptet inhaltlich nicht weniger, als dass das Organische schon in seinen niedersten Gebilden das Geistige vorbildet, und dass der Geist noch in seiner höchsten Reichweite Teil des Organischen bleibt. (. . .) Da die Materie nun einmal

263

so von sich Kunde gab, nämlich sich tatsächlich auf diese Art und mit diesen Ergebnissen organisierte, so sollte ihr das Denken ihr Recht widerfahren lassen und ihr die Möglichkeit zu dem, was sie tat, als in ihrem anfänglichen Wesen gelegen zuerkennen."[1] Das gängige Menschenbild vom vernünftigen Tier hebt den Menschen aus dem evolutionären Erbe heraus, das auf diese Weise wie in der Gnosis entwertet werden kann, und schneidet ihn damit von seiner natürlichen Herkunft ab. Wird der Mensch auf Materielles reduziert, verliert er den geistigen Halt und kann dann mit der Natur als Produkt des Zufalls umgehen, wie es ihm selbst als Zufallskind beliebt.

Wie aber können Geist und Materie als Einheit gedacht werden, so dass der Mensch wirklich für die Natur verantwortlich zeichnen kann? Bereits mit den Anfängen der organischen Materie entsteht die Grundspannung zwischen Sein und Nichts, Leben und Tod: schon die Amöbe tritt aus einer absoluten Einbindung in ihre Umgebung heraus, die alle anorganische Materie beherrscht; schon Mikroorganismen entwickeln eine rohe Form von Individualität. Auf der untersten Stufe der Evolution wächst das organische Leben über sich hinaus: das Prinzip der Transzendenz, das der Geist zu seinem Modell erhebt.

Den Aufstieg der Materie zum Geist, den Prozess der Evolution begreift Jonas indes nicht allein als Fortschritt. „Der Weg aufwärts aber ist keine bloße Geschichte des Erfolgs. Das Privileg der Freiheit ist belastet mit der Bürde der Notdurft und bedeutet Dasein in Gefahr. Denn die Grundbedingung für das Privileg liegt in der paradoxen Tatsache, dass die lebende Substanz durch einen Urakt der Absonderung sich aus der allgemeinen Integration der Dinge im Naturganzen gelöst, sich der Welt gegenüber gestellt und damit die Spannung von 'Sein und Nichtsein'(. . .) eingeführt hat."[2] Diese Spannung bindet den

---

[1] Jonas, Organismus und Freiheit – Ansätze zu einer philosophischen Biologie (1966), Göttingen 1973, 11; Neuauflage: Das Prinzip Leben, Frankfurt/M., Leipzig 1994
[2] Ebd., 15

Geist in das materielle Sein und somit in die Natur als Ganzes ein. Die Wirklichkeit tritt dem Menschen mit existentieller Macht entgegen: Sie ist kein Theater und kein Spiel, auch keine bloße Einbildung. Die Bilder von Buchenwald sprechen die Sprache der ‚hartbedrängten Kinder des Jetzt', deren Entsetzen jedem unmittelbar als Wahrheit ins Auge sticht.

Diese philosophische Biologie könnte daher zwar für eine Einbindung des Menschen in die Natur plädieren, eine Pflicht der Rücksichtnahme gegenüber ihrer Ganzheit wäre indes schwerlich zu begründen. Im *Prinzip Verantwortung* avanciert diese Problematik zur zentralen Aufgabe. Ob nun aus der Einsicht, dass der Mensch in die Natur immer schon eingebunden bleibt, oder weil die modernen Technologien seine Zukunft bedrohen, selbst wenn er die Verantwortlichkeit für die Umwelt auf diese Weise anerkennt, folgt daraus noch nicht, dass er sie auch erfüllt. Wie kann der Mensch seiner Verantwortlichkeit für zukünftige Entwicklungen überhaupt gerecht werden?

Aus dem Vernichtungspotential der modernen Technologien, die dem egozentrischen Weltverständnis des Menschen entspringen, folgt jetzt, so Jonas, ein neuer, umfassender Imperativ. Er schreibt: „Dass es in alle Zukunft eine solche Welt geben soll – eine Welt geeignet für menschliche Bewohnung – und dass sie in alle Zukunft bewohnt sein soll von einer dieses Namens würdigen Menschheit, wird bereitwillig bejaht werden als ein allgemeines Axiom (. . .): aber (. . .) als eine praktische Verpflichtung gegenüber der Nachwelt einer entfernten Zukunft und als Prinzip der Entscheidung in gegenwärtiger Aktion, ist der Satz sehr verschieden von den Imperativen der früheren Ethik der Gleichzeitigkeit; und er hat die sittliche Bühne erst mit unseren neuartigen Kräften und der neuen Reichweite unseres Vorherwissens betreten."[1]

Der erste Imperativ einer Ethik in der technologischen Zivilisation lautet somit nach Jonas: „*Dass* eine Menschheit sei!" Angesichts der technologischen Bedrohungen ergibt das Be-

---

[1] Jonas, Das Prinzip Verantwortung (1979), 33

standswahrungspostulat für die Menschheit das oberste ethische Gebot, dem sich alle anderen ethischen Prinzipien – man denke an die Menschenrechte – unterzuordnen haben. „*Dass* eine Menschheit sei!" – Dieser Imperativ regiert alles individuelle, soziale oder politische Handeln. Die kategorische – eben unbedingt gültige – Form, in der Jonas diesen ersten Imperativ einer neuen Ethik formuliert, stellt die ökologische Orientierung allen menschlichen Handelns über den Anspruch auf Arbeitsplätze oder demokratische Rechte. Das ist ihm vorgeworfen worden und das hat er später zu relativieren versucht.

Doch von selbst folgt dieser Imperativ eben noch nicht aus dem Gefahrenpotential der modernen Technologien. Dessen ist sich Jonas immer bewusst gewesen. Natürlich setzt ein gutes wie ein selbstbewusstes Leben die Existenz der Menschheit voraus. Aber warum muss die Menschheit überhaupt existieren? Weder bewohnte sie den Planeten Erde schon immer, noch kann ihr das auf ewige Zeit gelingen. Irgendwann wird der Planet von der Sonne verbrannt werden. Jonas ist sich dieser Schwäche seiner Argumentation besonders im *Prinzip Verantwortung* sehr wohl bewusst: „Warum wir (. . .) eine Verpflichtung gegenüber dem haben, was noch gar nicht ist und ‚an sich' auch nicht zu sein braucht, jedenfalls als nicht existent keinen Anspruch auf Existenz hat, ist theoretisch gar nicht leicht und vielleicht ohne Religion überhaupt nicht zu begründen."[1] Wie kann der Mensch seiner Verantwortung für die Zukunft gerecht werden? Indem er dem Imperativ gehorcht: „*Dass* eine Menschheit sei!" Aber wie kann der Mensch für den Bestand der Menschheit verantwortlich sein? Im *Prinzip Verantwortung* versucht Jonas, darauf eine rationale Antwort zu geben, bzw. eine rationale Begründung zu liefern.

In seiner mittleren lebensphilosophischen Phase argumentiert Jonas dagegen noch ohne Scheu aus einem religiösen Horizont. Im Anschluss an seine Gnosis-Studien konstruiert er gar einen göttlichen Mythos: „Damit Welt sei, und für sich selbst sei,

---

[1] Jonas, Das Prinzip Verantwortung (1979), 36

entsagte Gott seinem eigenen Sein; er entkleidete sich seiner Gottheit, um sie zurück zu empfangen aus der Odyssee der Zeit, beladen mit der Zufallsernte unvorhersehbarer zeitlicher Erfahrung, verklärt oder vielleicht auch entstellt durch sie."[1]

Gott, so Jonas, hat den kosmischen, materiellen Prozess auf den Weg gebracht – ein Abenteuer mit unsicherem Ausgang. Der Mensch als seiner selbst bewusstes Produkt der Evolution, der in der Lage ist verantwortlich, also aus Freiheit zu handeln, kann und muss an diesem Prozess als Bewahrer der Schöpfung teilnehmen. Bereits in seiner Schrift *Organismus und Freiheit* also versucht Jonas die Verantwortung des Menschen für die Natur und damit für die Zukunft der Menschheit zu begründen. Dem modernen Denken hält er den Schöpfungsgedanken entgegen. Er schreibt: „Nur was ist, hat Recht auf Sein. So wäre in hiesiger Sicht sein Werdenlassen kein Gebot, sein Nichtwerdenlassen kein Frevel. Dass aber hierbei zusammen mit der zeitlichen, auch eine ewige Sache auf dem Spiel steht – dieser Aspekt unserer Verantwortung kann uns Schutz sein vor der Versuchung fatalistischer Apathie und vor dem schlimmeren Verrat des ‚Nach uns die Sintflut'. In unsern unsicheren Händen halten wir buchstäblich die Zukunft des göttlichen Abenteuers auf Erden, und wir dürfen Ihn nicht im Stiche lassen, selbst wenn wir uns im Stiche lassen wollten."[2]

So zeichnen sich hier zumindest ansatzweise die Linien der späteren Argumentation ab, die im *Prinzip Verantwortung* das Bestandspostulat der Menschheit umreißen. Einerseits argumentiert Jonas religiös: Der Mensch hat die göttliche Schöpfung zu hegen und zu pflegen. Andererseits klingen gnostische Elemente an, die auch für den modernen Geist rationaler und überzeugender klingen: Gott hat dem Menschen die Schöpfung überlassen, in der er jetzt selbstverantwortlich ohne weitere göttliche Hilfe agieren muss. Anders als in einer gnostischen

---

[1] Jonas, Organismus und Freiheit (1966), 332
[2] Ebd., 338

Spekulation sorgt der Schöpfungsgedanke jedoch für eine positive Bewertung der Natur.

In seinem Buch *Das Prinzip Verantwortung* meidet Jonas 13 Jahre später indes diese religiöse Argumentation. Nicht weil er sie aufgegeben hätte, sondern weil sie ihm in einer wissenschaftlich geprägten Welt – noch dazu in jener der siebziger Jahre – geringere Überzeugungskraft zu besitzen schien. In einer Welt, die vom sozialen und technischen Fortschritt noch überzeugt schien, musste eine Verantwortung für die Biosphäre oder die Zukunft der Menschheit sehr fremdartig klingen. Solche Probleme würde doch der Fortschritt von selber lösen. „Es wurde schon zu verstehen gegeben, dass religiöser Glaube hier schon Antworten hat, die die Philosophie erst suchen muss, und zwar mit unsicherer Aussicht auf Erfolg. (. . .) Der Glaube kann also sehr wohl der Ethik die Grundlage liefern, ist aber selber nicht auf Bestellung da, und an den abwesenden oder diskreditierten lässt sich selbst mit dem stärksten Argument der Benötigung nicht appellieren."[1] Wie kann man also den Menschen in den siebziger Jahren dazu bewegen, angesichts des Gefährdungspotentials seine Verantwortung für den Bestand der Menschheit und das Ganze der Natur zu übernehmen? Mit einer eher religiösen Argumentation schwerlich, die bloß subjektiv erscheint, ergo eher mit einer rein rationalen Argumentation, die jenseits von subjektiven Verschränkungen zu überzeugen trachtet! In einer ähnlichen Situation sieht sich in den sechziger Jahren auch Karl Jaspers, der einen philosophischen Glauben propagiert und dem doch auch bewusst ist, dass dergleichen religiöse Argumentation ein ordentliches rationales Fundament braucht, will es sich überhaupt Gehör verschaffen.

Wo in *Organismus und Freiheit* noch an das Verantwortungsbewusstsein gegenüber einer göttliche Schöpfung appelliert wurde, plädiert Jonas im *Prinzip Verantwortung* dementsprechend säkularisiert für die Qualität des Evolutionsprozesses: „Auf einer weniger pragmatischen Ebene, ist zu bedenken,

---

[1] Jonas, Das Prinzip Verantwortung (1979), 94

dass es das Erbe einer vorangegangenen Evolution zu wahren gilt, das schon deswegen nicht so ganz schlecht sein kann, weil es seinen jetzigen Inhabern die (sich selber zugesprochene) Fähigkeit vermacht haben soll, über gut und schlecht zu befinden."[1] Im *Prinzip Verantwortung* erweist sich also der Mensch nicht mehr für die göttliche Schöpfung verantwortlich. Statt dessen gilt es die eigene Herkunft nicht als durchweg schlecht zu verändern, sondern sie zu bewahren; denn derjenige, der wie heutige Marxisten in der Herkunft nur das Leiden der Unterdrückten erkennen kann, müsste zugeben, dass just diese Herkunft ihm die Augen geöffnet hat. Wenn man, so Jonas, die Erbschaft der Tradition schätzt, darf man sie nicht leichtfertig aufs Spiel setzen. Jonas argumentiert dementsprechend sowohl programmatisch vom Titel her, als auch inhaltlich gegen Ernst Blochs berühmtes Hauptwerk *Das Prinzip Hoffnung*.

Ein solches Bewusstsein, das die Erbschaft durchaus schätzt, mag zwar weit verbreitet sein, leitet aber keineswegs das Handeln der meisten Menschen an. Moralische Verantwortung herrsche – könnte man einwenden – doch eher unter guten als unter schlechten Lebensumständen. Zumeist erst in den reichen Ländern entwickelt sich ein Umweltbewusstsein, obwohl deren Umweltbedingungen ungleich besser sind als die der armen Länder. Verantwortungsbewusstsein wäre dann erst ein spätes Produkt der Evolution und somit auch keineswegs selbstverständlich überall vorhanden. Dem hält Jonas entgegen: „Nun gibt es schon in der herkömmlichen Moral einen (selbst den Beschauer tief bewegenden Fall elementarer (. . .) Verantwortung und Pflicht, die spontan anerkannt und praktiziert wird: die gegen die Kinder, die man gezeugt hat."[2] Die Verantwortung ist also ein natürliches Produkt der Evolution. Verantwortung für die eigenen Kinder als Sorge um deren Gedeihen findet sich sogar im Tierreich. Jonas begründet also die Notwendigkeit der Verantwortung nicht nur hinsichtlich des Erbes der

---

[1] Ebd., 72
[2] Ebd., 85

Evolution, sondern auch bioethisch durch den Rekurs auf die elterliche Sorge um die Zukunft der Kinder. Die Verantwortung beschränkt sich in elterlicher Beziehung zwar auf einen unvergleichlich bescheideneren Umfang als im Bestandwahrungspostulat der Menschheit. Trotzdem birgt die elterliche Verantwortung bereits dessen Kern; denn sie reicht auch in eine unübersehbare Zukunft und über die Grenzen der eigenen Existenz hinaus. *Das Prinzip Verantwortung* erhält damit auch einen biologischen bzw. lebensphilosophischen Hintergrund, dessen begrenzte Reichweite allerdings sofort dort deutlich wird, wo dergleichen elterliche Verantwortung wiederum von der Qualität der Lebensumstände abzuhängen scheint – man denke an die Straßenkinder in der ganzen Welt –, eine anthropologische oder bioethische Fundierung der elterlichen Verantwortung, die also durchaus bezweifelt werden darf.

Akzeptiert man trotzdem, dass die elterliche Verantwortung eingeboren sein könnte und dass man insofern auch eine Verantwortung für die Zukunft der Menschheit und der Ganzheit der Natur als quasi natürlich anerkennen muss, so folgt daraus – das ist gleichfalls Jonas klar – noch keineswegs zwingend eine entsprechende Verhaltensänderung, so dass man von dieser Einsicht an wirklich Rücksicht auf die Natur und die Zukunft der Menschheit nimmt. Denn die Gefahren, um die es geht, liegen in weiter Ferne und keineswegs direkt auf der Hand. Das damalige Ozonloch ist unmittelbar so wenig zu spüren wie die heutige Klimaveränderung: Unwetter hat es immer gegeben – jetzt aber machen die Medien aus jedem Wetter ein extremes, vor allem bedrohliches Ereignis, dem gegenüber andere Nachrichten kaum noch einen Wert haben. Welche Folgen die Gentechnologie haben wird, darüber kann man nur spekulieren. Man ist zudem auch keineswegs gezwungen, daran zu denken. Wie kann man dann den Menschen dazu bewegen, die Verantwortung wirklich zu übernehmen?

Die erste Forderung einer Zukunftsethik in der technologischen Gesellschaft heißt daher, dass man sich überhaupt um die Zukunft kümmern muss. „Es muss also eine Wissenschaft

270

hypothetischer Vorhersagen, eine ‚vergleichende Futurologie‘, ausgebildet werden."[1]

Aber das eröffnet nur das nächste Problem: Vorhersagen haben nämlich nur hypothetischen Charakter. Alle wissenschaftliche Prognostik birgt mehr als einen Funken Ungewissheit. Man kann anerkennen, dass man verantwortlich ist für die Zukunft seiner Kinder und Kindeskinder und für die Ganzheit der Natur. Man kann sich sogar für Zukunftsprognosen interessieren. Dementieren kann man trotzdem, dass sich aus den Prognosen zwangsläufig bestimmte Handlungen ableiten lassen. Denn diesen Vorhersagen eignet ja immer ein gewisser Grad an Unsicherheit – man denke an die Vorhersagen der Ausbreitung von Aids in den achtziger Jahren, die für die westlichen Länder überhaupt nicht eingetreten sind, wohl aber in Afrika. Oder es lassen sich auch positive Zukunftsvisionen entwerfen. Ergo postuliert Jonas als nächstes: „Es ist die Vorschrift, primitiv gesagt, dass der Unheilsprophezeiung mehr Gehör zu geben ist als der Heilsprophezeiung."[2] Das reicht alleine aber auch noch nicht aus, zwingt den Menschen noch nicht in die Verantwortung für die Natur als Ganzes, noch dazu weil es gar so sehr mit dem moralisch erhobenen Zeigefinger daher kommt. Ethik beruht auf dem Prinzip der Freiwilligkeit.

Wie kann man diese Freiwilligkeit überwinden und ethische Maxime auch gegen den Willen der Betroffenen durchsetzen? Trotzdem soll es sich dabei um Ethik und nicht um rechtlichen Zwang handeln. Da jede Prognose unsicher bleibt, muss man ihr daher den Status der Gewissheit verleihen. Man soll ihre Voraussagen so behandeln, als wären sie gewiss und nicht bloß wahrscheinlich. Man soll nicht im geringsten daran zweifeln, ob die bloß prognostizierte Klimakatastrophe auch wirklich eintritt: „Das ist der Fall bei der von uns gesuchten ‚Zukunftsethik‘, wo das zu Fürchtende eben noch nicht erfahren ist und vielleicht gar keine Analogien in vergangener und gegen-

---

[1] Jonas, Das Prinzip Verantwortung (1979), 62
[2] Ebd., 70

wärtiger Erfahrung hat. Da muss also das vorgestellte malum die Rolle des erfahrenen malum übernehmen, und diese Vorstellung stellt sich nicht von selbst ein, sondern muss absichtlich beschafft werden: also wird die vorausdenkende Beschaffung dieser Vorstellung selbst zur ersten, sozusagen einleitenden Pflicht der hier gesuchten Ethik."[1] Denn selbst eine solche Gefahr, die mit Sicherheit auf einen zukommt, kann man noch verdrängen, noch dazu wenn sie in so weiter Ferne liegt, dass sie einen selbst womöglich gar nicht mehr betrifft. Dann aber erhebt Jonas es zur Pflicht, sich diese Gefahr entsprechend drastisch und eben als Gewissheit zu vergegenwärtigen.

Doch selbst das reicht noch nicht hin, den Menschen definitiv zur Übernahme seiner Verantwortung für zukünftige Generationen zu bringen. Man kann immer noch erklären, dass man das zwar alles ganz schrecklich finde, man sich vor diesen Gefahren aber nicht wirklich fürchte, weil sie eben in weiter Ferne liegen. Dann muss man es – so Jonas – eben lernen, sich zu fürchten: „Die Einnahme dieser Haltung, das heißt die Selbstbereitung zu der Bereitschaft, sich von dem erst gedachten Heil und Unheil kommender Geschlechter affizieren zu lassen, ist also die zweite ‚einleitende' Pflicht der gesuchten Ethik, nach der ersten, es zu einem solchen erst einmal zu bringen."[2] Da ich mich vor dem Untergang meiner fernsten Enkel nicht selbstverständlich so sehr fürchte, dass ich mich wirklich verantwortungsvoll verhalte, bin ich also verpflichtet, mich zu fürchten. Jonas greift dabei auf ein sehr altes Prinzip der Apokalyptiker zurück, die den Menschen kommendes Unheil prophezeiten, nicht so sehr um sie davor zu warnen, sondern um sie schlicht so sehr zu erschrecken, dass sie ihr Verhalten änderten. *Das Prinzip Verantwortung* stützt sich auf das pädagogische Prinzip Furcht, das sich dem apokalyptischen Denken verdankt und das Machiavelli zur Technik politischer Herr-

---

[1] Jonas, Das Prinzip Verantwortung (1979), 64
[2] Ebd., 65

272

schaft erhoben hat, um die Menschen wirklich zur Übernahme ihrer Verantwortung zu bewegen.

3. Die umfassende staatliche Verantwortung

In einem Vortrag aus dem Jahr 1984 *Der Gottesbegriff nach Auschwitz*, in dem Jonas fragt, warum Gott in der höchsten Not der Menschen nicht irgendwie rettend eingegriffen hätte, heißt es: „Aber Gott schwieg. Und da sage ich nun: nicht weil er nicht wollte, sondern weil er nicht konnte, griff er nicht ein. Aus Gründen, die entscheidend von der zeitgenössischen Erfahrung eingegeben sind, proponiere ich die Idee eines Gottes, der für eine Zeit – die Zeit des fortgehenden Weltprozesses – sich jeder Macht der Einmischung in den *physischen* Verlauf der Weltdinge begeben hat; der dem Aufprall des weltlichen Geschehens auf sein eigenes Sein antwortet nicht ‚mit starker Hand und ausgestrecktem Arm‘, wie wir Juden alljährlich im Gedenken an den Auszug aus Ägypten rezitieren, sondern mit dem eindringlich-stummen Werben seines unerfülltes Zieles."[1]

Jonas formuliert damit die religiös begründete Verantwortung beinahe gnostisch und also für die wissenschaftliche Welt eher akzeptabel. Seit Auschwitz kann Gott nicht mehr allmächtig sein, oder er ist nicht allgütig; denn er griff nicht ein. Ein absolut unverständlicher Gott ließe sich umgekehrt nicht mit der jüdischen Tradition vereinbaren. Offenbar kann man die jüdische Tradition denn auch mit dem modernen Rationalismus leichter vermitteln als eine fast fundamentalistisch christliche, wie sie Voegelin vertritt, für den die Gnosis die Wegbereitung eines neuzeitlichen Rationalismus darstellt, der den Menschen aus seinem traditionellen religiösen Gleichgewicht wirft. Völlig anders und ähnlich wie Jonas argumentiert dagegen Emmanuel Lévinas, der die Verantwortung aus der zwischenmenschlichen Begegnung ableitet, in der für Lévinas auch eine religiö-

---

[1] Jonas, Der Gottesbegriff nach Auschwitz – Eine jüdische Stimme (1984), Frankfurt/M. 1987, 41

273

se Dimension eine Rolle spielt, die indes sich nicht mit dem modernen Rationalismus überschneiden muss. „Für den *Anderen* Verantwortung zu übernehmen ist für jeden Menschen eine Art und Weise, von der Herrlichkeit des Unendlichen Zeugnis abzulegen und inspiriert zu sein. (. . .) Diese Verantwortlichkeit, die *vor* dem Gesetz kommt, ist die Offenbarung Gottes."[1]

Der Gott, der für Jonas im Sinne der jüdischen Tradition offenbar nicht eingreift, hilft also dem Menschen nicht, sondern setzt ihn der vollen Verantwortung aus: das ist eine einsehbare Tatsache. Ja mehr noch, mit der Schöpfung hat sich Gott selbst einem riskanten Projekt ausgeliefert, wird er zu einem gefährdeten Gott, ebenso gefährdet wie die Schöpfung selbst, sollte der Mensch seiner Verantwortung nicht gerecht werden. Jonas schrieb bereits 1963 in einer kleinen Schrift *Zwischen Nichts und Ewigkeit*: „Verzichtend auf seine eigene Unverletzlichkeit erlaubte der ewige Grund der Welt zu sein. Dieser Selbstverneinung schuldet alle Kreatur ihr Dasein und hat mit ihm empfangen, was es von Jenseits zu empfangen gab. Nachdem er sich ganz in die werdende Welt hineingab, hat Gott nicht mehr zu geben: Jetzt ist es am Menschen ihm zu geben. Und er kann dies tun, indem er in den Wegen seines Lebens darauf sieht, dass es nicht geschehe, oder nicht zu oft geschehe, und nicht seinetwegen, dass es Gott um des Werdenlassens der Welt gereuen muss."[2]

Diese gnostische Perspektive der Schöpfung enthebt sie von der Vorstellung eines in ihr noch irgendwie agierenden Schöpfers – eine Vorstellung, die mit den Naturwissenschaften unvereinbar wäre. Indem dieses Schöpfungsverständnis damit die wissenschaftliche, ethische oder politische Verantwortung absolut werden lässt, verschärft sie noch die Drohung des Scheiterns. Denn es gibt keine Rettung – wie Auschwitz demonstrierte –, die nicht vom Menschen ausgeht. Dann droht

---

[1] Lévinas, Ethik und Unendliches (1981), Wien 1992, 87
[2] Jonas, Zwischen Nichts und Ewigkeit, Göttingen 1963, 60

allerdings die Katastrophe, weil sich der Mensch immer wieder der Verantwortung entzieht.

Wie könnte das verhindert werden? Die Ethik kann an den einzelnen Menschen immer nur appellieren, auf dessen Einsicht wie auf dessen Verhaltensänderung nur hoffen. Was aber tun, wenn die Umkehr in der Tat dringend geboten scheint? Was tun, wenn die Verschwendung von Ressourcen und die gedankenlose Anwendung gefährlicher Technologien die Natur als Ganzes und mit ihr den Bestand der Menschheit bedrohen? Schwerlich kann man dann noch auf die langsame Verhaltensänderung der Menschen setzen. Dann braucht es vielmehr schnelle Eingriffe des Staates, die die Menschen zwingen, ihr Verhalten zu ändern. Bleibt die individuelle Verantwortungsbereitschaft ungewiss, hofft Jonas auf den Staat. Im *Prinzip Verantwortung* heißt es: „Der Punkt, auf den es bei alledem ankommt, ist der, dass die Natur menschlichen Handelns sich derart verändert hat, dass damit erst Verantwortung in einem bisher unanwendbaren Sinn, mit ganz neuen Inhalten und nie gekannter Zukunftsweite, in den Umkreis politischen Tuns und damit politischer Moral eingetreten ist."[1]

Denn die Entwicklung der modernen Technologien obliegt auch nicht mehr dem Tun der einzelnen Menschen. Sie entspringen einem gemeinschaftlichen Handeln, ohne dass sie sich nie hätten entfalten können. Es ist also auch von dieser Seite aus geboten, ihre Entwicklung wie ihre Anwendung in die Hand der Politik zu geben, sie von der Politik aus zu steuern. Das Prinzip Verantwortung, das Max Weber als erster in der Philosophie des 20. Jahrhundert für den Politiker konzipierte, der die Wirkungen seiner Handlungen zu verantworten habe und der sich nicht auf seine guten, ethischen Absichten berufen kann, kehrt damit auch bei Jonas zur Politik zurück.[2] Die Verantwortung für zukünftige Generationen wie die Natur als

---

[1] Jonas, Das Prinzip Verantwortung (1979), 221
[2] Vgl. Max Weber, Politik als Beruf, Gesammelte politische Schriften, 3. Aufl. Tübingen 1971, 550

Ganzes hat vor allem die Politik zu übernehmen, da der einzelne Mensch dazu kaum hinlänglich in der Lage erscheint.

Aber woher besitzt denn der Politiker das zureichende Verantwortungsbewusstsein, wenn es schon dem Bürger daran mangelt. Nun, zunächst stellt Jonas fest, dass es beim Staatsmann ein der Liebe verwandtes Gefühl gebe. Außerdem schreibt er: „Das pure Sein als solches und dann das beste Sein dieser Wesen ist es, was elterliche Fürsorge in toto im Auge hat. Doch das ist genau, was Aristoteles von der ratio essendi auch des Staates sagte: dass er ins Dasein kam, damit menschliches Leben möglich ist, und im Dasein fortfährt, damit gutes Leben möglich ist. Und so ist dieses eben auch die Sorge des wahren Staatsmanns."[1] Damit entbirgt Jonas eine sehr konservative Einstellung, beruft sich die Monarchie auf das patriarchalische Prinzip der Fürsorge des Vaters für seine Kinder. Damit schließt er an de Maistre an, wenn dieser schreibt: „ Im allgemeinen lässt sich sagen, dass alle Menschen für die Monarchie geboren werden. Diese Regierungsform ist die älteste und universellste."[2] Wenn Jonas Verantwortung gar anthropologisch im Patriarchat ansiedelt, folgt daraus, dass letztlich die Monarchie eine natürliche Regierungsform darstellt. Besonders demokratische erscheint das nicht. Doch wenn der Untergang droht, dann ist der Ausnahmezustand gerechtfertigt und die Demokratie darf aufgehoben werden. Das ist der konservative Primat des Staates gegenüber dem Individuum, damit alles andere als liberal oder gar demokratisch. Oder es handelt sich um eine politische Pädagogik, Aber dann besteht die Gefahr womöglich gar nicht.

Der Schutz der Biosphäre und somit auch der zukünftigen Menschheit liegt jedenfalls für Jonas im Wesen des Staates selbst. Angesichts der drohenden Gefahren ist der verantwortungsvolle Staatsmann sogar genötigt, alles Erdenkliche zu

---

[1] Jonas, Das Prinzip Verantwortung (1979), 190
[2] Joseph de Maistre, Von der Souveränität – Ein Anti-Gesellschaftsvertrag (1791), Berlin 2000, 80

unternehmen, um eine andere Entwicklung einzuleiten. Dazu gehört vor allem die apokalyptische Warnung, selbst wenn sie übertreiben ist, was sie ob ihrer religiösen Herkunft notorisch ist: Es geht darum, im Angesicht des Abgrunds das Verhalten der Bürger zu verändern: „Was darüber hinaus der Einwirkung noch offensteht, verlangt nach einer Politik rechtzeitiger Ablenkung der Kurve von der Katastrophenrichtung weg. Die Unheilsprophezeiung wird gemacht, um ihr Eintreffen zu verhüten; und es wäre die Höhe der Ungerechtigkeit, etwaige Alarmisten später damit zu verspotten, dass es doch gar nicht so schlimm gekommen sei: ihre Blamage mag ihr Verdienst sein."[1] Wenn es denn wirklich ihr Verdienst ist, was sich schwerlich beweisen lässt! Jedenfalls ist Alarmismus omnipräsent.

Angesichts des existentiellen Umfangs der drohenden Gefahren sowie der Schwierigkeiten, diese den Menschen einsichtig zu machen, darf der Staatsmann auch zur Lüge greifen, ähnlich wie es Platon in seinem Dialog *Politeia* den Philosophenkönigen gestattet: „Es scheint, dass unsere Herrscher allerlei Täuschungen und Betrug werden anwenden müssen zum Nutzen der Beherrschten."[2] Gerade die langsamen Abläufe innerhalb der Demokratie, beispielsweise ihre mühsamen Gesetzgebungsverfahren, drohen gegenüber den technologischen Gefahrenspotentialen zu spät zu kommen. Der ökologische Ausnahmezustand befindet sich für Jonas daher in greifbarer Nähe. Das Wort von der Öko-Diktatur ist ihm vorgehalten worden. Allerdings – das betont er in seiner Friedenspreisrede – ging es ihm selbst vornehmlich darum, in apokalyptischer Manier zu warnen, dass es bald zu spät sein könnte, um die nötigen Maßnahmen noch mit demokratischer Langsamkeit durchzusetzen. Wolle man also die Öko-Diktatur verhindern, müsse man rechtzeitig die entsprechenden Maßnahmen ergreifen.

---

[1] Jonas, Das Prinzip Verantwortung (1979), 218
[2] Platon, Politeia (ca. 374 v. Chr.), Werke Bd. 3, Hamburg 1958, 459 c, 181

277

Im Zeitalter der Reflexion, in dem alles reflektiert und ironisiert wird, ließ sich die apokalyptische Haltung höchstens noch als Ironie präsentieren, hebt sich dadurch aber automatisch selbst auf. Man kann schwerlich noch den drohenden Zeigefinger erheben und gleichzeitig zugeben, dass die Drohung nicht so ernst gemeint sei. Freilich ist diese Zeit heute Vergangenheit, werden apokalyptische Drohungen von aller Welt in alle Welt gesetzt und von aller Welt ernst genommen und jene werden ausgegrenzt, die sich ironisch dieses Ernstes entziehen.

Jonas reagiert mit dem *Prinzip Verantwortung* auch auf die marxistischen Fortschrittshoffnungen, die noch immer aus dem technologischen Fortschritt eine glücklichere Menschheit ableiten. Ernst Bloch entwirft in seinem *Prinzip Hoffnung* in den vierziger Jahren utopische Träume von einem besseren Leben durch technischen Fortschritt, z.B. auch durch die Kernenergie: „Wie die Kettenreaktionen auf der Sonne uns Wärme, Licht und Leben bringen, so schafft die Atomenergie, in anderer Maschinerie als der der Bombe, in der blauen Atmosphäre des Friedens, aus Wüste Fruchtland, aus Eis Frühling. Einige hundert Pfund Uranium und Thorium würden ausreichen, die Sahara und die Wüste Gobi verschwinden zu lassen, Sibirien und Nordkanada, Grönland und die Antarktis zur Riviera zu verwandeln."[1]

Dazu schreibt Jonas just in jenen Jahren, als dieses neomarxistische Denken im Gefolge der 68er Zeit einen Höhepunkt an Popularität erreicht hatte: „Dem Prinzip Hoffnung stellen wir das Prinzip Verantwortung gegenüber, nicht das Prinzip Furcht. Wohl aber gehört die Furcht zur Verantwortung so gut wie die Hoffnung, und da sie das weniger gewinnende Gesicht hat, sogar in besseren Kreisen in einem gewissen moralischen und psychologischen Verruf steht, so müssen wir ihr hier nochmals das Wort reden, denn sie ist heute nötiger als zu manchen anderen Zeiten, wo man in der Zuversicht des guten

---

[1] Ernst Bloch, Das Prinzip Hoffnung (1938-1947), Bd. 2, Frankfurt/M. 1959, 775

Ganges der menschlichen Angelegenheiten auf sie als eine Schwäche der Kleinherzigen und Ängstlichen herabsehen konnte."[1]

Heute sollte das Prinzip Furcht das Bewusstsein der Menschen beherrschen: Sie sollen sich letztlich vor dem Versagen der menschlichen Verantwortung fürchten. Aber kann der Mensch diese Erwartung überhaupt erfüllen, wenn ihm im gnostischen Sinne kein Gott mehr unter die Arme greift? Kann sich ein Staatsmann heute durchsetzen, der nur noch Verzicht zugunsten zukünftiger Menschen predigt, der also einen Eingriff in eine fatale Entwicklung ohne Rücksicht auf die Interessen der Zeitgenossen fordert? Besitzt das menschliche Handeln überhaupt eine solche Reichweite, eben in den materiellen Prozess wirksam einzugreifen? Es hat zumindest ein halbes Jahrhundert gedauert, bis sich doch weltweit und bei vielen Menschen ein Bewusstsein der Gefährdung durch menschlich verursachte Klimaveränderung entwickelt hat und das heute dann reichlich übertrieben erscheint, medial allemal.

1981 veröffentlicht Jonas ein Buch, das ursprünglich ein Kapitel im *Prinzip Verantwortung* war, letztlich dessen Rahmen aber gesprengt hätte: *Macht und Ohnmacht der Subjektivität – Das Leib-Seele-Problem im Vorfeld des Prinzips Verantwortung.* Es betont wieder die Schöpfungsproblematik, die dem *Prinzip Verantwortung* eine religiöse Tendenz eingebracht hätte, was Jonas vermeiden wollte, wie diese getrennte Publikation beweist. Doch er schließt damit eine argumentative Lücke, wenn er zu zeigen versucht, dass der Geist jedenfalls prinzipiell in der Lage sei, auf die Materie einzuwirken. Er schreibt: „Physisch ist (. . .) die Kraft des Bewusstseins in der Tat äußerst gering (nur nicht = 0), aber ausgeübt auf die besondere physische Organisation, deren Spitzen das Bewusstsein einnimmt und zu deren Rollen die eines ‚Verstärkers' gehört, hat sie die Möglichkeiten ins Große gehender Wirkungen zu ihrer Wahl, die in eben jener Organisation physisch gleichwer-

---

[1] Jonas, Das Prinzip Verantwortung (1979), 390

tig bereitliegen. (. . .) So kann kleinste Kraft mit größter Macht einhergehen (. . .)."[1] Jonas begreift Geist und Bewusstsein als einen Abfluss aus der Materie, der in ihrer organischen Entfaltung entsteht. Die Wirkung des Geistes auf die Materie stellt dann umgekehrt einen Rückfluss von Energie zur Materie dar. Darin zeigt sich die Möglichkeit des Eingriffs, somit die Möglichkeit des verantwortungsvollen Handelns. Das Netz der materiellen Zusammenhänge ist nicht so engmaschig geknüpft, dass zwischen seinen Maschen nicht noch Platz für die Einwirkung des Geistes auf die Materie bliebe.

Jonas weiß, dass man diese Wirkungen des Geistes in der Materie nicht materiell beschreiben bzw. empirisch beweisen kann. In einer späten Schrift *Materie, Geist und Schöpfung* aus dem Jahr 1988 heißt es: „Es ist die Dimension des Subjektiven da, die Innerlichkeit, die kein stofflicher Befund von sich her vermuten lässt, von deren Vorhandensein kein physikalisches Modell das Geringste verrät, die es mit seinen Begriffen weder darstellen noch erklären kann, ja deren – doch unleugbarer – Mitsprache beim äußeren Geschehen es nicht einmal Raum zu bieten scheint."[2] Jonas schließt damit wieder an seine Lebensphilosophie an, in der er die Einheit von Mensch und Natur, Materie und Geist zu entfalten versucht, um die Verantwortlichkeit des Menschen gegenüber der Natur unmittelbar aus ihr herzuleiten. Denn nur wenn verantwortliches Handeln im Dienst der Zukunft der Menschheit auch wirklich möglich ist und somit Aussicht auf Erfolg besitzt, wird der Mensch sich vom *Prinzip Verantwortung* leiten lassen. Und nur dann muss die Verantwortung nicht notwendig scheitern. Daher sucht Jonas in den Schriften nach dem *Prinzip Verantwortung* vor allem nach der Einheit von Mensch und Natur. Er schreibt:

---

[1] Jonas, Macht und Ohnmacht der Subjektivität – Das Leib-Seele-Problem im Vorfeld des Prinzips Verantwortung, Frankfurt/M. 1981, 81
[2] Jonas, Materie, Geist und Schöpfung – Kosmologischer Befund und kosmogonische Vermutung, Frankfurt/M. 1988, 15

„Zuletzt gehören die Teile doch zusammen und müssen unter eine Weltformel gebracht werden."[1] Insoweit schließt er an eine Wende der ökologischen Debatte an, in der sich seit Mitte der achtziger Jahre denn zunehmend religiöse Motive breit machen, eine Wende, die sich allerdings mit dem Niedergang der ökologischen Debatte im öffentlichen Bewusstsein Anfang der Neunziger parallelisiert und sich seit einem guten Jahrzehnt geradezu in einen Öko-Boom transformierte.

Wo alle Argumentation für die Verantwortung des Menschen für die Natur und den Bestand der Menschheit nichts nützt, da entdeckt Jonas schließlich noch einen anderen Verbündeten, der die Menschen zwingen könnte, ihrer nötigen Verantwortung doch gerecht zu werden. Scheitert *Das Prinzip Verantwortung* vielleicht deshalb nicht, weil ihm die Realitäten zu Hilfe kommen? In der Rede, die er hielt, als ihm 1987 der Friedenspreis des deutschen Buchhandels verliehen wurde, stellt er fest: „Soweit all dies nun wegen des Willenselementes dabei auch eine Frage der Psychologie und nicht nur sachlicher Machbarkeit ist, so kann der nötigen Willigkeit etwas sehr Unfreiwilliges von den Dingen selbst her zu Hilfe kommen: der Schock wirklicher und wiederholter Katastrophen kleineren Ausmaßes, die uns den gehörigen Schrecken vor der großen Katastrophe einjagen, mit der die technologische Ausschweifung uns für die Zukunft bedroht. Tschernobyl und Waldsterben haben schon jetzt für die meisten mehr getan als alles Predigen abstrakter Weitsicht. Mehr davon und Alarmierenderes wird folgen. Es ist nicht schmeichelhaft für den Menschen, dass es dessen bedarf, aber für mich ist es Teil meiner bescheidenen Hoffnung."[2]

Mit seinem Appell an die Verantwortlichkeit des Menschen für die Biosphäre, die ja primär die politische Führung betrifft,

---

[1] Ebd., 64

[2] Jonas, Friedenspreisrede 1992; in: Dem bösen Ende näher – Gespräche über das Verhältnis des Menschen zur Natur, Frankfurt/M. 1993, 101

erweist sich Jonas als ein ähnlich elitärer konservativer Denker wie mit seinen Rückgriff auf die platonische Lüge, die apokalyptisch der Politik nicht nur erlaubt ist, sondern die angesichts der uneinsichtigen Bevölkerung geradezu geboten ist. Es verwundert also gar nicht, dass man sich in den Reihen der radikalen Klimaaktivisten heute auf Jonas beruft, da diese sich ja berufen fühlen, besser über die Welt Bescheid zu wissen als die Masse der Bevölkerung, wobei sie ähnlich eine Verbindung zwischen wissenschaftlichen Theorien und ethischen Normen herstellen, wie sie auch bei Voegelin und Strauss explizit oder implizit vertreten wird und die Max Webers Anspruch an die Wissenschaft zurückweisen, sie könne nur deskriptive Sätze formulieren, aus denen man keine normativen ableiten kann. Jonas macht das ständig.

Offenbar darf man wie Machiavelli der Bevölkerung auch verraten, wozu apokalyptische Pädagogik dient, ohne dass sie dadurch an Wirksamkeit verlieren würde. Strauss war vorsichtiger, womöglich überflüssigerweise. Allemal aber begründet Jonas das Bündnis zwischen Ökologie und Konservativismus bzw. stellt die Ökologie konservativ auf, wie umgekehrt den politischen Konservativismus ökologisch.

IX. KAPITEL

ÄSTHETISCHER KONSERVATIVISMUS: MANFRED RIEDEL

Ende des letzten Jahrtausends schienen Wissen, Reflexion und Informationsverarbeitung die unabdingbaren Voraussetzungen für ein Leben im globalen Dorf zu sein. Und schon damals erklärten viele, dass die Philosophie daher an ihrem Ende angelangt sei; denn verwertbares, konkretes Wissen, das ist ihre Sache nicht. Umso mehr gilt das ein Viertel Jahrhundert später. Sloterdijk erklärt, dass die Philosophie Derridas, die avancierteste des 20. Jahrhunderts, weder die Menschen noch die globale Politik etwas angehe, womit er ja recht hat. Aber beides sind nicht unbedingt die Probleme der Philosophie, wie es Quine richtig bemerkt: „Nicht alles, was philosophisch wichtig ist, braucht für den Laien von Interesse zu sein, selbst wenn es klar dargelegt und in Reih und Glied vorgetragen wird. (. . .)" – wie es Derrida natürlich immer macht – „und ich sehe auch nicht ein, weshalb vieles von dem, was mich in der Philosophie beschäftigt, den Laien bekümmern sollte."[1] Also Leute wie Sloterdijk.

Während man sich im Anschluss an den Poststrukturalismus um eine Radikalisierung der Wissenschaftskritik, der Sprachphilosophie und der Genealogie der Politik bemüht, sucht man im konservativen Lager nach neuen metaphysischen Grundlagen, gilt das bereits für Scheler, für Strauss, Voegelin, Jaspers

---

[1] Willard van Orman Quine, Theorien und Dinge (1981), Frankfurt/M. 1985, 233

Marcel und Jonas, auch für den Dezisionismus bei Schmitt. Etwas avancierter erscheint dabei die Bemühung, aus der Hermeneutik heraus die metaphysischen Grundlagen zu erneuern, die moderne Philosophie und Naturwissenschaften erschütterten. Damit kann man einerseits auch an die Sprachphilosophie anschließen, die originellste im 20 Jahrhundert, und dieser andererseits ihre alle Metaphysik dekonstruierenden Spitzen abbrechen, womit man sich in ähnliche Bemühungen der analytischen Philosophie einreiht, der es um die Restabilierung einer allgemein anerkannten Ontologie geht.

1. Natur in der dichterischen Welterfahrung

Eine Möglichkeit diskret, traditionelle, somit metaphysische Blickwinkel auf die Welt zu werfen, ohne unbedingt wie die genannten auf die alten Pfade von Platon, Aristoteles oder Thomas von Aquin zu geraten, ist der Blick in die Dichtung vor allem dort, wo sie von Philosophen betrieben wird, was freilich nicht allzu häufig der Fall ist. Herausragend ist dabei allemal Nietzsche, der sich um wissenschaftlich technisches Wissen nur kritisch kümmert und der nicht nur Denker sondern auch Dichter ist. Manfred Riedel stellt Philosophie und Dichtung im Werk Nietzsches als notwendige Einheit vor – ein durchaus so einleuchtender wie origineller Gedanke, hat man doch in der Nietzsche-Interpretation zumeist entweder den Dichter oder den Denker Nietzsche betont.

Gleichzeitig macht es die Philosophie noch unpraktischer, entfernt sie von der Realität im kommenden Datazän, wie es Harari nennt, dürfte dann von der dichtenden Philosophie nicht mal ein Gekräusel auf der Wasseroberfläche des Universums jemals noch zu spüren sein. Und um Körper wie um den Geist wird sich eine digital optimierte Medizin allemal erfolgreicher kümmern, als es die Philosophie vermag, schließlich ist Nietzsche selbst daran gescheitert. Riedel schreibt: „Eine Seele, in der die Weltweisheit wohnt, so hatte Montaigne gesagt, muss durch ihre Gesundheit auch den Körper gesund machen. Es könne nichts Muntereres, Aufgeweckteres, Kurzweiligeres geben als die Welt und ihre Weisheit, so wollte Nietzsche als Freigeist mit Montaigne am Schluss des 1. Bandes von *Menschliches Allzumenschliches* hinzufügen."[1] 1876 ging es Nietzsche gesundheitlich noch relativ gut. 12 Jahre später sieht das völlig anders aus, hat die Philosophie nicht geholfen, sucht Nietzsche stattdessen immer wieder und vergeblich den Rat der Medizin.

Gerade weil das Wissen in modernen Gesellschaften bloß noch überlebenswichtig geworden ist, hat es jegliche metaphysische Dimension verloren, um die es aber Riedel im Anschluss an Nietzsche geht und was somit eine konservative Antwort auf die Herausforderungen der Moderne darstellt, die freilich höchstens indirekt in die politische Philosophie reicht. Für Riedel gelingt es Schopenhauer nicht, der Philosophie ein neues metaphysisches Fundament zu schaffen. Zwar orientiert er sich an der Kunst, aber erst Nietzsche schafft es, Kunst und Erkenntnis, also Philosophie und Wissenschaft miteinander zu verbinden, indem er mittels metaphysischer Gedankenexperimente Denkmöglichkeiten aufzeigt, die sich dann auch politisch wenden lassen, somit der politischen Philosophie eine metaphysische Tiefe verleihen, die man freilich auch antimetaphysisch lesen kann, also sprachphilosophisch oder poststrukturalistisch bzw. dekonstruktiv.

Riedel entfaltet die Nietzschesche Philosophie aus dessen Dichtung heraus. Er tritt damit allen jenen entgegen, die Nietzsches Ideen, beispielsweise den Willen zur Macht vitalistisch interpretieren, oder die in der Idee des Übermenschen eine konkrete historische Perspektive zu einer humaneren Gesellschaft erblicken. Für Riedel stellen Nietzsches Ideen nur Denkmöglichkeiten dar, ob es sich um den Willen zur Macht, den Übermenschen, ein Wort, das von Goethe, Herder und Byron stammt, oder um die Wiederkunftslehre handelt, die am

---

[1] Manfred Riedel, Freilichtgedanken – Nietzsches dichterische Welterfahrung, Stuttgart 1998, 322

stärksten metaphysisch erscheint, bei der es freilich um Widerspruch gegen den historischen Fortschritt geht.

Gegenüber jenen, die Nietzsche als einen Denker der Stärke, der Macht oder des genialen politischen Führers interpretieren, führt Riedel ein Konzept der Schwäche des Denkens an, das freilich nichts mit Gianni Vattimo erklärt postmodernem *Pensiero debole* gemein hat, das sich obendrein auch dezidiert politisch links ansiedelt. Wenn das moderne Denken Für Riedel technisch wurde und damit den Bezug zu wesentlichen Lebensproblemen der Menschen verloren hat – was man in einer digitalisierten Welt bezweifeln darf, da die wesentlichen Lebensprobleme heute mit der Digitalisierung zu tun haben –, dann muss es einerseits diese Schwäche erkennen, um andererseits auch wieder an Stärke zu gewinnen – eine Perspektive, die Riedel aber mit Nietzsche nicht in der Ethik sucht, wie es seit dem ausgehenden 20. Jahrhundert zeitgemäß ist, sondern in der Dichtung, wobei er die Ethik freilich nicht übergeht. Ja, Riedel hat sogar mit den von ihm herausgegebenen Sammelbänden Zur Rehabilitierung der praktischen Philosophie 1972 die Wende zurück zur Ethik eingeläutet, nachdem diese seit dem 19. Jahrhundert kaum Beachtung fand, man stattdessen auch in der Philosophie zwischen ca. 1800 und 1970 auf Krieg und Gewalt als Motoren des Fortschritts oder konservativ der Stabilisierung des Bestehenden setzte, wie man es beinahe klassisch bei Leo Strauss findet.[1]

Dichten war für Riedel gegenüber dem Denken immer im Nachteil, da es sich der Fantasie mit ihrem Vorstellungsvermögen verdankt. Aber just dadurch entwickelt Nietzsche für das Denken ein neues metaphysisches Fundament, nämlich Möglichkeiten des Denkens zu veranschaulichen. Diese Fragestellung bleibt bei Riedel aber keineswegs abstrakt. Vielmehr führt er vor, wie sich Nietzsches dichterische und gedankliche Perspektive mit hochaktuellen Fragestellungen überschneidet.

---

[1] Vgl. Manfred Riedel (Hrsg.), Rehabilitierung der praktischen Philosophie, 2 Bde., Freiburg 1972-74

Denn im Zentrum von Nietzsches dichterischer Welterfahrung steht die Natur im Zeitalter der Industrialisierung. Die Dichtung hinterfragt nämlich Philosophie und Wissenschaften, die die Natur nur noch als ihren beherrschbaren Gegenstand betrachten und sie dadurch zerstören. Das greift auf den Menschen selbst über als Gegenstand der Wissenschaften. Dergleichen entspricht der Erfahrung Nietzsches, der in das Zeitalter der Industrialisierung hineingeboren wird. Hier verbindet sich Riedels Philosophie mit einer konservativ interpretierten Ökologie, wie sie sich bei Jonas oder auch im 21. Jahrhundert findet.

Die Dichtung ist also keine Flucht vor einer fatalen Gegenwart wie bei Heidegger und Adorno. Sie präsentiert sich nicht als Ersatz für eine verloren gegangene Hoffnung – eine beliebte Perspektive im 20. Jahrhundert. Statt solcher Fluchtgedanken erweist sich die Dichtung als das zentrale Bindeglied zwischen dem Denken und der Naturerfahrung. Wie anders sollte man der technischen Beherrschung von Natur denn sonst begegnen als in einer anderen Sprache, eben in der Sprache der Dichtung! Wie anders als dichterisch sollte sich im Zeitalter der modernen Wissenschaft die Naturerfahrung jenseits wissenschaftlicher Naturerkenntnis formulieren, um derart neue Impulse für die politische Philosophie zu entwickeln! *Die letzte Generation* sieht das offenbar anders. Kunst liebt sie nicht und zur Dichtung ist sie offenbar unfähig. Sie betreibt ja auch Kulturrevolution.

Dagegen ist nach Riedel Nietzsche nicht nur theoretisch, also denkerisch einer neuen Naturerfahrung gerecht geworden, sondern praktisch als Dichter. Riedel sieht in Nietzsche keinen schwachen Dichter, sondern einen der ganz großen und stellt ihn neben Hölderlin und Goethe, gehört er für Riedel zur Weimarer Klassik, allerdings im Rückgriff auf die Antike. Riedel schreibt: „Nietzsches großangelegter Versuch, den lebendigen Naturgrund griechischer Kultur für eine Moderne zu erneuern, die ihren Grund durch lebensfeindliches Spezialistentum in Wissenschaft und Beruf verloren hat, greift nicht unmittelbar auf die ‚typischen' Philosophen im tragischen Zeitalter der Griechen zurück. Er beruft sich vielmehr auf einen Idealtypus moderner Transzendentalphilosophie, die in der Nachfolge von Kant den Höhenweg der Weimarer Klassik begleitet."[1] Riedel interpretiert Nietzsche im Rückgriff auf die Antike, eine Bewegung die auch Leo Strauss vollführt, freilich in direkter Linie, während Riedel die Weimarer Klassik dazwischenschaltet. Gerade im Hinblick auf den Elitarismus von Nietzsche, Strauss und Riedel erweist sich das als eine im Konservativismus verbreitet Argumentationsfigur.

Doch während sich die damalige ästhetische Nietzsche-Auslegung primär auf die Tragödie und auf das Verhältnis zu Wagner sowie auf die Dithyramben Dichtungen konzentriert, richtet Riedel seinen Blick auf die Ursprünge der antiken Kunst, vor allem der Dichtung, auf Epigramm und Elegie. Das Epigramm, so Riedel spitzt mit seiner Kürze und seinem Rhythmus einen Gedanken zu. Die Elegie präsentiert die Gedanken auf höchst besonnene, d.h. reflektierte Weise – beides Formen, die in der heutigen Demokratie eigentlich benötigt werden, würden sie nicht durch eine digitale Übermacht an den Rand gedrängt. Insofern verkörpert Riedels Philosophie einen politischen Konservativismus, der sich von technologischen Verlockungen genauso wie von damit verbunden Drohgebärden nicht beeindrucken lässt – eine für den Konservativismus bitter nötige Haltung angesichts apokalyptischer Theater in Medien, Politik und Wissenschaften, raubt eine solche religiöse Metaphorik gerade letzteren ihre Wissenschaftlichkeit.

In der dichterischen Form spiegelt sich also das Denken unmittelbar als Verlusterfahrung von Natur. Damit schließt sich der Kreis, den Riedel in Nietzsches dichterischem Denken eröffnet. Nietzsche ist weder ein gelegentlicher Dichter noch ein abseitiger Denker. Er konzentriert sich auf zentrale Fragestellungen seiner Zeit, nämlich auf den Verlust der Natur im

---

[1] Riedel, Freilichtgedanken, 1998, 69

Industriezeitalter, vielmehr gerade dadurch, dass er diese Erfahrung dichterisch zu Gedanken formt.

Dabei konzentriert sich Riedel auf das Südgedicht ‚Nach neuen Meeren', auf das Nordgedicht ‚Aus hohen Bergen' und natürlich auf das ‚Sils-Maria'-Gedicht. Gerade aber in diesen Gedichten öffnet sich nicht nur eine neue Perspektive der Nietzsche-Interpretation. Wie kann man denn Naturerfahrung in den dichterischen Gedanken erheben, wenn dieser – wie in der traditionellen Philosophie des Geistes – keinen Ort und keine Zeit hat? Wenn von ihm keine Himmelsrichtung und keine Höhe über dem Meeresspiegel angegeben wird? Riedel schreibt: „Das Geheimnis des Oberengadin offenbart sich an Erfahrungen von Stille inmitten einer stürmisch bewegten Atmosphäre; am ‚plötzlichen' Umschlag des Natürlichen ins Festlich-Feierliche, das die Extreme mäßigt. Es ist dieses verborgene Maß im Doppelgang des Naturgeschehens, worin die Natur als Landschaft den Menschen anspricht, ohne ‚vermenscht' zu werden; eine Doppeldeutigkeit, die auch Nietzsches Vergleich von Sils-Maria mit der kostbarsten Muschelperle innewohnt." [1] Die Mäßigung der Extreme durch Naturphänomene verdankt sich einer bestimmten Naturinterpretation wie der heutige Alarmismus in der medialen Klimainterpretation. Natur wird immer so interpretiert, wie man Natur von der jeweiligen weltanschaulichen Perspektive versteht.

Lokalisierung und Verortung von Denken und Dichten soll beiden einen traditionellen in der Natur verwurzelten Charakter verleihen, der sich in einer national orientierten konservativen politischen Philosophie spiegelt. So kann sich Nietzsches Vermittlung von Denken und Dichten nur um Natur drehen, wenn diese auch konkret ausgewiesen ist, wenn sie einen Ort hat, nämlich in ‚Sils-Maria':

„Hier saß ich, wartend, wartend, doch auf Nichts,
Jenseits von Gut und Böse, bald des Lichts

---

[1] Ebd., 187

Genießend, bald des Schattens, ganz nur Spiel,
Ganz See, ganz Mittag, ganz Zeit ohne Ziel.

Da plötzlich, Freundin! Wurde Eins zu Zwei –
– Und Zarathustra ging an mir vorbei . . ."[1]

2. *Eine zweite Philosophie* des Lebendigen

Zehn Jahre zuvor plädiert Riedel bereits programmatisch *Für eine zweite Philosophie*, die an Heideggers Einheit von Ethik und Ontologie anknüpft, wie dieser sie in seinen Vorlesungen *Was heißt Denken?* 1951-52 entwickelt und er sich dabei um eine andere Philosophie bemüht.

Riedel grenzt sich dabei von Husserls phänomenologischer Bemühung um eine erste Philosophie ab. *Eine zweite Philosophie* schließt an Aristoteles Unterscheidung zwischen einer ersten und zweiten Natur an, von *physis* und *ethos*. Hegel formuliert diese als eine äußere Natur und als das System des Rechts.

Für eine zweite Philosophie postuliert einen Neuanfang des Denkens, das sich nicht mehr mit seiner modernen Wissenschaftlichkeit zufrieden geben kann, weil es sich nicht in Wissenschaftstheorie und Logik erschöpfen darf. So formuliert Riedel die programmatischen Sätze: „Zuendegegangen ist heute im Zeitalter der Wissenschaft die *erste Philosophie*, die nach dem Grund und nach der Begründung von Wissenschaft fragt, jener Denktypus, den wir von Aristoteles bis hin zu Hegel und Husserl kennen. Aber mit Nietzsche und der Wendung von Nietzsche zu Heidegger ist ein Durchbruch zu einer anderen Art von Philosophie erfolgt, indem nun die Zeitfragen mit der Seinsfrage und beide mit der Frage nach dem Sinn für das Tunliche zusammengenommen werden. Das ist der Weg zu

---

[1] Nietzsche, Die fröhliche Wissenschaft (1881-82), KSA Bd. 3, München, Berlin, New York 1999, 649

einer *zweiten Philosophie* (. . .). Es fällt nicht mit der Thematik der praktischen Philosophie zusammen; auch nicht mit der Hermeneutik, sondern bewegt sich ‚dazwischen‘."[1]

Riedels *zweite Philosophie* verbinde Hermeneutik und praktische Philosophie, überwindet also die traditionelle Trennung von Ethik und Ontologie in gewisser Hinsicht in sprachphilosophischer Perspektive, freilich primär in *akroamatischer*, die man ansatzweise auch schon bei Heidegger findet, nicht in der Wittgensteinschen. Das *Hören* formuliert das Ereignis der Menschlichkeit auf besonders eindringliche Weise. Das Gesehene, vor allem das Geschriebene besitzt in viel stärkerem Maße den Anschein der Stabilität und Kontinuität: das Foto schafft eine starre künstliche Situation, die es in der Realität nicht gibt, allemal nicht bei Personenfotos. Und was aufgeschrieben ist, lässt sich kaum mehr rückgängig machen.

Zwar kann man seit einem Jahrhundert auch das Gehörte aufzeichnen und beliebig wiederholen. Das dabei stattfindende Verhallen lässt sich trotzdem nicht ändern. So gibt es einen seltsamen Kontrast zwischen dem Sichtbaren und der Hörbaren, wenn letzteres nach Aristoteles den Ausdruck der Seele darstellt. Freilich hat diese bei Aristoteles keinen christlichen Sinn, sondern einen teleologischen. Das Menschliche lässt sich hören, aber gerade deshalb bleibt dessen flüchtiger Charakter erhalten. Das antike Verständnis des Hörens auf das Sein kehrt gewissermaßen im 19. Jahrhundert wieder, wenn man anfängt das Sein nicht mehr stabil sondern als Prozess zu denken: die Dialektik Hegels, der ökonomische Prozess bei Marx und Darwins Evolution der Arten.

So beschreibt Riedel den hörenden Weltbezug des Menschlichen, der ursprünglich mal vom Logos und dann vom Sichtbaren Platons verdrängt wurde: „Es ist der hörende Weltbezug des Menschen, der sich hier auftut, der als sprachliche Mitte für Welt und Ding allem das Maß seines Wesens freigibt. Er ist

---

[1] Riedel, Für eine zweite Philosophie – Vorträge und Abhandlungen, Frankfurt/M. 1988, 207

291

spekulativ, weil sich so die Sprache selbst ‚spiegelt' und als das, was sie *ist*, zum Vorschein kommt. Sie bringt das Spekulative zur Sprache: die Zwiefalt des Sagens und Sichsagenlassens, das Sprechen, und das nicht zugleich, sondern zuvor ein Hören ist, das *Zuvorgehörthaben* auf das Gesagte. Und er ist *geschichtlich*, weil sich das Spekulative über das Gespräch mit der Überlieferung als der Spiegelung des Einen im Vielen des Zusagenden entfaltet."[1]

Die historische Dimension des Hörens führt als Gespräch mit der Überlieferung zunächst zum Text, der diese Überlieferung präsentiert – die konservative Dimension der Hermeneutik. Für Paul Ricœur, den bedeutendsten französischen Hermeneutiker im 20. Jahrhundert, stabilisiert die Schriftlichkeit den Text nicht, im Gegenteil. Nach Ricœur trennt diese den Text vom ereignishaften Charakter des Sagens ab und verleiht ihm nicht nur einen gegenüber der Rede autonomen Charakter, sondern auch trotz des Auslegungsbedarfs eine Art Stabilität. Für Riedel ist der Text Gesagtes, das dem Ereignis des Sagens nicht gerecht zu werden vermag. So löst er sich denn auch von den Intentionen des Autors und entfaltet eine eigene Dynamik, die selbst der noch lebende Autor nicht steuern kann. Für Ricœur gewinnt der Text einen objektiven Charakterzug, indem er Gegenstand des Publikums wird.

Für Gadamer verlangt der Text zwar nach Auslegung. Diese besitzt aber gleichfalls einen wechselhaften Grundzug. Ein Gedachtes wird niemals nur in einer bestimmten Weise nachgedacht. Man eignet es sich stattdessen denkend an. In diesem Besitzergreifen wandelt sich das einst gedachte und eröffnet verschiedene Möglichkeiten der Auslegung: das wusste bereits der *Talmud*, der damit aus dem Monotheismus heraus die Perspektive auf soziale Pluralität eröffnet, oder wie es Lévinas formuliert: „Bedeutung der prinzipiellen Möglichkeit für die Gelehrten, innerhalb einer monotheistischen Offenbarung ver-

---

[1] Riedel, Hören auf die Sprache – die akroamatische Dimension der Hermeneutik, Frankfurt/M. 1990, 173

schiedener Meinung zu sein! ‚Die einen und die anderen sprechen die Worte des lebendigen Gottes aus', heißt es in einer gängigen Wendung des Talmud. Lebendigkeit dieses Gesetzes durch die Vielfältigkeit der Personen und trotz des Strebens nach Übereinstimmung, das niemals unterbrochen wird, jedoch das Dogma verabscheut."[1]

Aber gerade deshalb bietet auch die Schrift nicht jene Gewissheit, die ihr diverse Religionen unterstellen, auch wenn diese das göttliche Buch wörtlich verstehen möchten. Freilich hat die Hermeneutik einen religiösen Migrationshintergrund, der es erschwert, diese aus einem konservativen Kontext zu lösen. Gianni Vattimo geht postmoderne Pfade, die individuellen Neigungen Anerkennung verschaffen. Allerdings versteht er sie als Realisierung des Christentums. Um solche postmodernen Individualisierungsprozesse geht es Riedel nicht.

Er transformiert die Textinterpretation ins Hören, damit in die Offenheit, ins Ereignis des Lebendigen, von dem man aber bezweifeln darf, dass das in individuelle Entfaltungsmöglichkeiten mündet: „Gadamer spricht von einem Mangel an Unmittelbarkeit, der nicht als Defekt erscheint; denn an diesem scheinbaren Mangel, in der abstrakten Fremdheit des Textes öffnet sich gerade die akroamatische Dimension der Hermeneutik, die Aufgabe, das in der schriftlichen Überlieferung Vermittelte (und alle Überlieferung ist Schrift) in die Unmittelbarkeit des Hörens auf das Sichzusagende ‚Zurückzuübersetzen'."[2]

Riedels *zweite Philosophie* betrachtet die Welt nicht mehr wie die erste, bis heute dominierende Philosophie aus der Perspektive des Menschen, die alles Anderssein aus sich ausschließt. Sie reflektiert Mensch und Welt auch nicht mehr bloß auf sich selbst und mit sich selbst wie Hegels *Phänomenologie des Geistes. Eine zweite Philosophie* fragt vielmehr seit Schel-

---

[1] Emmanuel Lévinas, Stunde der Nationen – Talmudlektüren (1988), München 1994, 72
[2] Riedel, Hören auf die Sprache, 1990, 176

ling, der das Wort ursprünglich formulierte, nach dem Verhältnis des Menschen zum Lebendigen, und zwar weder in einem naturwissenschaftlichen noch im selbstreflexiven Sinn. Einem solchen Neuanfang der Philosophie geht es um das Lebendige, sei es in der Biosphäre, im menschlichen Zusammenleben oder in der Ethik. Damit will Riedel die Philosophie von ihrer Fortschrittsorientierung abkehren, die zumeist liberalen oder marxistischen Charakter hat. Mit dem Lebendigen geht es folglich um die Bewahrung der Tradition ähnlich wie bei Marcel und Jaspers, um eine allgemeine Sittlichkeit, nicht um individuelle Mündigkeit, also um eine Einkehr des Lebens in die Gemeinschaft. Denn im konservativen Sinn wird Gemeinschaft und Leben gleichgesetzt: die Generationenkette, der sich das Individuum unterzuordnen hat. Ironischerweise gibt für den politischen Konservativismus es kein lebendiges individuelles Leben jenseits von Familie und Gesellschaft. Dergleichen gilt als antinatürlich oder als unsozial, als egoistisch gegenüber der Nation, die in jeder Hinsicht den Primat gegenüber individuellen Interessen hat, die sie vielmehr überhaupt erst ermöglicht, wie es Hegel entwickelt. Das zu einem Liberalismus zu erklären, ist abwegig bzw. versteht unter Liberalismus keinen Primat des Individuums gegenüber der Gemeinschaft.

3. Antipostmoderne und antiliberale Philosophie des Hörens

Riedels akroamatische Philosophie steht Schellings später konservativer *Philosophie der Offenbarung* aus den Jahren 1841-42 nicht fern, der es darum geht, Moderne und Christentum miteinander zu versöhnen, um die Tradition in den Modernisierungsprozessen zu bewahren, das Unvordenkliche außerhalb der Vernunft vor deren Rationalisierung zu schützen. Das Lebendige geht nicht in der rationalen Berechnung und in der begrifflichen Vorstellung auf. Freilich handelt es sich nicht um die Lust, nicht um Hedonismus, sondern um Askese und Mystik, also um eine Weise des Denkens und Verstehens, die sich nicht auf das positiv Vorliegende beschränkt – also um eine

Bemühung ähnlich derjenigen Schelers, der Religion eine zeitgemäße Form zu geben, um sie attraktiver zu machen. Wie in Riedels späterer Nietzsche-Rezeption geht es um einen hermeneutischen Einklang zwischen Mensch und Natur, der dem dichterischen Bezugspunkt den Weg bereitet.

Während die abendländische Metaphysik das Sein dem Seienden transzendental und somit unbewegt voraussetzt, denkt Riedel aber eine andere Perspektive im Anschluss an Heideggers ‚anderen Anfang' als eine zweite philosophische Bemühung. Diese tritt aus dem Bann der geläufigen Metaphysik heraus und konzipiert das Verhältnis zwischen den Menschen wie dasjenige von Mensch und Natur vom hermeneutischen Gesichtspunkt der Bewegtheit und des Lebendigen aus. Das Wort vom Ereignis, das sich auf Entwürfe des jungen Heideggers zurückführen lässt, wenn er von einer Hermeneutik der Faktizität ausgeht, gibt Hermeneutik nicht als Lehre der Auslegung, sondern als auslegendes Mitteilen zu verstehen. Riedel schreibt: „Hermeneutik ist gleichsam das ‚Wesen' des Faktums ‚Leben', das sich auslegend verhält. (. . .) Verstehen und Auslegung sind, nach dem ontologischen Ansatz der ‚Hermeneutik der Faktizität', *Seinsweisen des In-der-Welt-Seins*, die in dieser universalen Reichweite nicht von Kierkegaard, sondern von Aristoteles her zur Sprache gebracht werden."[1]

Damit kehrt sich Riedel vom individualistischen Pfad des Protestantismus ab und einer katholisch kommunitarischen Orientierung zu, die seine *zweite Philosophie* auch mit einem an Aristoteles orientierten Thomismus verbindet. So distanziert sich seine Naturorientierung von jenem ökologischen Denken der damaligen Zeit, als Teile der Partei *Die Grünen* noch bürgerrechtlich, pazifistisch, antimilitaristisch und emanzipatorisch aufgestellt waren und für die Legalisierung der Abtreibung sowie von Marihuana eintraten – alles Orientierungen, die einem nationalen Primat der Gemeinschaft widersprachen,

---

[1] Riedel, Für eine zweite Philosophie, 1988, 176

die schwerlich in Riedels politisches Programm passten, der die erste rot-grüne Bundesregierung vehement ablehnte.

Verstehen stellt keine einfache menschliche Fähigkeit dar, sondern eine Weise des In-der-Welt-Seins, die daher auch nicht auf bestimmte Handlungsweisen gerichtet sein soll, die das Individuum gegenüber der Gemeinschaft stärkt, sondern es vielmehr in diese einbindet. Davon sollen auch die Wissenschaften die Bürger nicht entheben, was sich allemal als Illusion herausstellte, dienen die Wissenschaften primär den Staaten und Ökonomien, nicht den Individuen, diesen höchstens indirekt. Und die Beherrschung der Welt durch eine kommunikative Vernunft darf man heute als gescheitert betrachten.

Aber Riedel beruft sich überraschenderweise auch auf Ernst Bloch, bei dem er als junger Student in Leipzig kurze Zeit studierte, bevor das SED-Regime den wenig folgsamen Professor verbannte. Riedel sucht denn in seinem Bloch-Buch nach den religiösen Quellen von dessen utopischem Denken, beispielsweise nach den „Gottesnamen als reale Universalien" und somit als „Verborgene Quellen der philosophischen Inspiration".[1] Riedels Bloch Buch darf man als damaligen Versuch betrachten, sich gegen Angriffe aus dem linken philosophischen Lager zur Wehr zu setzen, er vertrete reaktionäre politische Positionen. Freilich einem Atheisten religiöse Quellen nachzuweisen ist ein merkwürdiges Unterfangen um sich als jemand auszuweisen, der von sich selbst sagt, die eigene politische Haltung entspreche der der linken Mitte. Dann müsste Angela Merkel fast schon radikal links sein. Aber für einen rechtslastigen orthodoxen Konservativismus erschien die Kanzlerin beinahe als Feindbild, spätestens als sie 2015 eine Willkommenskultur gegenüber Flüchtlingen realisierte, was Riedel, der 2009 mit dreiundsiebzig Jahren starb, nicht mehr erlebte und schwerlich goutiert hätte, wiewohl der selbst ein

---

[1] Riedel, Tradition und Utopie – Ernst Blochs Philosophie im Licht unserer geschichtlichen Denkerfahrung, Frankfurt/M. 1994, 187

Flüchtling aus der DDR war. Aber aus der nationalistischen Perspektive waren solche Leute keine Flüchtlinge.

Riedel rekurriert insofern auf Bloch, als für diesen die moderne Seinserfahrung dem Staunen nicht gerecht wird, das im Angesicht der Natur entspringt und das alle Bemühungen um Beherrschung der Natur überschreitet. Bloch entwickelt in der Tat eine Naturvorstellung, die dieser eine Art Subjektivität unterstellt, mit der der Mensch kooperieren soll. So schreibt Bloch: *„„An die Stelle des Technikers als bloßen Überlisters oder Ausbeuters steht konkret das gesellschaftlich mit sich selbst vermittelte Subjekt, das sich mit dem Problem des Natursubjekts wachsend vermittelt.“*[1]

Für Riedel wandelt sich damit das Verhältnis von Theorie und Praxis, stellt sich der Ethik nicht mehr primär die Frage nach dem Handeln, sondern nach dem Verstehen, wie sich bei Heidegger das Ethische als Frage nach dem Denken anweist. Dem Ethos wie der Praxis wohnt keine rein logische oder rationale Struktur inne, die zu berechnen wäre und der man bloß folgen müsste, wie es sich heute linker wie ökologischer Szientismus vorstellen und wie es im Kapitalismus natürlich immer schon praktiziert wird. An letzterem will Riedel auch nicht rütteln.

Dabei tritt die Sachbezogenheit des Verstehens in den Hintergrund. Gerade die Dimension des Hörens zeigt, dass es sich dabei um das Zusammengehören von Mensch und Welt handelt, hat denn Hören auch mit Hören auf jemanden, also im weiteren Sinn mit Gehorsam zu tun, der sich aus dem Zusammenspiel von Mensch und Welt notwendig ergibt und nicht durch emanzipatorische Bestrebungen oder durch Technologien hintergangen werden kann noch darf.

Dagegen bemerkt Hans Blumenberg über die Wissenschaft: „Dass sie Freiheiten verschafft, ist unbezweifelbar; ich erinnere an die einzige wirklich bedeutende Veränderung des menschli-

---

[1] Ernst Bloch, Das Prinzip Hoffnung (1938-1947), Bd. 2, Frankfurt/M. 1959, 787

chen Verhaltens in unserem Jahrhundert durch die Kontrazeptiva."[1] Das schätzt Norbert Bolz freilich ganz anders, traditionalistisch und konservativ ein: „die Pille. (. . .) In der Geschichte des Eros ist sie das wichtigste Stück Anti-Natur. Wie das Ende des Lebens hat damit auch sein Anfang seine Natürlichkeit verloren."[2] Das entspricht dem Modell eines natürlichen Lebens, das dem Individuum verbietet, sein Leben hedonistisch nach eigenen Vorstellungen zu führen und von ihm verlangt, sein Leben in den Dienst der Gemeinschaft, der Familie und damit der Generationenfolge zu stellen, d.h. der Renten- und Krankenversicherung, die sich in Deutschland beide einer konservativen Politik verdanken.

Riedel gesteht allerdings zu, dass die Grundbegriffe der Moral aus hermeneutischer Perspektive immer wieder neu interpretiert werden müssen. Denn aus dem Verstehen entfalten sich die sozialen Zusammenhänge. Freilich ist damit nicht gesagt, dass man das soziale Geschehen im Sinn eines Wertewandels interpretieren darf. Denn wenn man diesen wie Bolz als Wertezerfall begreift, dann ist das keine Ethik mehr und könnte hermeneutisch eingehegt oder gar bekämpft werden.

Die Sachbezogenheit spielt zwar keine primäre Rolle. Das Hören verbindet aber den Menschen mit dem Ereignis, so dass das Zusammengehören von Mensch und Welt in den Vordergrund tritt. Die hermeneutische Urteilskraft ist daher in der Ethik angesiedelt. Dabei verlängert sich das Gehören nicht nur ins Hören, sondern auch in das Hören auf etwas. Auch wenn für Riedel in der hermeneutischen Urteilskraft kein primäres Befehlen liegt, sondern ein ethisches Raten, bleibt der Mensch ein Hörender. Er schreibt: „Das akroamatische Phänomen erwächst also dem Zuvor-Gehört-Haben des *Grund*-Widerspruchs. Es ist (. . .) ein Problem des Logischen, das zum Begründungsgefüge gehört. Das (. . .) Zuvor-gehört-haben des

---

[1] Hans Blumenberg, Beschreibung des Menschen – Aus dem Nachlass (ca. 1976-1981), Frankfurt/M. 2006, 479
[2] Norbert Bolz, Die Helden der Familie, München 2006, 31

in sich widersprüchlichen *Logos*, führt hin zur höchsten Wissenschaft der *sophia*, die dem Sein entspricht. Denn darum handelt es sich auch hier wieder, um die Entsprechung, die sich auf diesen beiden Ebenen einspielt, akroamatisch und logisch, wobei die Ebene des Logischen nachfolgend ist."[1] Das Hören bietet folglich die Möglichkeit, das aristotelisch thomistische Modell eines Primats der Ontologie gegenüber der Ethik umzudrehen. Dann muss man primär Hören, und zwar nicht auf das Sein, sondern auf das Sollen. Daraus entspringt dann der Gehorsam der Individuen gegenüber der Gemeinschaft. Der Philosophie fällt dabei die Aufgabe zu, diese Sachlage zu erläutern, zu erklären und damit kommunikativ zu vermitteln.

Philosophie selbst wird dann ähnlich wie bei Leo Strauss ein konservatives, den politischen Status quo verteidigendes Geschäft, das alle Bemühungen um Veränderungen verhindert bzw. zumindest so eindämmt, dass die traditionelle, religiös grundstrukturierte gesellschaftliche Ordnung mit ihrem ökonomischen Fundament im Kapitalismus, also der Güterungleichverteilung erhalten bleibt. So klingen Riedels Worte auch Strauss nicht so fern, der von Jerusalem und Athen als den Wurzeln der abendländischen Kultur spricht. An der folgenden Stelle geht es Riedel freilich primär um Athen: „Wir wissen heute, dass wir das technische Wachstum in unser Denken einzuholen haben. Zu diesem Zweck muss man, wie ich glaube, auf dem Weg der zweiten Philosophie zurück zu den Wurzeln unserer abendländischen Kultur gehen. Und eine ihrer Wurzeln ist jene andere Art des Denkens an ihrem Anfang, die Einheit von *ethos* und *physis*, die wir von Demokrit bis hin zu Plato und Aristoteles kennen."[2]

Praktische Hermeneutik, die Riedel im Anschluss an Gadamer entwirft, entsteht als *zweite Philosophie* aus dem Zusammenspiel von *ethos* und *phronesis*, als die Suche nach der rechten Mitte, in der sich das rechte Wort zu verstehen gibt und auf

---

[1] Riedel, Hören auf die Sprache, 1990, 397
[2] Riedel, Für eine zweite Philosophie, 1988, 214

das man hören soll. Riedel verweist dabei auf die Ethik des Maßes, die der Symmetrie aus Demokrits Atomtheorie entspringt und die sich auch auf die Polis übertragen lässt, so dass es zu einem Zusammenspiel von Natur und Kultur kommt, bei der das aristotelische Primat der Ontologie hintergründig weiterwirkt, ohne dass es allzu deutlich wird, um nicht die Einheit von Ethik und Ontologie zu gefährden, die Heidegger von Parmenides ableitet.

Außerdem bezieht sich Riedel auf die Ethik der Scheu, die in der Schule des Pythagoras diskutiert wurde. Pythagoras sucht nach einer Einheit von Arithmetik, Harmonik und Ethik in der *philia*, der universalen Verbundenheit alles Lebendigen. Die *philia* spiegelt sich auch im Gedanken der Seelenwanderung, der Freundschaft der Seelen, auf die es zu hören gilt. Die Tugend der Freundschaft ist für Aristoteles die Grundlage der Polis, die die Bürger miteinander verbindet. Die Freundschaft tritt noch nicht in Konkurrenz zu staatsbürgerlichen Tugenden wie bei Georges Bataille, der mit der Freundschaft einen radikal hedonistischen Individualismus begründet. So dient für Riedel die *philia* ebenfalls der Unterordnung des Individuums unter die Gemeinschaft und zwar als eine politische Tugend gerade in etwa zu einer Zeit, als sich die Freundschaft seit einigen Jahrzehnten in den Prozess der Individualisierung eingeklinkt hatte und sich als Konkurrenz gegenüber der Familie aufführte.

X. KAPITEL

PÄDAGOGISCHER KONSERVATIVISMUS: REINHARD KNODT

Der Nürnberger Philosoph und Literat Reinhard Knodt, Gründer und zwischen 1985 und 1990 Herausgeber der Zeitschrift *NÜRNBERGER BLÄTTER – Zeitung für Philosophie und Literatur*, ist Schüler Manfred Riedels. Er wandte sich noch während seiner Promotion vom linken Zeitgeist der siebziger Jahre ab und Nietzsche zu, der damals in Folge der neuen Werke-Edition von Giorgio Colli und Mazzino Montinari eine Renaissance erlebte. Um 1980 waren zwar die linken Fortschrittshoffnungen nicht völlig verblasst, hatten aber schon einige nicht unerhebliche Risse bekommen, so dass sich der Gedanke Nietzsches von der ewigen Wiederkehr des Gleichen als eine Art Alternative anbot.

Freilich geht es Nietzsche dabei um eine Lebensbejahung, nicht um eine Lebensverneinung, die er schließlich gerade den Christen wie seinen Zeitgenossen vorwirft. Nietzsche greift auf die griechische Antike, vor allem auf den griechischen Mythos zurück als Modell eines lebendigen, vor allem lebensbejahendem Weltverständnis. Auch Michel Foucault weist daraufhin, dass für die Griechen der klassischen Antike die Askese im Dienst der eigenen Lust steht, also Bejahung der schieren Animalität, die dem Christentum abscheulich erscheint.

So bemerkt schon 1974 Giorgio Colli, „in der Animalität das Wesen des Menschen zu behaupten: das ist der schwere, entscheidende Gedanke, Vorbote des Sturms, der Gedanke, vor dem der ganze Rest der modernen Philosophie zu Heuchelei herabsinkt. Schopenhauer hat ihn ausgesprochen, und Nietzsche ist sein einziger authentischer Exeget gewesen, indem er ihn im Bereich des menschlichen Geschehens bestätigt hat. Die dunkle Wurzel der Animalität, der blinde Wille zu leben, blickt aus den Mythen der antiken Religionen hervor."[1] Was Colli noch dem Zeitverständnis entsprechend gefährlich erscheint, erkennt Foucault bereits als ein Vorschein einer hedonistischen Lebenskunst, die sich in den diversen Emanzipationsbewegungen um 1970 Bahn bricht.

1. Korrespondenz zwischen Konsens und Lebenskunst

Bei Reinhard Knodt entspricht dieser Gedanke vom Primat des Lebens zwar ebenfalls einem damals verbreiteten Zeitgeist, nämlich einer Weltschmerz-Haltung, die sich in jener Protest-Generation ebenfalls großer Beliebtheit erfreute, die ohne die hedonistische Wende freilich leicht in ein christlich traditionelles Denken umgelenkt werden kann. Knodt, der damals nicht zu den radikalen Revoltierern zählte, vertritt aber seit seinen jungen Jahren eine pessimistische Weltsicht, in der das individuelle Leben ziemlich aussichtslos erscheint.

So ist für Knodt in seinem Buch mit dem programmatischen Titel *Friedrich Nietzsche – Die ewige Wiederkehr des Leidens*, der Mensch nicht allein ein Tier. Vielmehr verschärft Knodt die These Nietzsches pessimistisch, wenn er schreibt: „Vom ‚Leib' her gesehen, d.h. von unserer Stellung in der Natur aus betrachtet, sind wir ‚kranke Tiere'."[2] Das gilt nach Nietzsche nämlich nur für die letzten Menschen, also für die meisten seiner Zeitgenossen, nicht aber für jene, denen es gelingt, neue Werte zu erfinden und die dadurch über sich hinauswachsen.

Knodt interpretiert Nietzsche dagegen als Kritiker eines sinnlosen Lebens, dem sich kein Sinn erfinden lässt, wenn man

[1] Giorgio Colli, Nach Nietzsche (1974), Frankfurt/M. 1980, 109
[2] Reinhard Knodt, Friedrich Nietzsche – Die ewige Wiederkehr des Leidens, Bonn 1987, 106

nicht in die Religion einkehrt, wird sich Knodt später immer stärker dem Buddhismus annähern. Er gehört damit zu einer bis heute populären Betrachtungsweise Nietzsches, die sich auch mit dem Christentum versöhnt und in Nietzsche primär den Kritiker der modernen Kultur, besonders des Liberalismus sieht, nicht aber als Erfinder neuer Lebensformen.

Gerade der Leib stellt daher einen Differenzpunkt dar, an dem sich Nietzsches freie von den unfreien Geistern scheiden, die gesunden von den kranken Tieren. Aber beide vereint ihre jeweilige Ablehnung der bürgerlichen Verhältnisse, freilich die einen genießend, die anderen leidend. Knodt gehört zu letzteren, nicht zu den Hedonisten wie Georges Bataille, für den das Leben eines ganzen Menschen „ein ,unmotiviertes' Fest ist, und Fest in jedem Wortsinn, ein Lachen, ein Tanz, eine Orgie, die sich niemals unterwerfen".[1] Knodt wird denn im Fest andere Perspektiven erblicken.

Das Orgiastische wie den Rausch verkörpert für Nietzsche der Leib in seiner Natürlichkeit, wenn dieser nicht von kränkelnden letzten Menschen abgewertet wird, weil er diesen denn auch ständig Schwierigkeiten macht, vor allem aber weil der Leib in der christlichen Tradition diskriminiert wird. Scheler und Marcel wollten dergleichen ändern, werden aber in dieser Hinsicht im politischen Konservativismus kaum beachtet – ähnlich wie bei Knodt. Traditionell muss der Leib so gesteuert werden, dass er nicht aus der Familienordnung ausbricht.

Knodt gelangt nicht zur radikalen Selbsterfindung, die Nietzsche mit dem Übermenschen propagiert. Das zeigt sich auch in Knodts Aufsatzsammlung *Ästhetische Korrespondenzen* aus dem Jahr 1994, in dem er sein zentrales Thema skizziert, das ihn auch noch 2017 antreibt. Anfang der 1990er Jahre erlebte die Postmoderne-Debatte ihre Hochkonjunktur. Dabei falsch Stellung zu beziehen konnte den akademischen Ruf nachhaltig

---

[1] Georges Bataille, Nietzsche und der Wille zur Chance – Atheologische Summe III (1945), Berlin 2005, 27

ruinieren. So lassen sich seit drei Jahrzehnten vielfältige Ausweichmanöver beobachten.

Knodt führt seinen Begriff der Korrespondenzen denn auch so ein, dass er nach allen Seiten anschlussfähig erscheint. Er schreibt: „Wir erkennen, dass wir nicht nur ‚Konsens', sondern auch Korrespondenzmöglichkeiten im bleibenden Dissens brauchen, nicht nur ‚Information' und ‚kommunikatives Handeln' sondern auch Wahrnehmung und Teilhabe, dass wir letztlich nicht ‚Bedürfnisbefriedigung', sondern glückendes Leben anstreben und eine entsprechende *ars vivendi* brauchen, weswegen die Frage nach umfassender ästhetischer Korrespondenz gegenüber bloß diskursiven Konzepten an Schwergewicht gewinnt."[1] Wo der Konsens den Dissens nicht überwindet, sollte es also Dissense geben, die sich wirklich nicht konsentieren lassen – fast schon revolutionär der Gedanke –, sollen die Korrespondenzen vermitteln, also primär aber nicht nur ästhetische Teilhabeverhältnisse, an Stelle des rationalen Diskurses. Dessen Primat erkennt Knodt damit freilich an, den er sogar ergänzt, so dass er den Konflikt mit den Konsenstheoretikern vermeidet. Ein wenig spielt er dabei doch auf der Klaviatur schicker postmoderner Terminologien.

Zudem klingt mit der *ars vivendi* fast schon etwas von Foucaults Lebenskunst an. Das wird freilich im Vorfeld domestiziert, wenn Bedürfnisbefriedung disqualifiziert wird: Wer will die schon, noch dazu nachdem es sie ja nicht gibt. Nun überschreitet für Foucault *der Gebrauch der Lüste* zwar die Bedürfnisbefriedigung, aber nicht im christlichen Sinn eines glückenden Lebens, bei denen die Bedürfnisse ja höchstens im Dienst der Fortpflanzung stehen. Vielmehr gilt es für Foucault gerade diese Lüste extensiv zu gebrauchen, wenn auch nicht in dem Sinn, dass man Sklave seiner Lüste wird und zwar deshalb, weil man sie dann nicht optimal gebrauchen kann. Irrationale Hingabe, die zu Schwangerschaften führt, beeinträchtigt

---

[1] Knodt, Ästhetische Korrespondenzen – Denken im technischen Raum, Stuttgart 1994, 7

evidenter Weise den weiteren freien Gebrauch der Lüste, was religiöse und konservative Weltanschauungen gerade bezwecken.

So geht es Foucault auch nicht um Glück, eine Vision mit der man die jungen Menschen in die Generationenkette einbindet und die Pflicht zum Glück umdeklariert. Wenn Knodt vom glückenden Leben schreibt, dann spielt er sicher nicht gegenintentional indirekt mit einer religiösen Metaphorik, das sich noch klarer in der von ihm so benannten umfassenden ästhetischen Korrespondenz präsentiert, die in dieser Formulierung an Jaspers' Umgreifendes erinnert. Ganzheit bleibt ein metaphysischer, letztlich ein religiöser oder gar esoterischer Begriff. Damit kann Knodt denn auch relativ gelassen die Bedeutung der Korrespondenz gegenüber dem Konsens betonen. Das hat man ihm in Frankfurt bestimmt nicht übel genommen.

Zeitgemäß setzt sich Knodt in den *Ästhetischen Korrespondenzen* mit der Technik und ihren Natur und Mensch zerstörenden Kräften auseinander. Freilich waren während der frühen neunziger Jahre die ökologischen Debatten etwas in den Hintergrund des politischen Interesses getreten, ging es vielmehr um die Kosten der deutschen Einheit. Knodt schreibt „Während sich der industrielle Mensch also durch repetitive Arbeitsvorgänge entmenschte, tut es der postindustrielle durch die Wiederholung des symbolischen Tausches bis zu dessen Perversion bzw. dem Tod der Zeichen. Die Allgegenwart der Zeichen und ihre technische Reproduzierbarkeit ist ein Zustand, der nicht etwa nur auf ‚virtuelle' Wirklichkeit weist, sondern auf die Ausräumung des menschlichen Leibes – eine Form des Todes als Verlöschen von Korrespondenzfähigkeit bei sonstigem Funktionieren."[1]

Auch hier spielt er etwas auf der postmodernen Klaviatur, vor allem jener von Jean Baudrillard, um sich freilich davon zu distanzieren. Denn in der poststrukturalistischen Debatte geht es nicht um ästhetische oder gefühlsmäßige Annäherungen, die

---

[1] Ebd., 105

eine gewisse gemeinsame Gestimmtheit herstellen sollen, sondern um strukturelle Differenzen, die die Knodtschen Korrespondenzen ausschließen. Das wäre für ihn der Tod des Menschen, den Baudrillard und Foucault natürlich anders verstehen. Für Knodt würde das dem Leib obendrein dessen hehre Rolle rauben, wenn dieser für die postmoderne Philosophie überhaupt das hedonistische Spiel der Lust eröffnet, um das es in der Knodtschen Korrespondenz gerade nicht oder höchstens hintergründig geht.

2. Korrespondierende Atmosphären des Einklangs

Dass es Reinhard Knodt nicht nur um die theoretische Analyse eines Sachverhaltes oder einer Kompetenz wie der Korrespondenz geht, sondern darum, just die poststrukturalistischen Differenzen wie die technisch ökonomischen Verschränkungen aufzulösen, das zeigt bereits der Untertitel seines Buches *Der Atemkreis der Dinge*, nämlich *Einübung in die Philosophie der Korrespondenz*. Schon der Haupttitel suggeriert, dass Dinge atmen, was zumindest nach dem gängigen Wortgebrauch eine metaphorische Redeweise ist, was Dingen etwas attestiert, das Menschen erst überhaupt als solches verstehen können. Ja, sie sollen offenbar etwas wahrnehmen, was von den Dingen ausgeht – eine phänomenologische Perspektive, die jener Max Schelers ähnelt. Alle wollen das Subjekt hinter sich lassen, auch Knodt.

Der Untertitel erinnert an Kierkegaards Buch *Einübung ins Christentum* aus dem Jahr 1850, in dem es heißt: „Gott will was er will. Er will sich nicht umschaffen lassen (. . .): er will umschaffen, die Menschen umschaffen, und das will er aus Liebe."[1] Wie bei Kierkegaard präsentiert sich Knodts Anspruch als ein explizit pädagogischer: Die Leser sollen dabei zur Korrespondenz befähigt werden. Denn es kommt Knodt wie Schel-

---

[1] Sören Kierkegaard, Einübung im Christentum (1850), Gesammelte Werke 26. Abteilung, Düsseldorf, Köln 1955, 61

ling, Scheler oder Jaspers darauf an, die Spaltungen der Moderne oder Postmoderne zu überwinden, die ihm offenbar 2017 noch nicht überwunden erscheinen, obwohl sie im öffentlichen Diskurs im 21. Jahrhundert zunehmend in den Hintergrund treten. Knodts Idee der Korrespondenz stammt ja auch aus den Neunzigern. In einer Welt, in der viele gerne Lebensregeln annehmen, ist Knodts pädagogischer Anspruch jedenfalls weiterhin populär. Der Weise oder die Eliten sagen den Menschen, wie sie zu leben haben.

Knodt erkennt, dass es bei vielen weiterhin um das Glück geht – wie metaphysisch dessen Migrationshintergrund auch sein mag. Er versteht auch, dass die moderne Gesellschaft sich darum durchaus bemüht. Freilich erhebt er mit seinem Konzept der Korrespondenz den Anspruch, nicht nur dazu einen adäquateren Zugang zu haben. Er entwickelt in seinem Buch dazu auch die entsprechende Pädagogik. So schreibt er: „Glück ist in solch einer Welt zwar erwünscht, aber schlecht organisiert, so dass der Verdacht, es müsse auf einem anderen Pfad erreicht werden, ja, man müsse es vielleicht sogar eher üben, statt es nur zu organisieren, fast schon keine Neuigkeit mehr ist."[1]

Diese Welt erscheint dem Glück also keineswegs strukturell feindlich gesonnen. Nur dass sie sich darum nicht bemüht. Freilich setzt das voraus, dass das Glück keine Erfindung der Gesellschaft ist, mit der sie ihre Untertanen einbindet. Glück erscheint Knodt als etwas, das natürlich vorliegt, für das man freilich etwas tun muss, was gesellschaftlich nur unzureichend geschieht. Um diese Lücke zu schließen, darum geht es Knodt mit seiner Idee der Korrespondenz.

Damit schließt er an seine frühere Nietzsche-Interpretation an. Nicht dass man im Stile des über sich hinaus Wachsens sich von seinen Zeitgenossen entfernt, wie es Nietzsche propagiert! Vielmehr will er ihnen dazu verhelfen, wo es an sozialer Unterstützung mangelt. Korrespondenz soll wieder ein Gefühl der

---

[1] Knodt, Der Atemkreis der Dinge – Einübung in die Philosophie der Korrespondenz, Freiburg, München 2017, 10

Aufgehobenheit in einer Gemeinschaft darstellen, da das Individuum primär abhängig davon ist, dass es mit anderen zusammenlebt. Wo das Probleme schafft, kann ein Lehrer dem Schüler zeigen, wie Gemeinsamkeit funktioniert. Knodt schreibt: „Korrespondenz drückt sich im einfachsten Fall dadurch aus, dass man sich an der Hand nimmt."[1] Nicht nur dass man sich zusammen an die Hand nimmt, was Korrespondenz suggeriert und von egoistischen Neigungen ablenkt! Vor allem geht es Knodt darum, seine Rezipienten an die Hand zu nehmen um ihnen den Weg zum glückenden Leben zu zeigen, den der Weise natürlich kennt. Hier spiegelt sich der konservative Elitarismus von Leo Strauss.

Für Knodt haben es sehr viele Menschen schlicht nötig an die Hand genommen zu werden, betrachtet er sie nicht als mündig und selbstverantwortlich und wenn doch, dann aber als unfähig, ohne Hilfe von jemanden auszukommen, der sich in Korrespondenzverhältnissen bewegt. Auch die meisten anderen politischen Weltbilder unterstellen, dass Menschen Führung brauchen und sich nach solcher sehnen.

Dadurch entwickelt man ein gemeinsames Gefühl wie Verständnis von Welt, wobei Knodt die Hermeneutik eher ablehnt, weil sie ein abstraktes Interpretieren der Welt unterstellt, das sich nicht um mystische Korrespondenzen kümmert. Wird man dagegen vom Weisen an die Hand genommen, der einem die Welt nahebringt, der dafür sorgt, dass man auf sie hört, wie es Riedel den Antiken unterstellt, dann hat man weder kommunikative Vernunft noch Hermeneutik nötig, die beide abstrakt bleiben und daher einen Sinn für Korrespondenzen, somit für Mitmenschen nicht zu stabilisieren vermögen.

An die Hand genommen lernt man dann durch den korrespondierenden Weisen ein angemessenes Gefühl für Atmosphären – Knodt beruft sich auf Peter Sloterdijk, der mit diesem Terminus arbeitet. Dann erlebt man die Welt nicht als aus einzelnen zusammenhanglosen Gegenständen bestehend, sondern

---

[1] Knodt, Der Atemkreis der Dinge, 2017, 16

als ein Zusammenspiel von Menschen wie Dingen, das den Teilnehmenden umweht. Knodt schreibt: „Wer sensibel ist für den Atem der Dinge, der wird am Ende vielleicht auch den ‚Atem der Welt' spüren, oder gar einen ‚Atem Gottes' – und er muss dazu seine Hand nicht eigens in einen Sarkophag stecken."[1]

Knodt schließt dabei mehrfach an Byung-Chul Han an, der Liberalismus, Moderne und Technologien aus religiös konservativer Perspektive kritisiert, nämlich als soziale Auflösungserscheinung, ethischen Wertezerfall und Verlust von Lebenssinn. Wer sich in diese Atmosphären eingebunden erlebt, der spürt, dass er sich vom Weisen sagen lassen muss, wie seine eigenen Interessen mit denen der Gesellschaft harmonieren – der rousseauanische Traum von der Einheit von Individual- und Gemeininteressen: dem Individuum eine Mündigkeit attestieren, die es selbstredend aus den Korrespondenzen heraus nicht verliert, sondern nicht mehr benötigt.

3. Das Leben als ein Fest zusammen mit anderen

Wie Rousseau den Gemeinwillen gründet Knodt die Korrespondenz nicht auf eine bestimmte intellektuelle Leistung, die die Aufklärung Vernunft nennt, sondern auf eine Lehre vom Menschen – das gängige Muster nicht nur konservativer, auch anderer politischer Theorien: Wenn man sich klar gemacht hat, wie sich der Mensch situiert, kann man daraus das Politische ableiten. Was die Aufklärung kaum hinterfragt, stellt sich freilich als gängiges Begründungsdilemma aller Politik dar: Niemand kann mit Sicherheit sagen, wie der Mensch tickt.

Da das an die Hand Nehmen dem Verhältnis von Eltern und Kindern entspricht, entpuppt sich dieser von Knodt häufig bemühte Topos als eine patriarchalische Figur, auf die sich bei der Legitimation von Politik auch Hans Jonas beruft und die Sloterdijk im Anschluss an Arnold Gehlen ebenfalls benutzt:

---

[1] Ebd., 25

Wenn man weiß, was der Mensch ist, dann kann man ihn auch umzüchten, wie es sich Gehlen vorstellt.

Auf diese Weise kann Knodt denn auch alle rationale Begründung des Politischen als unzulänglich übergehen, wenn er schreibt: „Vor allem die *gereichte Hand* ist ein Indiz, das weit über intellektuelle oder gefühlsmäßige Übereinstimmung hinaus ins Anthropologische weist."[1] Es bedarf weder einer rationalen noch einer emotionalen Begründung, um Herrschaft zu legitimieren, wenn sich der Mensch als Mängelwesen à la Gehlen oder als untugendhafter à la Strauss und daraus folgend als herrschaftsbedürftig erweist: Wenn der Mensch nur in Gemeinschaften leben kann, dann muss er sich dem Staat unterordnen. Knodt hilft dabei mit und nimmt das unglückliche, einsame Menschenkind an die Hand.

Wenn das Verhältnis zwischen Menschen gleichfalls von Naturanlagen bestimmt wird, dann darf sich auch niemand der Hand entziehen, die die seine ergreift. Natur, Gott oder der Vater bestimmen die quasi natürlichen Korrespondenzverhältnisse, denen das Individuum nicht entgeht, sowenig wie sich Reinhard Knodt umgekehrt der Hand seines gerade geborenen Kindes nicht mehr zu entziehen vermag. Er schreibt 2014 in seiner Erzählungssammlung *Schmerz*: „Das Kind war an jenem Tag geboren, an dem ich meine Berufsanstellung aufgegeben hatte um frei zu sein."[2] Freilich handelt es sich dabei um ein ironisches Ausweichmanöver: Die Assistentenstelle lief nach sechs Jahren an diesem Tag einfach aus. Seine Bemühungen um Habilitation waren trotz eines einjährigen Stipendiums kurz vorher gescheitert. Das Kind aber zwang ihn, solche Hoffnungen nun definitiv fahren zu lassen. Der Titel *Schmerz* hat diverse Migrationshintergründe. Aber wie textete Knodt 1984 am Ende seiner Groteske *Gott, Liebe oder die Reinhaltung der Luft*: „Ich lache meine Worte in den Schnee und suche sie im Frühling zwischen den Blumen. Ich bin berühmt für meine

---

[1] Knodt, Der Atemkreis der Dinge, 2017, 34
[2] Knodt, Schmerz – Acht Miniaturen, Berlin 2014, 64

Lügen. Ich bin die einzige Wahrheit und meine Liebe ist grenzenlos wie die seltene Stunde der Ewigkeit."[1]

Lebensgeschichtlich eingebunden in Familie mit Kindern sieht sich Knodt mit einer Situation konfrontiert, die ihm kaum erlaubte, sich auf Nietzsches Forderung nach einem Ausgreifen über sich hinaus einzulassen. Wie könnte er da neue Werte erfinden, kehrt er nach einigen von der Idee der freien Liebe aus den sechziger Jahren inspirierten Abenteuern in die traditionelle Liebesordnung ein. So propagiert er 2017 „ein Erleben, das vor allem vom *Miteinander* geprägt ist – und nicht von autonomer Selbstsetzung *gegenüber* anderen und *gegenüber* der Welt."[2] Längst ist das Gespenst der Freundschaft verblasst, das sich um 1980 sogar in der medialen Öffentlichkeit umtrieb. Aristotelisch war das damals schon nicht gemeint. Natürlich hatten de Beauvoir und Sartre kurz vor ihrem Tod nicht geheiratet, schnellten seit den siebziger Jahren die Scheidungsraten in die Höhe, leben bis heute viele jenseits von Familienstrukturen.

Aber solchen Individualismus weist Knodt zurück: Miteinander heißt zumindest offiziell monogame Familie und nicht Promiskuität. Eigentlich gibt es im Sinn von Knodt Subjekt, Autonomie, Mündigkeit und Individualität höchstens als Erfindungen, so dass er an Norbert Bolz anschließen kann, der darüber 1999 das Urteil fällt: „Es gibt aber auch einen Kurzschluss zwischen Abweichung und Konformität, der gerade für unsere gegenwärtige Kultur charakteristisch zu sein scheint: Alle wollen anders sein als all die anderen; das alternative Leben wird zum neuen Spießertum, die Subversion zum Mainstream. Das ist die Welt der Selbstinszenierung."[3] Nun ja, soziologisch stimmt das nicht: alternatives Leben erfreute sich zwar einer gewissen Verbreitung, die Mehrheit bleibt bis heute der Tradi-

---

[1] Knodt, Gott, Liebe oder die Reinhaltung der Luft, Hersbruck 1984
[2] Knodt, Der Atemkreis der Dinge, 2017, 64
[3] Norbert Bolz, Die Konformisten des Andersseins – Ende der Kritik, München 1999, 110

tion treu, obgleich das häufig nicht mehr zu einem religiösen Bekenntnis reicht und auch wenn der Mainstream ein wenig alternativ sein möchte. Dagegen propagiert Bolz den selbstbewussten Familienvater propagiert, also Stolz auf die Familie, das Zusammengehören aus Tradition, das keiner Kierkegaardianischen willkürlichen Entscheidung entspringt, sondern sich der aristotelisch thomistischen Einübung in die Gemeinde verdankt – die jeweiligen Lebensumstände helfen wie die Herkunftsfamilien dabei mit. Auch Knodt propagierte die Kleinfamilie.

Ähnlich wie Scheler befindet sich für Knodt der liebende Mensch nicht in einer ‚Ordnung der Dinge‘, die für Foucault keinen Atemkreis haben, sondern in einer Ordnung der Korrespondenzen, die ihn hält und antreibt: der Familienvater, der das Geld für die Familie auftreiben muss. Knodt schreibt: „Vielmehr ist umgekehrt das liebende Ich das entworfene Ergebnis aller Korrespondenzvorgänge, die es herausbilden und als Geschehen in Gang halten.“[1] Zwar taucht hier noch das existentialistische Wort des Entwurfs auf. Doch dieser ist kein individueller. Vielmehr muss sich der Mensch in vorgegebene Entwürfe schicken. Korrespondenzen helfen ihm dabei, wenn er dafür ein offenes Ohr hat: Knodt hilft ihm dabei.

So wehrt sich der Dichter auch gegen das poststrukturalistische Differenzdenken und stellt diesem nicht nur die Korrespondenz entgegen. In *Der Atemkreis der Dinge* führt er die Korrespondenz vielmehr anhand verschiedener Institutionen wie die Kunst, der Garten, das Fest u.a. vor. Auf diese Weise soll der Mensch von seinem Individualismus abgebracht werden, ja sogar von der eigenen Urteilskraft. Es geht um Einklang, wenn Knodt schreibt: „Statt zu *differenzieren*, liegt uns nun mehr am *Korrespondieren*. Statt bloß eigenen Genuss oder eigenes Urteil anzustreben, liegt uns jetzt am Zusammensein selber, einer Haltung, die – selbst wenn es anstrengend würde – vor allem einstimmen will. Wir geraten so in den Sog des Fes-

---

[1] Knodt, Der Atemkreis der Dinge, 2017, 111

tes."[1] So hat denn Knodt in seiner Künstlerkolonie im Röthenbacher *Schnackenhof* bei Nürnberg Feste veranstaltet und keine bloßen Tagungen. Dort begegneten sich die Teilnehmerinnen nicht als disputierende Individuen, sondern als gemeinsam feiernde. Anders als auf dem Monte Verità in Ascona, einer Künstlerkolonie, die um 1900 der Anarchist Otto Groß initiierte, stand denn im Zentrum des *Schnackenhofs* auch nicht die freie Liebe.

So wollen die Teilnehmer jener Feste aus ihrem Leben auch kein Kunstwerk machen, wobei Nietzsche indes nur forderte, dass man sein Leben so führen soll, dass man es wiederholen möchte, wie man ein Kunstwerk immer wieder betrachten möchte. Nein, für Knodt ist die Kunst selbst Korrespondenz, wenn er bemerkt: Kunst ist „eine Form des Spirituellen, eine ‚Erkenntnisart' und damit – in einem durchaus dem östlichen ‚Weg' ähnlichen Sinne – eine ‚Übung' (. . .) dass das Glück kein Vertrag mit der Welt ist, sondern gelingende Korrespondenz. (. . .) Kunst ist ‚Denken' als ästhetische Korrespondenz."[2]

Kunst enthüllt nicht, was die Ideologie verschweigt, wie es Adorno formuliert. Sie schafft keine Weltverständnisse, die sich dem technischen Denken entziehen, wie es sich Heidegger vorstellt. Wenn Knodt Kunst als Denken bezeichnet, dann ist es gerade nicht das autonome, eigenständige Denken des Subjekts, das sich kritisch gegenüber Staat und Gesellschaft positioniert. Vielmehr führt Kunst dazu, dass sich das Denken in die Korrespondenzen einklinkt und von diesen leiten lässt, so dass das Individuum nicht vereinsamt, sondern in der korrespondierenden Gemeinschaft ein- und aufgeht. Wer das bezweifelt, wird auf eine religiöse Dimension der Kunst verwiesen, genauer den Buddhismus, wodurch Knodt auch die moderne Autonomie der Kunst in Frage stellt, was ihn nicht nur als religiösen Traditionalisten ausweist, sondern auch als einen konservativen

---

[1] Ebd., 136
[2] Ebd., 206

Kritiker von gesellschaftskritischer Kunst. Das Wesen der Kunst ist nicht der unlösbare Streit über das ästhetische Urteil, sondern die Gemeinsamkeit, wenn man mit dem Nachbarn klatscht, worüber sich Nietzsche mokiert.

Knodts Korrespondenzdenken verharrt nicht im Bereich von Festen, der Religion oder der Ästhetik. Korrespondenz erhebt wie Jaspers ‚Umgreifendes' oder Schelers ‚Ordnung der Liebe' umfassende, ganzheitliche, also esoterische wie religiöse Ansprüche, die weder vor dem Bereich der spekulativen noch der praktischen Philosophie haltmachen. Ähnlich wie Jonas formuliert er ein Prinzip, das als eine Art kategorischer Imperativ erscheint, wenn „der Erhalt des Korrespondenzmilieus, in dem wir zusammmen sein können, die oberste Maxime darstellt."[1] Das lässt sich vielleicht kategorisch formulieren. Aber es kann nicht den Anspruch des kategorischen Imperativs erfüllen, weil Knodt das Prinzip nicht formaliter, sondern materialiter formuliert. Im Sinne Kants gibt es nur *einen* kategorischen Imperativ, auch wenn Kant dafür verschiedene Formulierungen liefert. Eine davon lautet: „Handle so, dass du die Menschheit sowohl in deiner Person, als in der Person eines jeden andern jederzeit zugleich als Zweck, niemals bloß als Mittel brauchst."[2]

Natürlich stellt sich für Knodt das Problem nicht auf diese Weise, dass sich der Mensch als Selbstzweck einem Einklang der Korrespondenz zwangläufig entzieht. Für Knodt wäre das ein entfremdeter Mensch, der nur durch Korrespondenz mit anderen Menschen und Dingen seine Entfremdung aufzuheben vermag. Und Knodt geht ja auch von einem bestimmten Menschenbild aus, so dass der Mensch von Natur aus in die Korrespondenz gehört. Wie die Korrespondenz praktisch wird, das versucht Knodt denn auch anhand von Institutionen vorzuführen. Wenn deren Teilnehmer mit diesem Wort ihr Leben interpretieren, dann liefert ihnen das sicherlich einen Sinn. Viel-

---

[1] Knodt, Der Atemkreis der Dinge, 2017, 219
[2] Kant, Grundlegung zur Metaphysik der Sitten, (1785), AA Bd. VI, Berlin 1968, 429

leicht fühlen sie sich darin auch geborgen. Das Individuum hat also auch keine Fluchten vor der Korrespondenz nötig. Wenn man es darein einübt, werden ihn keine Fluchtgedanken mehr behelligen. Knodt operiert mit einer religiösen Pädagogik.

Nicht allzu intensiv bedient sich Knodt des gängigen apokalyptischen Musters. Aber ganz kann er davon doch nicht lassen, wenn er schreibt: „Das Ende der Erde ist ja auch absehbar."[1] Wer sollte das in der Erfahrungswelt schon mal gesehen haben? Man kann nicht in die Zukunft blicken. Es sei denn man ist Wissenschaftler und halluziniert sich primär aus Zahlen und Theorien eine Zukunft zurecht. Oder aber man korrespondiert mit himmlischen Kräften. Was sehr ähnlich ist.

Das nährt natürlich den Verdacht, bei Knodt schwinge Ideologisches mit. Doch das weist er zurück: „Nicht das Irrationale oder die Manipulation drohen im Bereich der Korrespondenz, wie man befürchten könnte, sondern ganz im Gegenteil entsteht gerade hier die Öffnung zu einer Vernunft, deren Dimensionen wir noch kaum abschätzen können, die uns schon immer ‚hält' und die von Anfang an praktisch ist."[2] Jetzt wird die Korrespondenz vernünftig, bzw. übernimmt die Vernunft gleich ganz. Was das heißt, bleibt dunkel, muss das der Schüler vom Meister hinnehmen, ohne es überprüfen zu können.

Dass die Korrespondenz immer schon herrschte, bevor Knodt das Wort erfand, lässt sich bezweifeln. Denn frühere Generationen haben sich derart nicht verstanden, wiewohl Knodt in seinem Buch frühere Zeiten im Lichte der Korrespondenz zu interpretieren versucht. Es ist zwar ein gängiger Gestus auf Werdendes zu verweisen. Aber gerade angesichts eines Begriffs der Vernunft, der in der abendländischen Tradition völlig anders gebraucht wird, ist es ein hoher Anspruch, diesen Begriff mit wenigen Worten neu zu erfinden. Gegenüber solchen Verwendungsweisen müsste man doch anerkennen, dass im Wort der Korrespondenz vieles Irrationale mitschwingt, was

---

[1] Knodt, Der Atemkreis der Dinge, 2017, 225
[2] Ebd., 50

Knodt ja auch als solches akzeptiert. Nur dass er sich mit solch Irrationalem durchaus gerne einrichtet. Der Verdacht liegt nicht so fern, dass sich dadurch diverse autoritative Spielräume eröffnen, die seine Freundinnen freilich gerne hinnehmen.

So proklamiert er von noch mehr zu erahnenden Vernunft wenig bedrückt eine sich eröffnende Epoche der Korrespondenz: „Das goldene Zeitalter der Kommunikation ist hinter uns und die Epoche der allgemeinen Korrespondenz ist vor uns. Durch Korrespondenz entstehen in erster Linie nicht politische Institutionen, sondern politische Atmosphären, wie sich längst zeigt."[1] Freilich lässt diese Epoche auf sich warten. Es herrscht doch immer noch das Zeitalter der Kommunikation bzw. des Konsenses, genauer des Konsenses der Experten. Ob dieser Konsens Risse bekommen hat, das ist Kaffeesatzleserei und der Philosophie im Geiste Hegels nicht würdig.

Trotzdem ist gar nicht wenig dran, wie sich Reinhard Knodt 1977 als junger Student in seiner ersten Publikation, einer literarischen, nämlich einer Sammlung von Kurzgeschichten von ihm und Ralf Huwendiek, zu denen die Malerin Dagmar Allendorf zahlreiche Zeichnungen beitrug, den Philosophen auf einer Art Demonstration vorstellt: „Der andere ist etwas älter und will immer etwas erklären. Manchmal stolpert er über eine Kartoffel oder rutscht über einer Blüte aus. Doch kommt er genauso schnell vorwärts, denn während der Dichter sich nach einer Blume bückt, hat der andere immer noch Zeit, aus dem Zug zu springen und die umherstehenden Polizisten hastig zu fragen: ‚Bitte, wollen Sie mich nicht kontrollieren?'"[2] Der Philosoph als Staatsdiener! Das war schon Hegels Problem. So lässt sich von Knodt lernen, dass die Literatur der Philosophie überlegen ist, auch wenn das der philosophische Mainstream nicht wahrhaben will.

---

[1] Knodt, Der Atemkreis der Dinge, 2017, 83
[2] Knodt, Die Sache mit der RAF; in: ders., Ralf Huwendiek, Dagmar Allendorf, Die Pilzmaschine – Geschichten + Bilder, Nürnberg 1977, 81

NACHWORT
PERSPEKTIVEN DES KONSERVATIVISMUS IM 21. JAHRHUNDERT

1. Ökologischer Konservativismus: Ibisch/Sommer

„Auf der Suche nach einer besseren Welt hat sich der Mensch einen antinatürlichen Aufenthaltsraum geschaffen, der wiederum auch der Natur des Menschen nicht mehr gerecht wird. Am Ende können wir mit unserer Strategie der Naturbeherrschung und der Attitüde des Natur-Kultur-Antagonismus nur untergehen."[1] So lautet die an Jonas anschließende apokalyptische Quintessenz eines *Manifests*, das der Biologe Pierre Ibisch und der Journalist Jörg Sommer zusammen verfasst haben. Die beiden Autoren präsidieren der Deutschen Umweltstiftung, die radikal ökologisch orientiert ist und die die staatlichen Bürokratien immer wieder herausfordert.

Diese Untergangsdrohung wiederholen sie mit drastischen Worten im *Manifest* so häufig, dass sich der pädagogische Sinn schwerlich verbergen lässt. Das gipfelt unter vielen anderen in der Formulierung: „Wir können – und müssen – uns allerdings so verhalten, dass wir naturkompatibel sind. Tun wir es nicht, wird die Natur sich unserer Spezies entledigen."[2] Freilich ist diese Untergangsvision wenig überraschend. Vielmehr spielen alle Medien in den zwanziger Jahren mit solchen drastischen Drohungen. Die ständige Wiederholung macht diese indes

---

[1] Pierre L. Ibisch, Jörg Sommer, Das ökohumanistische Manifest – Unsere Zukunft in der Natur, Stuttgart 2022, 97
[2] Ebd., 39

nicht unbedingt glaubwürdiger, sondern entlarvt nur ihren biopolitischen Sinn.

Vorläufer dazu sind die Kyniker, die ihre Zeitgenossen auch ständig aufforderten, ihr Leben zu ändern, weil die Kyniker natürlich besser wussten, wie man zu leben hat – so offenbar auch Ibisch und Sommer, die mit mancher Wortwahl an den Apokalyptiker Peter Sloterdijk anschließen, Vertreter eines eher rechtslastigen Konservativismus.

Strukturell aber verlängert diese Drohung das christliche apokalyptische Denken, das das letzte Buch der Bibel, die Offenbarung des Johannes propagiert. Mit diesem radikalen kleinasiatischen Wanderprediger um die erste Jahrhundertwende hatten nicht nur die römischen Behörden ihre Probleme, auch viele christlichen Gemeinschaften.

Jedenfalls entwickelte sich historisch neu im Christentum die Vorstellung eines finalen Weltenendes, während im Judentum die Ankunft des Messias die Welt nur von den Bösen reinigt, die Guten aber weitermachen lässt. Natürlich hatte dieses christliche finale Weltende einen religiös pädagogischen Sinn, nämlich dass die Gläubigen immer so leben sollen, als ob dieses Ende der Welt morgen bevorsteht, kann denn dann niemand mehr für einen Verstorbenen beten. Das war damals sehr wichtig.

Während es in asiatischen Kulturkreisen eine solche Vorstellung eines Weltuntergangs nicht gibt, machte sie im Christentum eine steile Karriere, bis sie nach 1500 von den frühneuzeitlichen Naturwissenschaften aufgegriffen wurde und seither alle Wissenschaften wie die Medien umso mehr umtreibt. Schlechte Nachrichten verkaufen sich schließlich auch besser als gute. So schreibt Johannes Fried: „Die Endzeit verflüchtigte sich tatsächlich nicht mit der Wissenschaft. Der Weltuntergang findet auch für sie statt; die Prognostik streift sich lediglich andere, eben naturwissenschaftlich und kosmologisch gefärbte Kleider über."[1]

Es muss dabei heute auch nicht mehr unbedingt um die ganze Welt gehen, reicht jetzt auch mal nur der Untergang der eigenen Zivilisation. Aber mit der so bezeichneten ‚Klimakatastrophe' hat der apokalyptische Diskurs wieder eine planetarische Dimension erreicht, redet vom Weltuntergang selbst UN-Generalsekretär laufend – also pädagogisierend – auch António Guterres, auf den sich Ibisch, Sommer explizit berufen.

Wie alle Apokalyptiker wollen sie damit den Zeitgenossen offenbar Angst machen. Und mit der Angst lassen sich die Menschen lenken. Das hat als erster Machiavelli um 1500 nicht zufällig begriffen, rät er nämlich dem Fürsten: „Da Liebe zu den Menschen von ihrer Willkür und die Furcht von dem Betragen des Fürsten abhängt, darf ein kluger Fürst sich nur auf das, was in seiner Macht und nicht in der der andern steht, verlassen. Er soll, wie gesagt, nur darauf hinarbeiten, den Hass zu vermeiden."[2]

Das haben nicht nur Politiker gelernt, sondern auch Intellektuelle. Apokalyptische Diskurse enthüllen sich seither als machiavellistisch. Auf dieser Klaviatur spielen auch Ibisch, Sommer, wenn sie schreiben: „Zukünftige Jahrtausend-Dürren und Hitzewellen haben das Potenzial, nie dagewesene Menschenwanderungen und soziopolitische Schockwellen auszulösen, die um den Planeten laufen werden."[3]

Gemäß dem Übergang apokalyptischer Diskurse von der Theologie in die Wissenschaften tritt heute an die Stelle des strafenden Gottes die Natur bzw. das Ökosystem, das durch die moderne technologisch basierte Ökonomie zerstört wird, aber ursprünglich den Menschen schuf, der von diesem Ökosystem daher auch abhängig bleibt: „Wir sind ein Produkt der Natur,

---

[1] Johannes Fried, Dies Irae – Eine Geschichte des Weltuntergangs, München 2016, 35
[2] Niccolò Machiavelli, Der Fürst (1513 / 1532), Wiesbaden 1980, 70
[3] Ibisch, Sommer, Das ökohumanistische Manifest, 2022, 79

nicht ihr Herrscher, Erfinder, Gestalter oder Beschützer. All diese falschen Bilder sind ein Produkt falschen Denkens. Es geht vom Menschen aus – und stellt ihn in den Mittelpunkt. Doch damit fehlt ihm letztlich die Richtung. Wir müssen dieses Denken vom Kopf auf die Füße stellen."[1] Damit spielen die beiden Autoren an Marx und Hegel an. Vor allem propagieren sie aber, dass es eine richtige Richtung, den richtigen Weg gibt, die der Ökohumanismus kennt bzw. die beiden Autoren.

Dem Ökosystem wird dabei fast ein personaler Charakter attestiert, als hätte es sich selbst ausgewogen entwickelt, um Leben zu ermöglichen: „Das auf der Erdoberfläche in einem – gemessen am Erddurchmesser – prekär dünnen ,Biofilm' konzentrierte Leben hat die Bedingungen für komplexeres Leben erst selbst geschaffen und dann begonnen, durch das Haushalten mit Energie, Stoffen und Wasser diese Bedingungen zu stabilisieren."[2] Das ist im Grunde ein pantheistischer Gedanke aus der Renaissance, wenn Gott in die Natur versetzt wird, betonen beide Autoren auch ihre Nähe zur Spiritualität. Es widerspricht denn auch Darwins Evolutionstheorie, nach der die Entwicklung des Lebens auf Zufällen beruht, allemal keinen Plan, keine Zwecke und keine Absichten kennt, was einer Humanisierung der Natur gleichkommt.

Die Biosphäre wird derart nicht nur als durch den Menschen verletzt dargestellt, sondern auch als besonders verletzlich geschildert, was die menschlichen Eingriffe umso gefährlicher erscheinen lässt. Nur darf man bezweifeln, dass die Evolution etwas mit einer Absicht tut, höchstens der Mensch, der aber mehrheitlich auf die Technologien setzt. Dann würde aber der folgende Satz just die Entwicklung rechtfertigen, die die beiden Autoren beenden möchten: „Alles menschliche Tun ist die Fortsetzung der Evolution mit anderen Mitteln."[3] Und dieser Satz widerspricht dem zuvor zitierten.

---

[1] Ibisch, Sommer, Das ökohumanistische Manifest, 2022, 49
[2] Ebd., 73
[3] Ebd., 31

320

Obwohl für Ibisch, Sommer Natur weder ein Gleichgewicht entfaltet noch harmonisch ist, attestieren sie der Biosphäre eine überraschende Stärke: „Alle Regeln des globalen Ökosystems gelten auch für uns Menschen – uneingeschränkt und unveränderlich."[1] Auch hier wird Natur subjektiviert, als folge sie selbst bestimmten Regeln, die doch nur der Mensch in sie hineinlegt, mit denen die modernen Wissenschaften Natur interpretieren.

Wenn Ibisch, Sommer schreiben: „Es gibt nur eine Weltordnung: Wir sind Teil der Natur, nicht ihr Herrscher."[2] Dann stellt sich doch die Frage, wer diese geschaffen hat, nämlich der Mensch, der sie auf den Begriff brachte – leider auch nicht nur eine, sondern viele, aber angeblich nur eine richtige und das ist die ökosystemische.

Die beiden Autoren übersehen offenbar die jede Erkenntnis verzerrende Rolle der Sprache, ohne die Erkenntnis aber nicht möglich ist. Es gibt keine nichtsprachliche kommunizierbare Erkenntnis, wobei Sprache die Welt überhaupt erst sprachlich generiert oder aber sie vermag die Welt nicht adäquat zu formulieren, bleibt sie immer etwas anderes als das, worauf sie sich beziehen möchte. Nein, sprachphilosophische Probleme kennen Ibisch, Sommer offenbar nicht. Zwar entzieht das ihren Argumenten eigentlich den Boden. Doch hat sich seit gut zwei Jahrzehnten in den Wissenschaften ein merkwürdiger Realismus ausgebreitet, der selbstkritische Reflexion auf die eigenen Grundlagen, somit erkenntniskritische und sprachphilosophische Einwände verdrängt – eine ursprünglich eher konservative Haltung, die sich dann aber auch in sozialen und ökologischen Haltungen ausbreitete.

Dieser Mangel an erkenntniskritischer Reflexion ist indes nicht verwunderlich, weil die beiden Autoren die Aufklärung vehement ablehnen. Denn diese hätte wesentlich dazu geführt, dass sich die Menschen als Herren der Natur begreifen und

---

[1] Ebd., 32
[2] Ebd., 98

glauben, sie könnten sich von der Naturabhängigkeit befreien. Einerseits hat die Aufklärung zur Entwicklung der Naturwissenschaften und der modernen Technologien beigetragen, die für Ibisch, Sommer die naturzerstörerische Kulturentwicklung beschleunigen. Andererseits ist dadurch ein individualistisches Bild eines mündigen Menschen entstanden, der gerade seine ökonomischen Interessen verfolgen darf, die aber für die Naturzerstörung hauptverantwortlich zeichnen sollen. Damit klinken sich Ibisch, Sommer in die religiöse und konservative Ablehnung der Aufklärung ein, die in ökologischen Kreisen durchaus verbreitet ist.

So lehnen Ibisch, Sommer implizit auch den Bildungsgedanken der Aufklärung ab, wiewohl dieser mit der heutigen Bildung nur noch entfernt zu tun hat: „Entfaltungshilfe ist es, nicht Bildung, was wir brauchen. Curricula sollten nicht durch Wissensmengen definiert sein oder Kompetenzen, die Welt umzubauen, sondern Entfaltungsangebote beschreiben."[1] Das Erziehungswesen soll den Menschen offenbar zeigen, wie sie naturnah und technologiefern ein Leben führen können. Bildung, sei es die aufklärerische oder die heutige, bringt doch nur auf falsche hedonistische Ideen.

Fundamentalistische Religionen – die Taliban z.B. – sehen das strukturell ähnlich. Denn offenbar soll sich nicht die mündige Bürgerin entfalten. Vielmehr fordern die beiden Autoren Demut, eine zentrale christliche Tugend, die auch Scheler und Marcel fordern, die indes mit dem Christentum in die Unterwürfigkeit geführt hat. Aber die Zeitgenossen sollen sich ja auch als der Natur unterworfen verstehen und sich dementsprechend untertänig verhalten. Um individuelle Selbstverwirklichung kann es dabei wie bei Reinhard Knodt nicht gehen, müssen die liberalen Freiheiten weitgehend eingeschränkt werden.

Denn es geht den beiden Autoren um einen fundamentalen Wandel des liberalen Selbstverständnisses des Menschen, das nun mal wesentlich dafür verantwortlich gemacht wird, dass

---

[1] Ibisch, Sommer, Das ökohumanistische Manifest, 2022, 141

die moderne Kultur einen Krieg gegen die Natur angefacht hat, den die Menschheit nur verlieren kann. Damit klinken sich Ibisch, Sommer in die rechts wie links, konservativ und ökologisch weit verbreitete Kritik am Liberalismus und am Individualismus ein. Daher propagiert *Das ökohumanistische Manifest*: „Nach aller Aufklärung, nach Jahrhunderten der Entdeckungen und Erfindungen geht es um ein *Zurück zur Natur*.“[1] Damit scheinen sie sich gegen Rousseau zur richten, klinken sich damit aber in einen Rousseauismus mit dessen bevormundenden Neigungen ein. Nur argumentiert Rousseau erheblich differenzierter, wenn er 1755 schreibt: „Muss man die Gesellschaften zerstören, Mein und Dein beseitigen, zu einem Leben mit den Bären im Walde zurückkehren? Das ist eine Folgerung in der Art meiner Gegner.“[2] Rousseau wollte gerade kein *Zurück zur Natur*, auch wenn der Ökohumanismus implizit Rousseau als Aufklärungskritiker nicht so fern steht, will Rousseau den Menschen möglichst naturnah erziehen.

Aber nicht nur hat die Aufklärung mit ihrer Anstrengung, die Natur zu beherrschen, der „Ökosystemvergessenheit“ den Weg bereitet, die zu überwinden der Ökohumanismus antritt. Vielmehr hat sie auch die Idee des guten Lebens für alle aufgelassen. Denn der Liberalismus möchte die Frage des Guten aus den politischen Debatten in der Tat fern halten und in den privaten Bereich verschieben.

Daher gilt es dieses egozentrierte Menschenbild zu überwinden, indem der Ökohumanismus die Frage nach dem guten Leben ähnlich wie Leo Strauss wieder zu stellen wagt. So soll sich der Mensch wieder als dienender anerkennen, argumentieren die Autoren auch ähnlich wie Strauss: „*Gutes Leben*, das den Menschen ermöglicht, glücklich zu sein, ihr Potenzial zu erkennen und es zu entfalten, sich für andere und das größere

---

[1] Ebd., 53
[2] Jean-Jacques Rousseau, Über den Ursprung der Ungleichheit unter den Menschen (Zweiter Discours, 1755), in: Schriften zur Kulturkritik, 2. Aufl. Hamburg 1971, 125

Ganze einsetzen zu können, kann nur gelingen, wenn die Gesellschaften *gut* sind."[1] So fordern sie Menschenwürde und Menschenliebe zugleich. Das macht die Würde von der Liebe abhängig, was sich keinesfalls von selber versteht, kann es auch zu viel der Liebe geben – wie des Guten, worauf bereits Montesquieu 1748 hinweist: „Wer hätte das gedacht: Sogar die Tugend hat Grenzen nötig."[2] Aber solche Nebenwirkungen spielen für Ibisch, Sommer keine Rolle, wenn es doch primär darum gehen muss, das liberale Menschenverständnis schließlich hinter sich zu lassen. Wie droht das Ökohumanistische Manifest: „Wir müssen unsere Art zu leben ändern – oder wir gehen unter"[3] Was will der Dichter uns damit sagen?

Ganz einfach, man darf nicht mehr einfach seinem privaten Glück nachjagen, sondern nur in dem Rahmen, den der Ökohumanismus vorschreibt. Zwar geben seine beiden Autoren zu: „Dogmatische Religionen und Ideologien haben viel Leid über die Menschheit gebracht. Doch ohne kollektive Weltanschauung zu leben, birgt ebenfalls Probleme. Und angesichts der heute erkennbaren ökologischen Grenzen ist es uns nicht mehr möglich ohne Ziel und ohne Verantwortung für die Folgen unseres Handelns zu leben."[4] Und es versteht sich von selbst, dass diese Folgen das Ökosystem betreffen, nicht individuelle Emanzipationswünsche. Geburtenkontrolle kann für sie denn auch keine Lösung für Umweltprobleme sein – womit sie sich ebenfalls in religiös konservative Einstellungen einklinken. Dann kann man auch die Emanzipation der Frau nicht individualistisch wie Simone de Beauvoir denken, sondern so, wie sie 1932 Henri Bergson vorstellte: „Die Frau wird das Anbrechen dieser Zeit in dem Maße beschleunigen, wie sie wirklich und aufrichtig den Wunsch haben wird, dem Manne gleichge-

[1] Ibisch, Sommer, Das ökohumanistische Manifest, 2022, 37
[2] Charles de Secondat, Baron de Montesquieu, Vom Geist der Gesetze (1748), Stuttgart 1965, 211
[3] Ibisch, Sommer, Das ökohumanistische Manifest, 2022, 150
[4] Ebd., 16

stellt zu werden, statt, wie noch jetzt, das Instrument zu bleiben, das darauf wartet, unter dem Bogen des Musikers zu ertönen. Wenn diese Umwandlung erfolgt, wird unser Leben ernsthafter und gleichzeitig einfacher werden. Das was die Frau an Luxus verlangt, um dem Manne zu gefallen und durch Rückwirkung, sich selbst zu gefallen, wird zum großen Teil überflüssig werden. Es wird weniger Verschwendung geben und auch weniger Neid."[1]

Wenn es darum geht, das Ökosystem zu retten und damit die Menschheit vor dem Untergang zu bewahren, dann müssen Kapitalismus und technologischer Fortschritt schlicht aufgegeben werden, die beide sowieso nur einigen wenigen nützen, so der Vorwurf von Ibisch, Sommer. Damit geht es vor allem darum, die auf Wachstum basierende Wirtschaft aufzugeben, um nicht mehr, aber auch nicht um weniger als um einen mehr als fundamentalen Systemwechsel.

Denn das Wirtschaftswachstum zerstört das Ökosystem und entzieht dadurch der Menschheit ihre Lebensgrundlagen. So heißt es im *ökohumanistischen Manifest*: „Wirtschaften ist nichts anderes als Umgang mit begrenzten Ressourcen. Die einzige Aufgabe von Wirtschaft ist es, diese Ressourcen so einzusetzen, dass ein Gutes Leben für alle in der Natur und mit der Natur möglich ist."[2] Um das durchzusetzen, bedarf es zweifellos eines kollektiven Weltverständnisses, wie es das ökohumanistische Manifest propagiert. So heißt es denn programmatisch im Manifest: „Wir werden mit unserem Geerdeten Denken nicht da aufhören, wo es wehtut. (. . .) auf der Grundlage des aktuell zur Verfügung stehenden Wissens."[3]

In diesem Sinn wird eine zweite weitreichende Forderung aufgestellt: Auch die technologische Entwicklung ist nur noch

---

[1] Henri Bergson, Die beiden Quellen der Moral und der Religion (1932); in: ders., Materie und Gedächtnis und andere Schriften, Frankfurt/M. 1964, 477
[2] Ibisch, Sommer, Das ökohumanistische Manifest, 2022, 125
[3] Ebd., 17

so weit erlaubt, wie sie dem Ökosystem dient. Das bedeutet das Ende der technischen Entwicklung, wie sie seit der Aufklärung Fahrt aufgenommen hat.

Dabei lassen Ibisch, Sommer wieder ein wenig Marx anklingen: „Technologen haben sich daran gemacht, sie <die Welt> gegen die Natur zu verändern, es kommt aber darauf an, die ökologische Evolution für unser Wohlergehen zu nutzen. (. . .) Wir müssen von der Natur lernen, von ihr abschreiben, uns inspirieren lassen."[1] Natürlich verabschiedet das Marx' Fortschritt der Produktivkräfte, könnte sich aber auf Ernst Bloch berufen, der auf eine Allianztechnik mit der Natur als Subjekt hofft.

Ganz anders aber als im Marxismus stützt sich der Ökohumanismus keinesfalls auf technologische oder ökonomische, sondern allein auf ethische Prinzipien. Freilich folgt er nicht dem Modell der Trennung von Ethik und Erkenntnis. Vielmehr leitet er wie Thomas von Aquin im Anschluss an Aristoteles die Ethik aus der Erkenntnis ab, freilich der ökosystemischen. So schreiben Ibisch, Sommer: „Rechte und Pflichten, die wir uns geben, haben nur eine Berechtigung, wenn sie uns helfen, ein Gutes Leben zu führen, im Einklang mit den Naturgesetzen."[2] Eine formale Ethik kann daraus nicht abgeleitet werden, wäre auch nicht beabsichtigt. Die Universalität der ethischen Prinzipien ergibt sich schlicht aus deren Orientierung am Ökosystem. Die sich daraus ergebenden erkenntnistheoretischen Probleme übergehen die beiden Autoren geflissentlich, die man sich angesichts des Klima-Tsunami einfach nicht mehr leisten kann.

Auch alle heutigen technologischen, ökonomischen, rechtlichen und politischen Bemühungen, die Kultur umweltfreundlicher zu gestalten, also alle Umweltpolitik, verlängern nur das momentane Wirtschaftssystem und führen trotzdem in den Untergang. Dazu zählen die Autoren selbst den Umweltschutz

---

[1] Ibisch, Sommer, Das ökohumanistische Manifest, 2022, 128
[2] Ebd., 119

wie eine technologisch, gar digital basierte Ökologie. Die beiden Autoren verwerfen auch strikt jede Hoffnung auf die Digitalisierung. Vielmehr bekennen sie: „Wir existieren, weil wir Menschen von der Natur, dem globalen Ökosystem, mit Energie, Nährstoffen, Wasser, Schutz und anderen Quellen von Wohlergehen versorgt werden. Also sollten wir nicht das zerstören, was uns trägt, sondern vielmehr bewahren, was uns erhält."[1] Die liebe Natur, die wie der liebe Gott die Vöglein ernährt! Ob sie das selber glauben, darf man in Frage stellen. Aber es handelt sich um einen elitär patriarchalischen Habitus, den Straus, Voegelin und Jonas einnehmen.

Überhaupt warnen Ibisch, Sommer vor dem technologischen Wissen wie vor dem aufgeklärten, das nur ein Halb- oder Scheinwissen ist, während ihre ökosystemischen Einsichten natürlich das richtige wissenschaftliche Wissen verkörpern. So beklagen sie: „In Zeiten der Krise und Unsicherheit haben es nachprüfbare und mühevoll erarbeitete wissenschaftliche Befunde besonders schwer – vor allem, wenn sie komplizierter sind als die ‚alternativen Fakten'."[2] Aber dass dieses ökosystemische Wissen nicht nur faktisch in Frage gestellt werden darf, ja das es das sogar muss, das übergehen sie geflissentlich. Damit wird das ökosystematische Wissen durch angebliche Komplexität vor der Reflexion geschützt – ein Verfahren, das häufig religiöse Sekten praktizieren. Ist eine kollektive Weltanschauung angesichts des folgenden Szenarios indes nicht gerechtfertigt? „Unser globales Öko- und Gesellschaftssystem zerbröselt. Immer schneller und an immer mehr Stellen zugleich."[3] Dann darf der Ökohumanismus natürlich auch nicht ironisiert werden, geht es schließlich um den Weltuntergang, präsentiert sich das ökohumanistische Wissen als Katechon, der nach Paulus im zweiten Brief an die Thessalonicher den

---

[1] Ebd., 38
[2] Ebd., 92
[3] Ebd., 66

Antichrist aufhalten soll und damit das Ende der Welt verhindert.

Andererseits haben sie sicherlich Recht mit der Feststellung: „Zur Weisheit gehört außerdem, nicht einzelne Formen des Wissens zu bevorzugen und andere auszublenden."[1] Nur sollten sie diese Weisheit auf ihr eigenes ökosystemisches Wissen auch anwenden. Wenn sie sehr berechtigt postulieren, dass Fragen wichtiger ist als Wissen, dann kann das nicht nur für das von ihnen kritisierte Wissen in Gefolge der Aufklärung gelten, sondern auch für das Wissen, dass nur das Ökosystem in den Vordergrund schiebt und nicht nach den Bedingungen der eigenen postulierten Weisheit fragt. Stattdessen stellen sie die gar nicht demütige Behauptung auf: „Konsequent angewendet, bietet der Ökohumanismus Antworten auf alle großen Fragen unserer Zeit."[2] Nun ja, es handelt sich um ein Manifest. Aber sollte man sich der Illusion von Patentrezepten nicht lieber enthalten? Diese Selbstsicherheit, wenn es um das eigene Wissen geht, das teilen sie mit überzeugten Gläubigen, einem konservativen Realismus und einem kalvinistischen Wissen um den eigenen Gnadenstand, schlicht mit allen Ideologien.

Wer indes diese fundamentale Wende der Kulturentwicklung durchführen soll, bleibt dunkel. Marx konnte sich noch auf das Proletariat berufen. Anders als konservative Denker propagieren die beiden Ökohumanisten auch keine erleuchteten Eliten, die bei ihnen selbstredend ökosystembewusst sein müssten.

Am Ende plädieren sie für eine gar nicht konservative Basisdemokratie ohne Parteien und Parlamente: Also nicht nur das technologische wie das Wirtschaftssystem, auch das politische und das soziale sollen aufgelassen werden. Aber was kommt dann?

Letztlich hoffen sie auf die einzelnen Menschen, die dazu natürlich keine Mündigkeit und Aufgeklärtheit brauchen, sondern die vom ökosystemische Wissen überzeugt sind, sollen sie zur

---

[1] Ibisch, Sommer, Das ökohumanistische Manifest, 2022, 113
[2] Ebd., 104

328

propagierten Wende der Kulturentwicklung beitragen, der herrschenden also widerstreiten. Bei Marx heißt das objektives Bewusstsein. Allemal handelt es sich um Untertänigkeit.

Daher sollen sie ihr Leben ändern und es ökohumanistisch gestalten. Dazu dient ihnen folgende Anleitung: „Die Idee des Ökohumanismus (. . .) basiert auf zwei einfachen Grundsätzen: 1. Der Akzeptanz der ökologischen Grenzen und unserer Rolle als Bestandteil dieses Ökosystems und 2. Dem universellen Menschenrecht auf ein Gutes Leben für alle Menschen heute und in den folgenden Generationen." [1] Zweifellos werden nicht alle unter dem guten Leben dasselbe verstehen. Aber diejenigen, die darunter etwas anderes als Ibisch, Sommer verstehen, sterben wahrscheinlich aus, weil sie sich der Natur nicht unterwerfen. Oder könnten solche Leute in den Untergang führen? Müsste man ihnen dann nicht schleunigst das Handwerk legen? Wäre dann auch Gewalt berechtigt? Klingt das nicht ähnlich wie das, was Albert Camus von Saint-Just schreibt: „Die Staatskunst hat, wie er meint, nur Ungeheuer hervorgebracht, weil man vordem nicht der Natur entsprechend regieren wollte. Die Zeit der Ungeheuer ist vorbei, gleichzeitig mit der der Gewalt. ‚Das Herz des Menschen schreitet von der Natur zur Gewalt, von der Gewalt zur Moral. (. . .) Unser Ziel ist, eine solche Ordnung der Dinge zu schaffen, dass eine allgemeine Neigung zum Guten sich einstellt.'"[2]

Andererseits, so wie dieser Untergang im Manifest dargestellt wird, erscheint er als unausweichlich und der Bund der Ökohumanisten doch nicht gespenstisch genug, um Kapitalismus und Digitalisierung nicht nur in Angst und Schrecken zu versetzen, sondern um mit der ökosystemischen Wende der Kulturentwicklung den Untergang zu verhindern.

Aber der Sinn apokalyptisch machiavellistischen Denkens ist doch ein pädagogischer. An den Weltuntergang glauben Apo-

---

[1] Ebd., 103
[2] Albert Camus, L'Homme révolté (1951); dt. Der Mensch in der Revolte, Reinbek 1969, 100

kalyptiker selber eher selten. Nein, es ist doch alles ganz einfach: „Wenn wir uns radikal als biologisch-ökologisch-wirksames Wesen betrachten – nicht anders als Bienen, Biber oder Blauwale – können wir nichts falsch machen." [1] Aber möchte man wirklich so ein Tier sein?

2. Biopolitische Pädagogik: Sloterdijk, Gehlen

Zu den konservativen bis rechten Vordenkern zählt auch Peter Sloterdijk – 1947 geboren und lange Jahre Professor für Ästhetik an der Karlsruher Hochschule für Gestaltung. Ungewöhnlich für die eher rechte Orientierung ist dabei, dass sich Sloterdijk auf das Thema Umwelt beruft und zwar in massiv apokalyptischer Manier. Mehr rechts als konservativ erscheint dabei seine grundsätzliche Ablehnung des westlichen Lebensstils, was im Konservativismus jenseits der Ökologie nicht der Fall ist, im Gegenteil.

Sloterdijk macht die Kultur des Westens primär für die Folgen der Globalisierung, insbesondere die Klimakatastrophe verantwortlich, nebenbei auch für die Flüchtlingsströme wenn er bemerkt: „Wir sind eingetreten in das Zeitalter der Gegenerreichbarkeit – das ist tatsächlich der entscheidende Ausdruck."[2] Doch die Bevölkerung in der arabischen Welt sei im letzten Jahrhundert von 150 auf 1200 Millionen angewachsen, so dass er warnt: „Aller Voraussicht nach wird die erste Hälfte des 21. Jahrhunderts an die Exzesse des 20. Jahrhunderts erinnern."[3] Man soll also an die Weltkriege und den Holocaust denken, den Sloterdijk für keinen Einzelfall hält. Sloterdijk schließt damit an die konservativen revisionistischen Positionen von Ernst Nolte und Michael Stürmer im Historikerstreit der 80er Jahre an und gehört heute zusammen mit Rüdiger Safranski

---

[1] Ibisch, Sommer, Das ökohumanistische Manifest (2022), 30
[2] Peter Sloterdijk, Was geschah im 20. Jahrhundert? Unterwegs zu einer Kritik der extremistischen Vernunft, Berlin 2016, 86
[3] Ebd., 59

und Botho Strauß zu den neuen rechten Intellektuellen, die Merkels Flüchtlingspolitik 2015 aus nationalistischer Perspektive kritisieren, was unter Konservativen auch weit verbreitet ist.

Dabei wird für Sloterdijk die moderne Welt primär von einem anderen, offenbar mit diesen Ereignissen auch vergleichbaren, alltäglichen Geschehen beherrscht: „Die tierischen Proteine bilden den größten legalen Drogenmarkt. Die Monstrosität der Zahlen übersteigt jede affektive Bewertung – auch die Analogien zu den kämpferischen Holocausten der Nationalsozialisten, der Bolschewisten und der Maoisten schöpfen die abgründigen Routinen bei der Erzeugung und Verwertung animalischem Leben nicht aus."[1] Die moderne Kultur des Westens beutet daher auch nicht mehr primär Menschen aus, wie es linke Theorien immer noch behaupten, wenn diese den Gegensatz von Lohnarbeit und Kapital betonen. Sloterdijk widerspricht: „Das Hauptgewicht der aktuellen *exploitation* ist auf die Nutztiere übergegangen (. . .)."

Die Natur als wesentlichen Beitrag zur Produktion übersehen alle ökonomischen Theorien, hat sich obendrein Marx getäuscht, als er von einer Geschichte von Klassenkämpfen sprach, sind doch die Klassenkompromisse viel häufiger als die Konflikte. So erscheinen Sloterdijk die Emanzipations- und Fortschrittstheorien des 19. Jahrhunderts schlicht als naiv, hätten die daran anschließenden Experimente des real existierenden Sozialismus 100 Millionen Menschen das Leben gekostet. So spricht er gleichfalls von einem „Holocaust im Namen der Utopie (. . .)"[2] – eine gewisse Inflation des Wortes Holocaust. Soll sie eine Art quantitativ bestimmte Hierarchie andeuten: Die Unzahl der Tiere, 100 Mio., 6 Mio? Was wird hier in welcher Tradition miteinander verglichen? Durch die inflationäre Verwendung des Wortes will Sloterdijk allemal den Holocaust relativieren.

---

[1] Ebd., 126
[2] Ebd., 173

Doch auch der moderne Sozialstaat beruht auf Naturausbeutung, das Klima bedrohender Energieverschwendung und entgrenzter Mobilität. Einstmalige Herrenrechte, sich anders als die Untertanen frei bewegen zu dürfen, werden demokratisiert mit fatalen Folgen für Natur und Gesellschaft. Sloterdijk schreibt: „Ebenso wenig wird darauf geachtet, dass im modernen Wohlfahrts- und Umverteilungsstaat die Unproduktivität von der Spitze der Gesellschaft an die Basis umspringt – womit sich das nahezu vorbildlose Phänomen des parasitären Armen herausbildet." [1] Will man die Klimakrise lösen, dann dürfen nur die Reichen in die Ferien fliegen, was sich über den Preis regeln ließe. Außerdem insistieren immer mehr Menschen auf Rechten, die man ihnen wieder nehmen oder verweigern sollte, weil sie letztlich zu Lasten der Natur, gehen. Just damit verbunden ufert der Rechtsstaat in historisch beispielloser Weise aus und zwar sowohl national wie übernational – ein Seitenhieb auf die *Europäische Union*. Das Grundgesetz kritisiert er denn auch mit den Worten: „gleichwohl kündigt sich hier auch schon ein möglicherweise problematisches Übergewicht staatlicher Strukturen gegenüber dem Eigensinn der Bürgergesellschaft an." [2] Dabei besteht die Ambivalenz, dass er einerseits Bürokratiekritik betreibt und andererseits aber mehr und einen stärkeren Staat fordert, hätte in der Corona-Politik der Staat doch endlich die ‚Samthandschuhe' ausgezogen – ein rechter Habitus, dem häufig auch Konservative nachhängen.

Sloterdijk machte sich 1983 mit seinem Buch *Kritik der zynischen Vernunft* einen Namen, weil er sich gegen einen damals freilich schon im Niedergang befindlichen, ideologiekritischen Zeitgeist stellte, der vielerorts falsches Bewusstsein bemerkte. Sloterdijk verknüpft dagegen das aufgeklärte mit dem falschen Bewusstsein, fordert er eine „Revision der Aufklärung." [3] Gera-

[1] Sloterdijk, Was geschah im 20. Jahrhundert? 2016, 124
[2] Ebd., 299
[3] Sloterdijk, Kritik der zynischen Vernunft Bd. 1, Frankfurt/M 1983, 38

de für rechte, aber auch religiöse Vorstellungen stellen die sechziger Jahre den Sündenfall der modernen Kultur dar, will die populistische Rechte um Donald Trump zurück vor die Kennedy-Ära. Das Bindeglied zwischen der rechten und der konservativen Position ist dabei die Religion, die einerseits im konservativen Lager goutiert wird, andererseits aber mit rechten Gesinnungen die Kritik am Liberalismus teilt.

Vor allem führt die moderne Kultur in den Massenkonsum, in den Hedonismus und geht einher mit einem Niedergang der Sexualmoral. „Darum überrascht es nicht, wenn wir in der gegenwärtigen Welt eine progressive Infantilisierung beobachten, die von einer alleserfassenden Erotisierung, einem einseitigen Denken in Kategorien der Libido, einem invasiven Therapeutismus, einem umfassenden Kult des Konsums (. . .) begleitet wird.“[1] Mit seiner Kritik an der Sexualisierung klinkt sich Sloterdijk in tief religiöse Denkweisen ein, erkennt er wie viele andere auch nicht, dass die Psychoanalyse patriarchalisch ausgerichtet ist. Damit widerspricht er jedenfalls vor allem Richard Rorty, der die westliche Kultur verteidigt, „die von ‚dem reichen Ästheten, dem Manager und dem Therapeuten‘ <MacIntyre> dominiert wird, was zwar nicht unbedingt das Endziel des menschlichen Fortschritts zu sein braucht, aber zumindest eine erhebliche Verbesserung ist gegenüber Kulturen, die etwa vom Krieger oder Priester beherrscht werden.“[2] MacIntyre und Sloterdijk sehen das jedenfalls entgegengesetzt und mit fatalen Konsequenzen verbunden.

Einerseits gibt es denn aus dieser Konstellation kein Entrinnen, andererseits kündigt sich damit der längst bevorstehende Untergang einer westlichen Kultur an: „Der fröhliche massenkulturelle Nihilismus der Endverbraucherszene“, so Sloterdijk, „ist genauso rat- und zukunftslos wie der hochkulturelle Nihi-

---

[1] Sloterdijk, Was geschah im 20. Jahrhundert? 2016, 156
[2] Richard Rorty, Solidarität oder Objektivität? Drei philosophische Essays (1983/4), Stuttgart1988, 66

lismus der wohlhabenden Privatleute, die Kunstsammlungen aufbauen, um sich persönliche Bedeutung zu verschaffen."[1]

Dagegen hilft keine Philosophie, nicht die Heideggers, den er provozierend und sich selbst damit positionierend vor dem Nazi-Vorwurf verteidigt, schon gar nicht die des Poststrukturalismus, womit Sloterdijk freilich in dasselbe Horn bläst wie die linke Sozialphilosophie, mit der er ja ansonsten gar nichts zu tun haben will. Natürlich lehnt er auch die Philosophie Derridas mit den Worten ab, „wird die Derridasche Verknüpfung der Begriffe Dekonstruktion und Gerechtigkeit wahrscheinlich binnen weniger Jahrzehnte zerfallen und außerhalb einer spezialisierten Nische nicht mehr plausibel sein. (. . .) Er neigte zu dem charmanten Trugschluss, seine akademischen Erfolge seien Erfolge in der Welt oder für die Welt."[2] Dass der Poststrukturalismus jedes identitäre Denken dekonstruiert, macht ihn zum unversöhnlichen Feind der Rechten, genauso wie er im Anschluss an Nietzsche ein Wahrheitsverständnis kritisiert, das glaubt, Sprache erfasse die Gegenstände.

Für Sloterdijk besteht die Wirklichkeit konkret in der Infrastruktur und den Menschen, die diese befahren und dabei den Planeten nachhaltig schädigen. Der Blick aus dem Raumschiff dagegen lässt auch die Erde als ein solches erscheinen: „Wenn die Erde ein Raumschiff ist, so muss seine Besatzung sich tatsächlich vor allem an der Aufrechterhaltung lebbarer Verhältnisse im Innern des Fahrzeugs interessiert zeigen (. . .). Atmosphären-Management wird darum zum ersten Kriterium der von jetzt an zu postulierenden Steuerungskunst für das integrale Raumschiff."[3] Damit propagiert Sloterdijk ähnlich wie Jonas eine autoritäre Politik, die auf die Bevölkerung keine Rücksicht nimmt, diese vielmehr nach den Vorstellungen eines Kapitäns lenkt. Nur dass es sich dabei um eine Metapher Pla-

---

[1] Sloterdijk, Was geschah im 20. Jahrhundert? 2016, 129
[2] Ebd., 174
[3] Ebd., 24

tons handelt und eine Gesellschaft kein Schiff ist, die Erde auch keins.

Die Lenker dieses ‚Raumschiffs' sollen jedenfalls die Meteorologen sein, die eine neue Ethik propagieren, die weder Emissionen noch Verschwendung zulässt und die die Einfachheit des Lebens fordert. Sloterdijk vergleicht sie mit dem Calvinismus, der eine asketische Lebensführung propagiert, präsentieren sich die Meteorologen als die Reformatoren der westlichen Kultur, argumentiert damit Sloterdijk im Rückgriff auf religiöse Konzepte, aber durchaus zutreffend. Implizit übernehmen die Meteorologen die Funktion von Priestern. So verlangt Sloterdijk einen fundamentalen kulturellen Wandel: „Die Zivilisierung der Globalisierung beruht, falls sie erfolgreich vonstattengeht, auf der Synergie von Recht, Wissenschaft und Technologie. (: . .) Ein solcher Wandel müsste die Ausmaße einer Kulturrevolution annehmen. Er beträfe die Zivilisierung der Glückssuche selbst."[1] Wenn eine Kulturrevolution nicht so blutig wie in Maos China ausarten soll, dann muss der Mensch entsprechend erzogen werden, damit er sein Glück auf die richtige emissions- und fleischfreie Weise sucht.

Sloterdijk folgt dabei der Anthropologie Arnold Gehlens – Mitglied des NS-Dozentenbundes, erscheint dessen frühes Hauptwerk 1940. Den Staat zählt Gehlen zu den zahllosen Institutionen, die das Mängelwesen Mensch von den natürlichen wie kulturellen Herausforderungen entlasten. Seit der Antike stellt er eine Organisationsform dar, der die Selbsterhaltung einer Bevölkerung in einem bestimmten Territorium möglichst rational gewährleisten soll. Nicht alle Staaten sind dabei unbedingt souverän, sondern nur solche, die ihre Existenz unabhängig von anderen Staaten zu sichern in der Lage sind. Die Sicherheit des Staates zu gewährleisten, heißt nicht nur unmittelbare Bedrohungen abwehren zu können, auch nicht nur gegen mögliche feindliche Absichten gewappnet zu sein, sondern

---

[1] Ebd., 72

auch unvorhersehbaren Entwicklungen nicht hilflos ausgeliefert zu sein.

Dabei steht für Gehlen die Selbsterhaltung als Volk und Nation im Vordergrund: das ist ein zentraler Sinn seiner darwinistisch anmutenden Anthropobiologie, bei der philosophisch anthropologische, soziologische, vor allem aber biologische Motive ineinander greifen. Selbsterhaltung heißt für Gehlen dabei aber nicht allein, dass ein Volk die Macht entfalten kann, sich physische Sicherheit im strategischen, auch geopolitischen Sinn zu verschaffen. Dazu gehört vielmehr auch ein geistiges Selbstverständnis, dass sich eine Nation gegenüber anderen, gegenüber der Welt zu sich selbst bekennt. Selbsterhaltung verlangt von einem Staat und einem Volk, dass sie sich gegenüber moralischen Angriffen zur Wehr zu setzen verstehen. Gehlen erklärt es zu den überhaupt bedeutendsten Errungenschaften eines Volkes, sich in einem Staat als eine geschichtliche Einheit verfasst zu haben. Das sei den Deutschen, so Gehlen 1969, nicht geglückt.

Für Gehlen stellt das Sicherheitsbedürfnis eine anthropologische Anlage dar, die vor der Entstehung des Staates besteht, die sogar eine vormenschliche Dimension in der höheren Tierwelt bei gesellig lebenden Arten besitzt, wenn diese beispielsweise ihre Jungen schützen. In der Menschenwelt organisieren zunächst Familien und Sippen ihren gewaltsamen Schutz selber, bis ihnen eine politische Gewalt – im feudalistischen Europa das Königtum – diese Macht entringt und monopolisiert. Hier schließt Gehlens Staatsverständnis an seine philosophisch und anthropologisch fundierte und soziologisch konzipierte Institutionenlehre an. Sie unterstellt, dass der Mensch seiner natürlichen Umwelt verhältnismäßig schutzlos ausgeliefert ist. Er besitzt weder an die Umwelt besonders angepasste Organe, noch entsprechend ausgeprägte Instinkte, die sein Verhalten automatisch steuern, um sein Überleben zu sichern. Der Mensch ist somit ein Mängelwesen! Diese von Konrad Lorenz heftig kritisierte These – denn wie kann ein Mängelwesen die Evolution überhaupt überstehen – durchzieht das Denken Gehlens. Folglich muss der Mensch seine Umwelt entsprechend gestalten. Aus dem Mängelwesen Mensch folgt, dass der Mensch zum Handeln gezwungen ist. Doch er wäre hoffnungslos überfordert, würden ihn dabei nicht unzählige Institutionen entlasten, angefangen von Gewohnheiten, Gebräuchen, Sitten über Technik, Wissenschaft und Kunst bis hin zur Religion, Ethik und zum Staat. Gehlen stellt fest, dass „die Technik seit ihren Anfängen triebhafte, unbewusste, vitale Bestimmungsgründe hat: Die konstitutionell menschlichen Merkmale des Handlungskreises und des Entlastungsprinzips stehen als Determinanten hinter der gesamten technischen Entwicklung."[1] Der Mensch muss dabei nicht nur die Natur technisch beherrschen. Er muss nicht nur die Gemeinschaft institutionell, heute als Staat organisieren. Vor allem muss er sich selber beherrschen, sich mit einer entsprechenden psychischen Struktur disziplinieren. Gehlen begreift seine Anthropobiologie auch als Psychologie und spricht vom Menschen als Zuchtwesen. Damit überschreitet er noch die Perspektive Hegels, dem Staat einen Primat gegenüber dem Individuum einzuräumen.

Dass somit dem Staat eine wichtige Funktion zukommt, ist augenfällig, doch nicht nur ihm allein, sondern den diversen kulturellen Institutionen insgesamt. Einerseits entlasten die kulturellen Institutionen den Menschen vom permanenten Handlungsdruck. Andererseits aber bilden sie seinen Charakter und stimmen ihn genauso in die Gemeinschaft ein, wie sie seine Handlungskompetenz erziehen. Das Ethos, das dabei vor allem der Staat verlangt, unterscheidet sich nicht nur von der eudämonistischen Ethik wie auch jener humanitären Form, die zunächst im Sippen- und Familienverband entsteht. Vielmehr ist sie mit diesen häufig unverträglich; denn gerade im Dienst der Sicherheit ergeben sich Sachzwänge, die Gehorsam verlangen und keine Kompromisse dulden. Just daher verlangt der Staat bzw. die Nation politische Tugenden: Disziplin, Sach-

---

[1] Arnold Gehlen, Die Seele im technischen Zeitalter, Hamburg 1957, 19

lichkeit, Wachsamkeit, Ausdauer, Konzentration und rationale Gefahrenkalkulation. Gehlen zählt damit eher ähnlich wie Carl Schmitt zu den Staatsdenkern mit autoritärer Gesinnung zwischen Faschismus und Konservativismus.

Dabei muss der Staat auch beachten, welche Gefühle, Gesinnungen oder Parolen die politischen Tugenden beeinträchtigen. Gerade in dieser Hinsicht kritisiert Gehlen den Staat der Bundesrepublik in den fünfziger und sechziger Jahren und die Kulturentwicklung in der westlichen Welt insgesamt. Nicht nur dass der Kritizismus und Humanitarismus der vor allem linken Intellektuellen die politischen Tugenden schwächt. Vielmehr wehren sich die Staaten des Westens nicht hinlänglich gegen solche Kritik. Sie haben längst aufgegeben, die politischen Tugenden bei ihren Bevölkerungen durchzusetzen, womit er Voegelin und Strauss nahesteht. Gehlen schreibt: „alle Regierungen befinden sich heute in dem Dilemma zwischen Stärkung der Wehr- und Verteidigungskraft und Senkung des Lebensstandards. Es scheint schwer zu sein, die letztere den Völkern in drastischer Weise zuzumuten, und wenige Regierungen scheinen dazu imstande zu sein. Und dies aus zwei Gründen. Die meisten Regierungen sind in der Erwartung zustande gekommen, sie würden gerade für die Hebung des Lebensstandards das möglichste tun. Aber der entscheidende Grund liegt vielleicht gar nicht hier, sondern tiefer: er liegt wohl darin, dass die Menschen überhaupt keinen Zusammenhang mehr sehen zwischen ihren Verpflichtungen auf der einen Seite und ihren Ansprüchen an das Leben auf der anderen."[1]

Seit der französischen Revolution vermischen sich zunehmend Staat und Gesellschaft, gerät der Staat immer stärker zum bloßen Diener der Gesellschaft, verliert er sein Ethos, seine Selbstbezüglichkeit. Gehlen formuliert um die Jahrhundertmitte die These vom Zerfall ethischer Werte, wenn sich zunehmend ein Wertepluralismus und Relativismus durchsetzt, so

---

[1] Gehlen, Die Rolle des Lebensstandards in der heutigen Gesellschaft (1952); in: Einblicke, Gesamtausgabe Bd. 7, Frankfurt/M. 1978, 18

dass umfassende, einheitliche oberste Werte keine Anerkennung mehr finden. Allerdings birgt der Wertepluralismus auch die Chance einer Diversifizierung der Werte, somit der Entfaltung aristokratischer Werte gleichzeitig und parallel zu den eher sozialen Werten – eine Perspektive die Gehlen im Anschluss an Max Scheler betont.

In den Trend des Werterelativismus stimmt denn auch die moderne Kulturentwicklung ein, die anstatt eine orientierende Kraft zu entfalten, die Menschen eher verunsichert, erregt und beunruhigt. „Was die modernste Kultur in der Musik, in der Lyrik, in der Malerei, in den Wissenschaften schlechthin mit der technischen Kultur verbindet, das ist gerade die Wendung gegen die Natürlichkeit, (. . .). Es kommt überall hinaus auf den Ersatz des Natürlichen und Gewachsenen, auf seinen Ersatz durch voraussetzungslose Machenschaften und diese Wendung zieht auch die Traditionen in ihre Gegnerschaft hinein. Denn das Traditionelle ist ja das Selbstverständliche, das als natürlich Empfundene."[1] Wohin die weitere Entwicklung von Staat und Gesellschaft führen, ob in eine Rückkehr zu einheitlichen ethischen Orientierungen und politischen Tugenden, oder ob sich der Wertezerfall noch beschleunigen wird, lässt Gehlen offen.

Ähnlich braucht für Sloterdijk der Mensch dafür, dass er seine natürlichen Instinkte verloren hat, eine Kompensation, die ihm durch Unterordnung unter Autoritäten gelingt. Sloterdijk: „Die Kompensation geschieht mit Hilfe von Systemen der symbolischen Führung, die Instinkte durch Autoritäten ersetzen – ein Motiv, das um die Mitte des 20. Jahrhunderts in den Schriften Arnold Gehlens entfaltet wurde. Die symbolischen Ordnungssysteme entlasten jedes einzelne Menschenjunge von der von ihm allein unmöglich zu lösenden Aufgabe, die Erfahrungen und Erfindungen seiner Vorfahren allein aus sich selber

---

[1] Gehlen, Über die gegenwärtigen Kulturverhältnisse (1956), GA Bd. 6, Frankfurt/M. 2004, 295

noch einmal zu erzeugen."[1] Nicht nur dass der Mensch nie genug erzogen werden kann, mit der Rede vom Menschenjungen nähert Sloterdijk den Menschen dem Tier, genauer dem Schaf an, das einen Hirten, den Pastor braucht. So heißt es in seinem umstrittenen Vortrag *Regeln für den Menschenpark* aus dem Jahr 1999: „Es ist die Signatur des technischen und anthropotechnischen Zeitalters, dass Menschen mehr und mehr auf die aktive oder subjektive Seite der Selektion geraten, (. . .), wird es in Zukunft wohl darauf ankommen, das Spiel aktiv aufzugreifen und einen Codex der Anthropotechniken zu formulieren. Ein solcher Codex würde rückwirkend auch die Bedeutung des klassischen Humanismus verändern – denn mit ihm würde offengelegt (. . .), dass der Mensch für den Menschen die höhere Gewalt darstellt."[2] Mündigkeit und Rechte spielen keine Rolle, wenn die kulturelle Zähmung des hedonistischen Konsumenten gelingen soll. Kulturen, die bei der Domestizierung des Menschen Erfolge vorzuweisen haben, neigen denn auch einerseits zur biederen Häuslichkeit und andererseits zum kriegerischen Heroismus – die Nazi-Idylle des Wehrbauern bzw. der Untertan, der keine Verantwortung trägt.

Solange dieses Züchtungsprojekt jedoch nicht in die Tat umgesetzt werden kann, solange der Philosoph noch nicht als Pädagoge praktisch wirken darf, bleibt ihm gar nichts anderes, als die Rolle des Warners einzunehmen und wie Sloterdijk apokalyptisch mit dem Untergang zu drohen, wenn die Zeitgenossen ihr Leben nicht so ändern, wie er es sich vorstellt. So „können nur erfahrene Apokalyptiker vernünftige Zukunftspolitik betreiben, weil sie mutig genug sind, auch das Schlimmste als reale Möglichkeit zu bedenken."[3]

Sloterdijk warnt vor einem Kampf der Giganten im 21. Jahrhundert. Zwei Modelle der Ethik werden auf einander stoßen,

---

[1] Sloterdijk, Was geschah im 20. Jahrhundert? 2016, 49
[2] Sloterdijk, Regeln für den Menschenpark; in: Die ZEIT Nr. 38, 16.9.1999, 18f
[3] Sloterdijk, Was geschah im 20. Jahrhundert? 2016, 26

eine des fortschreitenden Wachstums und eine der Askese, die zur kulturellen Umkehr auffordert. Es ist für ihn klar, dass der Hedonismus niedergeht, und sich eine neue Ethik der ökologischen Umkehr durchsetzt – man denke an Jonas und Ibisch, Sommer. Sloterdijk propagiert: „'Du musst dein Leben ändern!' (. . .) Binnen eines Jahrhundert ist <diese Forderung> in den allgemeinen Zeitgeist eingeflossen, ja sie ist zum letzten Inhalt all der Kommunikationen geworden, die um den Globus schwirren."[1]

Während er sich auf Ivan Illich, Hans Jonas und Papst Franziskus beruft, klingt indes nicht nur diese Prophezeiung häufig ähnlich wie Gedanken des Lebensphilosophen Henri Bergson, der in den dreißiger Jahren eine durch Mystiker initiierte Abkehr vom Hedonismus propagiert, die allerdings nicht eintrat. Sloterdijk erneuert auch Vorstellungen einer Öko-Diktatur, von der sich ihr Erfinder Hans Jonas später distanzierte: „Offen bleibt wohl allein die Frage ob die Wende zur Bescheidenheit infolge eines freiwilligen Einlenkens der Populationen in den emissionsintensiven Kulturen erfolgt oder ob die Regierungen der reichen Nationen (. . .) sich früher oder später gezwungen sehen werden, jeweils auf ihren Territorien eine Art von ökologischem Kriegsrecht zu proklamieren, (. . .)."[2] Als wenn Kriegsrecht jemals eine Gesellschaft hätte nachhaltig gestalten können, herrscht unter dem Kriegsrecht ja der Krieg und nicht das Recht, wie es sich auch während des Corona-Ausnahmezustands zeigte! Auch nicht primär der Staat hat seit den siebziger Jahren die ökologische Wende vorangetrieben, sondern die aktiven Bürgerinnen.

Dabei bleibt Sloterdijk einerseits einer technischen Sprache verhaftet, andererseits beruft er sich auf diverse Religionen, die er zu Weisheitslehren erklärt, von denen er jene Vertreter als besonders listenreich bewundert, die wie Augustin die Leute

---

[1] Sloterdijk, Du musst dein Leben ändern – Über Anthropotechnik, Frankfurt/M. 2009, 699
[2] Sloterdijk, Was geschah im 20. Jahrhundert? 2016, 34

zur Umkehr auffordern, obwohl von vornherein feststeht, dass nur die wenigsten in den Himmel kommen. Das ähnelt insgesamt dem Modell der konservativen Revolution nach dem ersten Weltkrieg. Für Sloterdijk jedenfalls „(. . .) zeichnet sich eine zivilisatorische Weltwetterlage ab, die mit einiger Wahrscheinlichkeit postliberale Züge aufweist – sie wird eine hybride Synthese aus technischem Avantgardismus und ökokonservativer Mäßigung an die Macht bringen. (In politischer Farbsymbolik gesprochen: Schwarz-Grün; dies nur als ‚Restauration' zu deuten, wäre ein gravierender Fehler). Dem überschäumenden Verschwendungsexpressionismus der gegenwärtigen Massenkultur werden die Voraussetzungen auf lange Sicht entzogen."[1] So kann man von Sloterdijk lernen, dass Ökologie und Konservativismus eine gewisse Kompatibilität besitzen.

Die Gravitation möchte er einer Kritik unterziehen und gemäß seines ca. 2500 Seiten umfassenden Hauptwerk *Sphären* I-III (1998-2004), in dem er nach der anthropologischen Bedeutung des Raumes fragt – ein Thema einer Kriegsmaschine –, geißelt er den ‚extensiven Steuerstaat' und den Massenkomfort genauso wie den linken Radikalismus, dem er entgegenhält: „Man muss sich auf eine Inversion des Radikalismus gefasst machen – auf eine Hinwendung zum Luftigen, Wurzellosen, Atmosphärischen. Wer heute zu den letzten Gründen hinabsteigen möchte, geht in die Luft."[2]

Seinen philosophischen Zeitgenossen empfiehlt er angesichts der „umfassenden Weltkrise" aus den Hörsälen auf die Straße zu gehen, „um unserem Gewerbe, dem heitersten und melancholischsten der Welt, die Bedeutsamkeit zurückzugeben, die ihm, gut gemacht, auch auf den Feldern des nichtakademischen Lebens zukommt. Die Menschen fragen so dringend wie seit langem nicht mehr, was denn das sei: das gute und das bewusste Leben."[3] Das überrascht doch einigermaßen. Heiterkeit ist

---

[1] Sloterdijk, Was geschah im 20. Jahrhundert? 2016, 128
[2] Ebd., 114
[3] Ebd., 175

man von Apokalyptikern nicht unbedingt gewöhnt, will Sloterdijk doch nicht Zyniker, sondern Kyniker sein, die ihre Zeitgenossen mit Ratschlägen nervten, nach denen letztere keineswegs verlangt hatten. Ähnlich will er obendrein seinen Zeitgenossen mit Fotos aus der Raumstation sogar den Prozess machen: „Die Gewissenlosen aber müssen wissen, dass man ihre Gewissenlosigkeit schon vom Weltraum aus sieht. Es wäre falsch zu verschweigen, dass diese Bilder in einem Prozess gegen jene, die noch immer nichts wissen wollen, als belastendes Material vorgelegt werden können."[1] Das klingt denn entweder nach *letzter Generation* oder rechtsradikal. Sein am Krieg orientiertes Vorbild Gehlen passt dazu.

3. Medizinische Biopolitik: Thielscher

Die von Gehlen und Sloterdijk promotete biopolitische Debatte hat natürlich auch eine sozialstaatliche und medizinische Seite. Man kann sie auch mit Fragen der Gerechtigkeit verbinden, wie es heute besonders bei den Sozial- aber auch bei den Christdemokraten diskutiert wird. Und nicht nur bei Nationalsozialisten und Kommunisten kann Biopolitik totalitäre Züge entwickeln. Der demokratische Sozialstaat ist längst zu einer Zwangsversicherungsanstalt großen Stiles geworden. Das wird durchaus als gerecht proklamiert und schließlich noch durch das objektive wissenschaftliche Wissen unterfüttert. Vor diesem Hintergrund will der praktische Arzt und Professor für BWL und Medizinökonomie an der Hochschule für Ökonomie und Management in Essen, Christian Thielscher, die Frage der Gerechtigkeit naturwissenschaftlich und vor allem medizinisch lösen. So konstatiert er: „Spätestens seit Aristoteles sind praktische alle Fragen und Aspekte der Gerechtigkeit bekannt, die auch die heutige Diskussion bestimmen."[2]

---

[1] Ebd., 183
[2] Christian Thielscher, Wirtschaft und Gerechtigkeit, Wiesbaden 2022, 165

Freilich schränkt Thielscher Gerechtigkeit auf soziale Gerechtigkeit ein, d.h. auf Verteilungsgerechtigkeit, die zwar primär von linker Sozialphilosophie propagiert wird, heute aber von allen politischen Strömungen jenseits des politischen Liberalismus, auch dem Konservativismus. Und alle eint die Gegnerschaft zum Liberalismus, wobei sich das Feindbild auf den rein ökonomisch orientierten Neoliberalismus fokussiert. Denn Thielscher ärgert sich als BWL-Professor vor allem über die neoliberale Wirtschaftstheorie, die soziale Gerechtigkeit für überflüssig hält, weil der Markt zumindest im neoliberalen Modell von selbst die angemessenen Ergebnisse erzielt, die somit auch gerecht wären. Soziale Gerechtigkeit gibt es im Sinne des Neoliberalismus eigentlich nicht. Für den Libertarian Robert Nozick ist jede Art der Umverteilung nur Diebstahl, auch eine progressiver Einkommenssteuer. Umverteilung ist nur legitim, wenn zur Sicherheit aller eine ungleiche Finanzierung unumgänglich ist. Nozick schreibt: „Der Minimalstaat ist der weitest gehende Staat, der sich rechtfertigen lässt. Jeder weitergehende Staat verletzt die Rechte der Menschen."[1]

Thielscher kritisiert, dass die Wirtschaftswissenschaften nicht analysieren, wie die Märkte im Detail funktionieren. Wie bemerkt Thielscher treffend: „In neoklassischen Modellen fehlt die Hälfte der Wirtschaft." [2] Um das zu ändern, müssten sie sich nach Thielscher endlich an der Vorgehensweise der Medizin orientieren, die auf Anatomie und Physiologie beruht: in diesem Sinn müssten die Wirtschaftswissenschaften empirisch die Struktur und die Funktionsweise von Märkten in den verschiedenen Branchen analysieren. Dann würde schnell klar werden, was gerecht und ungerecht ist, ähnlich wie in der Medizin für Thielscher klar bestimmt ist, was eine Krankheit ist und welche Medizin sie braucht. Thielscher bemerkt: „Etwas schwieriger ist die Frage, was ‚Wirtschaft' denn erreichen *soll*. Das ist in der Medizin meistens einfach: Sie soll Krankheiten

---

[1] Robert Nozick, Anarchie, Staat Utopia (1974), München 2011, 217
[2] Thielscher, Wirtschaft und Gerechtigkeit, 2022, 27

beim je *einzelnen* Patienten verhüten bzw. behandeln (auch davon gibt es freilich Ausnahmen: Hygiene z.B. zielt auf den Schutz vieler potenziell Betroffener).[1] Medizin beruht auf empirischem Wissen und sieht sich mit harten Fakten konfrontiert. Sie erfasst damit die Realität und dieselbe liegt in der Wirtschaft vor, auf die man nur eingehen müsste.

Dass sich Thielscher dann noch darauf beruft, dass die Medizin der Ökonomie überlegen sei, weil sie die ältere Wissenschaft ist, erscheint fragwürdig, noch dazu weil Thielscher attestiert, dass die Medizin erst seit dem 19. Jahrhundert die wahren Fakten erfasst, nicht aber vorher. Aber heute gilt: „Die moderne Medizin als Wissenschaft zeichnet sich durch einen rigorosen Wahrheitsanspruch aus: Es gilt, was stimmt. Tatsächlich ist ja auch leicht zu überprüfen, welche Maßnahmen heilen."[2] Dabei handelt es sich um einen heute verbreiteten sogenannten wissenschaftlichen Realismus, der die Wissenschaften nicht mehr hinterfragt, sondern deren Ergebnisse für die Wahrheit hält und weitere Einwände kategorisch zurückweist.

So kann Thielscher den Wirtschaftswissenschaften vorwerfen, weitgehend die Interessen des Kapitals zu vertreten, die Medizin natürlich nicht. Und der Kapitalismus führt dazu, dass sich die Schere zwischen Arm und Reich immer weiter öffnet, Armut und Elend sich fortschreiben und Natur und Klima geschädigt werden.

Viele Neoliberale betrachten die Idee der sozialen Gerechtigkeit nur als ein ideologisches Konstrukt. Doch das Gerechtigkeitsgefühl, das alle Menschen beseelt, ist nach Thielscher keine Erfindung, sondern eine Anlage des Menschen. Er geht davon aus, „dass es eine Vorstellung von Gerechtigkeit gibt, die sich rational – genau gesagt: mit naturwissenschaftlichen Methoden – beschreiben und begründen lässt. Dafür verwende ich medizinische Daten zum Gerechtigkeitsempfinden und zur Entwicklung des menschlichen Denkens, Handelns und Füh-

---

[1] Ebd., 106
[2] Ebd., 141

lens, insbesondere aus den Bereichen der bildgebenden Verfahren, der vergleichenden Psychologie, der Verhaltensbiologie, der Anthropologie, der Soziobiologie und der Evolutionstheorie des Verhaltens."[1] Man erahnt, was für eine totalitäre Herrschaft sich dabei entpuppt.

So möchte Thielscher alle abseitigen Fragen nach der Herkunft der Gerechtigkeit medizinisch lösen und kommt zu dem Ergebnis: *„Es gibt Hirnregionen, die bei Gerechtigkeitsfragen zuverlässig aktiviert werden*, und die nicht rein kognitiv agieren. ‚*Gerechtigkeitsempfinden' hat ein anatomisches Substrat* (eine nachweisbare Struktur, die von ihm aktiviert wird); es ist, salopp formuliert, im Gehirn fest verdrahtet."[2] Nur auf dieser Grundlage darf noch über Gerechtigkeit diskutiert werden.

Die Sozial- und Geisteswissenschaften können dazu weder etwas beitragen, noch können sie die medizinischen Ergebnisse in Frage stellen. Wenn Nietzsche gar das Gute aus dem Bösen und dem Machtwillen ableitet, so hält Thielscher das für belanglos. Entscheidend ist allein, dass sich das sozial erwünschte Verhalten einstellt – wobei für ihn die Frage, wer wünschen darf, auch keine Rolle spielt. So kann er konstatieren: „Es ist schlicht falsch, die Existenz der Gerechtigkeit zu bezweifeln."[3] Dabei meint er natürlich nicht den philosophischen Diskurs über Gerechtigkeit; denn dieser ist ja kein naturwissenschaftlicher und erzeugt somit Illusionen. Derart immunisieren sich viele Wissenschaften gegenüber kritischen Einwänden, so dass auch der Demokratie nur ein beschränkter Raum eingeräumt wird, wobei Konservative und Sozialdemokraten zumeist gemeinsam diese Tendenz verteidigen.

Aber was ist dann Gerechtigkeit? Für Thielscher besteht sie aus drei Prinzipien, nämlich dass man Hilfsbedürftigen helfen muss – damit tarnt sich die Medizin –, dass gleiche Leistung gleich belohnt werden muss – nur was heißt ‚gleich'? – und dass man

---

[1] Thielscher, Wirtschaft und Gerechtigkeit, 2022, 120
[2] Ebd., 148
[3] Ebd., 198

Verträge einhalten muss. Außerdem besteht sie aus vier Elementen: der Verteilende, z.B. der Machthaber, der dazu die Regeln festlegt; das zu Verteilende, z.B. medizinische Leistungen; die Leistungsempfänger; das soziale Umfeld, in dem verteilt wird. So einfach ist das und braucht allemal keine langen philosophischen Debatten. So erklärt Thielscher: „Die Fokussierung auf die ‚Physiologie' der Gerechtigkeit, also die tatsächlichen (anthropologischen) Grundregeln gerechten Entscheidens in konkreten Situationen, hilft auch, Spekulationen zu vermeiden, die sonst schwer aufzulösen sind, z.B. Fragen der Art: ‚Ist Freiheit oder Gleichheit oder Gerechtigkeit wichtiger?' Solche Spekulationen sind häufig leer – obwohl sehr viel gedankliche Arbeit auf sie verwendet wurde –, weil sie ohne weitere Angaben zum jeweiligen Fall nicht lösbar sind."[1] So bleibt im Sinn einer naturwissenschaftlichen Perspektive auch nicht viel von individuellen, gar unaufhebbaren Grundrechten; denn so Thielscher gegen Ende seines Buches: „Koppelt man Menschsein an die Genetik, dann ist das Leben wichtiger als Selbstbestimmung."[2] Dann bestimmt die Medizin über das Leben der Individuen, nicht diese selbst, wie man es in der Gesundheitspolitik-Politik praktiziert.

Thielscher räumt immerhin ein, dass es Aporien der Gerechtigkeit gibt. Diesen begegnet er ähnlich wie die analytische Philosophie mit Gleichnissen. Darf man einen Unschuldigen opfern, um einige zu retten? Fünf Patienten sterben in Kürze, wenn sie keine neuen Organe bekommen, und ein anderer hat dazu die genau passenden. Eine Straßenbahn gerät außer Kontrolle und wird fünf Menschen töten. Jemand auf einer Brücke sieht das und weiß, dass man das durch ein Gewicht von der Brücke verhindern kann und neben ihm steht ein entsprechend Dicker. Mit diesem Verfahren des Gleichnisses – ähnlich wie Platon und Jesus – begegnet Thielscher auch dem Problem der Abtreibung. Eine Entführte erwacht neben einem Starviolinisten,

---

[1] Ebd., 206
[2] Ebd., 265

mit dem sie durch Schläuche verbunden ist, durch die sie diesen rettet, wenn das neun Monate so bleibt. Gegen dieses Argument wendet Thielscher ein, „dass es ganz unklar ist, ob das Recht auf Hilfe einschließt, dass jemand sich 9 Monate lang mit einem anderen Körper verbinden lässt. Dagegen kann man wiederum Verschiedenes vorbringen, z.B. dass in typischen Fällen einer Abtreibung die schwangere Frau freiwillig Geschlechtsverkehr und daher stillschweigend zugestimmt hat, dem Fötus die Verwendung ihres Körpers zu erlauben; der Fötus ist das Kind der schwangeren Frau, während der Geiger ein Fremder ist."[1] Thielscher bietet denn auch eine katholische Alternative an, nämlich Enthaltsamkeit und Familie, oder in seinen Worten, Abtreibungen zu vermeiden, „etwa durch einen bewussteren Umgang mit Sexualität und Verhütungsmethoden und durch bessere Hilfen für Schwangere in Not."[2] Solche Argumente hört man selten im Lager der Abtreibungsverteidiger. Die biopolitische Perspektive erweist sich damit in dieser Variante als konservativ, was sie nicht unbedingt sein muss, schließlich betreiben alle Staaten seit der frühen Neuzeit Biopolitik, auch eine am Sozialstaat orientierte demokratische Politik.

4. Traditionelles Familienverständnis: Bolz, Illouz, Schelsky

Neben einem ökologisch orientierten, und zudem biopolitischen Konservativismus, dem eine gewisse Rechtslastigkeit nicht abgesprochen werden kann, gibt es auch einen antimodernen an der Tradition orientierten, der vor allem religiösen sozialen Werten nicht fern steht. Zentrale Themen sind Feminismus und Abtreibung. Dabei ertönt die Klage, dass in Deutschland immer weniger Kinder geboren werden. Das Land steht deshalb vor einer Krise des Rentensystems. Diesen Sachverhalt nimmt der Medientheoretiker Norbert Bolz zum Anlass

---

[1] Thielscher, Wirtschaft und Gerechtigkeit, 2022, 264
[2] Ebd., 265

für ein Bekenntnis zur Familie, wie man sie heute noch in islamischen Ländern findet.

Die traditionelle, arbeitsteilige Ehe, in der die Frau ihrer gebärenden Natur gemäß die Hausarbeit ausführt, während der Mann auf die Jagd geht, erhöht den beiderseitigen ökonomischen wie emotionalen Nutzen. Nur dann haben Frauen Zeit, sich ausreichend um ihren Nachwuchs zu kümmern, der doch das gemeinsame Kapital der Eheleute darstellt – so Bolz. In dieser traditionellen Familie besitzt auch die Liebe ihre Heimstatt, nicht mehr als griechischer *Eros*, sondern als christliche *Agape*, als Nächstenliebe, die vor allem Eltern- und Kinderliebe bedeutet. Sie erfährt ihren stärksten Ausdruck in der Mutterliebe, die zugleich höchste Pflicht und größtes Glück der Frau darstellt.

Von einem Verlust an Erotik und Befriedigung kann man trotzdem nicht sprechen; denn – wie man aus der Psychoanalyse weiß – lässt sich das menschliche Begehren sowieso nicht befriedigen. Daher braucht die Ehe auch ein heiliges Sakrament, eine religiöse Weihe, die ihr den nötigen Ernst verleiht und den richtigen Halt gibt. Denn, so Norbert Bolz: „Liebe, die nicht auswählt und immer währt, ist wertlos."[1] So siedelt in der Ehe denn auch das höchste Maß an Glückspotential, das selbstverständlich zu Kinderreichtum führt, das Sittlichkeit, Renten und Wirtschaftswachstum sichert.

Diese heiligen Werte und Lebensformen zerstört indes der sozialdemokratische Wohlfahrtsstaat, der den Eltern die Sorge für ihre Kinder abnimmt. Wesentlich daran beteiligt waren die Achtundsechziger, die die freie Liebe propagierten, und vor allem deren Erben, die Frauen mit ihrem Drang zu Emanzipation und Feminismus. Bolz schreibt: „Je erfolgreicher die Wirtschaft und je gebildeter die Frauen, desto unfruchtbarer ist eine Nation. Frauen verdienen mehr und gebären weniger. (. . .) Karrierefrauen tendieren nämlich zur genetischen Impotenz. Denn je höher sie auf der Karriereleiter steigen, umso unwahr-

---

[1] Norbert Bolz, Die Helden der Familie, München 2006, 15

scheinlicher wird es, dass sie heiraten und Kinder bekommen. Das bedeutet aber, dass sie nur wenig zum Gen-Pool beisteuern."[1] Ähnlich äußert sich im selben Jahr der damalige FAZ-Mitherausgeber Frank Schirrmacher: „Liebe begünstigt Geburten, Arbeit vereitelt sie. (. . .) Die Tragödie unseres Lebens besteht nicht mehr darin, liebend unterzugehen, sondern darin, arbeitend, ohne genügend Nachwuchs abzutreten."[2]

Opfer der Emanzipation und des Feminismus sind die Kinder, die kein trautes Heim mehr haben, die stattdessen zu möglichst früher Selbstständigkeit erzogen werden. Die wenigen Kinder, die emanzipierte und beruflich erfolgreiche Frauen noch bekommen, werden in die Ganztagsschule oder zur Tagesmutter gegeben, mit einem Wort vernachlässigt. So schreibt Bolz: „Frauen arbeiten heute nicht mehr für die Liebe, sondern für Geld."[3] Und der damalige Abtprimus des Benediktinerordens Notker Wolf bemerkt: „Offenbar zählt eine Frau nur etwas, wenn sie wie ein Mann arbeitet und nicht wie eine Mutter für ihr Kind sorgt."[4] Das hat denn auch noch diverse Nebenfolgen. Die Töchter alleinerziehender Mütter werden kein Zutrauen zu Männern mehr finden und ihrerseits ebenfalls nur kurzfristige sexuelle Strategien der Partnersuche verfolgen – mit der Folge, dass noch weniger Kinder auf die Welt kommen: Der Untergang des Abendlandes, vor allem Deutschlands, das sein Nazi-Trauma nicht überwinden will – ein Konservativismus mit gewissen rechten Neigungen.

Dass sich der Feminismus derart durchsetzen konnte – männliches Rollenverhalten wird verpönt und darf sich nur noch im Sport ausleben – verdankt sich wie bei Marcel zwei Entwicklungen, nämlich der Pille und der Abtreibung und damit antinatürlichen Techniken. Dass sich der Konservativis-

---

[1] Bolz, Die Helden der Familie, 2006, 67
[2] Frank Schirrmacher, Minimum – Vom Vergehen und Neuentstehen unserer Gemeinschaft, München 2006, 18
[3] Bolz, Die Helden der Familie, 2006, 66
[4] Notker Wolf, Deutschland neigt zum Sozialismus, *Welt am Sonntag* 8.4.2007, 7

mus gerne auf die Natur beruft, bringt ihn gleichzeitig in die Nähe der Ökologie wie in die jener, die Natur mit Tradition verbinden wie Gehlen. Bolz erhält damals Schützenhilfe von der Fernseh-Moderatorin Eva Herman, wenn sie schreibt: „Wer immer noch glaubt, der Mensch könnte sich durch Zivilisation und kulturelle Selbsterschaffung von seiner ursprünglichen Natur befreien, sitzt einem gewaltigen Irrtum auf."[1] 2017 folgt eine ähnliche linke Argumentation, die nicht nur feministisch betrachtet, konservativ ist, wenn Nancy Fraser schreibt: „Der Clintonismus ist in hohem Maße mitverantwortlich für die Schwächung der Gewerkschaften, den Niedergang der Real-löhne, die Prekarisierung von Arbeit und den Rückgang ausreichender Alleinverdiener-Einkommen (. . .) zugunsten der ‚Zwei-Verdiener-Familie'."[2] Letztere versteht sich im Zeitalter der Emanzipation eigentlich von selbst, wenn Frauen nicht mehr von Männern abhängig sein wollen, wie es Simone de Beauvoir 1949 forderte: „Nur eine autonome Arbeit kann der Frau eine authentische Autonomie verleihen."[3] Aber soll sie nicht lieber der Korrespondenz von Reinhard Knodt entsprechen und Mann wie Kinder versorgen?

Zudem zerstört die Pille en passant auch die Erotik, wenn die gestressten Paare mit dem doppelten Einkommen für den Sex zu müde sind. Zweitens erleichtert die Abschaffung des Verschuldungsprinzips Scheidungen, so dass man sich ehelich um Konsens gar nicht mehr bemühen muss. Vielmehr locken ständig Versuchungen, mit einem neuen Partner sein Eheleben zu optimieren. So resümiert Bolz: „Bekanntlich ist die Bewegung der Achtundsechziger dann nahtlos in den Feminismus überge-

---

[1] Eva Herman, Das Eva Prinzip – Für eine neue Weiblichkeit, München, Zürich o.J., 94
[2] Nancy Fraser, Vom Regen des progressiven Neoliberalismus in die Traufe des reaktionären Populismus; in: Heinrich Geiselberger (Hrsg.), Die große Regression – Eine internationale Debatte über die geistige Situation der Zeit, Berlin 2017, 80
[3] Simone de Beauvoir, Das andere Geschlecht – Sitte und Sexus der Frau (1949), 5. Aufl. Reinbek 2005, 599

gangen, und was beide verknüpft hat, ist der Angriff auf die bürgerliche Familie. All das war so erfolgreich, dass sich seither kein ernstzunehmender Konservativismus mehr formieren konnte. Und auch wenn heute in den Sonntagsreden der Politiker wieder viel über die Bedeutsamkeit von Kindern zu hören ist, so sehen sich Eltern, die ihre Kinder tatsächlich in den Mittelpunkt des Lebens rücken, einem sehr abweisenden kulturellen Klima ausgesetzt. Die Kultur der Jobs verachtet die Kultur der Familie. (. .) Eine Frau, die arbeitet, ist unserer Gesellschaft heute mehr wert als eine Hausfrau und Mutter. Die höchste Wertschätzung genießt das berufstätige Paar mit ganztägig betreutem Kind."[1]

Bolz Klage über den Wertezerfall bleibt damit nicht nur ein konservatives Strickmuster, das die CDU längst aufgibt, weil sie eingesehen hat, dass nach dem Vorbild der traditionellen Familie nun mal immer weniger Kinder geboren werden. Stattdessen – so die späte Einsicht vieler Unionspolitiker – sollte man lieber dazu beitragen, dass die neuen Lebensformen kinderfreundlicher werden. Es darf nun mal in einem demokratischen Land jeder nach seiner Façon leben. Aber genau das stellt Bolz' apokalyptischer Ruf „Kehret um!" in Frage und ist damit längst nicht mehr allein.

Die Liberalisierung von Liebe und Sexualität wird auch von Eva Illouz, Soziologieprofessorin an der Hebräischen Universität in Jerusalem, die seit Jahren über die Themen Liebe, Ehe und die Lage der Frauen arbeitet, strikt negativ eingeschätzt. So schildert sie den Übergang von der traditionellen Ehe im 19. Jahrhundert zu den aktuellen Praktiken, die dazu führen, dass Beziehungen instabil geworden sind, was für sie vor allem zu Lasten von Frauen geht. Illouz schreibt: „Weil das Ideal der sexuellen Freiheit eine Reaktion vor allem auf die sexuelle Unterdrückung und Herrschaft war, hat es die negativen Aus-

---

[1] Bolz, Die Helden der Familie (2006), 29

wirkungen auf Kulturen, die von der Ausstiegsfreiheit dominiert sind, verstellt."[1]

Verantwortlich macht sie für diese Entwicklung primär den Kapitalismus, der die Sexualität weitgehend ökonomisch unterwandert hat. Die Ökonomie fördert zwar diverse Formen der Emanzipation. Aber damit werden Frauen einerseits unter das Primat der Ökonomie gezwungen, so dass die damit verbundene Flexibilisierung Ehe und Familie erschwert, die für Illouz die zentralen Orientierungen bei Fragen der Liebe darstellen, womit sie eine traditionelle, konservative Auffassung vertritt: Liebe gibt es nur unter lebenswährender Verpflichtung. Alles andere ist keine Liebe.

Andererseits strukturiert der Kapitalismus auch noch die verbleibenden Beziehungen. „Zu Beginn des 20. Jahrhunderts", schreibt Illouz, „wurde die traditionelle Kameradschaftsehe von einem Verständnis der Ehe als gemeinsamen Freizeitgenusses abgelöst."[2] Die Ehe, die Max Weber führte, eine ohne Sex. Ehe kann man doch nicht bloß auf wechselnde Gefühle und Interessen gründen. Vielmehr werden die Menschen durch die sexuelle Liberalisierung existentiell verunsichert.

Weil mit den Ideen der Emanzipation und der Freiheit nach Illouz die Frauen erneut unterdrückt werden, sind diese längst in den Dienst der Ökonomie genommen worden. So hat die „Herrschaft von Männern über Frauen (. . .) ein neues Stadium in der Geschichte des Kapitalismus und der Intimbeziehungen"[3] angenommen. Die Antibabypille erleichtert nur den Zugang von Männern zu Frauen, genauso wie die Entwicklungen des Internet. Aber haben Frauen nichts anderes beim Sex im Sinn als Kinder? Zumindest sollen sie ihre Lust unterdrücken, was der Tugend der Jungfräulichkeit ähnelt, die Illouz in der Tat positiv sieht. Illouz schreibt: „Hatten sich die frühen Be-

---

[1] Eva Illouz, Warum Liebe endet – Eine Soziologie negativer Beziehungen, Berlin 2018, 257
[2] Ebd., 177
[3] Ebd., 155

freiungsbewegungen eine freie Sexualität als einen wesentlich nichtkommerziellen, nichtmonetisierten Aspekt des Selbst vorgestellt, so entwickelte sich die Sexualität zu einer bezahlten wie unbezahlten Quelle von Mehrwert für eine Reihe von einflussreichen Industrien in Männerhand."[1] Damit zerstört die Sexualisierung die Liebe – die Kameradschaftsehe, die lebenswährende Verpflichtung.

Für Illouz hat der Widerstand gegen Tradition und rigiden Moralismus, der im 19. Jahrhundert begann, jedenfalls nicht in eine befreite Sexualität geführt und schon gar nicht die Position von Frauen gegenüber Männern verbessert. „Diese neue Form von Kapitalismus", schreibt sie „verändert die Ökologie von Intimbeziehungen sowie die Unterwerfung der Frauen und führt in schwindelerregendem Ausmaß zur Erfahrung von Zurückweisungen, Verletzungen, Enttäuschungen (. . .)."[2] Spricht sie aus Erfahrung? Jedenfalls widerspricht Illouz der These, dass die Emanzipation seit den 1970er Jahren den Frauen irgendwelche Vorteile gebracht hätte. Zerstört gar die Emanzipation die Liebe? Aber gab es unter dem Regime der monogamen Ehe etwa weniger Enttäuschungen, Zurückweisungen und Verletzungen. In der französischen Bourgeoisie der ersten Hälfte des 20. Jahrhunderts zog Madame nach einigen Jahren Ehe aufs Land und der Gatte blieb in der Stadt. Die Ehe wurde aufrechterhalten.

Illouz aber greift einen zentralen Mythos der Flower-Power-Bewegung an, der es ja nicht um die Revolution ging wie der damaligen radikalen Linken. „Das Woodstock-Festival von 1969 war", so Illouz, „nur ein Beispiel dafür, wie ,coole' und emanzipierte kulturelle Waren mit Sexualität assoziiert wurden."[3] Damit wird jegliche Scham diskreditiert, so dass sich Persönlichkeitsrechte nicht mehr schützen lassen, was primär Frauen trifft. Heute müssen sich Frauen in den Badeorten so

---

[1] Illouz, Warum Liebe endet, 2018, 156
[2] Ebd., 343
[3] Ebd., 85

sexy stylen, dass sie damit permanent zum Ausdruck bringen, sie wollten gevögelt werden. Damit argumentiert Illouz wie manche traditionell eingestellten islamischen Männer, begegnen sich konservative Argumente interkulturell und über Gendergrenzen hinweg. Aber Sexyness versteht Illouz einfach nicht.

Sie zielt gerade auf diverse Aspekte der Sexualisierung, die viele faszinieren, so dass sie sich just dadurch in den Sog eines neoliberalen Kapitalismus ziehen lassen: „Mit ihrem Erfordernis permanenter Selbstgestaltung und ihren endlosen Gelegenheiten zum Heraufbeschwören erotischer Atmosphären verhalf die Sexualität dem Kapitalismus zu außergewöhnlichen Expansionsmöglichkeiten.“[1] Für Illouz haben Feminismus wie Emanzipation der Frau zu dieser Entwicklung beigetragen und verdanken ihren Erfolg einem Bündnis mit dem Neoliberalismus. Nach Illouz „ging das Patriarchat eine Liaison mit dem Kapitalismus ein und übte seine Macht durch die starke Sexualisierung der Frauen, die Verallgemeinerung des Gelegenheitssexes, durch Schönheitsmythen und die zunehmend zwingenden Normen weiblicher sexueller Attraktivität (. . .) aus.“[2] Denn dabei behalten für Illouz Männer ihre dominierende Position, die sich durch den freien Markt von Liebe und Sexualität sogar noch verstärkt. Frauen müssen sich nämlich an die Wünsche von Männern anpassen, wenn sie auf diesem Feld erfolgreich sein wollen. Den Kirchenvätern indes war weibliche Schönheit auch schon ein Dorn im Auge und die Katholische Kirche ist bis heute eine Hochburg des Patriarchats geblieben.

Indes wird die faktische Emanzipation wie das veränderte Liebesleben nicht nur von Männern, sondern auch von Frauen gewünscht. Illouz verweist an dieser Stelle aber auf Klagen von Frauen über ihre Lage, die sie in Interviews dokumentiert. Die Repräsentativität ist hier nicht die Frage, sondern einfach unterschiedliche Einstellungen. Gewisse akzeptiert Illouz nicht.

---

[1] Ebd., 86
[2] Ebd., 91

Denn man kann davon ausgehen, dass eine große Gruppe von Frauen in der westlichen Welt diese Entwicklungen der Emanzipation und der sexuellen Liberalisierung für vorteilhaft hält. Aber sicher gibt es auch eine große Gruppe von Frauen wie Männern, die die sexuelle Liberalisierung ablehnen. Dazu gehören religiös Strenggläubige und viele, die sich dem neuen oder alten rechten Lager zuordnen. Die eigentlich linke Kulturkritik, zu der auch Illouz zählt, gerät damit indes in die Nähe konservativer bis rechter Fahrwässer.

Der Liberalisierung stellt Illouz eine romantische Liebe entgegen, wenn sie fragt: „Gefährdet die Freiheit die Möglichkeit, substantielle und feste Bindungen einzugehen, insbesondere romantische?" [1] Die romantische Liebe, wie sie bei Eichendorff oder Brentano vorkommt zielt indes nicht auf Kants Verständnis der Ehe als „Verbindung zweier Personen verschiedenen Geschlechts zum lebenswierigen wechselseitigen Besitz ihrer Geschlechtseigenschaften." [2] Noch weniger geht es in der Liebe der Romantiker um den Gebrauch derselben, auch nicht um die Realisierung der Liebe im Diesseits, sondern im Jenseits. Die romantische Liebe macht auch die Ehe nicht emotionaler, sondern organisiert präskriptiv ein Gefühl der Ausschließlichkeit, just an das Illouz aber anschließen will und das in der Tat die Grundlage der monogamen Kleinfamilie im 19. Jahrhundert wurde und zwar als einziger Ort legaler sexueller Praktik.

Damit diagnostiziert Illouz einen Mangel an Moral und klinkt sich damit in die religiös traditionelle wie konservative Klage über Wertezerfall ein. Man kann in Liebe und Sexualität nicht cool sein, wie es heute üblich ist, muss man vielmehr Verantwortung übernehmen, also wie bei Bolz und Knodt heiraten und Kinder kriegen. Wenn man sich dem verweigert, wie es heute weit verbreitet ist, führt das nach Illouz zu einer existentiellen Verunsicherung und das heißt Frauen, „Fürsorge

---

[1] Illouz, Warum Liebe endet, 2018, 16
[2] Immanuel Kant, Die Metaphysik der Sitten (1797), Akademie Textausgabe Bd. VI. Berlin 1968, 277

und Reziprozität (die traditionellen Schlüsselbegriffe weiblicher Identität) zu verweigern und sich auf seine Marktsubjektivität zu konzentrieren."[1] Diese präskriptive Hermeneutik entspricht ebenfalls einer selbstsicheren Einstellung, zu wissen wie die Welt funktioniert, die nicht hinterfragt wird die gerade im konservativen Lager weit verbreitet ist und mit aggressiven Argumenten verteidigt wird, was freilich von der eigenen Verunsicherung kündet. Bereits 2011 schreibt sie: „Unter den Bedingungen der Moderne verfügen Männer über eine weitaus größere sexuelle und emotionale Auswahl als Frauen, und es ist dieses Ungleichgewicht, das zu ihrer emotionalen Vorherrschaft führt."[2] In der Tat bestehen in jeder zwischenmenschlichen Beziehung Ungleichgewichte, die die Person, die mehr will als die andere, zur schwächeren machen. Daher soll die Moralisierung der Liebe der Sexualisierung widerstreiten. Das muss auch gar keine hilflose Antwort bleiben, haben sich nach Nietzsche mit den Christen schließlich die Schwachen durch Moralisierung durchgesetzt.

Trotzdem bleibt das schwierig, heißt die Liberalisierung nach Illouz für die heutigen Frauen: „Das moderne Selbst versteht sich selbst als *work in progress*, als unvollendetes Projekt, das sich und seine Leistung ständig verbessern muss, (. . .)."[3] Sicherlich haben die Menschen heute, insbesondere Frauen, ob der Sozialisation, in der zweifellos noch die Liebesnormen des 19. Jahrhunderts nachhallen, oft Schwierigkeiten, mit der veränderten Situation zurechtzukommen, Männer aber auch, gleichgültig ob sie patriarchalisch gestrickt sind oder nicht. Doch die christliche Moral wurde untergraben, sicher auch mit Hilfe der liberalen Ökonomie, die sich ihrerseits der Sexualisierung bedient, wie umgekehrt sich Emanzipationsbestrebungen auf die Ökonomie stützen konnten. Immerhin räumt Illouz

---

[1] Illouz, Warum Liebe endet, 2018, 117
[2] Illouz, Warum liebe weh tut – Eine soziologische Erklärung, Berlin 2011, 429
[3] Illouz, Warum Liebe endet, 2018, 313

ein, „dass Gelegenheitssex für Frauen ein Weg ist, um das Ideal der Ehe beiseitezuschieben und Karriere zu machen."[1] Und warum sollten sie das nicht tun? Sie leben im Kapitalismus, der längst nicht immer Emanzipationsbestrebungen förderte. Vertreter des Neoliberalismus sind in ethischer Hinsicht sogar eher traditionell und konservativ eingestellt, wollen sie primär die ökonomische Freiheit, nicht die soziale Mündigkeit.

Für Illouz führt die Sexualisierung der Kultur durch die Ökonomie aber zur Zerstörung der Liebe. Denn sie erzeugt negative Beziehungen; d.h., „dass spezifische, von sozialen und ökonomischen Kräften geprägte negative Dynamiken die Nichtentstehung von Bindungen und die Auflösung bestehender Bindungen bestimmen (. . .)."[2] Für Illouz haben Bindungen offenbar einen Wert an sich, gehören Liebe und Sexualität zusammen und treten erst durch die modernen Entwicklungen auseinander – was historisch freilich nicht stimmt, sondern normativ unterstellt wird –, weil die sexuelle Befreiung „sich zu einem Kernelement der Moral auswuchs, (. . .). Damit wurde die Sexualität zu einem politischen und moralischen Projekt."[3] Das erst ermöglichte, Sexualität und Liebe als getrennte Angelegenheiten zu betrachten. Denn als moralisches Projekt lassen sich rein sexuelle Ansprüche erheben. Das führt nach Illouz dazu: „Die sexuelle Befreiung legitimierte darüber hinaus die sexuelle Lust als Selbstzweck und nährte damit die Vorstellung von hedonistischen Rechten, (. . .)."[4] Daraus kann man ein Recht ableiten, Beziehungen aufzulösen, wenn sie sexuell unbefriedigend sind bzw. wenn es befriedigendere Alternativen gibt, führt die Sexualisierung derart zu den von Illouz so bezeichneten negativen Beziehungen: *Warum Liebe endet*! So könnte es eigentlich hedonistische Rechte gar nicht geben, müsste das Individuum stattdessen an der Ordnung der

---

[1] Illouz, Warum Liebe endet, 2018, 117
[2] Ebd., 334
[3] Ebd., 88
[4] Ebd., 99

Gemeinschaft festhalten, die es geprägt hat, wie es Charles Taylor formuliert: „In dem Maße, in dem wir uns als bereits durch die vergangene Entwicklung dieser Institutionen und Praktiken geformt begreifen, entspringt unsere Verpflichtung zu ihrer Bewahrung einem Prinzip der Gerechtigkeit zwischen Generationen, demzufolge wir das Gut, das wir empfangen haben, weiterreichen sollten."[1] Hedonistische Rechte wie die sexuelle Liberalisierung haben just diese Struktur und damit die Verpflichtung untergraben, sich der bestehenden sexuellen Ordnung unterzuordnen.

Das um so mehr, weil für Illouz wie für Bolz oder Sloterdijk Sexualität von der Fortpflanzung nicht getrennt werden darf, münden beide in die monogame Ehe. Doch „die sexuelle Freiheit, die Pille, die Verwandlung weiblicher Körper in Bilder, die Internettechnologie: all diese Mechanismen haben für sexuellen Überfluss und verschärften sexuellen Wettbewerb gesorgt."[2] Für Illouz depraviert die Sexualität damit zu einer Freizeitbeschäftigung: „Unter dem Einfluss der Urbanisierung und der Herausbildung einer Sphäre des Freizeitkonsums wurde Sexualität zu Entspannungssex, etwas, das man aus Spaß statt zur Fortpflanzung tat, (. . .)."[3] Illouz wie konservative Kritiker der Frauenemanzipation sehen darin eine Entwertung traditioneller Lebensformen, was richtig ist, weil die traditionellen Lebensformen für viele nicht mehr attraktiv sind: ergo: eine Entwertung.

So entsteht der Anspruch, dass sexuelle Orientierungen, gleichgültig ob sie körperlich oder technisch bedingt sind, nicht mehr diskriminiert werden dürfen. Handelt es sich dabei um emanzipatorische Ansprüche? „Die Freiheit, in deren Namen Frauen und Homosexuelle gegen das Patriarchat gekämpft haben und weiter kämpfen, ist eine andere", widerspricht Eva

---

[1] Charles Taylor, Negative Freiheit – Zur Kritik des neuzeitlichen Individualismus (1985), Frankfurt/M. 1988, 176
[2] Illouz, Warum Liebe endet, 2018, 203
[3] Ebd., 81

Illouz, „als die, bei Livesex in Webcam Räumen mitzumachen – letztere Freiheit verfolgt keine politischen oder moralischen Interessen, allenfalls ökonomische oder solche der Selbstbespiegelung."[1] Hier operiert Illouz eher mit einer linken emanzipatorischen Unterscheidung, die zu ihrem sexuellen Konservativismus nicht recht passt, nicht zuletzt, weil dieser sexuelle Traditionalismus ja nachhaltige politische Konsequenzen haben kann, wie man es vor allem in Ungarn und Polen, aber auch in den USA sieht.

Trotzdem wird Illouz' Diagnose letztlich bestätigt: Die Ökonomie schafft unzählige Möglichkeiten, aus der traditionellen Ehe auszusteigen ohne moralische Schranken. Heute – so Illouz – „führen mehr Menschen Parallelbeziehungen (polyamoröser oder anderer Art), wodurch die zentrale Bedeutung der Monogamie und mit ihr verbundener Werte wie Treue und langfristiger Verbindlichkeit in Frage gestellt wird."[2] Illouz versteht damit den Wertewandel, der im letzten Jahrhundert begann, als Niedergang, wenn weniger Menschen sich an der Monogamie, an Treue und Hingabe als traditionellen Werten orientieren. Sie steht damit in der Tradition von Bergson, Marcel und Leo Strauss. Für letzteren gelten diese Werte seit Moses als unveränderlich und wurden von der Philosophie, vom Judentum wie vom Christentum anerkannt und natürlich auch vom Islam. Und Bergson fällt bereits 1932 das vernichtende Urteil über Sexualität und Konsumverhalten: „Die Forderungen des Geschlechtstriebes sind mächtig, aber man würde schnell mit ihnen fertig werden, wenn man sich an die Natur hielte. Indessen hat die Menschheit um eine starke, aber armselige Empfindung herum, die sie als Grundton nahm, eine immer wachsende Zahl von Akkorden erstehen lassen; (. . .). Es ist ein dauerndes Anrufen der Sinnlichkeit mittels der Phantasie. Unsre ganze Kultur ist ein Aphrodisiakum. Auch hier hat die Wissenschaft noch ein Wort zu reden, und sie wird es eines

---

[1] Illouz, Warum Liebe endet, 2018, 79
[2] Ebd., 45

Tages so deutlich sagen, dass man sie wohl wird hören müssen: es wird dann kein Vergnügen mehr sein, das Vergnügen so sehr zu lieben."[1] Mit Aids-Propaganda hat man schon mal probiert, zu monogamen heterosexuellen Beziehungen zurückzukehren.

Ohne die romantische Idee, füreinander bestimmt zu sein, also ohne eine religiöse Fantasie, bleiben Beziehungen kontingent und können aufgelöst werden. Illouz schreibt: „Die Polyamorie beispielsweise ist eine Form solcher unternehmerischen Strategie, bei der man seine verschiedenen ‚Selbste' und ‚Bedürfnisse' an andere auslagert."[2] Zunächst darf man fragen, wo denn hier das Problem ist, beruht das ja schließlich auf Gegenseitigkeit. Aber man darf auch hinterfragen, ob es in der Polyamorie wirklich primär um Ökonomie geht. Gilt das nicht umso für die Ehe? Wie es Illouz in *Warum Liebe weh tut* schreibt, entschieden im 19. Jahrhundert nicht die Liebenden, ob sie sich in eine Ehe begeben, sondern die Familie und diese beäugte die Solvenz des Ehekandidaten sehr genau. Hat er Geld, ist er moralisch? Das waren die Fragen, nicht: Ist er gut für die Frau im Bett? Kann sie ihn riechen? Doch was für eine Rolle spielen letztere Fragen, wenn es darum geht, einen treuen Ernährer für die Tochter und deren zukünftige Kinder zu finden. Es geht in der traditionellen Ordnung der Liebe nicht um das Wohlsein des Individuums, sondern um das Einklinken in die Generationenkette und dann läuft der Ehemann nicht mehr davon. In der Polyamorie geht es dagegen darum, wie es de Beauvoir und Sartre formulierten, die sexuelle Begegnung mit anderen Wesen zu erleben, oder wie es de Sade formuliert, andere zu erkennen. Illouz kritisiert das trotzdem: „Die ‚Pornofizierung' der Kultur vollzieht sich vor dem Hintergrund der kommerzialisierten, von den Fesseln ihrer moralischen Regulierung befreiten Emanzipation sexueller Wünsche und Phantasien. Die Moral der modernen Sexualität besteht nunmehr darin, die

---

[1] Bergson, Die beiden Quellen der Moral und der Religion (1932), 477
[2] Illouz, Warum Liebe endet, 2018, 264

gegenseitige Freiheit, Symmetrie und Autonomie zu bekräftigen, statt so etwas wie sexuelle Ehre oder Normen der Monogamie zu respektieren."[1] In der Tat sieht sich die kulturelle und politische Wende der 1960er Jahre längst einem konservativen Rollback ausgesetzt, in den sich freilich viele der Protagonisten von einst selber einklinken: Im Alter wird man konservativ, wenn nicht sogar reaktionär.

Manche sind das freilich schon in ihrer Jugend. Byung-Chul Han – koreanischer Herkunft und Professor für Philosophie an der Akademie der Künste in Berlin – verbindet den Wertezerfall nicht nur mit Liberalisierungsprozessen oder dem neoliberalen Kapitalismus, sondern vor allem auch mit der Digitalisierung, die für ihn in eine Transparenzgesellschaft führt, in der alles ans Licht einer digitalen und globalen Öffentlichkeit gezerrt wird. Solche Wortgebilde liebt Han besonders, erfindet er fleißig ähnliche: Müdigkeitsgesellschaft, Positivgesellschaft, Ausstellungsgesellschaft, Evidenzgesellschaft.

Jedenfalls gerät die *Transparenzgesellschaft* für Han zu einer Ausstellungsgesellschaft, die pornographischen Charakter hat. Denn es geht in ihr nur noch um die Äußerlichkeit, nicht mehr um die Innerlichkeit mit ihren tiefen Werten, nicht mehr um die Seele – Han hat auch Theologie studiert. Immerhin Lust und Verführung gehören nicht zur Transparenz, da der Verführer nicht mit der Transparenz, sondern mit dem Schein arbeitet, wahrscheinlich nicht die Verführerin. Natürliche Nacktheit hat eine semantische Unschärfe, während der pornographischen der erotische Glanz fehlt und sie obszön erscheint, weil ihr jedes Geheimnis abgeht. Ihr fehlt die Innerlichkeit, die für Han offenbar wertvoller ist als die Äußerlichkeit, das Sichtbare. Dagegen bedarf die Seele des Geheimnisses, der Intransparenz, ohne von den anderen durchschaut zu werden.

Derart kommt es gar zu einer *Agonie des Eros*. Han schreibt: „Die Liebe positivisiert sich heute zur Sexualität, die ebenfalls dem Leistungsdiktat unterworfen ist. Sex ist Leistung. Und

---

[1] Illouz, Warum liebe weh tut, 2011, 117

Sexyness ist Kapital, das es zu vermehren gilt. Der Körper mit seinem Ausstellungswert gleicht einer Ware. Der Andere wird zum Erregungsobjekt sexualisiert. Man kann den Anderen, dem die Andersheit genommen worden ist, nicht lieben, sondern nur konsumieren. Er ist insofern auch keine Person mehr, als er zu sexuellen Teilobjekten fragmentarisiert wird. Es gibt keine sexuelle Persönlichkeit."[1] Aus einer leistungsorientierten Gesellschaft eines enthemmten Neoliberalismus soll aber jeder Eros entwichen sein, wobei es sich dabei um die Seele handelt, deren Verlust Han bedauert. Offenbar beruht für Han die Erotik auf der Nächstenliebe, der Agape, die Wollust, Erregung, Sex ausschließt, wie es die Kirchenväter dem Christentum eingaben. Dann gehört zur Liebe gerade keine Sexualität, wie man sich gemeinhin die Elternliebe vorstellt, auf die sich ja auch Jonas bezieht und zum Modell für Verantwortung erhebt.

Die Sexualmoral war und bleibt ein zentrales Thema konservativen Politikverständnisses. Daran hat die Liberalisierung wenig geändert. Nur gab es bereits seit dem ausgehenden 19. Jahrhundert Auflösungserscheinungen der traditionellen Sexualmoral, für die viele Konservative die damals neuen Massenmedien verantwortlich machten. So berichteten diese sehr kritisch aber detailliert über die *Kinsey-Reporte* über das Sexualverhalten von Männern (1948) und Frauen (1953). Helmut Schelsky, Schüler von Gehlen und Vordenker der CDU, der die These von der nivellierten Mittelstandsgesellschaft formulierte, attestiert den *Kinsey-Reporten* 1955 eine die sittliche Ordnung „erschütternde und verderbliche Wirkung"[2] und forderte, dass die Sexualmoral in der Öffentlichkeit nicht diskutiert werden dürfe, womit er die elitäre Struktur traditionell konservativer Weltauffassung entbirgt, die Leo Strauss gerade verbergen will, wenn der Philosoph so schreiben soll, dass ihn die ungebildete verständnislose Öffentlichkeit nicht versteht.

---

[1] Byung-Chul Han, Agonie des Eros, Berlin 2012, 19
[2] Helmut Schelsky, Soziologie der Sexualität – Über die Beziehungen zwischen Geschlecht, Moral und Gesellschaft, Hamburg 1955, 7

Schelsky berichtete von einer Zeitungsmeldung, dass für einen US-amerikanischen Militärgeistlichen der *Kinsey-Report* die in Korea kämpfenden Soldaten demoralisiere. Denn, so Sybille Steinbacher: „dass ein Viertel aller amerikanischen Ehefrauen außereheliche Sexualkontakte pflege, hatte Kinsey in seiner Studie über das Sexualverhalten der Frau detailliert dargelegt. Schelsky knüpft an das Zeitungszitat seine ganze Empörung und erklärte, er halte die Interpretation, zu der Kinseys Statistiken einlüden, sogar für ‚fast unmoralischer als den Ehebruch selbst'."[1] Das ist das Prinzip eines traditionellen Katholizismus: man darf eigentlich alles tun, nur auf keinen Fall öffentlich darüber reden. Und protestantisch radikalisiert heißt das, man muss es verurteilen, sich davon distanzieren, sich zum Gegenteil bekennen und wenn man sich ansonsten moralisch verhält, dann spielt der Seitensprung beim Gnadenstand keine Rolle.

5. Digitalisierung als Entdemokratisierung: Han, Harari

Eine große Herausforderung für den politischen Konservativismus stellt selbstredend die Digitalisierung dar, die schließlich alle Lebensbereiche verändert, natürlich nicht nur das Liebesleben. Intensiviert das Internet die Demokratie? Oder untergräbt es die Fundamente der Politik? Bekanntlich liefert das Web unendlich viele Informationen natürlich nicht nur den Bürgerinnen, sondern über die Bürger, werden längst überall individuelle Profile angelegt, die noch die geheimen unbewussten Wünsche bei Kaufentscheidungen ans Tageslicht zerren, die die Werbung zu nutzen versucht.

Für Byung-Chul Han hat die Digitalisierung in eine *Transparenzgesellschaft* geführt, die biopolitische Züge annimmt – womit Han einen Begriff Michel Foucaults aufgreift, der aller-

---

[1] Sybille Steinbacher, Wie der Sex nach Deutschland kam – Der Kampf um Sittlichkeit und Anstand in der frühen Bundesrepublik, München 2011, 227

dings Biopolitik erheblich struktureller auf eine umfassende Regierungstätigkeit des Staates bezieht, dessen Gegenstand das Leben selbst ist und gerade nicht bloß etwas Unbewusstes, das den Menschen dadurch verborgen bleibt, weil man ihnen glauben macht, dass alles durchsichtig wird.

Jedenfalls entwickelt die *Transparenzgesellschaft* dadurch einen totalitären Zug der Gleichschaltung und nicht der Demokratisierung. In ihr wird nämlich alles nur positiv, nicht negativ betrachtet, vielmehr alles ökonomisch gleichgesetzt. „Das Geld," schreibt Han, „das alles mit allem vergleichbar macht, schafft jede Inkommensurabilität, jede Singularität der Dinge ab. Die Transparenzgesellschaft ist eine Hölle des Gleichen."[1] Dadurch lässt sich alles erfassen und wird transparent.

Dabei beruht die *Transparenzgesellschaft* – so Han – trotzdem gerade nicht auf Wahrheit, die Repräsentation und Referenz, also Vermitteltheit braucht, gerade nicht die Unmittelbarkeit der Präsenz und des Mausklicks. Damit rekurriert Han freilich auf ein modernes Wahrheitsverständnis, das spätestens seit Nietzsche und Heidegger fragwürdig wurde. Warum ein Satz einen Sachverhalt repräsentieren soll, lässt sich nicht begründen, auch nicht wie eine Aussage auf einen Gegenstand referiert – eine lange Diskussion wurde darüber auch in der Wissenschaftstheorie geführt.

In der *Transparenzgesellschaft* wird alles enthüllt und alles kontrolliert. Das schafft die Andersheit des Anderen ab. Nichts darf es geben, was man nicht erfasst. Der Andere wird daher auf den Exoten reduziert, dem man mit Neugier begegnet. In der globalisierten Welt gibt es nur noch Differenzen unter Gleichen. Es fehlen aber gerade die Grenzen, die Gräben, die Mauern, die aus dem Fremden, Exotischen einen derart Anderen machen, dass man vor ihm zurückschreckt, der eine immunologische Reaktion auslöst, weil man ihn als Feind begreifen muss. Damit unterscheidet sich Han von Lévinas, für den die Andersheit des Anderen dessen Fremdheit bedeutet, die in die

---

[1] Byung-Chul Han, Transparenzgesellschaft, Berlin 2012, 6

Verantwortung für ihn ruft. Denn der „Andere bleibt unendlich transzendent, unendlich fremd (. . .)."[1]

So besitzt die *Transparenzgesellschaft* letztlich nichts Verbindendes mehr, erklärt sie niemanden mehr zum Feind, was zusammenschweißen würde. Damit nähert sich Han statt Lévinas der Freund-Feind-Unterscheidung von Carl Schmitt an: wenn dieser schreibt: „Die spezifisch politische Unterscheidung, auf welche sich die politischen Handlungen und Motive zurückführen lassen, ist die Unterscheidung von *Freund* und *Feind*."[2] Wenn man keine gemeinsamen Feinde hat, verbreitet sich Bindungsarmut, Atomisierung und Fragmentierung, verblassen die traditionellen ethischen Normen, die konservative Denker häufig eher im Krieg als im Frieden beheimatet sehen. Dagegen ist die *Transparenzgesellschaft* „eine Gesellschaft des Misstrauens und des Verdachts," so Han, „die aufgrund des schwindenden Vertrauens auf Kontrolle setzt. Die lautstarke Forderung nach Transparenz weist gerade darauf hin, dass das moralische Fundament der Gesellschaft brüchig geworden ist, dass moralische Werte wie Ehrlichkeit oder Aufrichtigkeit immer mehr an Bedeutung verlieren. An die Stelle der wegbrechenden moralischen Instanz tritt die Transparenz als neuer gesellschaftlicher Imperativ."[3]

Freilich stützte sich bereits das mittelalterliche Christentum lieber auf den blinden Gehorsam und die Beichte, als der Moral der Gläubigen zu vertrauen. Erst die Aufklärer im 18. Jahrhundert hofften auf die Moral, während sich die militarisierte Gesellschaft des 19. lieber der Disziplin bediente.

Allemal kann diese Einschätzung des Wertezerfalls nicht ohne Folgen für Hans Demokratieverständnis bleiben. So widerspricht er in seinem Essay über die *Digitale Rationalität* der These von Eli Pariser, dass das Internet den öffentlichen Raum der klassischen Medien zerstöre, der für einen demokratischen

---

[1] Lévinas, Totalität und Unendlichkeit (1961), 278
[2] Schmitt, Begriff des Politischen (1927); 196
[3] Han, Transparenzgesellschaft, 2012, 79

Diskurs notwendig sei, da es das Private veröffentlicht und jeder seine eigene Egozentrierung einbringt. Während in den klassischen Medien als einer demokratischen Öffentlichkeit die politischen Themen abgewogen diskutiert werden und die Teilnehmer dabei zu einem Ergebnis gelangen, das dem Gemeinwesen dient, zerfällt die demokratische Gemeinschaft, wenn jeder seine privaten Vorlieben im Internet publik machen kann. Diese Personalisierung entmündigt gar und zerstört mit der Öffentlichkeit die Demokratie.

Han bezweifelt indes, dass die klassischen Medien überhaupt die Bürger gut informieren – eine Kritik, die heute vornehmlich von rechts geäußert wird, einstmals auch von links. Ja, womöglich ist der Netz-Bürger sogar besser informiert als der Bürger der alten Öffentlichkeit. Anstatt einer egozentrischen Personalisierung den Weg zu ebnen, führt das Internet für Han jedoch zu einer Dezentrierung, die ihrerseits indes ähnliche zentrifugale Kräfte entfaltet, viele Stimmen intoniert, die aber zu keiner gemeinsamen Melodie mehr gelangen. Han konstatiert: „Aber aus diesen Egos bildet sich kein *Wir* zum *kommunikativen Handeln*. Zur Entpolitisierung der Gesellschaft führen also der Zerfall der kommunikativen Öffentlichkeit und die zunehmende Narzissifizierung des Selbst.“[1]

Dieses Wir-Gefühl ist nach Han für eine demokratische Politik schlicht notwendig. Daraus entsteht eine politische Masse, die einer politischen Idee folgt. Im digitalen Schwarm geben die Bürger dagegen ihr Profil und ihre Kontur nicht auf, bleiben sie isolierte Egozentriker, vertreten sie partikuläre Interessen, möchten für Norbert Bolz alle anders sein als die anderen. Das verhindert, dass sie eine gemeinsame politische Gestalt annehmen, gehen sie nicht in der Masse auf, unterwerfen sie sich also nicht mehr bestimmten Freund-Feind-Unterscheidungen. Daher kann es denn auch in einer Schwarmdemokratie als mögliche Perspektive der Internet-

---

[1] Han, Digitale Rationalität und das Ende des kommunikativen Handelns, Berlin 2013, 9

Welt keine Ideologien und keine Parteien geben, keine Massen und keine Macht, stattdessen nur Fragmentierung und Atomisierung, fordern dagegen auch Ibisch, Sommer eine gemeinsame Weltanschauung, um der ökologischen Krise zu begegnen. Denn die Bürger ordnen sich keiner gemeinsamen Idee unter, die das Allgemeinwohl bestimmt. Es verwundert nicht, dass Han Star einer Szene konservativer Kulturkritik ist, in der man wie Leo Strauss glaubt, die richtige Idee vom Allgemeinwohl zu vertreten, während alle anderen Weltanschauungen falsche Ideen vom Allgemeinwohl entwickeln. Aber diese Attitüde teilt der politische Konservativismus mit den meisten anderen Ideologien, freilich nicht mit dem relativistischen Liberalismus, der für die anderen Positionen ja ein rotes Tuch ist.

Statt Parteiendemokratie herrscht jetzt für Han ein digitaler Materialismus, den Rousseau erfunden haben soll – eine mindestens schräge Rousseau-Interpretation. Rousseaus Allgemeinwille entsteht nicht durch Kommunikation der Bürger, sondern durch schlichte Überlegung, genauer Berechnung durch den Gesetzgeber, was das allgemeine Gute für ein Gemeinwesen ist. So kommen denn auch die Gesetze ohne Diskussion der Bürger zustande, ja es darf und es braucht gar nicht kommuniziert werden. Aufgeklärte Bürger trennen nach Rousseau keine Differenzen. Abstimmung unter solchen Leuten ergibt Einstimmigkeit, also den Allgemeinwillen. So schreibt Rousseau 1755: „Dem Gesetz allein verdanken die Menschen die Gerechtigkeit und Freiheit. Dieses heilsame Organ des Gesamtwillens stellt im Recht die natürliche Gleichheit unter den Menschen wieder her. Diese göttliche Stimme diktiert jedem Bürger die Vorschriften der öffentlichen Vernunft und lehrt sie, nach den Maximen ihres eigenen Urteils zu handeln und mit sich selbst nicht in Widerspruch zu sein."[1]

In diesem Sinn interpretiert Han eine Echtzeitdemokratie im Netz. Anstatt langer Diskurse wird in Echtzeit getwittert, lassen

---

[1] Jean-Jacques Rousseau, Abhandlung über die Politische Ökonomie (1755), in: Politische Schriften Bd. 1, Paderborn 1977, 19

sich daraus unmittelbare Entscheidungen ableiten, so dass Han von einer Präsenz-Demokratie spricht, die der einzelne in seiner Freizeit vom Bildschirm aus betreibt. Dazu reichen Mausklicks, bedarf es keines langwierigen herrschaftsfreien Diskurses. Die Öffentlichkeit rutscht dabei in die Privatheit, ist Muße und nicht mehr Arbeit. Die Distanz schaffende Repräsentation wird von der Präsenz verdrängt. Ständig könnten Wahlen in den sozialen Medien stattfinden. Implizit lautet Hans Kritik, dass sich in der Schwarm-Demokratie die Bürger nicht mehr von den weisen Eliten lenken lassen, sondern selber entscheiden. Dieser Einwand lässt sich aber nur vorbringen, wenn man voraussetzt, dass die sogenannten Eliten wirklich weise sind, wiewohl sie sich überall in der Geschichte als Vertreter ihrer Interessen präsentieren, die sie natürlich mit dem Allgemeinwohl gleichsetzen. Das hat in unzählige Kriege geführt.

Dagegen kritisierte erst kürzlich Andreas Urs Sommer die modernen Demokratien: „Gerade in einer komplexen Gesellschaft ist nicht der parlamentarische Repräsentativismus das Gebotene, sondern die direkt-partizipatorische Demokratie. Komplexität ist viel besser zu bewältigen, wenn wir alle möglichst alle Einzelentscheidungen zu treffen haben."[1] Damit plädierte er für Volksabstimmungen auf allen Ebenen nach dem Modell der Schweiz, also für eine Verschweizerung der Welt.

Für Han dagegen entpolitisiert Die *Transparenzgesellschaft* die Politik. Das führt gerade nicht zur Befriedung von sozialen Konflikten, sondern verschärft den Kapitalismus, weil der ausgeleuchtete Egozentriker besser ausgebeutet werden kann. Denn es herrscht der Kampf um das Überleben, um das reine Leben, der nur noch vom Leistungsimperativ geprägt wird. Das führt zur Hyperaktivität und meidet jegliche Verantwortung.

---

[1] Andreas Urs Sommer, Eine Demokratie für das 21. Jahrhundert – Warum die Volksvertretung überholt ist und die Zukunft der direkten Demokratie gehört, Freiburg, Basel, Wien 2022, 92

Der ethische Imperativ ‚Du sollst!' ist nach Han vergleichsweise harmlos gegenüber dem Imperativ ‚Du kannst!'

Der bloß noch arbeitende Mensch wird depressiv. Er verfällt einer isolierenden Müdigkeit und vereinsamenden Erschöpfung. Nach Han würde Arendt dem arbeitenden Menschen den handelnden entgegenstellen, was entweder in das Arbeiten zurückfiele oder in die Kontemplation führt, der Arendt auch zuneigt. Nur hat Han Arendt damit gründlich missverstanden und nicht begriffen, dass Handeln für Arendt Kommunizieren heißt, gerade wenn es sich um Politik handelt. Wie heißt es in *Vita activa*: „Ohne von Menschen bewohnt und von ihnen andauernd besprochen zu werden, wäre die Welt nicht mehr als ein Haufen beziehungsloser Dinge, (. . .)."[1] Für Han aber wird in der Internetwelt gar nicht mehr kommuniziert.

Doch Han sucht auch nach Auswegen. So setzt er in seinem Essay *Müdigkeitsgesellschaft* der Erschöpfungsmüdigkeit eine inspirierende Müdigkeit entgegen: „Die Erschöpfungsmüdigkeit ist eine Müdigkeit der positiven Potenz. Sie macht unfähig, etwas zu tun. Die Müdigkeit, die inspiriert, ist eine Müdigkeit der negativen Potenz, nämlich des nicht-zu. Auch der Sabbat, der ursprünglich aufhören bedeutet, ist ein Tag des nicht-zu, ein Tag der befreit ist von jedem um-zu, um mit Heidegger zu sprechen von jeder Sorge. Es handelt sich um eine Zwischenzeit. (. . .) Es ist der Tag der Müdigkeit. Die Zwischenzeit ist eine Zeit ohne Arbeit, eine Spielzeit, (. . .)."[2]

Dass eine solche Gesellschaft, eine *Müdigkeitsgesellschaft* kommen soll, das ist Byung-Chul Hans Hoffnung. Aber woher sie kommen soll, das sagt er nicht. Womöglich an Pfingsten, das er mit solcher Müdigkeit verbindet! Am Anfang von *Agonie des Eros* hofft er in der Hölle des Gleichen auf jenen absolut anderen, der eine Apokalypse auslöst. Beruhigend bleibt, dass Apokalyptiker mit ihrer Drohung nur die Zeitgenossen zur

---

[1] Hannah Arendt, Vita activa oder Vom tätigen Leben (1958), 11. Aufl. München, Zürich 1999, 258
[2] Han, Müdigkeitsgesellschaft, Berlin 2010, 62

Umkehr bewegen wollen. Dann kann man neugierig zuschauen, wie weit er kommt.

Aus konservativer Perspektive kann man die Digitalisierung aber auch positiv bis euphorisch einschätzen wie der ehemalige Wirtschaftsprofessor an der Fachhochschule Würzburg-Schweinfurt Günter Cisek. Die Digitalisierung führt nämlich zur Industrie 4.0. Dabei handelt es sich um eine digitalisierte Industrie, deren Produkte auf digitalen Modellen beruhen, die die Produktion steuern und gegebenenfalls in der Lage sind, Veränderungen am Produkt vorzunehmen, wie es der Konsument wünscht, den Cisek daher zum Prosumenten ernennt.

Diese digitalen Modelle stützen sich auf Algorithmen, die zwischenzeitlich mehr als nur über ein Thermometer eine Heizung steuern können. Vielmehr werden ihre Möglichkeiten ständig verbessert, in großen Datenmengen Muster zu generieren. Das gilt für Cisek als ‚zentrale Technik der KI‘, also der künstlichen Intelligenz, die er noch als schwach bezeichnet, die aber auf dem Weg ist, ungeheure Stärke zu entfalten, die dem Menschen letztlich überlegen ist. Diese Algorithmen müssen immer weniger überwacht und gesteuert werden, avancieren sie vielmehr zu Selbststeuerungsmechanismen, die neue Daten derart verarbeiten können, dass sie selbst entsprechende Reaktionen erzeugen – man denke an die Gesichtserkennung, an selbstfahrende Autos oder an Auskünfte gebende automatische Anrufbeantworter, die man fast für Menschen halten könnte.

Bemerkenswert ist, dass solche Programme genauso funktionieren, wie Menschen ihren Alltag bewältigen, nämlich indem sie auf Grund von wenigen Erfahrungen Erwartungen entwickeln und entsprechend handeln. Sie arbeiten mit induktiven Schlüssen, die logisch Fehlschlüsse sind. In der KI nennt man das Fuzzylogik: Man gibt dem Algorithmus vor, dass alle Schwäne weiß sind, was ja auch die meisten sind. Wenn dem Programm dann mal ein schwarzer vor die Linse kommt, dann muss der Algorithmus nachgebessert werden bzw. das macht dieser dann auch schon von alleine wie Menschen auch. Natürlich können Algorithmen größere Datenmengen verarbeiten.

Cisek geht daher davon aus, dass die KI immer stärker die Lebenswelt der Menschen beherrschen wird. Zwar ließen sich durch die KI alle Versorgungsprobleme lösen und durch ein Grundeinkommen könnte man auch eine Verteilung von Grundgütern regeln. Trotzdem sieht Cisek das Sozialsystem vor „disruptiven Einschnitten, die in absehbarer Zeit die KI verursachen wird."[1] Denn „früher gab es genug Dorftrottels – die mussten dann halt Gänse hüten (. . .) Es ist nicht bekannt, dass es heutzutage weniger dumme Leute gibt (. . .), aber Industrie 4.0 bietet keine dummen Jobs mehr."[2] Und damit stellt sich für Cisek die Frage: „Wohin mit der Sozialbrache?"[3] Offenbar gründet er die Unterscheidung zwischen Arm und Reich auf die Dummheit. Wenn die Dummen nicht ganz dumm sind, dann bekommen sie noch Aufträge, die allerdings durch KI immer weiter fokussiert werden: „Die Kategorie Microtasking beschreibt die Verrichtung von Kleinstaufgaben zu Kleinstbeträgen."[4] Das könnte auch Journalisten betreffen, die „sich daran gewöhnen müssen, KI-gefertigte Texte nur noch zu glätten."[5]

Aber er fühlt doch mit. Zumindest bemerkt er daran anschließend: „Nicht von ungefähr wird die Forderung nach einem Grundeinkommen (Vorsorge 4.0) immer hörbarer."[6] Dabei deutet sich durchaus eine KI-optimierte Lösung für das „Wohin mit der Sozialbrache" an. Die Präventionsmedizin wird sich durch die KI immer weiter personalisieren, wie sich auch Krankheiten schneller erkennen und behandeln lassen. „Das Smartphone wird so zum ‚point of care'."[7] Umso mehr

---

[1] Günter Cisek, Machtwechsel der Intelligenzen – Wie sich unser Miteinander durch künstliche Intelligenz verändert, Wiesbaden 2021, 132
[2] Ebd., 115
[3] Ebd., 115
[4] Ebd., 134
[5] Ebd., 79
[6] Ebd., 115
[7] Ebd., 84

Patientendaten erfasst werden, umso wirkungsvoller wird die Gesundheits-KI. Wer nicht erfasst werden will, wird seine Privatsphäre erkaufen müssen.

Aber Cisek erwartet offenbar nicht, dass die medizinischen KI-Leistungen auf alle gleich verteilt werden können. So weit reicht die KI denn doch wieder nicht. Die Dummen werden folglich nicht so alt wie die Reichen: „Die schon heute beklagte Spaltung der Gesellschaft wird sich also weiter manifestieren, schon gar, wenn es am Ende (. . .) ums eigentliche ‚Weiterleben‘ geht."[1] Den Reichen dagegen werden „Naturwissenschaftler und Ingenieure" die Türe zur „Unsterblichkeit" öffnen, die damit auch über den Tod befinden. Das Problem der Sozialbrache löst sich damit langsam von selbst, was er freilich verschweigt.

Dann werden die armen Dummen auch keine Chance haben, demokratisch um ihre Rechte zu kämpfen. Es „scheint unausweichlich" für Cisek stattdessen, dass die oligarchisch strukturierten Big Player der KI „im Wege einer ‚Algokratie‘ (. . .) die Welt zunehmend beherrschen werden (. . .)."[2] Da die starke KI bis zum Endes des Jahrhunderts „die menschliche Intelligenz übertrifft und sich dadurch rasant selbst verbessert und neue Erfindungen macht, wenn also die ‚schwache KI‘ stark bzw. zur ‚Artificial Super Intelligence‘ (ASI) alias zur ‚algorithmischen Oberschicht‘ wird"[3], dann hat der *Machtwechsel der Intelligenzen* von der menschlichen zur künstlichen Intelligenz stattgefunden.

Sollten sich rückständige ängstliche Europäer dagegen noch eine Zeitlang wehren, dann werden sie die Aborigines des ASI-Zeitalters werden. Und wer noch auf ein besonderes menschliches Denken verweist, das Cisek unsinnig nennt, weil es durch KI nicht erfasst werden kann, dessen Leistungen wird trotzdem die KI noch überbieten. Damit hat man gelernt, was

---

[1] Ebd., 153
[2] Ebd., 138
[3] Ebd., 156

der Transhumanismus will, zu dem sich Cisek bekennt. Ist das nun konservativ als Fortschritt des Laptops? Wo bleibt die Lederhose? Zu beiden hat sich die CSU mal bekannt. Bis auf weiteres wird sie zum Transhumanismus wohl auf Distanz gehen.

Bei Yuval Harari finden sich ähnliche Vorstellungen mit ein wenig Optimismus, aber pessimistisch, wo es um die Digitalisierung geht. Die Fortschritte der Menschheit haben den Hunger, die Epidemien und den Krieg überwunden. Der Mensch muss nicht mehr um göttlichen Beistand betteln. Mit den Wissenschaften und den Technologien übernimmt der Mensch selbst diese Rolle, die er zuvor den Göttern zuschrieb. Harari bemerkt: „Die Zeiten, da die Menschheit natürlichen Epidemien hilflos gegenüberstand, sind vorbei. Aber vielleicht werden wir diesen Zeiten noch einmal nachtrauern." [1]

Düster und raunend klingt es indes, wenn Harari vom Anthropozän schreibt. Das erinnert an den von Gehlen faszinierten Sloterdijk, mit dem das Buch denn auch den sowohl rechts wie links populären Hass auf den Liberalismus teilt und auf dessen Ideen vom mündigen und vernünftigen Menschen, der daher auch einen freien Willen entwickelt. Aber das sind alles Illusionen eines Homo sapiens, der sich mit Hilfe der Wissenschaften in den göttlichen Homo verwandelt hat. Doch dessen humanistische Geschichten verblassen im Zuge der Vergöttlichung und zwar wiederum durch die Wissenschaften, die stattdessen die Wirklichkeit endlich richtig erklären und erfolgreich gestalten – kein Hunger mehr auf der Welt! Keine Epidemien! – und zwar umso mehr, wie sie die Welt zu berechnen verstehen.

Statt auf die Vernunft verlässt sich Harari daher lieber auf das Gefühl, das evolutionär der beste Algorithmus war. Denn diesen Algorithmus des biologischen Körpers überholen nun im Cyberspace stärkere Algorithmen, die den ja höchstens

---

[1] Yuval Noah Harari, Homo Deus – Eine Geschichte von Morgen, München 2017, 25

fiktiven, weil unmündigen Menschen besser kennen, als dieser sein Gefühl selbst, weiß Big Data, was dieser so unfreie wie unvernünftige Mensch bei den nächsten Wahlen wählen wird und alle anderen auch, so dass die Demokratie zur Farce verkommt, ähnlich wie es Cisek oder Sloterdijk sehen, nur dass sie dazu klarer zustimmend Stellung nehmen.

Aber seit ein paar Jahrzehnten droht der Dataismus –genauer Rechenmaschinen, die mit binären Codes und Algorithmen arbeiten: bei letzterem handelt es sich um eine Handlungsvorschrift aus mehreren Einzelschritten, die damit in der Regel einem Programm dient. Es kann sich um ein Thermostat einer Heizung handeln oder um personalisierte Preise, die Internetshops für bestimmte Kunden anzeigen, über die sie Informationen gespeichert haben. Sie helfen im Cyberspace etwas zu suchen, manchmal nicht ganz im Sinne des vom Gefühl und nicht der Vernunft geleiteten Suchenden: das Selbst als ein Algorithmus, der sich natürlich nicht hinterfragen kann, wiewohl er anpassungsfähig sein mag, der eben kein Bewusstsein hat, also der wie es Heidegger sagt, nicht denkt, sondern rechnet und das auch nur binär, immerhin billionenfach. Wie schreibt Harari: „Soweit wir heute wissen, haben Determinismus und Zufälligkeit den gesamten Kuchen unter sich aufgeteilt und der ,Freiheit' nicht einen Krümel übrig gelassen."[1]

So heißt Dataismus, dass Datenströme die Menschen lenken, die weder ein Ich noch ein Selbst und erst recht keinen freien Willen haben, so dass umso mehr droht, dass diese Datenversammlungen die Macht übernehmen könnten und sich womöglich wie im Science Fiction am Ende des Menschen entledigen, Cisek sieht diese Entwicklung positiv. Für Harari ist es indes noch nicht soweit. Aber er droht den Zeitgenossinnen schon mal apokalyptisch damit, also mit dem Ende von Demokratie und Politik: „Doch sobald das ,Internet aller Dinge' existiert und funktioniert, könnten wir von Entwicklern zu Mikrochips und dann zu Daten schrumpfen und uns am Ende im Daten-

---

[1] Ebd., 381

strom auflösen wie ein Klumpen Erde in einem reißenden Fluss."[1]

Jedenfalls werden die meisten Menschen überflüssig, geht ja schon seit Jahrzehnten die Arbeit aus. Vielleicht regiert immerhin noch eine kleine konservative Elite, die dann wie bei Sloterdijk ihre Gehlenschen Züchtungsphantasien im Menschenpark mit ein paar Regeln garniert auslebt und das als Demokratie ausgibt, von der es natürlich kein besseres Modell gibt. Demokratie aber wie freier Wille oder gar die Vernunft werden dann jedenfalls gar keine Rolle mehr spielen, höchstens eine ideologische. Sie waren ja auch nur Einbildungen und die Fortschritte der Wissenschaft verdanken sich dem Gefühl. Dann wird das Anthropozän enden. Ja, dann sollte eigentlich das Datazän kommen.

Harari geht dabei aber davon aus, dass die modernen Wissenschaften und die Informationstechnologien die Welt erfassen, wie sie wirklich ist. Ein hermeneutischer oder konstruktivistischer Zweifel, dass es sich dabei nur um selbstreferentielle Interpretationen handeln könnte, taucht bei Harari nicht auf, ist er weder wissenschaftskritisch noch sprachphilosophisch informiert – ähnlich wie die Vordenker der Ökologie oder der Klimapolitik. Aber dadurch kann Harari eine monokausal situierte Dystopie entwerfen.

Dafür blitzt zwischendrin und vor allem am Ende der Katechon auf, der den Dataismus eventuell aufhält. Vielleicht, räumt Harari ein, sind die Daten des Cyberspace doch nicht alles. Oder ist das Leben doch kein Algorithmus? Die ewige Wiederkunft des Dualismus nach so vielen monokausalen Welterklärungen. Allzu optimistisch klingt es freilich nicht, wenn er schreibt: „Selbst wenn der Dataismus unrecht hat und Organismen nicht nur Algorithmen sind, wird das den Dataismus nicht zwangsläufig davon abhalten, die Welt zu übernehmen. Viele frühere Religionen erlangten trotz ihrer faktischen Fehler enorme Beliebtheit und Macht. Warum sollte dem Data-

---

[1] Harari, Homo Deus, 2017, 534

ismus nicht gelingen, was Christentum und Kommunismus geschafft haben? (. . .) Doch sobald die Macht von den Menschen auf die Algorithmen übergeht, könnten die humanistischen Projekte irrelevant werden."[1]

Das kommt davon, wenn man die Welt so essentialistisch wie materialistisch betrachtet, somit metaphysischer als die Religionen, erhebt Harari auch noch einen weltgeschichtlichen Anspruch wie bei Hegel und Marx. Ob man dergleichen als konservativ bezeichnen soll, ist fraglich. Aber aufklärerischer und liberaler Optimismus geht Harari völlig ab. Die Konsequenz ist nicht die freie mündige Bürgerin, die sich demokratisch beteiligt wie bei Sommer. Es läuft letztlich auf eine autoritäre Herrschaft von Eliten hinaus, wie sehr sich diese auf den Dataismus stützen mögen oder nicht. Das ist wohl auch die Quintessenz des politischen Konservativismus.

---

[1] Ebd., 533

Literatur

Giorgio Agamben, Ausnahmezustand – Homo sacer II.1 (2003), Frankfurt/M. 2004

Karl-Otto Apel, Transformation der Philosophie, Bd. 2, Frankfurt/Main 1973

Ders., Diskurs und Verantwortung – Das Problem des Übergangs zur postkonventionellen Moral, Frankfurt/M. 1988

Hannah Arendt, Vita activa oder Vom tätigen Leben (1958), 11. Aufl. München, Zürich 1999

Dies., ‚Karl Jaspers‘: in: Hannah Arendt, Karl Jaspers, Reden zur Verleihung des Friedenspreises des deutschen Buchhandels, München 1958

Dies., Gedanken zu Lessing – Von der Menschlichkeit in finsteren Zeiten (1959); in: Menschen in finsteren Zeiten (1968), 2. Aufl. München 1989

Dies., Macht und Gewalt (1970), 15. Aufl. München, Zürich 2003

Aristippos von Kyrene; in: Wilhelm Nestle (Hrsg.), Die Sokratiker, Aalen 1968 (1922)

Georges Bataille, Nietzsche und der Wille zur Chance – Atheologische Summe III (1945), Berlin 2005

Simone de Beauvoir, Das andere Geschlecht – Sitte und Sexus der Frau (1949), 5. Aufl. Reinbek 2005

Benedikt XVI., Glaube, Vernunft und Universität. Erinnerungen und Reflexionen, Universität Regensburg 12.9.2006 (Internet)

Walter Benjamin: Zur Kritik der Gewalt (1921) und andere Aufsätze, Frankfurt/M. 1965

Ders., Geschichtsphilosophische Thesen (1940); in: Zur Kritik der Gewalt und andere Aufsätze, Frankfurt/M. 1965

Henri Bergson, Die beiden Quellen der Moral und der Religion (1932); in: ders., Materie und Gedächtnis und andere Schriften, Frankfurt/M. 1964

Isaiah Berlin, Freiheit – Vier Versuche (Four Essays on Liberty, 1969), Frankfurt/M. 1995

Ernst Bloch, Das Prinzip Hoffnung (1938-1947), Bd. 2, Frankfurt/M. 1959

Hans Blumenberg, Beschreibung des Menschen – Aus dem Nachlass (ca. 1976-1981), Frankfurt/M. 2006

Jean Bodin, Sechs Bücher über den Staat (1576), Buch I-III, München 1981

Norbert Bolz, Die Konformisten des Andersseins – Ende der Kritik, München 1999

Ders., Die Helden der Familie, München 2006

Robert B. Brandom, Expressive Vernunft (1994), Frankfurt/M. 2000

Manfred Brocker (Hrsg.), Geschichte des politischen Denkens: Das 19. Jahrhundert, Berlin 2021

Martin Buber, Ich und Du (1923), Ditzingen 1995

Albert Camus, L'Homme révolté (1951); dt. Der Mensch in der Revolte, Reinbek 1969

Günter Cisek, Machtwechsel der Intelligenzen – Wie sich unser Miteinander durch künstliche Intelligenz verändert, Wiesbaden 2021

Giorgio Colli, Nach Nietzsche (1974), Frankfurt/M. 1980

Jacques Derrida, Gesetzeskraft – Der ‚mystische Grund der Autorität' (1989), Frankfurt/M. 1991

Shadia B.Drury, The Political Ideas of Leo Strauss, New York 1988; dies., Leo Strauss and the American Right, Basingtoke 1997

Didier Eribon, Eine Arbeiterin – Leben, Alter und Sterben (2023), Berlin 2024

Michel Foucault, Archäologie des Wissens (1969), 7. Aufl. Frankfurt/M. 1995

Ders., Überwachen und Strafen – Die Geburt des Gefängnisses (1975), Frankfurt/M. 1977

Ders., Die Geständnisse des Fleisches – Sexualität und Wahrheit 4 (1984 / 2018), Berlin 2019

Ernst Fraenkel, Der Doppelstaat (1938, 1941), Frankfurt/M. 1974

Nancy Fraser, Vom Regen des progressiven Neoliberalismus in die Traufe des reaktionären Populismus; in: Heinrich Geiselberger (Hrsg.), Die große Regression – Eine internationale Debatte über die geistige Situation der Zeit, Berlin 2017

Johannes Fried, Dies Irae – Eine Geschichte des Weltuntergangs, München 2016

Arnold Gehlen, Die Rolle des Lebensstandards in der heutigen Gesellschaft (1952); in: Einblicke, Werke Bd. 7, Frankfurt/M. 1978

Ders., Über die gegenwärtigen Kulturverhältnisse (1956), GA Bd. 6, Frankfurt/M. 2004

Ders., Die Seele im technischen Zeitalter, Hamburg 1957

Jürgen Habermas, Theorie des kommunikativen Handelns Bd. 1 Handlungsrationalität und gesellschaftliche Rationalisierung, Frankfurt/M. 1981

Ders., Zum Verhältnis von Theorie und Praxis; in: Wahrheit und Rechtfertigung – Philosophische Aufsätze, Frankfurt/M. 1999

Ders., Wahrheit und Rechtfertigung – Zu Richard Rortys pragmatischer Wende; in: ebd.

Ders., Religion in der Öffentlichkeit – Kognitive Voraussetzungen für den ‚öffentlichen Vernunftgebrauch' religiöser und säkularer Bürger (2005); in: Philosophische Texte Bd. 4: Politische Theorie, Frankfurt/M. 2009

Ders., Die Revitalisierung der Weltreligionen – Herausforderung für ein säkulares Selbstverständnis der Moderne? In: Philosophische Texte. Bd. 5: Kritik der Vernunft, Frankfurt/M 2009

Byung-Chul Han, Müdigkeitsgesellschaft, Berlin 2010

Ders., Agonie des Eros, Berlin 2012

Ders., Transparenzgesellschaft, Berlin 2012

Ders., Digitale Rationalität und das Ende des kommunikativen Handelns, Berlin 2013

Yuval Noah Harari, Homo Deus – Eine Geschichte von Morgen, München 2017

Martin Heidegger, Was heißt Denken? (1951-52), 4. Aufl. Tübingen 1984

Karlfriedrich Herb, Alexis de Tocqueville, Der alte Staat und die Revolution (1856); in: Manfred Brocker (Hrsg.), Geschichte des politischen Denkens: Das 19. Jahrhundert, Berlin 2021

Eva Herman, Das Eva Prinzip – Für eine neue Weiblichkeit, München, Zürich o.J.

Eike Christian Hirsch, Der berühmte Herr Leibniz – Eine Biographie, München 2016

Thomas Hobbes, Leviathan (1651), Frankfurt/M. 1984

Edmund Husserl, Die Krisis der europäischen Wissenschaften und die transzendentale Phänomenologie (1936), Husserliana Bd. VI, Den Haag 1954

Pierre L. Ibisch, Jörg Sommer, Das ökohumanistische Manifest – Unsere Zukunft in der Natur, Stuttgart 2022

Eva Illouz, Warum liebe weh tut – Eine soziologische Erklärung, Berlin 2011

Ders., Warum Liebe endet – Eine Soziologie negativer Beziehungen, Berlin 2018

Karl Jaspers, Philosophie Erster Band: Philosophische Weltorientierung (1931), Berlin, Göttingen, Heidelberg 1956

Ders., Die geistige Situation der Zeit (1931), 13. Aufl. Berlin 1979

Ders., Vernunft und Existenz – Fünf Vorlesungen (1935), München 1960

Ders., Philosophische Logik I – Von der Wahrheit, München 1947

Ders., Der philosophische Glaube (1948), München 1954

Ders., Vom Ursprung und Ziel der Geschichte, München 1949

Ders., Die Atombombe und die Zukunft des Menschen, München 1958

Ders., Wahrheit, Freiheit und Friede (1958); in: Wahrheit und Leben – Ausgewählte Schriften, Zürich 1965

Ders., Der philosophische Glaube angesichts der Offenbarung, München 1962

Hans Joas, Die Macht des Heiligen – Eine Alternative zur Geschichte von der Entzauberung, Berlin 2017

Hans Jonas, Gnosis – Botschaft des fremden Gottes (1958), Frankfurt/M., Leipzig 1999

Ders., Zwischen Nichts und Ewigkeit, Göttingen 1963

Ders., Organismus und Freiheit – Ansätze zu einer philosophischen Biologie (1966), Göttingen 1973, 11; Neuauflage: Das Prinzip Leben, Frankfurt/M., Leipzig 1994

Ders., Das Prinzip Verantwortung – Versuch einer Ethik für die technologische Zivilisation (1979), Frankfurt/M 1984

Ders., Macht und Ohnmacht der Subjektivität – Das Leib-Seele-Problem im Vorfeld des Prinzips Verantwortung, Frankfurt/M. 1981

Ders., Der Gottesbegriff nach Auschwitz – Eine jüdische Stimme (1984), Frankfurt/M. 1987

Ders., Materie, Geist und Schöpfung – Kosmologischer Befund und kosmogonische Vermutung, Frankfurt/M. 1988

Ders., Friedenspreisrede 1992; in: Dem bösen Ende näher – Gespräche über das Verhältnis des Menschen zur Natur, Frankfurt/M. 1993

Ernst Jünger, In Stahlgewittern (1920), Werke Bd. 1, Stuttgart 1961

Ders., Der Arbeiter – Herrschaft und Gestalt (1932), Stuttgart 1982

Dirk Kaesler, Max Weber – Preuße, Denker, Muttersohn. Eine Biographie, München 2014

Immanuel Kant, Grundlegung zur Metaphysik der Sitten, (1785), Akademie Textausgabe Bd. 6, Berlin 1968

Ders., Kritik der praktischen Vernunft (1788), Akademie Textausgabe Bd. V, Berlin 1968

Ders., Die Metaphysik der Sitten (1797), Akademie Textausgabe Bd. VI. Berlin 1968

Sören Kierkegaard, Einübung im Christentum (1850), Gesammelte Werke 26. Abteilung, Düsseldorf, Köln 1955

Reinhard Knodt, Die Sache mit der RAF; in: ders., Ralf Huwendiek, Dagmar Allendorf, Die Pilzmaschine – Geschichten + Bilder, Nürnberg 1977

Ders., Gott, Liebe oder die Reinhaltung der Luft, Hersbruck 1984

Ders., Friedrich Nietzsche – Die ewige Wiederkehr des Leidens, Bonn 1987

Ders., Ästhetische Korrespondenzen – Denken im technischen Raum, Stuttgart 1994

Ders., Schmerz – Acht Miniaturen, Berlin 2014

Ders., Der Atemkreis der Dinge – Einübung in die Philosophie der Korrespondenz, Freiburg, München 2017

Bruno Latour, Das Parlament der Dinge – Für eine politische Ökologie (1999), Frankfurt/M. 2001

Emmanuel Lévinas, Totalität und Unendlichkeit – Versuch über Exteriorität (1961), Freiburg, München 1987

Ders., Jenseits des Seins oder anders als Sein geschieht (Autrement qu'être ou au-delà de l'essence, 1978), Freiburg, München 1992

Ders., Ethik und Unendliches (1981), Wien 1992

Ders., Stunde der Nationen – Talmudlektüren (1988), München 1994

Niccolò Machiavelli, Der Fürst (1513 / 1532), Wiesbaden 1980

Alasdair MacIntyre, Verlust der Tugend – Zur moralischen Krise der Gegenwart (After Virtue 1981), Frankfurt/M. 1995

Joseph de Maistre, Von der Souveränität – Ein Anti-Gesellschaftsvertrag (1791), Berlin 2000

Gabriel Marcel, Metaphysisches Tagebuch (1927), Wien 1955

Ders., Sein und Haben (Etre et Avoir, 1935), 2. Aufl. Paderborn 1968

Ders., Philosophie der Hoffnung (1944), München 1957

Ders., Die Erniedrigung des Menschen (1951), Frankfurt/M. 1957

Ders., Geheimnis des Seins (1951), Wien 1952

Ders., Der Mensch als Problem (1955), 2. Aufl. Frankfurt/M. 1957

Ders., Gegenwart und Unsterblichkeit (1959), Frankfurt/M. 1961

Michel de Montaigne, Über die Erfahrung, Essais, Drittes Buch (1572-1592), Frankfurt/M. 1998

Charles de Secondat, Baron de Montesquieu, Vom Geist der Gesetze (1748), Stuttgart 1965

Jan-Werner Müller, Das demokratische Zeitalter – Eine politische Ideengeschichte Europas im 20. Jahrhundert, Berlin 2013

Friedrich Nietzsche, Über die Zukunft unserer Bildungsanstalten. Vortrag III (1872), Kritische Studienausgabe (KSA) Bd. 1, München, Berlin, New York 1999

Ders., Die fröhliche Wissenschaft (1881-82), KSA Bd. 3

Ders., Zur Genealogie der Moral (1887), KSA Bd. 5

Robert Nozick, Anarchie, Staat Utopia (1974), München 2011

Platon, Politeia (ca. 374 v. Chr.), Werke Bd. 3, Hamburg 1958

Heribert Prantl, Vom Widerstand in der Demokratie; in: *Süddeutsche Zeitung* Nr. 164, 19./20. Juli 2014

Willard van Orman Quine, Theorien und Dinge (1981), Frankfurt/M. 1985

Jacques Rancière, Das Unvernehmen – Politik und Philosophie (1995), Frankfurt/M. 2002

John Rawls, Gerechtigkeit als Fairness: politisch und nicht metaphysisch (1985); in: Die Idee des politischen Liberalismus, Frankfurt/M. 1994

Ders., Politischer Liberalismus (1993), Frankfurt/M. 1998

Ders., Geschichte der politischen Philosophie (2007), Frankfurt/M. 2008

Paul Ricœur, Hermeneutik und Psychoanalyse – Der Konflikt der Interpretationen II (1969), München 1974

Manfred Riedel, Für eine zweite Philosophie – Vorträge und Abhandlungen, Frankfurt/M. 1988

Ders., Hören auf die Sprache – die akroamatische Dimension der Hermeneutik, Frankfurt/M. 1990

Ders., Tradition und Utopie – Ernst Blochs Philosophie im Licht unserer geschichtlichen Denkerfahrung, Frankfurt/M. 1994

Ders., Freilichtgedanken – Nietzsches dichterische Welterfahrung, Stuttgart 1998

Manfred Riedel (Hrsg.), Rehabilitierung der praktischen Philosophie, 2 Bde., Freiburg 1972-74

Richard Rorty, Solidarität oder Objektivität? Drei philosophische Essays (1983/4), Stuttgart 1988

Jean-Jacques Rousseau, Über den Ursprung der Ungleichheit unter den Menschen (Zweiter Discours, 1755); in: Schriften zur Kulturkritik, Hamburg 1971

Ders., Abhandlung über die Politische Ökonomie (1755), in: Politische Schriften Bd. 1, Paderborn 1977

Max Scheler, Die transzendentale und die psychologische Methode (1900); in: Frühe Schriften, GW Bd. 1, Bern 1971

Ders., Das Ressentiment im Aufbau der Moralen (1912); in: Vom Umsturz der Werte – Abhandlungen und Aufsätze (1915/1919), Gesammelte Werke Bd. 3, 4. Aufl., Bern, 1955

Ders., Wesen und Formen der Sympathie (1913/1923), GW Bd. 7, Bern, München 1973

Ders., Der Formalismus in der Ethik und die materiale Wertethik (1913f), GW Bd. 2, 6. Aufl., Bern, München 1980

Ders., Zur Idee des Menschen; in: Vom Umsturz der Werte (1915/1919),

Ders., Die Demut; in: Vom Umsturz der Werte (1915/1919),

Ders., Die Ehrfurcht; in: Vom Umsturz der Werte (1915/1919)

Ders., Der Genius des Krieges und der Deutsche Krieg (1915); in: Politisch-pädagogische Schriften, GW Bd. 4, Bern, München 1982

Ders., Ordo amoris (ca. 1916); in: Schriften aus dem Nachlass Bd. I, Zur Ethik und Erkenntnislehre, GW Bd. 10, 2. Aufl., Bern 1957

Ders., Vom Wesen der Philosophie; in: Vom Ewigen im Menschen (Probleme der Religion – Zur religiösen Erneuerung, 1921), GW Bd. 5, 4. Aufl., Bern 1954

Ders., Probleme der Religion – Zur religiösen Erneuerung; in: Vom Ewigen im Menschen (1921)

Ders., Moralia (1922); in: Schriften zur Soziologie und Weltanschauungslehre, GW Bd. 6, 2. Aufl., Bern, München 1963

Ders., Philosophische Anthropologie, Schriften aus dem Nachlass Bd. III, GW Bd. 12, Bonn 1987

Helmut Schelsky, Soziologie der Sexualität – Über die Beziehungen zwischen Geschlecht, Moral und Gesellschaft, Hamburg 1955

Friedrich Schiller, Don Carlos (1787/88), Werke Bd. 1, München 1976

Frank Schirrmacher, Minimum – Vom Vergehen und Neuentstehen unserer Gemeinschaft, München 2006

Carl Schmitt, Politische Theologie – Vier Kapitel zur Lehre von der Souveränität, (1922), 3. Aufl. Berlin 1979

Ders., Römischer Katholizismus und politische Form (1923), Stuttgart 1984

Ders., Die geistesgeschichtliche Lage des heutigen Parlamentarismus (1923), 7. Aufl. Berlin 1991

Ders., Der Begriff des Politischen (1927); in: Frieden oder Pazifismus? Arbeiten zum Völkerrecht und zur internationalen Politik 1924-1978, Berlin 2005

Peter Sloterdijk, Kritik der zynischen Vernunft Bd. 1, Frankfurt/M 1983

Ders., Regeln für den Menschenpark; in: Die ZEIT Nr. 38, 16.9.1999

Ders., Du musst dein Leben ändern – Über Anthropotechnik, Frankfurt/M. 2009

Ders., Was geschah im 20. Jahrhundert? Unterwegs zu einer Kritik der extremistischen Vernunft, Berlin 2016

Andreas Urs Sommer, Eine Demokratie für das 21. Jahrhundert – Warum die Volksvertretung überholt ist und die Zukunft der direkten Demokratie gehört, Freiburg, Basel, Wien 2022

Georges Sorel, Über die Gewalt (Réflexion sur la violence, 1908), Innsbruck 1928

Sybille Steinbacher, Wie der Sex nach Deutschland kam – Der Kampf um Sittlichkeit und Anstand in der frühen Bundesrepublik, München 2011

Leo Strauss, Die Religionskritik Spinozas (1930), Gesammelte Schriften Bd. 1, Stuttgart, Weimar 1996

Ders., Anmerkungen zu Carl Schmitt, Der Begriff des Politischen (1932), Gesammelte Schriften Bd. 3, Stuttgart, Weimar 2001

Ders., Hobbes' politische Wissenschaft in ihrer Genesis (1935, 1965), Gesammelte Schriften Bd. 3, Stuttgart, Weimar 2001

Ders., Philosophie und Gesetz (1935) – Frühe Schriften, Gesammelte Schriften Bd. 2, Stuttgart, Weimar 1997

Ders., Über Tyrannis - Eine Interpretation von Xenophons ‚Hieron' (1948), Neuwied, Berlin 1963

Ders., Progress or Return? (1952); in: Jewish Philosophy and the Crisis of Modernity – Essays and Lectures in Modern Jewish Thought, Albany 1997

Ders., Persecution and the Art of Writing, Glencoe, Illinois 1952

Ders., Naturrecht und Geschichte (1953), Frankfurt/M. 1977

Ders., Thoughts on Machiavelli (1958), Chicago, London 1984

Ders., What is Political Philosophy? and other studies, New York, London 1959

Sarah Rebecca Strömel, Tocqueville und der Individualismus in der Demokratie, Wiesbaden 2023

Charles Taylor, Negative Freiheit – Zur Kritik des neuzeitlichen Individualismus (1985), Frankfurt/M. 1988

Christian Thielscher, Wirtschaft und Gerechtigkeit, Wiesbaden 2022

Alexis de Tocqueville, Über die Demokratie in Amerika (1835/40), Stuttgart 2021

Eric Voegelin, Die politischen Religionen (1938), München 1993

Ders., Das Volk Gottes – Sektenbewegungen und der Geist der Moderne (1940er), München 1994

Ders., Die Neue Wissenschaft der Politik – Eine Einführung (1951), 4. Aufl. Freiburg, München 1991

Ders., Die geistige und politische Zukunft der westlichen Welt (1959), Occasional Papers I, April 1996, hrsg. v. Eric-Voegelin-Archiv an der Ludwig-Maximilians-Universität München

Ders., Anamnesis – Zur Theorie der Geschichte und Politik, München 1966

Ders., Autobiographische Reflexionen (1973), München 1994

Ders., Order and History – Volume Five: In Search of Order, Baton Rouge, London, 1987

Ders., Ordnung, Bewusstsein, Geschichte – Späte Schriften – eine Auswahl, Stuttgart 1988

Ders., Der Gottesmord – Zur Genese und Gestalt der modernen politischen Gnosis, München 1999

Max Weber, Politik als Beruf, Gesammelte politische Schriften, 3. Aufl. Tübingen 1971

Ludwig Wittgenstein, Philosophische Untersuchungen (1953), Werkausgabe Bd. 1, Frankfurt/M. 1984

Notker Wolf, Deutschland neigt zum Sozialismus, *Welt am Sonntag* 8.4.2007

Personenregister